Serie Literatura y Cultura
Editor General: Greg Dawes
Editora encargada de la serie: Ana Forcinito

Entre fuegos, memoria y violencia de Estado

Los textos literarios y testimoniales del movimiento armado en México

Aurelia Gómez Unamuno

Raleigh, NC

© 2020 Aurelia Gómez Unamuno

Reservados todos los derechos de esta edición para
© 2020 Editorial *A Contracorriente*

All rights reserved for this edition for
© 2020 Editorial *A Contracorriente*

Para ordenar visite http://go.ncsu.edu/editorialacc

ISBN: 978-1-945234-69-9

Library of Congress Control Number: 2019932506

ISBN-10: 1-945234-69-5 (pbk)
ISBN-13: 978-1-945234-69-9 (pbk)

Coordinación y producción editorial de S.F. Sotillo
Corrección de Jhosep Delgado
Diseño de interior y tapas de SotHer

Grabado de la portada, sin título y anónimo, tomado del periódico mural Yacaré, expuesto en la Crujía «O» del penal de Lecumberri (ca. 1976-1977). Agradecemos a la editorial Costa Amic autorizar la reproducción del grabado.

Esta obra se publica con el auspicio del Departamento de Lenguas y Literaturas Extranjeras de la Universidad Estatal de Carolina del Norte.

This work is published under the auspices of the Department of Foreign Languages and Literatures at the North Carolina State University.

Distributed by the University of North Carolina Press, www.uncpress.org

A lxs que lucharon,
a lxs desparecidxs,
a sus familias,

Tabla de contenidos

Agradecimientos   xi

Introducción   1

SECCIÓN I: VIOLENCIA DE ESTADO Y MEMORIA

Capítulo 1: Violencia de Estado, «guerra sucia» y guerrilla
en México   16

I. México en el contexto de la Guerra Fría   21
II. El movimiento armado socialista en México   28
III. Violencia de Estado y operaciones contrainsurgentes   43
IV. Guerra sucia o terrorismo de Estado   56

Capítulo 2. Las disputas por la memoria en México   81

I. Memoria e historia   87
II. El proceso social de la memoria, lo afectivo y lo político   93
III. Hegemonía y los usos políticos de la memoria   98
IV. Trauma, silencios y prácticas de memoria   105
V. El movimiento estudiantil del 68 y el movimiento armado
socialista   114

SECCIÓN II: LOS DISCURSOS TESTIMONIALES DE LA LUCHA ARMADA

Capítulo 3. De arrepentidos y conversos: deslinde teórico
y rectificación   140

I. Emergencia de los textos testimoniales en México   147
II. El deslinde teórico   150
III. Las disputas dentro de la rectificación   156

Capítulo 4. Práctica colectiva y continuidad de la lucha armada   184

I. Los desencuentros en la sierra   186
II. Entre el balance y la rearticulación del PDLP   190
III. Memoria, narración y continuidad de la lucha armada   205

SECCIÓN III. ROMPER EL CERCO DEL SILENCIO

Capítulo 5. Escritura y confinamiento carcelario   234

I. El estatuto político y literario de los textos carcelarios   237
II. José Revueltas y las narrativas carcelarias   247
III. La prisión política en el movimiento del 68 y el movimiento armado   266

Capítulo 6. Los otros apandos: poesía y ficción desde la celda   291

I. La poesía carcelaria del movimiento armado   291
II. ¿Por qué no dijiste todo? o la memoria ficcionalizada   314

Capítulo 7. Para una genealogía de la violencia: tortura, maquinaria represiva y narración   355

I. La práctica de la tortura como engranaje del Estado   359
II. Tortura, trauma y narración   366
III. Representación de la tortura, silencios, soslayos y nudos narrativos   375
IV. La postergada denuncia de la tortura   403

Capítulo 8. Nuevas agencias y prácticas de memoria del movimiento armado   423

I. La actuación de la FEMOSPP y la justicia transicional en México   425
II. Encuentros y prácticas de memoria de exmilitantes del MAS   434
III. La reemergencia de la memoria subterránea   455
IV. Nuevas agencias del testimonio: la desaparición forzada   460
V. Nuevas agencias del testimonio: la participación de las mujeres   475

A manera de epílogo   495

Apuntes comparativos   496
La dinámica de la memoria   499
Memorias heterogéneas   502

El estatuto político y literario 509
Nuevas agencias 514

ANEXO 1

Organigrama de represiones y operativos contrainsurgentes 524

ANEXO 2

Editoriales que han publicado textos de exmilitantes 525

ANEXO 3

Textos escritos por exmilitantes del movimiento armado socialista 527

FILMOGRAFÍA DEL MOVIMIENTO DEL 68 Y LA LUCHA ARMADA 534

BIBLIOGRAFÍA 536

Agradecimientos

A Triana

El proceso de escritura es un acto solitario, pero también en ésta felizmente convergen la discusión, el intercambio y el diálogo con muchxs otrxs. Por ello quiero agradecer a las personas que me acompañaron ya fuera como profesores, colegas, amigos, interlocutores en un entorno académico, en conversaciones casuales o compartiendo su trabajo conmigo: Eugenia Allier-Montaño, Libertad Argüello, Juncia Avilés Cavasola, John Beverley, Ludovic Bonleux, Bruno Bosteels, PJ Brendese, Pilar Calveiro, Aurora Camacho de Schmidt, Fabián Campos Hernández, Macrina Cárdenas, Salvador Castañeda, Adela Cedillo, Bartomeu Costa-Amic Leonardo, Raúl DiegoRivera Hernández, Olivia Domínguez, Susana Draper, Silvia Dutrénit, Irene Fenoglio, Vicky Funari, Rodolfo Gamiño, Rosa Albina Garavito, John Gibler, Samuel Gordon (QPD), Bertha Lilia Gutiérrez Campos, James Krippner, Waldo Lloreda, Ryan Long, Edith López Ovalle, Paula Mónaco Felipe, Verónica Montes, José Luis Moreno Borbolla, Paulina Ochoa Espejo, Verónica Oikión, Claudia Rangel, Tom Rath, Lucía Rayas, Alicia de los Ríos, Cordelia Rizzo, Carolina Robledo, Juan Rojo, Adam Rosenblatt, Florencia Ruiz Mendoza, Evangelina Sánchez, Lourdes Uranga, María De Vecchi Gerli, Camilo Vicente Ovalle, Javier Yankelevich y Zainab Saleh, entre otras tantas personas cuyos nombres quizás se me escapen en este momento.

Quiero agradecer, particularmente a Patricia Cabrera López y Alba Teresa Estrada por las conversaciones e intercambios que hemos tenido en estos años y al Centro de Investigaciones Interdisciplinarias en Ciencias y Humanidades de la UNAM por albergarme durante la estancia académica en la primavera de 2013. Gracias a ello pude desarrollar los primeros apuntes que posteriormente se transformaron en este libro. También quiero reconocer el apoyo que me brindó la oficina del Provost de Haverford College mediante una beca con la cual organicé, junto con Elia Hernández y Gladys López Hernández (QPD), el coloquio «Confluencias: Género y guerrilla durante la 'guerra sucia' en México. Encuentro de mujeres ex-guerrilleras» llevado a cabo en julio del 2011. Mi profundo agradecimiento, además de Elia y Gladys, a las mujeres que participaron compartiendo sus historias y experiencias: Minerva Armendáriz (QPD), Yolanda Casas, Martha Elba Cisneros (QPD), Alma Gómez, Herminia Gómez, Elda Nevárez, Edna Ovalle, Lourdes Quiñones y Esperanza Rangel.

Sin duda, la investigación y escritura vienen de la mano con el crecimiento intelectual en el salón de clases, por ello quiero agradecer a mis estudiantes, particularmente de los seminarios: Políticas de la memoria en América Latina, Narrativas mexicanas después del movimiento del 68 y Mujeres y el movimiento armado en América Latina, por mantener viva la pasión por desentrañar un pasado y un presente de lucha por la libertad, justicia y la equidad de géneros. Especialmente quiero agradecer a los estudiantes que dedicaron sus veranos a contribuir en esta investigación: Itzel Delgado, Isabel Gross, Allison Guindon, Marcela Hopkins-Dorfsman, Willa Isikoff, Marcelo Jáuregui-Volpe, Iliana Navarro, Sally Weathers y Meegan Winslow. También mi agradecimiento a los colegas del Departamento de Español de Haverford College: Israel Burshatin, Roberto Castillo Sandoval, Ariana Huberman, Ana López Sánchez, Lina Martínez, Graciela Michelotti, Giselle Román Medina; así como a mis colegas de Departamento de Español de Bryn Mawr y Swarthmore College.

Agradezco todo el apoyo y cariño de mi familia, mis padres Mercedes Unamuno y Aurelio Gómez (QPD), y por supuesto a todos los amigos.

Algunos avances de este libro fueron publicados en los siguientes artículos: «La figura del preso político y el preso común en la obra de José Revueltas» en la *Revista de literatura mexicana contemporánea*; «Con el puño crispado: poesía carcelaria de los presos políticos de la guerrilla» en el libro *La Liga Comunista 23 de Septiembre. Cuatro décadas a debate: historia, memorias, testimonio y literatura*, compilado por Rodolfo Gamiño *et al*; y el artículo «And They Didn't Shut Up: Prison Narratives of the Mexican Dirty War» en la revista *A contracorriente*.

Introducción

Memoria y violencia han sido dos ejes recurrentes que han marcado las rutas político, sociales y culturales en América Latina, pero el caso mexicano parecía haber trazado una ruta distinta y de estabilidad durante la *pax priísta*, distanciándose de las dictaduras militares en los setenta; en todo caso, se recordaba lejanamente la masacre de Tlatelolco que el gobierno supo recuperar bajo la apertura democrática del sexenio de Luis Echeverría. La imagen de un México democrático, solidario con Cuba y el exilio latinoamericano ocultó las prácticas de violencia estatal sistemática, hoy en día agudizadas por la colusión con el crimen organizado y que parecieran haber salido de la nada.

Revisar el pasado de violencia es una tarea crucial en muchos sentidos, para desmontar la imagen democrática y pacífica del gobierno priísta en las décadas de los sesenta a ochenta, y para evaluar la dimensión de la violencia estatal en México contra organizaciones sociales y político-militares, y el arrasamiento focalizadas en comunidades que se sospechó fueron bases de apoyo de los movimientos armados. Aún más, revisar las formas en que se ha articulado la memoria permite entender, por un lado, el significado que tuvo a nivel individual y comunitario tanto la toma de la vía armada como los efectos a largo plazo de la represión, persecución, tortura y desaparición forzada. Y, por otro, las transformaciones de esta memoria y su disputa contra la fijación de una historia oficial que de manera persistente la ha soslayado.

Este trabajo revisita la construcción y disputas por la memoria del mal llamado período de la 'guerra sucia' en México, a partir del análisis de los textos literarios y testimoniales producidos por exmilitantes del movimiento armado socialista a lo largo de más de cuatro décadas. El argumento central del libro sostiene que los textos desestabilizan los discursos oficiales sobre el pasado de violencia, ya sea que se traten de memorias construidas desde las instituciones gubernamentales o de memorias que han circulado en el campo social y cultural, y que particularmente han privilegiado el movimiento estudiantil del 68 y la masacre de Tlatelolco.

La revisión de los textos a su vez permite observar dos aspectos fundamentales en la construcción de la memoria; por un lado, evidencian la violencia del Estado, negada por el gobierno mexicano, al reclamar su derecho a la memoria, la reconstrucción del lugar del testigo y, particularmente, al destacar el aspecto político de la vía armada. Por otro lado, a pesar de tratarse de memorias subterráneas, a su vez éstas se encuentran atravesadas por marcos sociales interpretativos, de producción y recepción, entrando en una dinámica de disputa no solamente frente al discurso estatal, sino entre éstas para posicionar agencias que en determinado momento se consideraron prioritarias sobre otras. De este modo, se puede observar una serie de transformaciones de la memoria a lo largo de varias décadas que, a su vez, estuvieron marcadas por las coyunturas políticas. Una primera coyuntura es precisamente la que desencadenó la emergencia de la lucha armada, dadas las condiciones de violencia estructural e institucional, así como el cierre de la vía democrática. No obstante, el libro se concentra en la coyuntura de la reforma política de 1978 y la alternancia partidista del 2000 junto con la creación de la Fiscalía Especial para los Movimientos Sociales y Políticos del Pasado (FEMOSPP). En estas coyunturas aparecen tanto la emergencia de los textos literarios y testimoniales, como la revitalización de prácticas de memoria en el ámbito público.

He tomado la frase «Entre fuegos», claramente aludiendo al ámbito de guerra, como una suerte de metáfora para destacar el espacio liminal en el que surgen y son recibidos estos textos. Los primeros textos literarios o bien de carácter testimonial son producidos en el confinamiento carcelario bajo condiciones de vigilancia y castigo, y deben ser apreciados como documentos de sobrevivencia tras la detención-desaparición y tortura practicada en cárceles clandestinas. Asimismo, una constante que los recorre es su doble carácter político y literario, poco valorado al cargar con un doble estigma, el de la vía armada —articulada por la campaña mediática gubernamental como 'robavacas', 'gavilleros', 'terroristas' o 'traidores a la patria'— y por el hecho de que no eran considerados escritores profesionales. De igual modo, el estudio de los movimientos armados ha privilegiado el trabajo de archivo sobre lo testimonial y, desde los estudios literarios, pocos textos han sido analizados por considerarlos historia o autobiografía[1].

En pocas palabras, estos textos han tenido que enfrentar las reticencias de las disciplinas histórica y literaria: no son fidedignos por la ausencia de fuentes documentadas para ser historia y no poseen rasgos estéticos suficientes para ser considerados una obra literaria. No obstante, la riqueza de los mismos radica, precisamente, en su carácter intersticial entre la memoria y la historia, el ejercicio escriturario y lo literario. Otro aspecto a considerar en este fuego cruzado es la celeridad en que colocó el gobierno mexicano al movimiento armado para deponer las armas e incorporarse a la vía partidista, una política de palo y zanahoria, que suscitó un debate interno en los grupos armados, los deslindes, la dispersión y finalmente la derrota militar.

---

1 Un caso excepcional es el trabajo de Patricia Cabrera y Alba Teresa Estrada al incorporar algunos textos de exmilitantes en su libro *Con las armas de la ficción. Configuración novelesca de la guerrilla en México* (2012).

El *corpus* revisado es bastante amplio, más de sesenta publicaciones, sin contar con pequeñas piezas ensayísticas, cartas o desplegados, por lo que este trabajo se ha centrado en plantear una mirada panorámica sobre las transformaciones de los discursos de la memoria a través de agencias que aparecen como tendencia dominante[2]. Entre otras, destacan la discusión teórica y rectificación de la vía armada, la elaboración literaria de la experiencia carcelaria, la resignificación identitaria del guerrillero como luchador social y la articulación del movimiento armado socialista como origen de las conquistas democráticas. Asimismo se observan otras agencias que disputan la fijación de una memoria dominante como por ejemplo la respuesta de otros grupos armados al debate de la rectificación afirmando la viabilidad y continuidad de ésta, la formación de la denuncia de la tortura y desaparición forzada, la emergencia de testimonios escritos por familiares de desaparecidos que incorporan una agencia de derechos humanos o bien los testimonios de las mujeres que tomaron la vía armada y ponen en crisis la rememoración masculina y heroica que las dejó fuera de la historia.

La elección y análisis de textos específicos responde al trazado de una cartografía que da seguimiento a la dinámica de formación de las memorias, destacando textos ya sea que representan agencias dominantes o bien las problematizan, se desvían de una tendencia dominante o bien marcan de alguna forma un parteaguas. Las agencias abordadas son analizadas en conjunto con las coyunturas políticas que en cierta medida las generaron. Por ejemplo, en la coyuntura de la reforma política de fines de los setenta la agencia dominante fue el debate en torno a la rectificación de la lucha armada que no fue monolítico, sino que aún

---

2   Muchos de los textos han sido publicaciones de autor, aunque otros han sido publicados por editoriales independientes, universitarias o gubernamentales. Para un listado de las editoriales véase anexo 2 y para la consulta de los textos literarios y testimoniales de las y los exmilitantes véase anexo 3.

dentro del acuerdo de optar por la vía democrática hubo diferentes modos de articularla. Asimismo, en la década de los ochenta surge la rearticulación y afirmación de la lucha armada que precisamente responde al debate de la rectificación de la década anterior, marcando otras rutas políticas y literarias. Otro ejemplo, es la reemergencia de las disputas por la memoria, en el marco de la alternancia partidista y los limitados resultados de la FEMOSPP, frente a los cuales, si bien los exmilitantes unieron esfuerzos por demandar verdad y justicia contra la impunidad del Estado, los proyectos de memoria divergieron en formas, tiempos y modos. Es decir, el abordaje y análisis de las transformaciones de la memoria se enfoca más en su articulación escrituraria, en sus agencias, sus contradicciones, nudos, silencios y soslayos, que en el establecimiento de la verdad, que en la reconstrucción historiográfica o que el análisis de un grupo armado en particular.

El libro está dividido en tres amplias secciones, la primera plantea el estado de la cuestión abordando los ejes de violencia de Estado y memoria, una segunda sección analiza la emergencia de los diferentes discursos testimoniales de la lucha armada y, una tercera sección «Romper el cerco del silencio» examina los textos carcelarios, la denuncia de la tortura, las prácticas de memoria y las nuevas agencias del testimonio tras la alternancia partidista del 2000. Cabe destacar que este trabajo se concentra en los textos publicados o que tuvieron cierta circulación, aunque fuera de manera clandestina, como en el caso de *Papeles de la sedición* de Francisco Fierro Loza; no obstante, se reconoce que la práctica escrituraria no es la única forma o marca de memoria y que no necesariamente la práctica de la memoria y escritura vienen de la mano. Es decir, que algunos silencios en la escritura no necesariamente implican los silencios en las prácticas de memoria ya sea a nivel familiar, en un círculo cerrado o pequeña comunidad de memoria, o bien de manera pública.

El primer capítulo, «Violencia de Estado, 'guerra sucia' y guerrilla en México», sienta las bases para contextualizar la violencia estatal que en gran medida ha sido encubierta por el propio Estado, las razones y mecanismos con los cuales fue invisibilizada en contraste con las dictaduras militares, particularmente del Cono Sur[3]. Asimismo el capítulo discute los recientes debates e implicaciones políticas sobre el uso de términos como «guerra sucia» o «terrorismo de Estado», el posicionamiento de los exmilitantes respecto a la lucha armada, así como las transformaciones tanto del Estado como de las prácticas de violencia actuales en México. El segundo capítulo «Las disputas por la memoria en México» plantea de manera general las distintas entradas y debates sobre la memoria en América Latina, como la oposición memoria e historia, la dinámica de construcción de una memoria social o de una memoria emblemática, en términos de Stern, en contraste con otras memorias soslayadas, el trauma y los silencios, las prácticas de memoria, así como la relevancia de lo afectivo y el uso político de la memoria. Asimismo, el capítulo incorpora una aproximación comparativa en las formas en que ésta ha sido articulada en México y el Cono Sur. Un apartado final aborda las diferencias entre la incorporación del movimiento estudiantil del 68 a una memoria social y al discurso gubernamental como origen de la democracia actual, en oposición al encubrimiento y soslayo de la memoria del movimiento armado.

El tercer capítulo «De arrepentidos y conversos: deslinde teórico y rectificación de la lucha armada» aborda la emergencia de los primeros textos testimoniales en México y la articulación teórico-política para justificar el retorno a la vía democrática. Cabe destacar algunos aspectos centrales en el testimonio mexicano, por un lado, que, a diferencia del testimonio en el Cono Sur y Centroamérica, los textos no centran su atención en la denuncia ni en ser víctimas de la violencia de Estado, no niegan su pasado político en la lucha armada, por el contrario el testimo-

---

3   A partir de la información recabada en la investigación, he elaborado un organigrama destacando la cadena de mando y dependencias gubernamentales desde las cuales se planearon y ejecutaron las operaciones contrainsurgentes y paramilitares. Véase anexo 1.

nio se convierte en un espacio eminentemente político, inclusive entre quienes se retractaron de la vía armada. Por otro lado, los textos si bien son publicados no tienen como objetivo gestionar el apoyo internacional, sino que se trata de textos centrados en el debate interno. Como se señaló arriba, a pesar de que la agencia dominante fue abrazar la vía democrática, hubo disenso en las formas para articularse como fuerza política ya fuera uniéndose a los partidos de izquierda existentes, uniéndose a la lucha obrera o bien en la formación a largo plazo de un partido que emanara de ésta.

El cuarto capítulo «Práctica colectiva y continuidad de la lucha armada» analiza la respuesta al debate de rectificación por parte de los grupos armados que no se alinearon a la Liga Comunista 23 de Septiembre (LC23S), por mucho el frente más amplio que incorporó a diferentes grupos y mayormente identificado como un grupo armado 'urbano'. El capítulo aborda la imposibilidad de unión del movimiento armado 'urbano' y el 'rural', ya que provienen de dos lógicas y tradiciones que se pensó eran compatibles, como lo señaló Carlos Montemayor. Los textos centrales provenientes de diferentes posturas y ramificaciones del Partido de los Pobres (PDLP) —*Los papeles de la sedición* de Francisco Fierro Loza y *Lucio Cabañas y el pdlp, una experiencia guerrillera* de Eleazar Campos— presentan un balance de los desencuentros con el grupo que posteriormente formaría la LC23S, la rememoración de Lucio Cabañas y las nuevas rutas a tomar tras su muerte, la persecución y dispersión del PDLP. Mientras Fierro Loza parece optar por la vía democrática, el texto de Eleazar Campos presenta la justeza y continuidad de la vía armada a través de la guerra popular prolongada y la fusión con Unión del Pueblo rearticulándose como PROCUP-PDLP. A la vez que este testimonio colectivo, atribuido al comandante Eleazar, plantea la lógica del movimiento armado con fuertes raíces ancladas en la memoria de la Revolución mexicana, presenta un parteaguas en la forma narrativa, alejándose de la discusión teórica e incorporando narraciones de tradición oral, la rememoración y la transmisión de lo experiencial.

Los capítulos cinco y seis retroceden temporalmente, ya que aunque publicados en la década de los ochenta, los textos literarios fueron producidos en el confinamiento carcelario al mismo tiempo que los primeros textos testimoniales. No obstante, los he analizado en capítulos separados ya que los textos literarios no abordan el debate teórico-político de la rectificación[4]. El capítulo cinco «Escritura y confinamiento carcelario» plantea la necesaria valoración de los textos carcelarios en su doble estatuto político y literario, hace un breve recorrido por la obra revueltiana siguiendo las transformaciones de lo carcelario en sus novelas así como el tratamiento literario del preso político, el preso común y los personajes lumpen, en función de contrastarlo con los textos literarios de los exmilitantes. Un apartado final en este capítulo plantea las diferencias del trato a los presos políticos del 68 y los del movimiento armado, así como las diferencias de género que influyeron en el trato carcelario.

El capítulo seis «Los otros apandos: poesía y ficción desde la celda» continua con el tema carcelario ofreciendo un análisis detallado de la antología *Sobreviviremos al hielo* de Manuel Anzaldo y David Zaragoza, revalorando la práctica escrituraria y el desarrollo de proyectos creativos en condiciones sumamen-

---

[4] Cabe destacar que la producción de textos literarios de los exmilitantes es menor a la de los testimonios y, en este caso, solamente se abordarán aquéllos que emergieron en el contexto carcelario. Otras novelas incluyen, por citar algunos ejemplos, *Dientes de perro* (1986) de Ramón Gil Olivo, *La patria celestial* (1992) y *El de ayer es él* (1996) de Salvador Castañeda, la novela-testimonio *Memoria de la guerra de los justos* (1996) de Gustavo Hirales Morán, *Canuteros de plomo* (2003) de Juan Manuel Negrete, *La casa de bambú* (2011) de Saúl López de la Torre, *Vámonos a la guerrilla de Chihuahua* (2018) de José Luis Alonso Vargas, así como la antología del cuento guerrillero *Accidentes de la razón* (2018) compilado por Hugo Esteve, que incluye las narraciones de algunos exmilitantes.

te precarias. Un segundo apartado de este capítulo analiza en profundidad la novela *¿Por qué no dijiste todo?* de Salvador Castañeda y las instancias narrativas a las que recurre para plasmar la sordidez de la violencia carcelaria y del Estado, así como los motivos que llevaron a los personajes a unirse a la lucha armada. Aunque se trata de una novela, es innegable una matriz testimonial y autobiográfica que, sin embargo, queda camuflada bajo la ficcionalización de la memoria y, con ello, logró una mucho mayor circulación y recepción más favorable que los testimonios.

El capítulo siete «Para una genealogía de la violencia: tortura, maquinaria represiva y narración» revisa los textos testimoniales que abordaron la tortura y desaparición forzada analizando las razones por las que la denuncia directa aparece publicada después del cierre abrupto de la FEMOSPP en 2006. La conformación de la denuncia fue tardía evidentemente por los efectos de la tortura, pero también porque no se consideró una agencia prioritaria. Es decir, la tortura fue una práctica común que sufrieron los militantes, pero aceptarla y denunciarla fue asimilado como un modo de claudicar y mostrar debilidad. No obstante, algunos textos anteriores la abordan no sin presentar recursos de mediación narrativa, silencios y soslayos, particularmente en torno a la propia tortura, la delación y la participación en un grupo armado.

El último capítulo «Nuevas agencias y prácticas de memoria del movimiento armado» analiza brevemente las limitaciones y debates que suscitó la FEMOSPP, la implementación de una política de justicia transicional cercenada desde el seno de su creación, así como la reemergencia de la memoria a partir de una serie de Reuniones Nacionales de Exmilitantes del Movimiento Armado Socialista. En dichas reuniones se discutió ampliamente la necesidad de construir un proyecto de memoria histórica que contrarrestara la fijación de una versión oficial, en este proyecto uno de los puntos centrales fue la resignificación identitaria del guerrillero como luchador social. Es decir, hacer contrapeso al ocultamiento del carácter político de la vía armada y la estigmatización de los exmilitantes como criminales del orden común.

A la par de los encuentros, se llevaron a cabo múltiples homenajes a los militantes caídos en combate, ejecutados y desaparecidos, recorridos que transformaron espacios públicos en lugares de memoria, así como la revitalización de la producción testimonial.

No obstante, con la entrada de la presidencia de Felipe Calderón (2006-2012) se agudizó la violencia tanto estatal como del crimen organizado tras la declaración de la guerra contra las drogas. Si bien en este periodo continuó la publicación de testimonios de exmilitantes, es necesario destacar la emergencia de testimonios de familiares de desaparecidos de la década de los setenta ya que marcan un giro al transformar la agencia de denuncia de la desaparición forzada como prioritaria.

Un último apartado analiza los testimonios escritos por mujeres que participaron en la lucha armada, destacando la poca atención que se les ha dado en los estudios académicos, en el poco reconocimiento por sus propios compañeros, así como la ausencia de una aproximación de género. La desigualdad de producción en contraste con los testimonios masculinos es apabullante y podría ser parcialmente explicada por una serie de variables superpuestas como la subordinación a la lucha revolucionaria de agencias que actualmente articulamos bajo las categorías de género o raza. A ésta se suman los efectos de silenciamiento de la tortura y el hecho de que no toda memoria pasa por la escritura. Sin embargo, se observa también la presencia de roles de género tradicionales que privilegian la experiencia y liderazgo masculinos, así como una doble articulación de la mujer en la lucha armada: la hipersexualización y la sanción del mundo afectivo. En este sentido, los testimonios de las mujeres operan una ruptura con las agencias dominantes anteriores al afirmar su participación y posicionarse en un espacio tradicionalmente masculino, el de la lucha armada y el de la escritura. Si bien en su mayor parte, las mujeres no se asumen como feministas, salvo un caso excepcional, sus testimonios plantean sin duda otra entrada para revisitar la memoria del movimiento armado y la violencia del Estado desde el mundo afectivo y el ámbito experiencial.

Si bien el libro es ambicioso en el sentido de cubrir un periodo histórico, *corpus* y agencias bastante amplias, fue pensado como una forma de contribuir a un diálogo comparativo e interdisciplinario reconociendo el trabajo pionero de exmilitantes y académicos que desde distintas trincheras han luchado contra el silencio y el olvido.

***

Terminar este libro después de Ayotzinapa, el quincuagésimo aniversario del movimiento estudiantil del 68 y el triunfo de la izquierda en las pasadas elecciones representa una paradoja, por un lado, llena un vacío de varios años en el que poco se había escrito sobre la perspectiva de los exmilitantes de la lucha armada, la violencia del Estado y la construcción de la memoria desde abajo. Por otro lado, este libro llega tarde porque el entorno social, político y de recrudecimiento de la violencia ha cambiado convirtiéndolo en un escenario complejo de capas superpuestas de agravios pasados y presentes, de posibilidades truncadas, pero también de digna rabia acumulada y esperanzas renacientes. En esta encrucijada se erige la persistencia de la violencia, pero también de la memoria, la persistencia de la impunidad pero también de la denuncia, la persistencia del cierre de vías pero también la persistencia en la búsqueda de alternativas por parte de la sociedad civil.

Antes de Ayotzinapa existía ya la emergencia por desenterrar un pasado de terrorismo de Estado durante el periodo de la 'guerra sucia', porque la desmemoria y la impunidad se erigían sobre un presente de violencia que laceraba al país en la guerra contra el narcotráfico del sexenio de Felipe Calderón (2006-2012). La noche de Iguala sucedió como resultado de esa impunidad y las cuentas no saldadas del Estado con la violencia del pasado; nuestra responsabilidad en ello ha sido el silencio y el olvido, desatender el pasado y no saber leer los signos de los tiempos.

Después de Ayotzinapa no ha habido silencio en la sociedad civil, a pesar de las campañas de desprestigio y la respuesta oficial para desgastar la demanda de justicia, las memorias del pasado de violencia han emergido con mayor fuerza. Lamentablemente la brutalidad del ataque en Iguala, masivo, indiscriminado y en escalada arrojó luz sobre la gravedad de la infiltración del narco en mandos de fuerza pública y clase política a nivel local y federal, el autoritarismo e impunidad rampante que lo acompaña a todos niveles, la crisis de representación política y vaciamiento de opciones por la vía de partidos políticos, la soberbia y empecinamiento de los gobernantes y servidores públicos en turno para negar frente a la sociedad civil y la mirada internacional la responsabilidad del Estado en estos ataques. Asimismo, la desaparición forzada de los 43 normalistas, la demanda de sus familiares de traerlos de vuelta y el apoyo nacional e internacional por la verdad y justicia generaron una coyuntura en la que otros grupos de familiares de desaparecidos emergieron y los anteriores pertenecientes al Movimiento por la Paz se rearticularon para organizar las Brigadas de Búsqueda Nacional a lo largo del país.

Ayotzinapa es así un referente o un faro imprescindible que ilumina de forma contundente presente y pasado, violencia extrema del Estado y resistencia, desaparición forzada por motivos políticos y desaparición forzada masiva producto de la irracionalidad capitalista del tráfico de drogas, corrupción e impunidad. Si antes de Ayotzinapa era ya tarea urgente, ahora más que nunca es esencial revisar el pasado, la violencia del Estado y las prácticas de memoria, incluyendo aquellas que están en formación sobre el presente.

La serie de coloquios, homenajes, performance y marchas alrededor del quincuagésimo aniversario del movimiento del 68 y la represión el dos de octubre en Tlatelolco tuvo una visibilidad sin precedentes; no obstante, una vez más quedó soslayada la memoria del movimiento armado y con ésta la sistematicidad de la violencia del Estado antes y después del 68, siendo una tarea imprescindible discutir la construcción de memorias alternas. Asimismo, la entrada a la presidencia de Andrés Manuel López Obrador sin duda marca un parteaguas que ha revitalizado un sentido de esperanza al plantear una transformación profunda en la atención a las comunidades más golpeadas y vulnerables, pero que al mismo tiempo da visos de repetir una política conciliadora y asentada en un modelo de progreso y modernización sin incorporar agencias ecológicas, de género y de autodeterminación de los pueblos indígenas. No obstante, la formación de una comisión especial para investigar los ataques de Iguala señala una mayor voluntad política de poner fin a la impunidad y el caso Ayotzinapa será un termómetro para medir los alcances reales de un gobierno de izquierda, en contraste con la nueva oleada derechista en América Latina. En este nuevo escenario, hay una larga lista de vejaciones y crímenes de Estado en espera de ser atendidos en la medida en que como sociedad civil posicionemos la urgencia de estas agencias y la discusión pública del pasado reciente.

Haverford / Barrio la otra banda 2015-2019

Sección I: Violencia de Estado y memoria

Capítulo 1: Violencia de Estado, «guerra sucia» y guerrilla en México

> Con excepción del 68,
> ¿qué represiones se han incorporado a la memoria histórica?
> De las matanzas y los encarcelamientos quedan ecos difusos,
> algunos lemas ("¡Libertad a los presos políticos!") y no mucho más.
> La protesta no arraiga porque carece espacios de continuidad,
> porque los relatos se desvanecen o se vuelven anécdotas confusas,
> y porque la Guerra Fría cala profundamente en México.
>
> Carlos Monsiváis

> La aplicación de la violencia institucionalizada
> es el ejercicio del poder de una parte de la sociedad contra el resto.
> Esta misma violencia se materializa
> en la prohibición a la sociedad a rechazarla
> mediante la fuerza de su organización.
>
> Salvador Castañeda

Hasta hace relativamente poco, la *pax priísta* y la retórica de excepcionalidad del gobierno mexicano, en contraste con las dictaduras militares en América Latina, ha comenzado a ser cuestionada. Hablar de la violencia del Estado y la llamada «guerra sucia» inmediatamente remitía a las juntas militares en el Cono Sur, a la guerra en Centroamérica, pero en México la imagen de un gobierno revolucionario y de una sólida política internacional parecía ser intocable. En todo caso, la piedra en el zapato del régimen priísta había sido la represión al movimiento estudiantil el 2 de octubre de 1968. Como señala el epígrafe de Monsiváis, la represión, las matanzas y encarcelamientos quedaron como ecos en la memoria. Las otras protestas, las otras luchas y las otras represiones fueron enterradas. Mientras Monsiváis destaca la falta de espacios de continuidad en los movimientos sociales debido a la Guerra Fría, Salvador Castañeda, exmilitante del Movimiento Acción Revolucionaria (MAR), destaca la presencia y sistematicidad de la violencia del Estado que proscribió cualquier intento de organización que enfrentara al Estado en lo político, social y por supuesto en lo militar. Las dos entradas, una desde la intelectualidad mexicana, la otra desde la participación en la lucha armada, señalan el ocultamiento y sistematicidad como los pilares sobre los cuales ha operado tanto el Estado como su retórica sobre el pasado. A la vuelta de los años emergen hoy en día dos hechos: la aparición consistente de los grupos armados y el ejercicio de la violencia del Estado para desaparecerlos, así como a cualquier sospechoso de fungir como base de apoyo. Negar la existencia de los grupos armados es a su vez negar todo el aparato contrainsurgente.

El movimiento armado en el México de las décadas de los sesenta a ochenta ha pasado desapercibido para la mirada internacional, para muchos mexicanos, inclusive de la misma generación de los exmilitantes. No obstante, a través de los archivos desclasificados, los escritos de los exmilitantes, la práctica de la memoria a nivel familiar o en la comunidad de los exmilitantes, así como el trabajo académico reciente han convergido para desmantelar una historia de bronce en la que el gobierno mexicano era revolucionario, moderno, pacífico y, sobre todo, democrático.

Este capítulo plantea que las operaciones militares y paramilitares ejecutadas entre las décadas de los años sesenta a ochenta formaron parte de un programa sistemático contrainsurgente en el que la violencia del Estado fue encubierta bajo una retórica de nacionalismo y seguridad interior, a la vez que respondió a una geopolítica continental en el contexto de la Guerra Fría. Asimismo, se esboza una mirada panorámica de los grupos armados que actuaban en México durante la década de los años setenta, su historiografía, los rumbos que recientes estudios abordan en relación con los conceptos de «guerra sucia» y «terrorismo de Estado» en México, así como los posicionamientos de los exmilitantes en torno a ellos.

La violencia de Estado en México entre 1964 y 1985, periodo que se ha denominado de forma general como la «guerra sucia», ha sido estudiada en las últimas décadas y es parte de un esfuerzo por completar un vacío histórico, producto de una falta de interés de la academia en las décadas pasadas, pero sobre todo resultado de un largo silencio impuesto por el gobierno mexicano a través de la censura de los archivos. A pesar de las prácticas de memoria en torno, pero no exclusivamente, a la masacre de Tlatelolco y una relativamente amplia bibliografía sobre los movimientos armados, en particular en el ámbito del periodismo y la literatura, no es sino hasta la coyuntura política de alternancia partidista en el 2000 que dichos esfuerzos por reconstruir el pasado se concretaron en una producción académica que completaba el rompecabezas más allá de las represiones a los movimientos estudiantiles en Tlatelolco, el 2 de octubre de 1968, y de San Cosme el 10 de junio de 1971, profundizando así el estudio de la emergencia de alrededor de más de cuarenta grupos armados.

La derrota del PRI, catapultada en gran parte por el hartazgo de la ciudadanía con el partido oficial, representó la posibilidad de tener acceso a documentos oficiales, sin embargo, no se deben olvidar otras variables que también formaron parte y produjeron esta coyuntura. Por un lado, a partir del gobierno de Carlos Salinas de Gortari (1988-1994), en un esfuerzo por consolidar una política neoliberal y pactar el Tratado de Libre Comercio para América del Norte (TLCAN), destacó una política sobre los derechos humanos con la creación de la Comisión Nacional de Derechos Humanos (CNDH) y la posibilidad de abrir parcialmente los archivos de la represión en 1998. No obstante, se trató de una política ambigua, ya que la mayor parte de los casos de desaparición forzada acreditados se difuminaron en el reporte como muertes sucedidas durante acciones armadas y ejecuciones entre los grupos armados, mas no como parte de los operativos contrainsurgentes[1]. Como señalan David Cilia y Enrique Gonzáles Ruiz en el prólogo a los testimonios de exmilitantes del movimiento armado:

> Aunque el movimiento armado se extendió por todo el país y ocupó el centro de atención nacional, el número de muertos de ambos bandos, que cayeron en los combates suscitados por esta rebelión, aunque muy valiosos fueron comparativamente pocos. (...) Sin embargo, la mayor parte de las muertes o desapariciones que datan de ese periodo, fueron cometidas fuera de combate, por agentes gubernamentales, contra personas desarmadas, inmovilizadas, en cautiverio, y que muchas veces no tenían nada que ver, ni con los combatientes. (*Testimonios de la guerra sucia* 6)

Por otro lado, no se debe soslayar la denuncia constante de los familiares de desaparecidos desde la década de los años setenta, la presión ejercida por el Comité 68 y una práctica de memoria albergada en la marcha anual del 2 de octubre, en homenaje a los caídos en la masacre de Tlatelolco. No obstante, la promesa del expresidente Vicente Fox Quezada (2000-2006) de buscar la verdad y aplicar una justicia transicional fue manejada políticamente desde la campaña presidencial y obtuvo resultados muy cortos, ya que el informe final de la Fiscalía Especial para los Movimientos Sociales y Políticos del Pasado (FEMOSPP 2002-2006) protegió a las autoridades, al ejército y a la policía política

---

1   De los 206 casos acreditados de desaparición forzada, la CNDH declara que 150 personas murieron en acciones armadas, 16 fueron ejecutadas, 29 detenidas con vida, pero no se sabe nada de su paradero, en 14 casos hay altas probabilidades de que estén vivos y en 19 casos hay declaraciones confusas de familiares y amigos. Posteriormente, en sus memorias, Carlos Salinas de Gortari declaró que se dieron resolución a 47 de 70 casos de desaparición forzada (Laura Castellanos México armado 315-16). Cotéjese con el «Informe especial sobre quejas en materia de desapariciones forzadas» de la CNDH (2001).

utilizando eufemismos que minimizaron los crímenes y las serias violaciones a los derechos humanos[2].

A pesar de estos parcos resultados y de la posterior limitación al acceso a los archivos bajo a Ley General de Archivos, esta ventana hizo posible presentar ante la Corte Interamericana de Derechos Humanos (COIDH) el caso de desaparición forzada de Rosendo Radilla Pacheco, logrando una sentencia contra el gobierno mexicano en 2009. Independientemente de que las recomendaciones de la COIDH al gobierno mexicano no hayan sido cumplidas en su totalidad y de manera significativa para una reparación integral, independientemente del uso político y la doble retórica que ha tenido el discurso oficial sobre los derechos humanos y la violencia sistemática del Estado, sin duda, esta coyuntura marcó un parteaguas en el que se abrió una discusión ya impostergable en un sector de la sociedad civil afectada, activistas y círculo académico. Cabe destacar que si bien desde décadas anteriores las manifestaciones y prácticas de memoria persistieron en señalar una serie de heridas suturadas y soslayadas bajo la *pax priísta*, no es sino hasta esta coyuntura que se llevó a cabo un proceso de debate, rememoración y análisis, tanto en coloquios, encuentros entre exmilitantes, activistas y académicos, en el que se sacaron los espectros del armario para confrontar la violencia del pasado, los proyectos revolucionarios, el balance y el estudio de un periodo de la historia de México sellado por muchas décadas.

---

2   Véase el capítulo 8 para un análisis del surgimiento de la FEMOSPP y los posicionamientos de los exmilitantes. Sobre el balance y limitaciones de la FEMOSPP, véase Rodolfo Gamiño, «La memoria ante las políticas del olvido. Los informes de la FEMOSPP según exmilitantes del movimiento armado socialista», (401-432); Evangelina Sánchez, «La transición política y disputa por la memoria en México: el caso de la represión en Atoyac, Guerrero» (183-212), y Claudia Rangel y Evangelina Sánchez, «Los retos de la justicia transicional en México y la reparación integral del daño; una tarea pendiente en Atoyac»(269-97), por citar algunos trabajos.

I. México en el contexto de la Guerra Fría

En esta coyuntura se desmontó la imagen internacional de México como país estable, democrático y moderno, alejado de regímenes autoritarios en el resto de América Latina, e inclusive fue desenmascarada la imagen izquierdista que el gobierno de Luis Echeverría Álvarez (1970-1976) construyó, al mantener una relación cercana con Cuba y dar asilo político a los exiliados del Cono Sur. A su vez, se demostró tanto el desarrollo de un aparato contrainsurgente desproporcionado, como el intervencionismo de los EE.UU. en una guerra contra el 'demonio comunista', en la que México también fue parte de un proyecto continental en el contexto de la Guerra Fría[3]. Si bien el caso mexicano arrojó menos cifras de detenidos desaparecidos, torturados y ejecutados que en el Cono Sur, no se debe soslayar el impacto que tuvo la maquinaria represiva, ni mucho menos el hecho de que oficialmente se trataba de un gobierno democrático[4].

---

3   Para un análisis de las fuerzas armadas mexicanas, el aparato de inteligencia y contrainsurgencia véanse José Luis Piñeyro *El profesional ejército mexicano y la asistencia militar de los Estados Unidos* (1976) y *Ejército y sociedad en México pasado y presente* (1986); Sergio Aguayo *La charola: una historia de los servicios de inteligencia en México* (2001) y Jorge Luis Sierra Guzmán *El enemigo interno. Contrainsurgencia y fuerzas armadas en México* (2003). El documental *1968 La conexión americana*, del Canal 6 de Julio, analiza los nexos entre CIA, Pentágono, diplomacia y compañías transnacionales para implementar un programa de intervención y control «anticomunista» a nivel continental. En este contexto, se plantea la hipótesis de que la represión al movimiento estudiantil de 1968 en México responde a un complejo escenario en el que se destacan las relaciones entre políticos, inteligencia estadounidense y militares vinculados con la represión en México y con el golpe de Estado en Chile.

4   Al igual que en otros casos, la danza de las cifras es la norma. Por un lado, no todos los casos de desaparición y tortura son denunciados; de ese número hay un filtro para considerar que la denuncia es acreditada y, asimismo, las cifras entre organizaciones y autoridades arrojan grandes diferencias. La CNDH en 2001 reportó 532 expedientes de desaparición

En este sentido, es relevante destacar que las llamadas «guerras sucias» están intrínsecamente ligadas a una geopolítica desarrollada en el periodo de la Guerra Fría y no se tratan de casos aislados o del uso excesivo de la fuerza del Estado para mantener una estabilidad nacional, como se ha presentado en el discurso oficial dominante. Como señala Pilar Calveiro, éstas fueron guerras dentro de la Guerra Fría, en donde la confrontación entre dos sistemas hegemónicos expulsó la violencia a la periferia, siendo funcionales para la acumulación del capital, el mercado armamentista y la imposición de un orden nacional acorde con un nuevo orden global:

> [Q]ue pasó por *el vaciamiento de las economías* con la implantación de un modelo neoliberal, *el vaciamiento de la política*, con la implantación de la *democracia* vertical y autoritaria, producto de la eliminación de todas las formas de organización y liderazgo alternativos y *el vaciamiento del sentido* mismo de la nación y de la identidad latinoamericana con la implantación de nuevas coordenadas de sentido individualistas y apolíticas. (…) Así pues, la Guerra Fría en el ámbito interna-

---

forzada, de los cuales en 275 casos hay indicios de responsabilidad de las autoridades (Evangelina Sánchez *Terrorismo de Estado y la represión en Atoyac* 193); una de las versiones del informe de la FEMOSPP reportó 801 casos de desaparición, de los cuales fueron acreditados 433, y 1,650 casos de detención y tortura registrados (Castellanos 322-23). Estas cifras difieren de la versión del informe de la FEMOSPP publicado por el Comité 68 Pro Libertades Democráticas: 797 casos de desaparición, de los cuales solo 436 fueron acreditados (*Informe Histórico* 517) y 2,141 casos de detenidos torturados, sin incluir aquellos relacionados con movimientos estudiantiles (*Informe Histórico* 569). Por su parte, Adela Cedillo y Fernando Herrera Calderón estiman que, a través de un cruce entre el informe de la FEMOSPP y de organizaciones de derechos humanos, hubo alrededor de 3,000 personas detenidas desaparecidas y muy probablemente ejecutadas, de las cuales 1,500 fueron tiradas al mar en los vuelos de la muerte, 3,000 presos políticos y 7,000 víctimas de tortura (*Challenging Authoritarianism* 8).

cional y la Guerra Sucia en el hemisférico fueron procesos de mutua correspondencia. De ambas guerras resultaron ganadores y perdedores, pero es preciso señalar que la derrota militar y política de los proyectos alternativos latinoamericanos se obtuvo en el contexto de políticas de terror que *marcaron* profundamente a las sociedades de nuestros países para inducirlas a la inmovilidad y la obediencia. («Los usos políticos de la memoria» 366-367; énfasis en el original)

Si bien el caso mexicano se enmarca dentro de este contexto, ya que tanto el entrenamiento como las operaciones contrainsurgentes fueron asesoradas por la CIA e inclusive del gobierno brasileño, a su vez se distingue de las dictaduras en el Cono Sur por la invisibilidad de esta guerra contra 'el enemigo interno'[5]. Para entender estas diferencias hay que tomar en cuenta una serie de factores que explica de cierto modo la invisibilidad, tanto de la emergencia de los grupos armados, como de las operaciones represoras del Estado. Por un lado, se debe considerar la capacidad del gobierno priísta para cooptar, contener y reprimir movimientos agrarios, obreros y magisteriales desde las décadas anteriores a través del corporativismo y las alianzas con los sindicatos «charros». En este sentido, el movimiento estudiantil del 68 no solo hincó el dedo en la llaga denunciando la violencia del Estado y la liberación de los presos políticos de los movimientos de la década anterior, sino que se salió del modelo de negociación y cooptación de los líderes al exigir el diálogo

---

5   Como señala José Luis Piñeyro, tras la amenaza nuclear entre 1946 y 1960 se observa un cambio de estrategia continental de defensa del exterior hacia una defensa interior para combatir al enemigo en casa (*Las fuerzas armadas y la guerrilla rural en México* 71). Sobre el asesoramiento de militares brasileños expertos en contrainsurgencia, el informe de la FEMOSPP reporta la presencia de por lo menos 63 militares de la Escuela Superior de Guerra del Brasil a cargo de Walter Menezes Paz, Procurador militar (*Informe Histórico* 385).

público. Como señala Salvador Castañeda sobre las brigadas en el movimiento estudiantil del 68:

> La población urbana en su ascenso a formas de movilización ha renunciado al caudillo, no actúa bajo decisiones de ningún líder. No tiene una cabeza (ésa es la gran lección del CNH en el 68 llevada al extremo), sino que ella misma es la base y, al mismo tiempo, cúpula. (*La negación del número* 62)

Por otro lado, la política exterior de México mantuvo un paradójico balance entre el nacionalismo, a través de una retórica populista y 'revolucionaria', al mismo tiempo que se alineó al modelo de desarrollo económico estadounidense. Asimismo, basada en la doctrina Estrada, la política exterior de no intervención permitió mantener lazos con Cuba —pese al embargo estadounidense— y llevar la fiesta en paz con el vecino del norte[6].

La relativa solidez política y económica del periodo que se denominó el «milagro mexicano», entre las décadas de los años cuarenta a sesenta, a pesar de los costos sociales, las represiones y la recurrencia de los grupos armados, invisibilizó en gran medida los motivos de los levantamientos. Aún más, en el contexto de un gobierno cuya retórica enarbolaba los logros de la Revolución mexicana y, a pesar de las críticas tempranas a la institucionalización de la revolución, como señala Fabián Campos Hernández, todavía tenía sentido para una gran parte de la población la capacidad del Estado para proveer y ampliar el bienestar social («La revolución latinoamericana y la LC23S» 89). Por ello, los grupos armados que plantearon una revolución encontraron serias dificultades dentro de un gobierno 'revolucionario' hegemónico, por su capacidad de control de los medios, de una clase media despolitizada y el control de la clase obrera por medio de los

---

[6] Para un análisis sobre la política exterior mexicana en la Guerra Fría, véase Soledad Loaeza, «Gustavo Díaz Ordaz y el colapso del milagro mexicano».

sindicatos «charros». Como señala Julio Pimentel, fundador y exmilitante de Unión del Pueblo:

> La estabilidad del régimen mexicano se sustentó, por una parte, en cierto consenso que generaban los beneficios sociales que mitigaban la pobreza de las clases populares y la relativa movilidad social que permitía el ascenso de sectores a las capas medias, y por otro lado, en el férreo control corporativo de obreros, campesinos y otros sectores sociales. Cuando eso fallaba no dudaba en recurrir a la persecución de sus opositores y a la más cruel de las represiones. (Ibarra, *La guerrilla de los setenta* 33)

En consecuencia, los primeros levantamientos de la segunda mitad del siglo XX fueron casi invisibles para el resto de la población y para la mirada internacional. En todo caso, destacó la masacre de Tlatelolco del 68, opacada por los Juegos Olímpicos y el discurso gubernamental de un 'complot comunista' que terminó en un fuego cruzado en el cual el ejército se distinguió por proteger a la población. Por supuesto, esta versión contradecía los testimonios de sobrevivientes, los archivos y documentos gráficos que serían abiertos hasta después del 2000[7].

A pesar de la violencia del Estado, de la proliferación de grupos armados a lo largo del país antes del 68 pero, particularmente, después de las represiones de Tlatelolco y San Cosme, el discurso gubernamental manejó convenientemente la teoría del 'complot comunista' y catalogó a los militantes del movimiento armado como 'delincuentes', 'robavacas', 'gavilleros', 'subversivos', 'terroristas' o 'traidores a la patria', evadiendo en gran medida el uso público del término y la alusión a la «guerrilla». La estigmatización de los grupos armados tuvo el objetivo de des-

---

7   Cabe destacar la escisión de distintos sectores del Estado a raíz de la actuación, al margen del ejército, del Batallón Olimpia y las guardias presidenciales la noche de Tlatelolco. Véanse las declaraciones del General García Barragán en *Parte de guerra II* de Julio Scherer García y Carlos Monsiváis.

articular la posible simpatía de la ciudadanía o la formación de bases de apoyo, de inocular a la población con un rechazo a la violencia y de presentar las acciones de los grupos armados como casos aislados de la delincuencia, que en todo caso aparecían en la nota roja de los periódicos.

En este sentido, cabe destacar el papel que tuvo la prensa, no solo para ocultar información, sino que formó parte de una estrategia psicológica y política para satanizar los levantamientos armados[8]. Asimismo, el manejo amarillista de las acciones armadas marcó una de las grandes diferencias para que la sociedad conservara en la memoria la masacre de Tlatelolco y no la violencia del Estado en contra de los grupos armados, los movimientos sociales y la disidencia política en general. Mientras el mitin en Tlatelolco fue pacífico, el estigma de la amenaza comunista y la violencia subversiva marcó el modo de articular una memoria dominante que recordaba el 2 de octubre, pero olvidaba las demás represiones como lo señala el epígrafe de Carlos Monsiváis.

A su vez, a partir de la década de los años setenta se incrementó el asesoramiento y el entrenamiento del ejército y la policía política para desarrollar una estrategia contrainsurgente que controlara posibles levantamientos armados en el interior del país. Como lo señala José Luis Piñeyro: «ha habido un perfecto *timing* o sincronización política en la relación castrense con Norteamérica (EE.UU.) con base en las cambiantes necesidades de control regional o nacional del Estado mexicano» («Las fuer-

---

[8] Salvo la revista *¿Por qué?*, la mayor parte de las publicaciones periódicas omitió difundir información sobre los grupos armados y la violencia del Estado. Véase Rodolfo Gamiño, *Guerrilla, represión y prensa en la década de los setenta en México: invisibilidad y olvido* (2011). Por su parte, Sergio Arturo Sánchez Parra destaca que la prensa fue un actor político que formó opinión y ejerció una pedagogía política durante la década de los años setenta, en la ponencia «Prensa y violencia política en México en los años setenta»: https://www.youtube.com/watch?v=SdD_irBx4K8.

zas armadas» 74). Asimismo, entre la década de los años setenta y ochenta, las policías políticas, como la Dirección Federal de Seguridad (DFS), la Dirección de Investigaciones Políticas y Sociales (DIPS) y la División de Investigaciones para la Prevención de la Delincuencia (DIPD), alimentaron y exageraron la teoría del 'complot comunista' para concentrar y justificar tanto presupuesto como poder político[9].

Se puede observar que la política gubernamental en estas décadas manejó un discurso bifronte que precisamente invisibilizó tanto la existencia de grupos armados, como la violencia del Estado y los operativos contrainsurgentes dirigidos contra la disidencia política, armada o no, y contra la población sospechosa de fungir como bases de apoyo. La negación de que existieran levantamientos armados, manteniendo una imagen internacional de apertura democrática, en particular durante el sexenio de Luis Echeverría, fue persistente, al tiempo que se llevó a cabo una guerra feroz y desproporcionada contra una población focalizada. Vuelos de la muerte, detención-desaparición, tortura individual y masiva, tortura sexual, operativos de rastreo, traslado de la población y cerco militar conocido como 'aldea vietnamita', arrasamiento de comunidades, cárceles clandestinas operadas por militares y policías políticas, la transformación de cuarteles militares en campos de concentración, persecución y ejecuciones extrajudiciales fueron prácticas sistemáticas y sostenidas durante estas décadas.

¿Pero qué tan grande era la amenaza de los grupos armados para la seguridad nacional? ¿Cuál fue su capacidad para desestabilizar al gobierno federal o local? ¿Cuál fue el desarrollo y el alcance que tuvieron a nivel nacional?

---

9   Sergio Aguayo «El impacto de la guerrilla en la vida mexicana. Algunas hipótesis» 92-93.

II. El movimiento armado socialista en México

En términos generales, se han registrado más de cuarenta grupos armados que surgieron entre las décadas de los años sesenta y ochenta, destacándose el fenómeno de surgimiento, casi simultáneo, adhesión y transformación de los grupos para formar alianzas y conformar un solo frente. Sin embargo, se debe observar también la multiplicación de los grupos, como resultado, ya fuera de la caída de los cuadros dirigentes o por los constantes deslindes entre diferentes grupos armados, lo que ha llamado José Luis Piñeyro la «cabeza de la hidra». Se calcula que el movimiento armado en conjunto tuvo alrededor de 2,000 militantes, cifra basada en el manuscrito del general Arturo Acosta Chaparro, «El movimiento subversivo en México» (1999). No obstante, exmilitantes señalan que estas cifras pueden ser conservadoras, y salta a la vista que no tienen una correlación con las cifras manejadas para el número de detenidos-desaparecidos (3,000), si se toma en cuenta la desproporción de los operativos del ejército, en particular pero no solamente, en el estado de Guerrero donde comunidades enteras fueron arrasadas, como reportan estudios recientes[10].

---

10 Al igual que las cifras de desaparecidos, asesinados y torturados, el número de participantes y grupos armados ha variado conforme avanzan las investigaciones. Sergio Aguayo señala la existencia de 29 grupos armados, 1,860 militantes (392 pertenecientes a la LC23S y 347 al PDLP, siendo los grupos más numerosos). Estos datos provienen del manuscrito del general Mario Arturo Acosta Chaparro, *El movimiento subversivo en México*, que circuló a partir de 1999. Por otro lado, Jorge Luis Sierra calcula que fueron alrededor de 32 agrupaciones y 1,700 militantes, a pesar de que la tabla incluye a 42 agrupaciones; mientras que Adela Cedillo ha localizado a 44 agrupaciones. Cotéjese Aguayo «El impacto de la guerrilla en la vida mexicana» (92), Sierra «Fuerzas armadas y contrainsurgencia»(364) y Adela Cedillo en Cabrera y Estrada, *Con las armas de la ficción. Volumen I*, (73-74).

La historiografía de la «guerrilla» en México ha clasificado los levantamientos armados de la época en dos oleadas que comprenden de 1965 a 1972 para la primera oleada y de 1973 a 1978 para la segunda. Otra forma de catalogarlos ha sido la división entre «guerrilla rural y urbana», aunque algunos grupos operaron de manera mixta y quizás una aproximación más iluminadora sea partir de sus influencias, estructura y modos operativos. *Grosso modo* la mayor parte de los grupos de la primera oleada derivaron de movimientos sociales que les brindaron una mayor capacidad de bases de apoyo, tomaron la ruta armada como respuesta al cierre de las vías democráticas y su rango de operación fue primordialmente regional; mientras que los de la segunda oleada tuvieron una coordinación y alianzas entre varios grupos, incorporaron la teoría marxista, ya que en su mayoría provenían de agrupaciones estudiantiles de izquierda, buscaron operar en varias regiones, pero carecieron de suficientes bases de apoyo[11].

---

11 Dentro de la primera oleada se ha considerado al Grupo Popular Guerrillero (CPG), en Chihuahua, a la Asociación Cívica Nacional Revolucionaria (ACNR) y al Partido de los Pobres (PDLP), en el Estado de Guerrero. Aunque el movimiento jaramillista en Morelos, entre la década de los años cuarenta y sesenta, no entra en esta clasificación, cabe mencionar que el modo de operación es similar al posterior movimiento cívico en Guerrero con la formación de el Partido Agrario Obrero Morelense (PAOM) y con su brazo armado, cuando el partido fue declarado ilegal en tres ocasiones (1943-44, 1946-51 y 1952-58). La Asociación Cívica Guerrerense (ACG) de Genero Vázquez se transformó en ACNR, y el PDLP tuvo a su vez como brazo armado la Brigada Campesina de Ajusticiamiento (BCA). Dentro de la segunda oleada está el Movimiento Acción Revolucionaria (MAR), los diversos grupos que conformaron la Liga Comunista 23 de Septiembre (LC23S) como los Procesos, Enfermos, Movimiento 23 de Septiembre, Lacandones, Guajiros, Macías, Movimiento Estudiantil Profesional y el Frente Revolucionario Estudiantil, así como otros grupos que no se sumaron a la LC23S. Para la clasificación de oleadas guerrilleras y la formación de la tercera oleada véase de Hugo Esteve, *Las armas de la utopía* (1996); para una mirada panorámica de la izquierda partidista, la

El estudio de la genealogía y la ramificación de los grupos armados permiten observar, por un lado, un fenómeno de simultaneidad, en donde los grupos de la primera y segunda oleada convivieron y se traslaparon, a la vez que se observa en algunas ramas un proceso de rearticulación constante que deriva en los grupos armados actuales[12]. Es decir, se trata de un fenómeno recurrente —como lo planteó Carlos Montemayor en *La guerrilla recurrente* (1999)— producto de la violencia estructural e institucional a nivel regional y nacional. Asimismo, se puede observar que la mayor parte de los militantes provino de movimientos sociales y grupos armados anteriores, e inclusive la participación en los grupos armados atravesó a varias generaciones de militantes. Ejemplo de ello es la rearticulación del Grupo Popular Guerrillero (GPG), que llevó a cabo el asalto al cuartel Madera en 1965, en el Grupo Popular Guerrillero Arturo Gámiz (GPGAG), encabezado por el sobreviviente de Madera, Óscar González Eguiarte. A su vez, familiares de militantes de estos dos grupos se unieron posteriormente al Movimiento 23 de Septiembre (M23S) y al Movimiento Acción Revolucionaria (MAR), que posteriormente formarían parte de la Liga Comunista 23 de Septiembre (LC23S)[13].

Por mucho, la LC23S fue el frente más amplio que coordinó diferentes grupos armados de la segunda oleada, aunque también hubo grupos que no se incorporaron a la LC23S y opera-

---

izquierda radical, la izquierda democrática y la izquierda social véase el capítulo «El movimiento armado mexicano de la segunda mitad del siglo XX: contexto y narrativa» de Patricia Cabrera y Alba Teresa Estrada en *Con las armas de la ficción* (2012).

12 Para un listado de los movimientos armados entre 1994 y 2003, véase Sierra Guzmán (228-229).

13 Este es el caso de Alma Gómez, hija de Pablo Gómez, médico y miembro del GPG, y de Minerva Armendáriz, hermana de Carlos Armendáriz, miembro del GPGAG, ambos muertos en combate.

ron de manera independiente[14]. Como señala José Antonio León Mendivil, exmilitante la LC23S:

> [La LC23S] es un esfuerzo de coordinación político-militar de una cantidad de importante de grupos guerrilleros que desarrollaban una actividad regional y cuyos orígenes eran diversos, tanto en la geografía como en lo político; algunos surgieron del movimiento magisterial, otros del movimiento campesino agrario. Aquí es necesario recordar el papel que jugaron las Juventudes Comunistas del PCM, pues con la ruptura de una parte importante de éstas con el PCM en diciembre de 1969, se fue fraguando la necesidad de impulsar la revolución socialista por la vía armada. (Kraus 97-98)

Por otra parte, se puede observar en el Estado de Guerrero al Partido de los Pobres (PDLP) de la primera oleada que, aunque se dividió en dos grupos: las Fuerzas Armadas Revolucionarias (FAR) y las Fuerzas Armadas de Liberación (FAL), otra rama de los sobrevivientes del cerco militar se rearticuló con el grupo Unión del Pueblo de Oaxaca para formar el Partido Revolucionario Obrero Campesino Unión del Pueblo (PROCUP), antecedente directo del Ejército Popular Revolucionario (EPR) y del Ejército Revolucionario del Pueblo Insurgente (ERPI), que surgieron en la década de los años noventa[15]. Otro caso de rearticulación y sobrevivencia de grupos armados fueron las Fuerzas

---

14 Ejemplo de ello son las agrupaciones Comando Armado del Pueblo (CAP), Frente Urbano Zapatista (FUZ), Liga de los Comunistas Armados (LCA), Comandos Armados de Chihuahua (CACH), Partido Proletario Unido de América (PPUA) encabezado por «El güero» Medrano, Unión del Pueblo (UP) y las Fuerzas de Liberación Nacional (FLN).

15 Posteriormente, el EPR dio origen a otros grupos en Guerrero como Tendencia Democrática Revolucionaria-Ejército del Pueblo (TDR-EP), el Comité Clandestino Revolucionario de los Pobres-Comando Justiciero 28 de Junio (CCP-CJ28J) y las Fuerzas Revolucionarias Armadas del Pueblo (FARDP) por citar algunos ejemplos.

de Liberación Nacional (FLN) que formaron posteriormente el EZLN en Chiapas[16].

Siguiendo la genealogía de los grupos armados, se puede observar que su formación y desarrollo es dinámica y heterogénea, ya sea como producto de la caída de cuadros dirigentes o bien por las tensiones internas, divisiones y alianzas que se dieron. Aunque los grupos armados respondieron a las condiciones generales de desigualdad y explotación económica, autoritarismo y ausencia de vías democráticas, también respondieron a sus contextos regionales y abrevaron de diferentes tradiciones y formas de entender la lucha revolucionaria. Ejemplo de ello no solamente fue la diferencia insalvable entre el PDLP y la Organización Partidaria (OP), antecedente de la LC23S, sino también las tensiones y debates entre la teoría del foco guerrillero o la guerra popular prolongada[17].

Esto lleva a replantear el uso del término «guerrilla» y redefinir que se trató de un fenómeno plural, simultáneo o traslapado y que atendió a diferentes contextos regionales. Ahora bien, por su parte, los exmilitantes definen la «guerrilla» como una estrategia que forma parte de la etapa armada de la lucha revolucionaria, basándose en las premisas de Clausewitz y la teoría del foco guerrillero.

---

16 Para un diagrama general de los grupos guerrilleros y su genealogía véase Laura Castellanos *México armado* (354-355); Cabrera y Estrada *Con las armas de la ficción* (73-77); para la historia de las FLN como antecedente del EZLN véase Adela Cedillo *El fuego y el silencio: la historia de la* FLP (2008) y «Armed Struggle Without Revolution» (2012).

17 El PDLP respondió al poder ejercido por los cacicazgos y la oligarquía regional, a pesar de que en el *Primer Ideario* aparece una declaración semejante al derrocamiento del Estado burgués, la OP vio con reticencia la simplificación del marxismo a una praxis pobrista carente de una metodología adecuada. Para una revisión de los desencuentros en la sierra véase el capítulo 4.

La guerrilla tenía como propósito desgastar al enemigo; no pensábamos realmente que pudiéramos derrotar al ejército, siguiendo lo que decía el ideólogo de la guerra alemán Carl Von Clausewitz: «al enemigo hay que dejarlo en condiciones tales que no pueda o no quiera seguir combatiendo», esto no significa que hay que asesinar a todo el ejército, hay que dejarlo en condiciones tales que ya no quiera seguir combatiendo, que deponga las armas, que deserte, que abandone. Es decir, la guerra de guerrillas a largo plazo era una guerra de desgaste que pretendía crear las condiciones para un mejor desempeño de las organizaciones político-militares. (Ricardo en Kraus 84)

Es decir, los exmilitantes concibieron la toma de las armas y la «guerrilla» como estrategia militar que no estaba aislada de otros frentes de lucha, por lo que la lucha armada no era un fin en sí mismo. No obstante, tanto en los primeros textos testimoniales como en los balances después del 2000, aparece un motivo recurrente: la crítica al militarismo que soslayó y sustituyó la acción militar por el trabajo teórico-político, la formación de redes de apoyo y la creación de futuros cuadros dirigentes, entre otros. Como señala Salvador Castañeda, la mala lectura de las condiciones reales, el prontismo, la falta de preparación político-militar, pero sobre todo lo que Castañeda destaca como la «negación del número» llevaron a los grupos armados a un callejón sin salida. Es decir, el asumir que la acción militar sin una retaguardia o redes de apoyo sería suficiente para levantar al pueblo[18].

---

18 Cabe destacar que la perspectiva de Castañeda proviene de la experiencia de su militancia en el MAR, la influencia del marxismo y la crisis de los partidos comunistas. Aunque Castañeda ofrece un análisis de Lucio Cabañas y el PDLP, es necesario señalar que el PDLP gozó de amplias bases de apoyo que fueron eliminadas por las operaciones militares en Guerrero.

Si el grupo armado no consigue imponerle una tregua a los *otros* o arrebatarle la iniciativa —que al comienzo es de la guerrilla al saltar a la escena—, las fuerzas armadas del Estado no se bajarán del escenario hasta terminar con el cuadro. Por esto, podemos afirmar que en México los grupos armados urbanos no tuvieron tiempo para anudarse en la trama social, resultado de su impaciencia porque, más que las pruebas de fuego, no resistieron, en el transcurrir del tiempo, la tentación de la actividad armada. No pudieron con el trabajo paciente y a largo plazo de organizarse y sentar premisas. Bajo tal dinámica tuvieron un desarrollo artificioso e hicieron un manoseo impúdico de las condiciones de la realidad. No entendieron que la organización armada es la vanguardia, la avanzada del pueblo, la forma organizada de su violencia espontánea. Que la guerrilla no es solo un método de lucha combinable, sino que está encaminada (cuando no es apoyo de un ejército regular) a la creación de un Ejército Popular. *La guerrilla no puede ser siempre una guerrilla. Su finalidad no es la toma del poder sino organizar a la población y su fuerza e insurreccionarla.* (*La negación del número* 82-83; énfasis mío)

Si bien es cierto que el término «guerrilla» ha sido ampliamente usado como metáfora de la lucha revolucionaria, la reducción del todo por la parte no solo fue metafórica, sino que también tuvo efectos reales en los grupos armados. De este modo, revisitar el término es relevante para evitar obnubilar la complejidad y heterogeneidad de la emergencia de los grupos armados o reducir una perspectiva más amplia que contemple el proceso, dinámica y recurrencia de este fenómeno.

Asimismo, en la década de los noventa exmilitantes de diferentes grupos armados formaron el Centro de Investigaciones Históricas de los Movimientos Armados (CIHMA) cuyo objetivo fue compilar documentos, formar un archivo para la consulta e investigación independiente, enfocado en la recuperación de una historia silenciada. Comienza así un proceso de resignificación del pasado, en donde la lucha armada se presenta como parte de los diversos movimientos sociales y no como el Estado la representó ya fuera como delincuentes del orden común o bien como subversivos, terroristas y traidores a la patria.

En el ámbito académico, en el 2002, El Colegio de Michoacán y el Centro de Investigaciones Superiores en Antropología Social organizaron el foro «La guerrilla en las regiones de México, siglo XX» que posteriormente se publicó en tres volúmenes de *Movimientos armados en México, Siglo XX* (2006). En la introducción a esta obra que marca un parteaguas, Verónica Oikión y Marta Eugenia García Ugarte señalan que ha quedado como tarea pendiente el sistematizar los términos «guerrilla, guerrillero, insurgente, rebelde» entre otras, ya que cada estudioso utilizó diferentes categorías analíticas provenientes de sus preferencias teóricas o ideológicas (17). De este modo, alertan sobre esta carencia, pero al mismo tiempo señalan los riesgos de utilizar los términos que el propio Estado utilizó para estigmatizar y restar el carácter político de los grupos armados.

> Nada más paradójico, como dijera Ricardo Melgar Bao, que reducir los movimientos guerrilleros a conceptos y categorías analíticas que en su orden académico obligado puede desconocer o velar las «diversas tradiciones culturales e ideológicas» de cada una de las experiencias guerrilleras regionales, nacionales o continentales o, desde otra perspectiva, realizar una ponderación inadecuada de la violencia institucionalizada y el papel de los aparatos de control y represión del Estado mexicano. (*Movimientos armados en México* 16)

Aunque todavía hay un uso indistinto de estas categorías, en este periodo comienzan a aparecer los términos «lucha armada», «grupos armados», «movimiento armado» y «movimiento armado socialista» para identificar la simultaneidad y diversidad de los grupos armados entre las décadas de los sesenta a los ochenta. Por su parte, entre 2002 y 2004 los exmilitantes llevaron a cabo cuatro Reuniones Nacionales de Exmilitantes, durante las cuales se discutió ampliamente la necesidad de hacer un balance de la lucha armada en el contexto de la alternancia partidista y la creación de la FEMOSPP. Durante la tercera reunión se acordó que la siguiente llevaría el título «IV Reunión Nacional de Exmilitantes del Movimiento Armado Socialista en México», planteando un proyecto de resignificación del pasado, de la lucha revolucionaria y de la identidad del 'guerrillero' como luchador social. Así al final de la Cuarta Reunión, la tesis de Zapopan presenta su posicionamiento en diferentes rubros, pero, en este caso, me interesa destacar la ausencia del término «guerrilla»:

> La lucha armada surgió por la imposibilidad de defender legal y pacíficamente las nobles causas nacionales y sociales, como respuesta defensiva de quienes eran reprimidos incluso con la muerte por encabezar esas causas. La lucha armada se dirigió contra el Estado capitalista mexicano y su gobierno, altamente represivo y autoritario, asesino de obreros y campesinos, cuya respuesta sistemática a la oposición revolucionaria fue la cárcel, la tortura y la muerte. Los *grupos armados socialistas* se desarrollaron en el país principalmente alentados por la represión gubernamental y por la convicción de que los liderazgos socialistas tradicionales carecían de espíritu revolucionario para enfrentar al gobierno. (Tesis de Zapopan)[19]

Como se ha expuesto, dada la diversidad teórica, de *praxis* y de condiciones específicas y regionales que condujeron a la emergencia de los grupos armados, el término «guerrilla» reduce la complejidad de éstos, soslayando sus procesos y diná-

---

19 Énfasis mío. Para consultar algunos documentos de las Reuniones Nacionales, incluyendo la tesis de Zapopan, véase http://reunionesnacionalesdeexcombatientemas.blogspot.com/. Para un análisis de estas reuniones, véase la tesis doctoral de Rodolfo Gamiño «Resistir al olvido. Iniciativas no oficiales de memoria implementadas por ex militantes del movimiento armado socialista en la Ciudad de México y Guadalajara» (2014) y *Memorias fragmentadas de una guerra sucia. El caso del Colectivo Rodolfo Reyes Crespo* (2016).

micas de recurrencia, rearticulación y transformación. Aunque la LC23S procuró formar un frente único, inclusive dentro de ésta existieron diferentes corrientes y la *praxis* no fue la misma en los estados de Sonora, Jalisco, Chihuahua o Nuevo León, por citar un ejemplo. Asimismo, coincidiendo con el planteamiento de los exmilitantes, en adelante se utilizarán los términos «lucha armada», «movimiento(s) armado(s)», «grupo(s) armado(s)» o «movimiento armado socialista» para denominar la emergencia y diversidad de los grupos entre las décadas de los años sesenta a ochenta. El término guerrilla se utilizará para denominar la estrategia militar o en todo caso «guerrilla» para señalar que se trata del término usado antes del 2000.

Se señaló anteriormente que una forma de analizar y catalogar a los grupos armados se basó en la oposición rural-urbano, a pesar de que muchos operaron de manera mixta. Por ejemplo, el PDLP, a pesar de que sus bases se mantuvieron principalmente en la sierra de Guerrero, algunos miembros también operaron en las ciudades. El MAR, que operaba en las ciudades, se extendió a zonas intermedias como los suburbios de Morelia y a áreas rurales en Michoacán e Hidalgo, entre otros estados. Asimismo, la LC23S, catalogada como una 'guerrilla urbana', tuvo brigadas en áreas rurales de Guerrero y Oaxaca, y en el cuadrilátero dorado que comprende el área entre los estados de Chihuahua, Durango, Sonora y Sinaloa[20].

---

20 Mientras la Brigada Revolucionaria Genaro Vázquez Rojas (BRGVR) operó en Guerrero, la Brigada Revolucionaria Emiliano Zapata (BREZ) lo hizo en Oaxaca, y el Comité Político Militar Arturo Gámiz (CPMAG) en el cuadrilátero dorado. Véanse los testimonios de Miguel Topete *Los ojos de la noche: el comando guerrillero Óscar González* (2009), Leopoldo Angulo Luken *Nos volveremos a encontrar. La LC23S en la Sierra Madre*, escrito en 1981 pero publicado de manera póstuma en 2011. Para el MAR, véase Fernando Pineda Ochoa *En las profundidades del mar. El oro no llegó de Moscú* (2003) y Abdallán Guzmán Cruz *Los mártires de la democracia* (2011). Para el PDLP véanse los testimonios de Arturo Miranda Ramírez *El otro rostro de la guerrilla: Genaro, Lucio y Carmelo, experiencias de la guerrilla*

En este sentido, quizás valga la pena revisar esta oposición brevemente a partir de las dos grandes influencias ideológicas y de memoria de las que abrevó el movimiento armado, así como el efecto que tuvo el contexto político de la Guerra Fría. Si bien en su mayoría los grupos armados surgen de las organizaciones izquierdistas, se pueden observar dos influencias mayores que determinaron las rutas y modos de articular sus agencias: la Revolución Mexicana y la Revolución Cubana. Por un lado, las deudas y promesas no cumplidas de la Revolución mexicana fueron un referente inmediato que se mantuvo vivo en la memoria social, particularmente en estados donde la oligarquía y las autoridades locales fungieron como cacicazgos que no solamente explotaron a la población y sus recursos, sino que impidieron la resolución de los conflictos por la vía democrática y legal al utilizar la fuerza pública. Carlos Montemayor señala que tanto la violencia estructural como la institucional son elementos clave para comprender la recurrencia de la «guerrilla» en México[21].

Por otro lado, el triunfo de la Revolución cubana revitalizó la posibilidad del cambio revolucionario sin tener que esperar a que se dieran las condiciones históricas y sociales como planteaba tradicionalmente el marxismo. Aunque posteriormente muchos de los grupos cuestionaron la teoría del foco, el prontismo y el militarismo, es decir, lanzarse a la lucha sin suficientes bases de apoyo y aislarse de los movimientos obreros; la represión a los movimientos sociales y estudiantiles, el cierre de las vías legales, la inmediatez por llevar a cabo acciones y la impresión de que la revolución estaba a la vuelta de la esquina catapultó la emergencia de los grupos armados, particularmente en sectores estudiantiles.

(1996); José Arturo Gallegos Nájera *La guerrilla en Guerrero: testimonios sobre el Partido de los Pobres*, y *las Fuerzas Armadas Revolucionarias: proyectos, anécdotas, datos biográficos y documentos históricos* (2004).

21 Carlos Montemayor *La guerrilla recurrente* (1999) y *La violencia de Estado en México antes y después de 1968* (2010).

> Después de la Revolución Cubana, la lucha por la toma del poder tuvo más que ver con una problemática entre la concepción de frente y grupo guerrillero vanguardista (o dicho de otro modo, entre la utopía del golpe rápido y la tesis de la guerra prolongada), que con el cuestionamiento si la revolución era o no posible. (*La negación del número* 19)

Ambos casos, la memoria de la Revolución mexicana y la posibilidad de cambio que representó la Revolución cubana, funcionaron como referentes en la búsqueda de nuevas formas y quiebres de un sistema y poder hegemónicos. Si bien la memoria de la Revolución mexicana, una revolución traicionada y cooptada por el partido oficial, mira al pasado rearticulándolo en el presente y anclándolo a una tradición revolucionaria, el impacto de la Revolución cubana encaminó los proyectos revolucionarios apostando por una ruptura con el modelo soviético y con los partidos comunistas. Estos dos referentes, imprescindibles para entender el movimiento armado en México, señalan claramente una crisis política y social no solamente de la hegemonía del PRI en el contexto nacional y de los modelos de progreso que soslayaron al campo, sino también una crisis profunda de modelos políticos, sociales y económicos en el contexto de la Guerra Fría.

> Las explosiones de 1968 tuvieron dos temas repetidos virtualmente en todos lados, cualquiera que fuera el contexto local. Una fue el rechazo al poder hegemónico de Estados Unidos, simultáneamente con el reclamo de que la Unión Soviética, el presunto antagonista de Estados Unidos, de hecho coludía en el orden mundial que Estados Unidos había establecido. Y el segundo tema era que los movimientos antisistémicos tradicionales no habían cumplido sus promesas una vez en el poder. (Wallerstein 84)

Si bien la emergencia de muchos de los grupos armados proviene de un contexto local, como respuesta a la represión de movimientos sociales —el asalto al cuartel Madera por parte del GPG, el movimiento jaramillista en Morelos, el movimiento cívico guerrerense y el movimiento estudiantil del 68, por citar unos ejemplos— a su vez, muchos otros grupos surgieron a raíz de la ruptura con el Partido Comunista Mexicano (PCM) y sus limitaciones para responder y albergar nuevas rutas en esta coyuntura[22].

Por otro lado, es importante señalar la influencia que tuvo la ola de movimientos armados en Sudamérica, particularmente el pensamiento de Carlos Marighella en Brasil, de Douglas Bravo en Venezuela y de Camilo Torres en Colombia. Sin embargo, a pesar de las afinidades que encontró el movimiento armado con otros grupos en América Latina, de que algunos militantes mexicanos se unieron a la lucha en Centroamérica, no hubo un intercambio político ni militar. Campos Hernández señala que en México hubo un flujo constante del exilio latinoamericano, convirtiéndose en un lugar de organización y preparación de los proyectos revolucionarios, particularmente de Centroamérica durante la década de los años sesenta. Sin embargo, el gobierno cubano presionó para que el exilio centroamericano desistiera de mantener una relación con los grupos armados mexicanos. Asimismo, en la segunda mitad de la década de los años setenta, el momento de mayor fuerza y posibilidades de triunfo de la revolución en Centroamérica, los grupos armados buscaron en el gobierno mexicano un aliado internacional que las respaldara ante la intervención estadounidense.

Desde 1977, con matices y altibajos, las guerrillas centroamericanas también ayudaron a guardar a México del *contagio*

---

22 Las fracciones derivadas del PCM y las Juventudes Comunistas son bastante numerosas, así como la creación de nuevas agrupaciones entre las cuales destaca Liga Leninista Espartaco, a la cual perteneció José Revueltas. Es conocido el dogmatismo del PCM y su resistencia a la crítica, como también la expulsión de Revueltas en varias ocasiones y el veto a su obra. La trayectoria política de Revueltas refleja las múltiples corrientes que incluyeron leninistas, trotskistas y maoístas, por citar algunos ejemplos. Véase *Ensayo sobre un proletariado sin cabeza* (1962).

guerrillero. (...) En aras del juego costo-beneficio quedó sacrificada la solidaridad proletaria y el internacionalismo revolucionario, por lo menos con respecto a los revolucionarios mexicanos. (Campos Hernández 93-94)

El apoyo abierto de Cuba a los movimientos revolucionarios en América Latina (1962-1968), entre la crisis de los misiles, la invasión de EE.UU. en Bahía de Cochinos y tras la muerte del *Che* en Bolivia, no incluyó a los movimientos armados en México por el trato tácito entre los gobiernos de Cuba y México, siendo este último el único país latinoamericano que ignoró el embargo económico impuesto por EE.UU. Esta situación marcó el desarrollo y derrota militar de los movimientos armados en México, así como su encubrimiento por parte del Estado[23].

Tradicionalmente, los estudios del movimiento armado en México han destacado las condiciones a nivel local y nacional para la emergencia de los grupos armados, la serie de contradicciones o errores en su interior y la represión del Estado, sin embargo, nuevos estudios plantean un contexto más amplio que es esencial para comprender tanto el desarrollo del movimiento armado como el papel del Estado en el contexto de la Guerra Fría. Si bien los grupos armados buscaron una alianza y apoyo internacional, esta no provino de Cuba ni de la URSS. Fernando Pineda Ochoa y Salvador Castañeda, exmilitantes del MAR, señalan que la formación del grupo se dio en la Universidad de Todos los Pueblos Patricio Lumumba, en la URSS, pero de manera clandestina, y que el grupo tuvo dificultades para obtener apoyo económico y militar. Después de varios intentos, Corea del Norte aceptó, pero el MAR tuvo que viajar de manera clandestina en tres

---

23 Cabe recordar por un lado que Cuba privilegió el apoyo a las «guerrillas» que reunían condiciones agrarias para el desarrollo del foco guerrillero y no hacia aquellos grupos que surgieron en áreas urbanas, como fue el caso de los Tupamaros en Uruguay. Véase Aldo Marchesi «Revolution Beyond the Sierra Maestra: The Tupamaros and The Development of a Repertoire of Dissent in the Sothern Cone».

grupos para recibir entrenamiento político y militar. Siendo éste uno de los pocos grupos que logró apoyo internacional de manera temporal, la mayor parte del movimiento armado tuvo que enfrentar el cierre de apoyo y solidaridad, debido al entramado político y económico mexicano en el contexto de la Guerra Fría, más el asesoramiento técnico y material de EE.UU. en contrainsurgencia, lo que volvió casi imposible la sobrevivencia de los grupos armados[24]. Como señala Fabián Campos Hernández:

> ¿Era posible hacer crecer y consolidar un proyecto armado sin alianzas internacionales? Las capacidades técnicas y tecnológicas del ejército mexicano, el apoyo constante y el giro contrainsurgente que le imprimió el gobierno estadounidense mediante sus planes de modernización, tanto al ejército como a las policías hacen que la respuesta sea un no rotundo. (Campos Hernández 90)

No obstante, a pesar de la ausencia de apoyo internacional a los grupos armados, el gobierno mexicano se alineó con el discurso de salvación que se utilizó en las dictaduras del Cono Sur, formando parte de la política continental intervencionista de EE.UU., aunque con ciertos matices. Por un lado, el gobier-

---

[24] Otro grupo que tuvo apoyo en el exterior fue el Partido Revolucionario del Proletario Mexicano (PRPM) que formó parte de la corriente maoísta. La influencia maoísta ya estaba presente en 1967 aunque el partido es fundado en 1969, año en el que viajan dos grupos a China para recibir entrenamiento político y militar. Al igual que el MAR, el PRPM había sido vigilado por la DFS y tras el regreso fueron capturados la mayor parte de sus militantes. Florencio «El güero» Medrano, sobreviviente, siguió activo organizando la toma de tierras en Morelos donde fundó la Colonia Proletaria Rubén Jaramillo en 1973 y la fundación del Partido Proletario Unido de América (PPUA) que tuvo presencia en Guerrero, Morelos, Puebla, el Distrito Federal y Oaxaca entre 1974 y 1979. Para una revisión del maoísmo véase Uriel Velázquez Vidal «El maoísmo en México. El caso del Partido Revolucionario del Proletariado Mexicano 1969-1970». Para un estudio sobre el MAR, véase Verónica Oikión «El Movimiento de Acción Revolucionaria. Una historia de radicalización política».

no negó la existencia de los grupos armados, particularmente en las áreas rurales, encubriendo las operaciones del ejército y grupos paramilitares como ayuda social a las comunidades y como protección ante la delincuencia local. Por otro lado, el gobierno magnificó el alcance de una intervención soviética usando la retórica anticomunista y antipatriótica para legitimar los operativos de la policía política en áreas urbanas particularmente, es decir, donde los grupos armados tenían mayor visibilidad aunque menos bases de apoyo[25].

En ambos casos, el discurso gubernamental, por contradictorio que era, y de hecho como parte de un Estado con distintos rostros, tuvo efectos importantes: 1) escondió las condiciones sociales y políticas y su recurrencia, así como el cierre de vías democráticas bajo el relato de la epidemia comunista proveniente de fuerzas extranjeras; 2) estigmatizó a los grupos armados bajo un discurso populista de unidad nacional, y, lo más grave 3) escondió las operaciones contrainsurgentes en las que participaron tanto ejército, marina, policía federal y policía política, como grupos paramilitares, teniendo asesoría técnica y material de la inteligencia estadounidense.

III. Violencia de Estado y operaciones contrainsurgentes

El Estado actuó como una tenaza profesionalizando al ejército y desarrollando una estrategia contrainsurgente que in-

---

[25] Un claro ejemplo de la retórica y propaganda del gobierno es el libelo *Traición a la Patria* (1971) de José G. Cruz, ilustrador famoso por la historieta *El Santo*. Publicado casi inmediatamente después de la presentación a la prensa de los militantes del MAR detenidos por las autoridades, el libelo está confeccionado a partir de la oposición entre los valores patrióticos, el complot comunista y la traición a la prosperidad y estabilidad nacional. Por supuesto, bajo un discurso populista y nacionalista, el objetivo es alarmar a la población e inocular el rechazo a la violencia de la lucha armada.

cluyó grupos de choque y grupos paramilitares, mientras que recurrió a la retórica de seguridad nacional y a la cooptación de los medios para ocultar las operaciones de 'contención' y represión. Esta tenaza funcionó a partir de estos dos puntos estratégicos que abrieron fuego en una guerra física y psicológica para aniquilar la disidencia política. A pesar de que las autoridades han negado esta coordinación, la investigación en los archivos ha encontrado lo contrario, señalando la coordinación y participación de vigilancia, infiltración, disturbios, acciones de desaparición forzada y tortura, ejecuciones, vuelos de la muerte, así como traslado de detenidos desaparecidos entre cárceles clandestinas, centros de detención y cuarteles del ejército —particularmente al Campo Militar Número Uno (CM1)— que fungieron como campos de concentración. En este programa de contrainsurgencia, no sin tensiones en ciertos momentos, participaron las fuerzas del ejército, marina, la Procuraduría General de la República (PGR) y procuradurías de los estados, Dirección General de Policía y Tránsito (DGPT), Departamento del Distrito Federal (DDF) y los grupos paramilitares de los que se tiene conocimiento, como el Batallón Olimpia, Halcones, Brigada Blanca, Grupo Jaguar y Grupo Sangre, coordinados por la DFS, la División de Investigaciones para la Prevención de la Delincuencia (DIPD) y la Dirección General de Investigaciones Políticas y Sociales (DGIPS). Puesto que esta coordinación, esencial para el desarrollo de la contrainsurgencia, implica el conocimiento, organización y ocultamiento del aparato del Estado, es imprescindible hacer una breve revisión, por un lado, de los operativos del ejército y, por otro, de los grupos paramilitares de los cuales se tiene conocimiento[26].

José Luis Piñeyro señala que durante los gobiernos postrevolucionarios se purgó, despolitizó y fortaleció al ejército,

---

26 Para un seguimiento de las instituciones gubernamentales, policíacas, paramilitares y operativos del ejército véase el organigrama en anexo 1.

pero particularmente durante el sexenio de Manuel Ávila Camacho (1940-1946), en el contexto de la Segunda Guerra Mundial, se consolidó el aislamiento del ejército de los ámbitos político y social a través del endurecimiento del sistema penal para los delitos de guerra («Contraguerrilla y violencia estatal en México» 24-31). Asimismo, señala que el ejército mexicano se basa en la estrategia defensiva, dentro de la cual destaca el Plan DN II para la defensa de un contrincante interno que atente contra la Constitución, leyes e instituciones del Estado. El Plan DN II estuvo particularmente enfocado en la vigilancia y control de disturbios civiles:[27]

> La hipótesis de guerra rectora es acudir al área conflictiva de inmediato, controlar o reprimir con energía el foco de insurgencia civil armada o no armada, o por lo menos aislarlo para evitar su propagación al resto de la sociedad. (Piñeyro 34)

Por su parte, Jorge Luis Sierra Guzmán señala que a pesar de que no hay mención en fuentes militares sobre la «guerrilla», durante el gobierno de Adolfo López Mateos (1959-1964) el ejército rompió la huelga ferrocarrilera de 1959 y realizó labores de vigilancia en las redes ferroviarias e instalaciones de la Compañía Telefónica y de la Compañía Mexicana de Aviación en 1960, al mismo tiempo que desarrolló una doctrina militar para prevenir brotes de la lucha armada (*El enemigo interno* 39-41).

---

27 Mientras el Plan DN I atiende a la defensa ante un agresor externo, el Plan DN III tiene por objetivo resguardar la seguridad de la población en situaciones de emergencia, ya sea por desastres naturales, humanos o actividades ilícitas. No obstante, José Luis Piñeyro señala que la continuidad de la violencia ha sido una política de Estado, como lo ha demostrado en sus trabajos sobre las acciones del ejército en el contexto del levantamiento del EZLN, EPR y ERPI. Véanse «Las fuerzas armadas y la guerrilla rural en México. Pasado y presente» (2006) y «Contraguerrilla y violencia estatal en México» (2015).

Posteriormente, durante el sexenio de Gustavo Díaz Ordaz (1964-1970) se buscó profesionalizar al ejército a través de la implementación de Ejercicios Tácticos Regionales (ETR) en cada una de las zonas militares del país. El objetivo de los ETR fue vigilar y detectar posibles focos de movimientos sociales y levantamientos armados. En este período, Sierra Guzmán registra que 306 oficiales fueron enviados a entrenamiento contrainsurgente a academias en EE.UU., a la vez que se añadió en las publicaciones del ejército tanto *Manuales de guerra de guerrillas* como *Tácticas de infantería* (*El enemigo interno* 47-49).

Cabe destacar que al mismo tiempo se llevó a cabo la formación de grupos de choque y grupos paramilitares que comenzaron a actuar desde el movimiento estudiantil de 1968. Tal es el ejemplo del Batallón Olimpia y Halcones, a cargo del general Luis Gutiérrez Oropeza y el coronel Manuel Díaz Escobar, respectivamente, estando estos grupos directamente relacionados con las Guardias Presidenciales, la DGPT, así como el DDF. Mientras el Batallón Olimpia actuó de manera oculta durante la masacre de Tlatelolco el 2 de octubre de 1968, el grupo Halcones actuó de forma más visible durante la manifestación del 10 de junio de 1971, estando directamente coordinado por la Secretaría de Gobernación (SEGOB), la PGR, las procuradurías de los estados, el DDF y la DFS. Estos dos grupos fueron los más visibles y los primeros experimentos de una compleja red de estrategia contrainsurgente que se desarrolló y refinó en las décadas siguientes; cabe señalar la poca información que han arrojado las investigaciones en términos de cifras, lo que contrasta con las narrativas detalladas de los hechos[28].

---

28 Sobre el Batallón Olimpia hay registro de su operación el 2 de octubre al comenzar a disparar desde el balcón del edificio Chihuahua, donde estaban los oradores del mitin. Esto desencadenó la acción del ejército, quedando atrapados los manifestantes en la plaza de Tlatelolco entre el fuego cruzado del Batallón Olimpia y el ejército. En relación con las cifras de muertos, heridos y detenidos, estas varían dependiendo de las fuentes.

Posteriormente, en la década de los años setenta aparecen otros grupos paramilitares como la Brigada Especial Antiguerrillera, la Brigada Blanca, el Grupo Jaguar y el Grupo Sangre, coordinados por la DFS, la DIPD y la DGIPS, teniendo intercambio entre la SEGOB, el ejército y las policías a diferentes niveles.[29] La Brigada Especial Antiguerrillera, frecuentemente confundida con la Brigada Blanca, dependía de la DIPD, que a su vez era el

---

Mientras el ejército reporta 1,043 detenidos, 26 muertos y 100 heridos, reportes desclasificados de Estados Unidos señalan 350 muertos, aunque se calcula que entre 150 y 200 personas pudieron haber perecido en la masacre. El periódico *The Guardian* reportó 325 muertos, mientras la DFS reportó 32 muertes. Por su parte, el Consejo Nacional de Huelga (CNH) de los estudiantes reportó la muerte de 150 civiles y 40 militares, mientras un reporte del embajador Fulton Freeman señala que más 2,000 personas fueron detenidas en Tlatelolco (FEMOSPP 164-73). Sobre el grupo Halcones se tiene registro de que 20 oficiales fueron entrenados en Estados Unidos, Japón, Reino Unido y Francia, que el grupo que actuó el 10 de junio se calcula fue de entre 850 y 1,000 integrantes. Asimismo, se reportan 300 heridos y 11 muertos, así como la entrada del ejército y el grupo Halcones al hospital Rubén Leñero para rematar y llevarse a los heridos (FEMOSPP 223-236).

29 La DFS (1947-1985) fue creada durante el sexenio de Miguel Alemán Valdés (1946-1952) con el fin de preservar la seguridad nacional después de la Segunda Guerra Mundial, tras la desaparición del Departamento de Investigación Política y Social (1942), este último rearticulado posteriormente como la Dirección General de Investigaciones Políticas y Sociales (DGIPS 1967-1985). El objetivo de la DFS fue en un principio el espionaje que a partir de la década de los años sesenta se centró en la investigación, infiltración y aniquilamiento de la disidencia política y grupos armados. A la par de la DFS y la DGIPS, actuó la División de Investigaciones para la Prevención de la Delincuencia (DIPD 1967-1982), teniendo fuertes vínculos con el ejército, en particular el CM1, que fungió como cárcel clandestina y campo de concentración, y la policía judicial, federal y estatal. En 1985 desaparece la DFS para convertirse en la Dirección General de Investigación y Seguridad Nacional (DGISN 1985-1989), transformándose después en el Centro de Investigación y Seguridad Nacional (CISEN), el cual funciona hasta la fecha.

servicio secreto de la DGPT y solamente operaba en el Distrito Federal. La Brigada Blanca (1973-1983) estuvo coordinada por la Secretaría de la Defensa Nacional (SEDENA), incluyendo a la policía militar, la SEGOB, la PGR, la DFS y la DIPD, como parte de un escuadrón de la muerte especializado. El reclutamiento era forzado entre efectivos del ejército, se amenazaba con la muerte si se desertaba de sus filas, y fueron entrenados en EE.UU., Belfast, Líbano y Sudamérica. El objetivo fue la vigilancia, infiltración, detección, captura y aniquilación de los grupos armados, principal pero no exclusivamente dirigida contra la LC23S, a la vez que cumplía con la tarea de borrar las evidencias de las operaciones. Se calcula que el grupo contó entre 184 y 240 elementos que operaron en diversos estados como Chihuahua, Coahuila, el Distrito Federal, Estado de México, Guanajuato, Jalisco, Michoacán, Nuevo León, Oaxaca, Puebla y Sinaloa, siendo 1977 el año más violento que se registra. Cabe señalar que en 1983, año en que desaparece la Brigada Blanca, el Comité Nacional Independiente Pro Defensa de Presos, Perseguidos, Desaparecidos y Exiliados Políticos (CNIPDPPDEP), encabezado por Martínez Soriano, denunció 890 desapariciones forzadas (Castellanos 307)[30].

Al igual que el general Manuel Díaz Escobar negó la existencia de los Halcones, Jesús Reyes Heroles, titular de la SEGOB (1976-1979), y Fernando Gutiérrez Barrios, director de la

---

30   Entre los directores de la DFS destacan el capitán Fernando Gutiérrez Barrios (1965-1970), el capitán Luis de la Barreda Moreno (1970-1977), Javier García Paniagua (1977-1978) y el teniente coronel Miguel Nazar Haro (1978-1982), así como el teniente coronel Francisco Quirós Hermosillo como jefe de la Policía Judicial Federal Militar. Véase Laura Castellanos *México armado* (266-268) y Jorge Luis Sierra Guzmán, *El enemigo interno* (101-105); para tener un cuadro de la estructura de la Brigada Blanca véase Sierra Guzmán (110) y para conocer un listado de 162 nombres de algunos miembros de la Brigada Blanca, FEMOSPP (707-712). Véase *Proceso* (1366) del 5 de enero de 2003 y *La Jornada* del 7 de julio de 2008, consultada en febrero de 2017: http://www.jornada.unam.mx/2008/07/07/index.php?section=politica&article=014n1pol.

DFS (1964-1970), negaron la existencia de la Brigada Blanca. Sin embargo, los testimonios de sobrevivientes y los archivos indican que por mucho la Brigada Blanca tuvo un margen de operación bastante amplio, avalado por el gobierno, la milicia y las policías, llevando a cabo no solamente la detención y ejecución de miembros de los grupos armados, sino una cacería de brujas, incluyendo la detención-desaparición y tortura de cientos de militantes o sospechosos de ser miembros de la LC23S, MAR y UP, por citar algunos ejemplos. Los interrogatorios y la tortura no solamente se llevaron a cabo en casas de seguridad que funcionaron como cárceles clandestinas, sino también en los centros de detención de la policía en el Distrito Federal, como Tlaxcoaque, en las oficinas de la DFS en la Plaza de la República, en los centros de detención de los estados y en el CM1.

Los grupos paramilitares Sangre y Jaguar son los que menos han sido investigados, apareciendo fugazmente en el informe de la FEMOSPP. Sin embargo, por medio de testimonios orales y búsquedas de hemerografía se sabe que el grupo Sangre actuó particularmente en Guerrero de manera cruel y sistemática contra campesinos sospechosos de formar parte de las filas del PDLP, al obligarlos a beber gasolina y prenderles fuego[31]. Por otro lado, se registra que a partir de 1975 el grupo Jaguar actuó junto con la Brigada Blanca en las operaciones dirigidas contra la

---

31 La revista *¿Por qué?* identifica en 1974 al grupo Sangre (Rangel «La voz de los sobrevivientes» 66), mientras el informe de la FEMOSPP recaba un documento de Luis de la Barreda Moreno, director de la DFS en ese año. El reporte señala la aparición de cadáveres con marcas de tortura, impactos de fuego y quemaduras, en el puerto de Acapulco, identificados como probables militantes del PDLP, y que estas detenciones han estado a cargo de Salvador Rangel Medina, comandante de la 27ª Zona militar, y Francisco Quirós Hermosillo, comandante del 20º Batallón de la Policía Militar (FEMOSPP 386). Este documento aislado denota, por un lado, las tensiones que había en la coordinación de la estrategia contrainsurgente entre la milicia y la DFS, y, por otro, la ausencia de documentos de una investigación posterior señala que muy probablemente fueron destruidos.

LC23S, en diferentes estados, y en el caso del MAR los operativos contrainsurgentes se extendieron inclusive hasta principios de la década de los años ochenta[32].

Las ramificaciones de las operaciones de inteligencia y estrategia contrainsurgente son bastante amplias e involucran a autoridades gubernamentales, la milicia y la policía a diferentes niveles, de una manera muy semejante a las operaciones llevadas a cabo durante las dictaduras en el Cono Sur, con la diferencia de que México era un gobierno democrático, lo cual podría explicar el encubrimiento de dichas operaciones y, particularmente, crear grupos paramilitares con un amplio margen de acción, autonomía e impunidad. Como se puede observar, durante la década de los años setenta se tiene conocimiento de que por lo menos operaron estos tres grupos de manera simultánea. No obstante, Guerrero destaca por los operativos del ejército que directamente reprimió y arrasó con poblaciones sospechosas de fungir como bases de apoyo de la Asociación Cívica Nacional Revolucionaria (ACNR) y en particular del PDLP.

Recientes estudios basados tanto en el trabajo de archivo como en los testimonios orales de los sobrevivientes señalan que en Guerrero se vivió una situación de estado de excepción en el que el aparato contrainsurgente operó a niveles de terrorismo de Estado.

Como se señaló anteriormente, en la década de los años sesenta se implementaron los ETR para vigilar y controlar los

---

32 Véase Informe de la FEMOSPP 480 y 506. En contraste, la hemerografía parece aportar más datos sobre el grupo, por ejemplo, que estuvo a cargo del comandante Sergio Villanueva y el primer comandante Dámaso Tostado, quienes rendían cuentas a la DIPD, estando también involucrados Francisco Sahagún Baca y Arturo Durazo Moreno, según documentos de la Comisión Nacional de Derechos Humanos. Véase *La Jornada* 29 de noviembre y 9 de diciembre de 2001; y 1 de junio de 2002 (artículos consultados en febrero 2017), http://www.jornada.unam.mx/2002/06/01/009n1pol.php?printver=0, consultadas en febrero de 2017.

movimientos sociales y la disidencia política a lo largo del país. En Guerrero, el movimiento cívico tuvo tal fuerza que logró la deposición del gobernador y del general Raúl Caballero Aburto, en 1961, formó un gobierno de coalición estableciendo ayuntamientos populares y lanzó un candidato a la gubernatura que el gobierno desconoció al nombrar a Raymundo Abarca Alarcón como gobernador de Guerrero, lo cual reactivó las protestas, la entrada de la fuerza pública y, en 1962, la Asociación Cívica Guerrerense (ACG) pasó a la clandestinidad como ACNR. Si bien el ejército había asumido tareas de acción social como estrategia preventiva, posteriormente, en 1965, se legalizaron las acciones del ejército y la represión contra las organizaciones campesinas (Rangel «La voz de los sobrevivientes» 57-58)[33].

Los operativos del ejército se llevaron a cabo en la 27ª y 35ª zonas militares como parte de las tecnologías al servicio de doctrina de la Seguridad Nacional de los Estados Unidos, utilizando el Plan DN II para combatir de forma conjunta al «enemigo interno». En una primera etapa, los operativos de estrategia contrainsurgente sustituyeron las tareas policiacas, centrándose en planes de desarrollo y 'ayuda' a las comunidades, a través de servicios médicos, entrega de despensas y construcción de carreteras, al tiempo que se desarrolló una campaña mediática en contra de los movimientos sociales y la disidencia política. Sin embargo, en una segunda etapa, el Plan DN II llevó a cabo no solamente el rastreo y asedio de los grupos armados, sino una

---

33 El movimiento cívico guerrerense contra el gobernador Caballero Aburto surgió como resultado del cacicazgo, la corrupción y las masacres perpetradas durante su gobierno. La Asociación Cívica Nacional Revolucionaria (ACNR), apoyada por la Liga Revolucionaria del Sur Emiliano Zapata, la Unión Libre de Asociaciones Copreras y la Asociación de Cafeticultores Independientes, enviaron un comando armado para liberar de la cárcel a Genaro Vázquez. Véase Sierra Guzmán *El enemigo interno* (52-55), Andrea Radilla «De tramas y escenarios como entorno de la guerra sucia» (61-67) y Francisco Ávila Coronel, «La Asociación Cívica Nacional Revolucionaria y el Partido de los Pobres».

estrategia ofensiva de alto impacto contra las comunidades sospechosas de servir como bases de apoyo, incluyendo el cerco militar, control y desplazamiento forzado de la población, estrategia conocida como «aldea vietnamita», el control y bloqueo de abastecimientos, la detención, tortura y desaparición forzada masiva, saqueos y ataques, así como bombardeos, masacres y los primeros vuelos de la muerte en América Latina.

Estos operativos en Guerrero fueron consistentes, sistemáticos y por mucho violaron la Convención de Ginebra al practicar el reclutamiento forzado de la población, el cierre de abastecimiento, la tortura y la violación, las detenciones y los interrogatorios ilegales en cuarteles militares que fungieron como campos de concentración. En suma, se trató de un estado de excepción *de facto* que ejecutó una guerra contra la población civil bajo la estrategia contrainsurgente de quitarle el agua al pez, incrementando su beligerancia, como se puede observar en los siguientes operativos.

La Operación Rastrilleo (1969) tuvo como objetivo localizar a Genaro Vázquez y a Lucio Cabañas, aunque destaca que en los informes del ejército se les califica como 'robavacas', 'gavilleros' o 'asaltantes', sin otorgarles reconocimiento social, político o ideológico, señala Piñeyro (Sánchez 148). A partir de diciembre de 1970 se implementó el Plan DN II para ejecutar los posteriores operativos, como la Operación Amistad (1970) y el Plan Telaraña (1971); este incluyó la búsqueda de información, la labor social y la acción militar, y bajo su aplicación se llevaron a cabo los primeros traslados al CM1 y las primeras desapariciones forzadas del período. El Plan de Operaciones 21 (1972) tuvo como objetivo el cerco al PDLP y consideró a la población como potencial apoyo guerrillero. La Operación Luciérnaga (1973), bajo la cual la detención y la desaparición masiva fueron sistemáticas. El Plan de Operaciones 6 (1974) fue implementado para localizar y capturar a integrantes del PDLP, considerados 'gavilleros', y cercar a los poblados para impedir el suministro de víveres. El Plan de Operaciones 1 (1974) incluyó la organización y misiones de agrupamientos, así como puestos de control a la población y posiciones de bloqueo[34].

Uno de los elementos que más destaca la historiografía de la «guerra sucia» en México ha sido el nivel de desproporción utilizado para reprimir los movimientos sociales y aniquilar los levantamientos armados, a pesar de que en determinados momentos las acciones armadas fueron relativamente exitosas, como las emboscadas del PDLP al ejército y el secuestro del candidato a gobernador Rubén Figueroa en 1974, el «asalto al cielo», llevado a cabo por Los enfermos en Culiacán, Sinaloa, apoyado por jornaleros, obreros y estudiantes, así como una serie de secuestros entre 1971 y 1976[35]. No obstante, cabe destacar que muchas de estas acciones fueron defensivas para obtener recursos, pero en particular, para exigir la liberación de los presos políticos. De

---

34 Véase Evangelina Sánchez, «Terrorismo de Estado y represión en Atoyac, Guerrero, durante la guerra sucia» (164-166), Florencia Ruiz Mendoza, «Crímenes de guerra en Guerrero y terrorismo de Estado: la aniquilación del movimiento armado de Lucio Cabañas (1970-1975)» (126-144) y la sección 6, «Guerra sucia en el Estado de Guerrero» en el informe de la FEMOSPP.

35 Destacan los secuestros en 1971 de Julio Hirschfield Almada, director de Aeropuertos y servicios auxiliares por el FUZ; Jaime Castrejón Díez, rector de la Universidad Autónoma de Guerrero, por la ACNR (Castellanos 181-182 y 131-132). En 1972, el secuestro de un avión comercial para enviar a Cuba a tres presos políticos por la Liga de Comunistas Armados (189). En 1973, los secuestros del cónsul estadounidense Terrance George Leonhardy por las FRAP, logrando el traslado de 30 presos políticos a Cuba; del empresario Eugenio Garza Sada por la LC23S; del cónsul de Gran Bretaña Anthony Duncan Williams y del empresario Fernando Aranguren por la LC23S (211-212 y 214-217). En 1974, el secuestro del candidato a gobernador Rubén Figueroa por el PDLP; del empresario Pedro Sarquiz y José Guadalupe Zuno Hernández, suegro del entonces presidente Luis Echeverría, por las FRAP; y de la empresaria Margarita Saad, por las FAR (151-156, 223-228). Así como el intento frustrado de secuestro de Margarita López Portillo, hermana del entonces presidente, José López Portillo, por la LC23S en 1976 (271).

cualquier modo, la desproporción de las fuerzas salta a la vista al revisar la serie de operativos del ejército, la proliferación de grupos de choque y paramilitares, así como las autoridades e instituciones gubernamentales que estuvieron involucradas, señalando que entre la década de los años sesenta y ochenta se desarrolló un programa múltiple de estrategia contrainsurgente, antes y después de la masacre de Tlatelolco, que fue organizado, sistemático, con cadena de mando y en escalada[36].

Por ejemplo, durante el verano de 1968, mientras el movimiento estudiantil tomaba las calles y el Zócalo de la Ciudad de México, el GPGAG, encabezado por Óscar González Eguiarte, organizó un ataque a la compañía maderera en Tomochic, tras lo cual el gobierno respondió con la movilización de 7,000 soldados procedentes de Chihuahua, Sonora, Sinaloa, Durango, Nuevo León y el DF para rastrear y aniquilar al grupo sobreviviente de cinco miembros en un radio de 300 km[37]. Este hecho señala, por un lado, la persistencia del levantamiento armado focalizado contra los cacicazgos madereros locales tras el asalto al cuartel Madera en 1965 y, por otro, que la respuesta desproporcionada en adelante sería sistemática en todas las represiones. Desde esta perspectiva, no sorprende la magnitud de los operativos del ejér-

---

36   Camilo Vicente Ovalle desarrolla un trabajo meticuloso sobre conformación del aparato contrainsurgente, enfocándose en la práctica de la desaparición forzada, particularmente en los estados de Oaxaca, Sinaloa y Guerrero. Véase su tesis doctoral «Estado y represión en México. Una historia de la desaparición forzada, 1950-1968» (2018) y el libro *Tiempo suspendido* (2019).

37   Óscar González Eguiarte rearticuló el grupo sobreviviente del GPG, que asaltó el cuartel Madera en 1965, en el GPGAG. En esta cacería del verano de 1968, González Eguiarte y Carlos Armendáriz junto con otros tres militantes fueron capturados, torturados y ejecutados en Tesopaco, Sonora, y no como resultado de un enfrentamiento entre el ejército y 'la gavilla', según reportes del ejército. Véase Minerva Armendáriz, hermana de Carlos y militante del mar, *Morir de sed junto a la fuente* (172-174) y Castellanos (91-99).

cito en la noche de Tlatelolco, incluyendo al Batallón Olimpia, aunque por mucho fuera más visible que las ejecuciones realizadas en el interior del país.

Los ejemplos más claros, hasta ahora estudiados, del desarrollo de una estrategia terrorista del Estado se encuentran en los operativos ejecutados en Guerrero; por ejemplo, el entonces presidente Luis Echeverría envió a 27,000 efectivos del ejército a combatir a la 'gavilla', mientras que en los mejores momentos la Brigada de Ajusticiamiento del PDLP contó con no más de 200 militantes, incluyendo los de base y los temporales (Rangel «La voz de los sobrevivientes» 60). Las acciones contra la población fueron constantes, pero quizás entre las más graves se destacan las detenciones y torturas ejecutadas en el poblado El Quemado, el 2 de septiembre de 1972, y la masacre de Los Piloncillos, del 23 de abril de 1973. En El Quemado, el ejército llevó a cabo la detención de todos los hombres de la comunidad, concentrándolos en las canchas como represalia a una emboscada del PDLP a un convoy militar en agosto de 1972. En una detención masiva que estuvo a cargo del general Joaquín Solano Chagoya (27ª Zona militar), el ejército trasladó ilegalmente a los detenidos al cuartel de Atoyac y al CM1, llevándose sus documentos de identificación. Tras crueles torturas, algunos fueron llevados a la prisión de Acapulco y otros fueron desaparecidos[38]. El retorno de solamente 95 sobrevivientes señala que estos operativos formaron parte de una estrategia calculada de terrorismo contra la población, para que el testigo sobreviviente se convirtiera en el portador del horror y la amenaza constante para la población. En Los Piloncillos, 100 efectivos del ejército catearon las casas de un poblado con no más de 150 personas, concentraron en la

---

38 Para conocer los testimonios de sobrevivientes véase Claudia Rangel «La voz de los sobrevivientes» (71-73); para un resumen de los documentos encontrados Florencia Ruiz Mendoza «Crímenes de guerra en Guerrero» (128) y el informe de la FEMOSPP (358-359).

cancha a los detenidos sospechosos de simpatizar con el PDLP y los acribillaron frente a la población[39].

Aún más, los ataques y bombardeos a la población se registraron desde 1971 hasta 1978, cuatro años después de la muerte de Lucio Cabañas[40]. Asimismo, los vuelos de la muerte llevados a cabo desde la base militar Pie de la Cuesta, en Acapulco, fueron sistemáticos por lo menos desde 1974, aunque las bitácoras registran estos vuelos solo a partir de 1975. Ruiz Mendoza reporta 33 vuelos con una capacidad de 12 personas cada uno, calculando alrededor de 396 personas arrojadas al mar; el informe de la FEMOSPP reporta 30 vuelos entre 1974 y 1979, mientras que Sierra Guzmán, basado en el testimonio de José González González, ayudante del general Renato Vega, señala que se realizaron 180 vuelos de la muerte[41].

IV. Guerra sucia o terrorismo de Estado

Como se puede apreciar, la serie de operaciones encubiertas tanto del ejército y la marina, como de las policías —estatal, federal, judicial, militar y política— y grupos paramilitares, por mucho resultan desproporcionadas en número y capacidad para abatir a la disidencia política, a los grupos armados en México y a la población civil, por lo cual recientes estudios han comenzado a discutir el alcance e implicaciones de los términos

---

39 Ruiz Mendoza (137-138) y FEMOSPP (371-372).
40 FEMOSPP (340) y Ruiz Mendoza (135).
41 Cabe destacar la serie de eufemismos utilizados en los reportes militares para referirse a las personas detenidas como «paquetes» (FEMOSPP 393). Asimismo, Simón Hipólito en *Guerrero, amnistía y represión* (1982) registra tempranamente la jerga militar utilizada, como irse de «aviador», «marinero» y «minero», lo que significaba ser lanzado al mar o bien ser enterrado. Véase Ruiz Mendoza (140), FEMOSPP (428, 439-440) y Sierra Guzmán *El enemigo interno* (67-68).

«guerra sucia» y «terrorismo de Estado» que se examinan a continuación.

La historiografía de los grupos armados, en su mayor parte enfocada en la tarea de recabar información y en un análisis estructural, asimiló el término «guerra sucia» utilizado principalmente en el Cono Sur. Aunque el término «guerra sucia» sigue siendo de uso generalizado en los estudios mexicanos y por los propios exmilitantes, no es sino hasta los últimos años que ha comenzado un debate académico replanteando la definición de la violencia del Estado y su magnitud extrema como «terrorismo de Estado». Con este último término se busca destacar la sistematicidad y la desproporción de las fuerzas utilizadas contra la insurgencia y la sociedad civil focalizada en las áreas rurales en particular, aunque no exclusivamente en el estado de Guerrero. Al respecto, Evangelina Sánchez señala que los informes de la CNDH, formada en 1990 durante la administración de Carlos Salinas de Gortari (1988-1994), son los primeros en introducir los términos de «guerra sucia» con el objetivo de justificar el uso de la violencia del Estado y de no afectar la reputación del ejército, delimitando la desaparición forzada entre 1971 y 1974 en Guerrero como un caso excepcional y no sistemático.

> [Paradójicamente] la CNDH como institución mexicana defensora de los derechos humanos, primero, reconoce la continuidad del delito de desaparición forzada, a partir de las denuncias presentadas por los familiares, para finalmente circunscribirlos y calificarlos con el útil término de «guerra sucia», que matiza la responsabilidad de las Fuerzas Armadas y evoca la bidemoníaca teoría argentina de los dos demonios [sic]. [Por ello] consideramos que el término «guerra sucia» es utilizado con la intención clara de atenuar las futuras responsabilidades, dados los actos cometidos por el Estado mexicano en relación al pasado. («La transición política y la disputa por la memoria» 200)

Aunque en esencia Sánchez tiene razón sobre el encubrimiento y protección sistemática a las fuerzas armadas, como lo muestran los reportes de la CNDH y la FEMOSPP, cabe matizar que la CNDH tomó el término «guerra sucia» del periodismo y la literatura especializada como lo señala el propio informe: «A esta parte de nuestra historia, la literatura y el medio periodístico han dado en llamar la [sic] 'Guerra sucia de los años setenta'» (CNDH 6)[42]. Es decir, este término fue primeramente asimilado del Cono Sur por el periodismo para incorporarse posteriormente a los posicionamientos de los exmilitantes y organizaciones de derechos humanos como una forma de denuncia de la violencia estatal. Por ejemplo, el Centro de Derechos Humanos Miguel Agustín Pro Juárez en 2003 define como guerra sucia el periodo

> en el que el Estado aplicó una política de represión en contra de los grupos guerrilleros, de activistas políticos y dirigentes sociales, realizando en su contra allanamiento de morada, detenciones ilegales, desapariciones, tortura y ejecuciones extrajudiciales[43].

Al mismo tiempo, las instituciones gubernamentales si bien mantuvieron una postura ambigua sobre el término, ya que el Estado no ha reconocido el carácter político de los grupos armados, sí incorporó plenamente el relato de confrontación, pero sobre todo el de excepcionalidad. Si bien el término «guerra sucia» es controversial, por ejemplo, en el caso argentino al equiparar la violencia estatal con la guerrillera y así diluir las responsabilidades del Estado, en el caso mexicano se agrega una variante

---

42 Véase el «Informe especial sobre las quejas en materia de desapariciones forzadas ocurridas en la década de los 70 y principios de los 80», para una respuesta de los exmilitantes al informe de la CNDH véase *Carpizo y la CNDH, la otra cara de la guerra sucia* (2001) de David Cilia.

43 Citado en *Tramitando el pasado: violaciones de los derechos humanos y agendas gubernamentales en casos latinoamericanos* (2010) de Silvia Dutrénit y Gonzalo Varela Petito. Véase el capítulo 5 "El caso mexicano".

más por el hecho de que el término ha sido usado también por los exmilitantes y por organizaciones de derechos humanos, soslayando la connotación y debates que se habían dado en el Cono Sur. Como señala Adela Cedillo, el término fue abrazado por los exmilitantes para evidenciar y denunciar que el Estado jamás reconoció una guerra perpetuada contra organizaciones civiles o la lucha armada. En este tenor, los exmilitantes particularmente después del 2000 consideran que se trató de un conflicto interno armado en el que se habían violado las convenciones de Ginebra:

> En cuanto a la llamada "Guerra Sucia", el Estado no podía quedarse cruzado de manos ante una insurrección que tenía carácter nacional; necesariamente tenían que responder con mano dura, pero una cosa es responder a un levantamiento armado y otra cosa es violar las leyes de guerra, si bien es cierto que nosotros no teníamos un reconocimiento formal con lo establecido en la Convención de Ginebra como combatientes (…) esto no justifica lo que hizo el Estado mexicano: tortura, desapariciones forzadas, arrojar militantes al mar desde aviones de la Fuerza Aérea Mexicana. (Ricardo, en Kraus 85)

Para los exmilitantes el término «guerra sucia» es válido ya que se consideraron un ejército, aunque no convencional ni reconocido formalmente, y también porque de ese modo se pensó obtendrían el reconocimiento político que el Estado les negó. No obstante, entramos en arenas movedizas, ya que la búsqueda del reconocimiento político abre la puerta a la difuminación de las responsabilidades del Estado al momento de incorporar la "confrontación" en la retórica oficial. Sus efectos: 1) equiparar la violencia estatal y la violencia política sin dar cuenta de sus matices, dejando deliberadamente en un limbo los casos de ajusticiamiento en los grupos armados y los casos de ejecución extrajudicial por parte de las autoridades; y 2) legitimar el uso de la fuerza del Estado dentro de un relato de salvación o en todo caso presentarla como un abuso de poder y excepcionalidad de algunas autoridades, negando la cadena de mando y dejando así intactas a las instituciones militares, policiales, de inteligencia y de grupos paramilitares.

Por ejemplo, llama la atención que el planteamiento de los exmilitantes sobre la confrontación con el Estado coincide con la postura de la CNDH en su informe, lo cual señala un uso ambiguo o espada de doble filo tanto del término como del reconocimiento a la lucha armada, lo cual irremediablemente remite a la teoría de los dos demonios utilizada en el Cono Sur[44].

> Es cierto que las organizaciones surgidas en torno a proyectos revolucionarios utilizaron la violencia, transgredieron las leyes y representaron un riesgo para la seguridad pública y las instituciones del Estado. (…) Sin embargo, también es irrefutable que muchas de las respuestas por parte de las fuerzas públicas fueron realizadas fuera del marco jurídico. (CNDH 2)

Aunque el informe reconoce la práctica de la desaparición forzada, obviando los operativos militares, policíacos, de inteligencia y paramilitares expuestos en la sección anterior, a su vez soslaya las responsabilidades del Estado al presentar una versión diluida y recortada, por no llamarla tendenciosa, del movimiento del 68 y la lucha armada. El borramiento de la lucha armada opera precisamente al reducir las razones de su emergencia a la pobreza y motivos económicos, desapareciendo el carácter político tanto de movimientos sociales como de levantamientos armados, ocultando el cierre de la vía democrática y la violencia estructural e institucional del Estado. Asimismo, el informe en-

---

[44] La teoría de los dos demonios, en el Cono Sur, se basó en equiparar la violencia del Estado y la violencia de los grupos armados, privilegiando a las víctimas que, sin vínculos políticos con la disidencia, quedó atrapada entre dos fuegos. Esta retórica provino principalmente de sectores conservadores que utilizaron la victimización para borrar tanto el carácter político de los grupos armados como la responsabilidad del Estado. Véase a Calveiro, «Apuntes sobre la tensión entre violencia y ética en la construcción de las memorias políticas».

fatiza el carácter democrático del régimen priísta, niega la sistematicidad de las operaciones contrainsurgentes e implícitamente la existencia de una cadena de mando: «pudo acreditarse que en los casos materia del presente Informe Especial no existían órdenes de aprehensión que facultaran a los servidores públicos que intervinieron para privar de la libertad a las personas» (CNDH 1124). El informe presenta así las violaciones a los derechos humanos como un abuso de poder de los servidores públicos, es decir como una excepcionalidad del pasado y omite los nombres de las autoridades responsables de crímenes de lesa humanidad (CNDH 19).

Ahora bien, sobre las implicaciones del término «guerra sucia» en relación con el uso de la violencia de los grupos armados, los exmilitantes señalan que la violencia fue profundamente desigual ya que la mayor parte de los muertos y desaparecidos no cayeron en combate, sino que fueron torturados y ejecutados en cárceles clandestinas, en casas de seguridad e inclusive en el CM1.

> Hay otras visiones de «guerra sucia» cuyo propósito es culparnos de haber cometido también guerra sucia. A nosotros no nos parece guerra sucia asesinar soldados que están preparados, armados, entrenados especialmente para combatir y que, en un momento dado, no podemos [sic] resistir un ataque sorpresivo (...) el Estado mexicano ordenó el fusilamiento sin derecho a ello, al margen de la justicia, al margen de las leyes vigentes; eso constituye violaciones de las leyes de guerra y violaciones graves de derechos humanitarios. (Ricardo, en Kraus 86)

De este modo, los exmilitantes responden a las implicaciones de equiparar la violencia estatal con la violencia política, destacando que la «guerrilla» no generó la «guerra sucia» sino que comenzó con el golpe de Estado al gobierno de Jacobo Arbenz en 1954: «la guerra sucia es un componente de la guerra fría, de la confrontación este-oeste, en donde el enemigo a combatir era el comunismo. El combate al comunismo y la doctrina de seguridad nacional son parte de la guerra fría» (Ibarra *La guerrilla de los setenta* 79). Por otro lado, algunos exmilitantes han usado otro término, aunque menos común, «guerra de baja intensidad», situado en la lógica del militarismo estadounidense y proveniente de la estrategia militar utilizada particularmente en la guerra de Vietnam. Como señala Héctor Ibarra, quien también participó en la lucha armada en El Salvador:

> En México hubo una guerra de baja intensidad. Por lo menos en el campo, fue muy clara esta estrategia de guerra, con sus componentes político, económico y social, para integralizar [sic] la acción militar del Estado, y que tiene que ver con la concepción de la guerra fría del «cerco y aniquilamiento», «tierra arrasada», «genocidio necesario», «sacar al pez del agua», etcétera. Según la tesis norteamericana siempre se requiere que mueran unos cuantos miles de ciudadanos para que en el futuro no mueran más y que la guerra no se alargue demasiado. (Ibarra *La guerrilla de los setenta* 129)

Siguiendo los planteamientos de Ibarra, la violencia estatal forma parte de la Guerra Fría, en donde se ha utilizado la estrategia estadounidense de «guerra de baja intensidad» principalmente en las zonas rurales en donde los operativos contrainsurgentes fueron llevados a cabo por el ejército. A su vez, Ibarra divide la violencia del Estado en violencia institucional, que no solamente es violencia física, «sino que también hay un tipo de agresión moral y sicológica, y una forma de violencia que se ejerce mediante la corrupción que existe en las instituciones del gobierno» (Ibarra 112); y en otra violencia que ha denominado «terrorismo de Estado» o «guerra sucia».

> Dentro del fenómeno de la violencia es necesario hablar del problema de diferenciar, lo que ha sido la violencia institucional, la violencia desarrollada por el Estado, lo que nosotros definimos como el *terrorismo de Estado* o como la Guerra Sucia que generó toda esta situación despiadada de crímenes, de desapariciones, de lo que decía un compañero que era el

lema de los «gobiernos revolucionarios»: *encierro, entierro o destierro*. (Ibarra *La guerrilla de los setenta* 122; énfasis en el original)

Si bien los testimonios de los exmilitantes después del 2000 señalan claramente la sistematicidad del Estado para torturar, ejecutar, desaparecer y arrasar tanto a los grupos armados como a las comunidades sospechosas de fungir como bases de apoyo, el uso inconsistente de términos intercambiables señala que todavía no se ha reflexionado de manera profunda sobre las implicaciones del uso de estos términos. Al respecto, Adela Cedillo señala que las discusiones respecto al término de «guerra sucia» han sido escasas y poco profundas, y el debate entre «guerra sucia» y «terrorismo de Estado» corresponde a dos perspectivas dentro de la interpretación del derecho internacional, desde la posición de los exmilitantes y desde la posición de las víctimas.

> En México los exguerrilleros han defendido [el término guerra sucia] para enfatizar: 1) que hubo una guerra asimétrica y de baja intensidad; 2) que no se respetaron las convenciones de Ginebra sobre el derecho internacional humanitario de guerra; y 3) que las violaciones a los derechos humanos en México fueron semejantes a las que ocurrieron en el resto de Latinoamérica, si no en términos cuantitativos, sí en lo que refiere a métodos y técnicas. («Violencia, memoria, historia y tabú» 345-346)

Para Cedillo, es de suma relevancia, el significado y uso del término «guerra sucia» desde la perspectiva de los exmilitantes, puesto que da reconocimiento político a la existencia del movimiento armado. En este sentido, la resignificación política e identitaria es fundamental para cambiar el estigma de la lucha armada y su representación como criminales del orden común, 'terroristas' o bien como víctimas. Asimismo, Cedillo descarta el uso del término «terrorismo de Estado», ya que si bien plantea la perspectiva de las víctimas, soslaya la violencia de los grupos armados y se trata de una categoría difusa que a partir del 11 de septiembre de 2001 tiene un significado polivalente. Por otro lado, las y los autores de *Reflejos de la guerra sucia* (2015) decidieron conservar el término «guerra sucia», porque su uso es generalizado y porque remarcan los métodos «sucios» para:

> enfrentar el problema de la disidencia política [que] partieron del gobierno y fueron previos al surgimiento de los movimientos armados o las manifestaciones y marchas para expresar los desacuerdos políticos. (Cárabe 6)

Como se ha podido observar, los matices sobre el uso del término en México son complejos ya que para los exmilitantes tiene una connotación de reafirmación identitaria y política, lo cual nos coloca en una encrucijada si se desea enfatizar su reconocimiento político. Oikión y García Ugarte han señalado que hay una tarea pendiente entre académicos para sistematizar los términos porque por un lado «el estudioso puede dejarse llevar por los propios calificativos que los órganos del Estado utilizan para restarles reconocimiento [a los grupos armados]» y, por otro en muchas ocasiones tampoco se considera la autodefinición de éstos (*Movimientos armados en México, siglo* XX 17). Las posturas de Cedillo y Cárabe destacan un criterio de autodefinición de los grupos armados y los métodos ilegales para combatir a la disidencia, respectivamente. Sin embargo, el término «guerra sucia» a pesar de que para los exmilitantes implique su reconocimiento político y sea práctico para analizar y acotar la violencia estatal en el contexto de la Guerra Fría, también carga consigo connotaciones y usos políticos que desvanecen la desproporción de fuerzas y su sistematicidad. Por un lado, la retórica gubernamental, si bien no propuso el uso del término, llevó a cabo una operación de borramiento de la sistematicidad de la violencia estatal bajo eufemismos y la cooptación del lenguaje de los derechos humanos como aparece en los informes de la CNDH y la FEMOSPP.

Por otro lado, el discurso del Estado ha privilegiado el carácter de excepcionalidad, el cual permite escamotear las responsabilidades del Estado, la cadena de mando y dificultar los vínculos de las prácticas de detención ilegal, desaparición forzada, tortura, ejecuciones extrajudiciales y violaciones de derechos humanos de la década de los sesenta a ochenta con su práctica actual. Si bien la violencia estatal actual ha sufrido transformaciones, como el propio Estado, al añadirse la variable de colusión con el narcotráfico y el crimen organizado rastreable desde finales de la década de los setenta, es imprescindible un análisis que provea un amplio espectro y reestructuración de la violencia estatal hasta nuestros días. En este sentido, el término «guerra sucia» no es suficiente para definir la violencia del Estado contra la insurgencia ni la población en general sospechosa de apoyarla, tampoco de sus matices, ni giros retóricos en el discurso oficial. Asimismo, el término «guerra de baja intensidad», aunque utilizado ocasionalmente por algunos exmilitantes, es una categoría utilizada por la inteligencia estadounidense que bajo un eufemismo oculta precisamente el arrasamiento de comunidades y la magnitud de los operativos militares y paramilitares.

Ahora bien, la oposición «guerra sucia» *versus* «terrorismo de Estado» parece haberse centrado en un falso debate para resaltar, ya sea la capacidad de guerra de los grupos armados o bien el efecto de la violencia del Estado sobre las víctimas, como si ambas fueran excluyentes. Si bien es cierto que los exmilitantes han planteado desde el 2000 la necesidad de resignificar su identidad como luchadores sociales y no como 'robavacas', 'gavilleros' o 'terroristas', como lo hizo la propaganda gubernamental, no se puede soslayar la sistematicidad de las operaciones contrainsurgentes y tampoco la desproporción de fuerzas. Es decir, el hecho de reivindicar el proyecto revolucionario como una opción que se pensó viable en determinado momento y la capacidad combativa de las organizaciones, no desplaza la responsabilidad del Estado en una serie de atrocidades focalizadas en la población, ya fueran militantes o no. En el fondo, la lógica de la argumentación de los exmilitantes del movimiento armado socialista, eminentemente identitaria, sin proponérselo, replica en gran medida la teoría de los dos demonios ya que al centrarse en el reconocimiento político y militar de los grupos armados, su efecto en discurso oficial soslaya la sistematicidad, coordinación, funcionalidad y, sobre todo, la responsabilidad del propio aparato del Estado. No obstante, del otro lado de la moneda, enfatizar la perspectiva de las víctimas podría llevar, como sucedió en el Cono Sur, a la despolitización y ocultamiento de la militancia política que precisamente hoy en día forma parte de los debates sobre la memoria. Por ello, se pondrá a examen también el alcance y limitaciones del término «terrorismo de Estado».

Trabajos como el de Rangel y Sánchez plantean la necesidad de tomar como ejes fundamentales los conceptos de «terrorismo de Estado» y «estado de excepción» *de facto*, por la sistematicidad de la violencia del Estado que incorporó tanto el asedio militar como el psicológico, dirigido contra los grupos armados, pero también contra el grueso de la población.

> La violencia que ejerció [el Estado] contra las guerrillas urbanas, rurales y la sociedad civil guerrerense implicó la puesta en marcha de un estado de excepción que encuentra continuidades con momentos históricos precedentes y posteriores, lo que problematiza la categoría [de guerra sucia] en razón de la regularización de esta situación excepcional. (…) El terrorismo, en este caso, está sustentado en el ejercicio de la violencia física y psicológica contra los guerrilleros, pero también contra las bases de apoyo y la sociedad civil que no participó en la lucha armada. El propósito de implementar el terror fue indiscriminado: no solo castigó a quienes consideraba culpables, sino que arremetió contra toda la población en aras de provocar miedo, zozobra y pánico. («La voz de los sobrevivientes» 53-54)

Para el caso argentino, Pilar Calveiro destaca que la práctica de la tortura y la desaparición forzada se dio en el núcleo de las fuerzas militares con total conocimiento y permisividad del Estado. Aunque Calveiro analiza las operaciones legales y clandestinas de la Junta Militar en Argentina, como se ha podido observar a lo largo de este capítulo, el caso de México se asemeja al de las dictaduras del Cono Sur, no en cifras de desaparecidos y en amplitud de los operativos, pero sí en estructura y formas de operación, con la diferencia de su focalización y su ocultamiento particularmente al ser un régimen oficialmente democrático.

> La política de desaparición de personas fue una práctica estatal, realizada por las fuerzas de seguridad pública. Sin embargo, por tratarse de un acto ilegal, de un estado de excepción, se creó para ello una estructura clandestina dentro de las instituciones armadas, organizada por sus mandos y subordinada a ellos. Es decir, de manera paralela a la red de seguridad legal se creó otra de carácter ilegal, pero dirigida, sostenida y «clandestinizada» por las propias instituciones del Estado. Así el sistema represivo legal (cárceles, policía, cuarteles) se entrecruzaba y coordinaba con el clandestino, pasando de uno a otro, según las necesidades represivas. («La decisión política de torturar» 21)

En el «Primer encuentro nacional sobre desaparición forzada en México», uno de los debates que se abordó fue precisamente el uso de los términos «terrorismo de Estado», para el caso mexicano[45]. A través de un ejercicio comparativo, las y los ponentes coincidieron en que la terminología de «guerra sucia» no es capaz de articular el tipo de violencia del Estado, sino que, proveniente de un sector conservador en Argentina, que circuló a la par del relato de los dos demonios en la posdictadura, el término 'guerra sucia' borra la responsabilidad del Estado y el

---

45   En el marco del Día internacional del detenido desaparecido, se realizó el primer encuentro el 22 y el 23 de agosto de 2016, en la Universidad Autónoma de la Ciudad de México. Destaca que en las ponencias, mesas de trabajo y conversatorios sobre la desaparición forzada participaron organizaciones de familiares de desaparecidos, académicos y representantes tanto de organizaciones de derechos humanos como de instancias gubernamentales. Véanse videos de algunas de las ponencias: https://www.facebook.com/pg/EncuentroNacionalUACM/videos/?ref=page_internal.

ejercicio de una violencia sistemática, generalizada, legitimada y amparada por el Estado. A través de la detención-desaparición, la creación de redes concentracionarias, la racionalización y burocratización de la práctica sistemática de la tortura se intentaba equiparar la violencia del Estado con la violencia política de los grupos armados, presentando a esta última como la raíz de la cual había comenzado la violencia. Cabe destacar que las implicaciones del término «guerra sucia» no dista mucho del modo en que el informe de la CNDH articula la violencia política de los grupos armados como responsables de generar inestabilidad política y social:

> Por lo que se refiere a la causas, no obstante de las diferentes ideologías y puntos de vista de los autores consultados, todos coinciden en señalar como los orígenes del problema una situación caracterizada por graves circunstancias económicas, alto desempleo, escasez de alimentos y habitación, problemas agrarios, delincuencia así como influencias externas, amén de surgir como una respuesta de los activistas ante la política del gobierno en turno, lo cual generó inestabilidad política y social en el país. (...) en el escenario de la sucesión presidencial de 1970, mientas a la vista se desarrolló una lucha político-electoral sin sorpresas ni sobresaltos, decenas de activistas se ubicaron en la clandestinidad, dedicados de tiempo completo a tareas propias, como paso previo y necesario para el ulterior desarrollo de las acciones. (CNDH 7-5)

Es decir, el término «guerra sucia» tiene implicaciones graves: 1) despolitiza o borra el carácter político de los grupos armados, que en su mayoría surgieron a raíz de una violencia estructural e institucional, retomando a Montemayor; 2) equipara la violencia del Estado con la violencia política, que es fundamental analizar dentro de sus contextos internacional, nacional y local; y 3) presenta el uso de la violencia del Estado como una excepcionalidad y abuso de poder, desvinculando la actuación de autoridades y servidores públicos de una cadena de mando y que fue parte de las operaciones sistemáticas contrainsurgentes, asesoradas y financiadas por Estados Unidos en el marco de la Guerra Fría.

Por su parte, Pilar Calveiro caracteriza al Estado argentino como un Estado débil para controlar los procesos electorales, recordando la serie de golpes militares (1930, 1943, 1955, 1962, 1966 y 1976), con la diferencia de que el golpe de Estado del 76 asumió formas de reproducción y sostenimiento del Estado de manera prolongada para quedarse en el poder. La práctica del terrorismo de Estado, para Calveiro implica la supresión de libertades públicas, de garantías individuales y de instituciones de representación política, la violencia extraordinaria, generalizada, sistemática e ilegal por parte del Estado, así como la exhibición y negación por parte del Estado para lograr el control e inmovilidad social. Asimismo, la práctica de la desaparición forzada dentro de las instituciones del Estado siguió la estructura militar de una cadena de mando, la creación de una red concentracionaria, campos de concentración, administrada y gestionada por el Estado, es decir, se trata de un estado de excepción por fuera del derecho, en el que se suprimió la noción de sujeto de derecho y del propio sujeto a través de la tortura, la eliminación, la desaparición y la negación del delito. Se trató, a su vez, de un aparato burocrático que fragmentó el proceso, dando la impresión de que se trataba de una maquinaria que nadie controlaba.[46] En el caso mexicano, esta cadena de mando controlada por el Estado sigue siendo vigente, ya que el propio Estado sigue encubriendo a las fuerzas militares, policiacas y paramilitares a pesar de la creación de la CNDH y la FEMOSPP como señalan David Cilia y Enrique González Ruiz:

---

46 Notas tomadas de la ponencia «La desaparición forzada y el uso político del miedo» (min. 3-11), presentada en el marco del «Encuentro nacional de desaparición forzada en México». Véase el video del 22 de agosto de 40:07 min.: https://www.facebook.com/pg/EncuentroNacionalUACM/videos/?ref=page_internal.

Las violaciones históricas del PRI-gobierno contra el pueblo son crímenes de Estado. No fueron producto de alguna ocurrencia, sino de decisiones planeadas y ejecutadas con base en la impunidad y estas violaciones no se limitaron a los oponentes políticos y sus familias. (…) De ahí la importancia de este libro. Los testimonios que aquí se publican son pruebas contundentes de los métodos utilizados por los torturadores, bajo la cobertura de todo el aparato de Estado, *que aún les prodiga protección y los mantiene en sus filas.* (Cilia 7; énfasis en el original)

Por su parte, Evangelina Sánchez y Claudia Rangel señalaron en el encuentro que en México los delitos de desaparición forzada y el terrorismo han sido una política de Estado cuyo objetivo ha sido el aniquilamiento de la disidencia política. Pero, esta práctica sostenida durante más de cincuenta años ha tenido una serie de cambios y rupturas, aunque también continuidades[47]. *Grosso modo* las diferencias entre la práctica de la desaparición forzada en los años setenta y la actual, pero que también se registró inclusive en la década de los años cuarenta, radica en que mientras en los años setenta estuvo focalizada en la disidencia política —armada y no armada— y en población sospechosa de ser base de apoyo, la desaparición forzada en la actualidad es masiva e indiscriminada. Si en el primer caso esto ocurrió bajo un

---

47 A través del rastreo y análisis de la práctica de desaparición forzada, Rangel y Sánchez plantean tres grandes periodos. Un primer período (1965-1996) la desaparición forzada está centrada en la disidencia política armada y civil, mientras que en un segundo período (1996-2000) aunque también focalizada sobre grupos armados, como el EZLN y EPR, se añade la variable de la consolidación de políticas neoliberales y del crimen organizado, así como el fenómeno del femi-genocidio. En un tercer periodo (2000-2014), la desaparición forzada siguió siendo dirigida contra la disidencia política pero también contra amplios sectores sociales específicamente sobre los sujetos más marginados. Véase «La desaparición forzada en México como política de Estado, soterrada y continua (1965-2014)».

Estado homogéneo, bifronte y relativamente fuerte —aunque el uso de la violencia denota una debilidad política— la desaparición forzada actualmente opera en un Estado con diferentes rostros, con fuertes lazos con el crimen organizado e intereses económicos transnacionales o locales, por lo que algunos académicos han calificado la existencia de un «narco-estado militar». También debe considerarse que en la micropolítica de un Estado poliédrico, la violencia se ha dirigido también contra disidencia política, periodistas, activistas y comunidades en resistencia por defender sus recursos naturales, así como la invisibilidad de grupos vulnerables como mujeres, niños y migrantes. Asimismo, otra característica que resaltan Rangel y Sánchez sobre la violencia actual es la exhibición de una violencia brutal al exponer públicamente los cuerpos lacerados, como en caso de las mujeres de Ciudad Juárez, a tal extremo que Rita Segato ha planteado el uso del término «femi-genocidio»[48].

Ahora bien, en la discusión sobre si el término «terrorismo de Estado» es aplicable al caso mexicano, Silvia Dutrénit señaló:

> Cuando rige el terrorismo de Estado, en ninguna parte del territorio se podría estar haciendo un coloquio o seminario como el que estamos haciendo acá (…) esto es impensable. Tenemos que preguntarnos entonces ¿qué es el terrorismo de Estado?[49]

En este sentido, la intervención de Dutrénit destaca la necesidad de un análisis comparativo para definir categorías que

---

48 Notas tomadas de la ponencia de Claudia Rangel y Evangelina Sánchez, «La desaparición forzada en México como política de Estado subterránea y continua 1965-2014», min. 37-49. Véase el video del 22 de agosto de 49:21 min.: https://www.facebook.com/pg/EncuentroNacionalUACM/videos/?ref=page_internal.

49 Intervención de Silvia Dutrénit en la sesión de preguntas y respuestas del panel «Desaparición forzada en América Latina», grabación personal en adelante citada como SPR (min. 16).

describan las diferencias, tanto del contexto como del tipo de violencia estatal en México, sobre lo cual Evangelina Sánchez señaló que existen diferentes niveles de violencia y que el hecho de poder realizar un encuentro académico y de organizaciones de familiares de desaparecidos no descarta la existencia de un aparato de vigilancia, particularmente sobre activistas, defensores de derechos humanos y los familiares de desaparecidos que realizan la búsqueda en fosas clandestinas.

Por su parte, Pilar Calveiro destacó que más allá del uso de categorías, lo importante es el proceso de dilucidar la caracterización del tipo de violencia. Si bien Calveiro cuestiona el uso de «guerra sucia», a su vez sostuvo que en el caso mexicano no se puede hablar de terrorismo de Estado, pero sí de «prácticas de terror focalizadas» regionalmente durante la década de los años setenta. Para Calveiro, como se señaló arriba, el terrorismo de Estado implica la suspensión de las instituciones formalmente democráticas y de garantías individuales dentro de un estado de excepción que se acompaña de violencia generalizada, sistemática y, aún más, la exhibición de la violencia para generar el terror, con el objetivo de ejercer control social. Por lo cual, en el caso mexicano, las prácticas de terrorismo no permearon a todo el territorio y destaca que, a diferencia de Argentina, se trató de una práctica bifronte que llevó a cabo una política interna diferente de la exterior y que está relacionada con las características del Estado mexicano.

> En un Estado que simultáneamente está practicando este terror en algunas regiones, y otras formas de represión legal frente a otros sujetos políticos, [y] formas de cooptación frente a otros actores, [de] negociación e incluso con formas de consenso importantes. En los años setenta, el Estado todavía [tuvo] prácticas que le [permitieron] generar consenso con otros sectores de la población. Entonces me parece que esto tiene otras características que sería interesante ver cómo y con qué categoría lo designamos. No es irrelevante que esto [tenga

relación] con la forma que todavía adopta el discurso [del] Estado [y que] es el discurso populista. Esa práctica populista que ya está erosionada y muy desgastada (…) sigue estructurando parte del imaginario, parte del discurso, y eso hace que para el Estado mexicano sea importante no exhibir la violencia y no exhibir la existencia de un enemigo al que tiene que eliminar, porque ese acto rompe el relato populista. Entonces más bien [el objetivo] es tratar de presentar la imagen de un Estado homogéneo y desaparecer lo que es disfuncional de otra manera, incluso hacerlo desaparecer en el discurso. (SPR min. 22-24)

De este modo, comprender sus modos de operación, permite entender por qué en ciertos momentos las prácticas de violencia fueron focalizadas y al mismo tiempo ocultadas a nivel nacional e internacional, pero exhibidas en regiones específicas, como es el caso de Guerrero. Y no solo eso, como se señaló antes, la negación de la existencia del movimiento armado y su estigmatización como 'delincuentes' o 'gavilleros' para las áreas rurales o 'criminales' y 'terroristas' para los grupos armados visibles en las áreas urbanas, no solo inocularon en la población la legitimidad de la violencia del Estado, sino que borraron del discurso y de la memoria aquellos sectores considerados molestos y que representaban un obstáculo para su funcionalidad. Ahora bien, el nivel de desproporción no podría ser explicado completamente sin considerar el nivel de autoritarismo y, aunque pocas veces señalado, el papel del Estado mexicano en el marco de la Guerra Fría. Es decir, mientras mantuvo una política de apoyo a Cuba y el trato implícito para no apoyar a la disidencia política en México, magnificó la lucha 'secreta' contra un fabricado 'complot comunista' del exterior que redituó su posicionamiento estratégico como un régimen moderno y puente entre América Latina y Estados Unidos[50].

---

50   Recuérdese la iniciativa de México durante el gobierno de Miguel de la

La caracterización del Estado mexicano en la década de los años sesenta a ochenta más que bifronte ha sido poliédrico, puesto que ha actuado de manera plural y con distintos rostros para cooptar, negociar o reprimir a diferentes sectores, al tiempo que logró tapar sus grietas frente a una comunidad nacional e internacional. En todo caso, la diferencia con el Estado en la actualidad es que el desmoronamiento de su gobernabilidad sucede de manera concomitante con la globalización y una política neoliberal que fortalece los lazos y subordinación del Estado con intereses e inversión económica tanto transnacional como del crimen organizado, en donde la violencia es funcional a una nueva lógica de Estado-corporación y al reacomodo de los grupos en el poder. Sin embargo, coincidiendo con Calveiro, la presencia de un relato populista todavía vigente que mantiene la imagen de un Estado fuerte, oculta la violencia y violaciones a los derechos humanos o en todo caso articula a los sectores incómodos como parte de la guerra contra el narcotráfico en absoluta impunidad.

Aunque el Estado mexicano actual parece ser un Estado débil, en contraste con la hegemonía de la que gozó en la década de los sesenta a ochenta, por la crisis de gobernabilidad, representatividad, la infiltración del crimen organizado y la violencia desatada, en el plano de los derechos humanos e influencia de organismos internacionales Manolo Vela compara el caso mexicano con el guatemalteco, destacando que no es un Estado débil por el amplio margen de impunidad en México.

> Aparentemente el Estado [mexicano] es un estado débil, pero yo creo que no, es decir, cuando vemos a otros Estados vemos que éste es un Estado con amplísimos recursos de fuerza, logísticos, de inteligencia, de capacidades de negociar, de saber

---

Madrid (1982-1988) para promover la paz en Centroamérica a través del Grupo Contadora. Aunque la iniciativa es de 1983, esta no podría ser explicada sin el manejo de las relaciones políticas a nivel internacional de los años anteriores.

cuándo negociar, cuándo cooptar, cuándo comprar, su poder sobre los medios de comunicación, su autonomía frente a poderes externos es verdaderamente excepcional. En los casos, de por lo menos Centroamérica, las capacidades de la embajada de EU son muy amplias y en algunos casos lo que se da es la coincidencia entre organizaciones de la sociedad civil, de derechos humanos con la embajada para llevar a cabo algunas reformas del sistema de justicia, porque a la embajada le interesa que haya instituciones que más o menos funcionen, alianzas que son capaces de permear a [la clase política], en el caso de México yo no veo eso. (SPR min. 40)

Por su parte, Silvia Dutrénit reiteró que se trata de un Estado multifacético que en el contexto global tiene que mostrar una cara internacional, en términos de construcción de instituciones de defensa y protección a los derechos humanos, las cuales Dutrénit destacó que sí existen, pero que en la práctica lo que rige es la impunidad (SPR min. 42). Como se señaló al comienzo del capítulo los dos pilares que han mantenido la retórica del Estado, el silencio y la impunidad han sido el ocultamiento y la sistematicidad. Y, en este sentido, a pesar de las transformaciones del Estado a lo largo de casi cinco décadas, estos pilares no han sido derrumbados sino que son formas estructurales que han logrado sostenerlo a pesar de las nuevas variables que ya se venían gestando desde la década de los setenta como por ejemplo el cultivo y trasiego de la droga.

Regresando a la discusión sobre la caracterización de la violencia, si bien el trabajo de Rangel y Sánchez ha abierto brecha al retomar la categoría de «terrorismo de Estado», primeramente planteada en Argentina, para describir la situación de un estado de excepción *de facto* en Guerrero, se pueden observar ciertas críticas al aplicar los términos al caso mexicano en el momento de establecer un análisis comparativo, lo cual lleva a plantear las siguientes preguntas: ¿cuál es la medida de comparación?, ¿cómo evaluar la violencia que operó como estado de sitio en Guerrero con una fuerte presencia militar, a la vez que se focalizó contra otros grupos armados que estuvieron a cargo de operaciones de la policía política?, ¿cómo explicar la exhibición de violencia en comunidades rurales y a la vez su ocultamiento al resto de la población?, ¿cómo explicar la persistencia de la violencia a pesar de los cambios y rearticulaciones en el México actual?, ¿en qué momento se vuelve más visible a pesar de tratarse de una violencia enterrada y borrada de los relatos oficiales en aras de mantener la impunidad?, ¿cómo es posible que un Estado tenga instituciones de derechos humanos, pero que en la práctica todo intento de investigación histórica y jurídica queda desarticulado por mandato gubernamental y el cierre de archivos y procesos jurídicos?

Si bien la violencia actual ha cobrado una mayor preocupación en la última década por su magnitud, exhibición y alcance, ésta tuvo mayor visibilidad también en el momento en que comenzó a afectar a un circuito más amplio de la población y también a las clases medias. Por ejemplo, la visibilidad de los casos de secuestro y asesinato de los hijos de Isabel Miranda de Wallace, Alejandro Martí y Javier Sicilia —aunque habría que matizar sus diferencias—, en contraste con los miles de desaparecidos sin rostro, incluyendo a los migrantes centroamericanos. No obstante, hay un punto de quiebre con los ataques de Iguala del 26 y 27 de septiembre de 2014 y, en particular, con la desaparición de los 43 normalistas de Ayotzinapa que, coincidiendo con Evangelina Sánchez, desplegó toda la fuerza del Estado para encubrir los crímenes y con ello visibilizó una terrible realidad que México vive desde décadas pasadas.

> Quizás los militares no ocupen el poder como tal, como sucedió en otros lados, pero de que tienen una fuerza impresionante lo vimos en el caso de Ayotzinapa. Son incólumes. No se les puede tocar un solo pelo y la investigación no existe. Siembran pruebas y se hace toda una maquinaria, un discurso oficial para proteger [al ejército y la fuerza pública]. (SPR min. 32-35)

El caso de Ayotzinapa es un parteaguas, porque además de dar visibilidad a las prácticas de la violencia del Estado, es un eslabón en el que se conjugaron las dos lógicas, la del Estado en la década de los años setenta y la del Estado actual. Por un lado, la campaña contra la disidencia política y la estigmatización de las Escuelas Normal Rurales como 'semillero de guerrilleros', el despliegue policial y la protección a la milicia, así como la exhibición del cuerpo torturado de Julio César Mondragón señalan la lógica de estrategias similares a las de la violencia de Estado usadas en la década de los setenta. Por otro, las operaciones coludidas esta vez no solo con el beneplácito de las autoridades, sino con el crimen organizado, las motivaciones económicas por recuperar la heroína que presuntamente se encontraba en uno de los camiones y el carácter masivo, indiscriminado y encarnizado responden al nuevo modelo de violencia a partir de la guerra contra el narcotráfico emprendida en el sexenio de Felipe Calderón Hinojosa (2006-2012).

Una de las claves que se propuso en el panel fue el análisis de la hegemonía del Estado y su retórica populista en las décadas de los años sesenta a ochenta, así como su transformación en un Estado permeable al neoliberalismo y el crimen organizado, pero que a su vez es eficaz para mantener ciertas coordenadas de su hegemonía. Sin embargo, este panorama no estaría completo sin considerar, en primer lugar, que también el Estado ha tenido sus fracturas, y que las tiene en la actualidad. Muestra de ello ha sido la continuidad de la violencia, pero también la continuidad de la disidencia, ya sea en formas de rearticulación de la lucha armada, como el EZLN, el EPR y el ERPI, por citar algunos ejemplos, o bien la continua formación de resistencias en la forma de movimientos sociales o la creación de espacios autónomos como Cherán, en la meseta purépecha de Michoacán.

En segundo lugar, es necesario considerar el contexto internacional y el papel que jugó el Estado mexicano dentro del tablero continental de la Guerra Fría, ya que las formas de operatividad y desarrollo de la estrategia contrainsurgente, con asesoría externa, formaron parte de un patrón de intervención y hegemonía estadounidenses. Señalar que la violencia del Estado en México es producto del autoritarismo y la retórica populista, sin considerar un contexto más amplio, implicaría regresar a la teoría de los dos demonios, borrando el eslabón de una práctica estructural proveniente de una política intervencionista estadounidense, como se ha señalado. Y tercero, explorar el funcionamiento y los cambios dentro del Estado mexicano, pero también de los distintos tipos de violencia. Si en las décadas de los sesenta a ochenta la violencia estatal fue encubierta, negó el carácter político de la disidencia, en la actualidad el relato de la guerra contra el narcotráfico encubre asimismo la violencia estatal, esta vez en coordinación con el crimen organizado.

Si bien no se ha generado un consenso para definir el tipo de violencia estatal en México ya que presenta características muy particulares en relación con las dictaduras en el Cono Sur y la guerra civil en Centroamérica, en adelante se evitará el uso del término «guerra sucia» o en todo caso aparecerá entrecomillado para señalar que es un término utilizado anteriormente por la literatura especializada y por los exmilitantes. Asimismo, en adelante se utilizarán los términos de «terrorismo de Estado» o «prácticas de terrorismo focalizadas» para el caso de Guerrero por el grado de supresión de derechos, mecanismos de control, amedrentamiento y arrasamiento; cabe mencionar que Guerrero es el caso más estudiado, pero no el único.

Sin embargo, es necesario destacar que en otros casos la fuerza del Estado también fue focalizada, teniendo como blanco específico a los grupos armados y a la disidencia política. De este modo, por el desarrollo, estructura y formas operativas del programa contrainsurgente, así como el hecho de que fue amparado y orquestado desde las más altas cúpulas del Estado, en coordinación con la inteligencia estadounidense y la presencia de un grupo de entrenamiento paramilitar de Brasil, bien presenta características estructurales semejantes a las de las dictaduras del Cono Sur. Por ello, el presente trabajo ante la ausencia de una categoría específica que pueda articular las diferencias entre el terrorismo de Estado de las dictaduras y el nivel de violencia coordinada y ocultada por el Estado en México, se utilizarán el término «violencia de Estado sistemática».

Dada la complejidad de la violencia y las formas efectivas de encubrimiento del Estado en México, es crucial considerar ciertas coordenadas para el análisis posterior y relevancia de los textos literarios y testimoniales de los exmilitantes, así como las transformaciones y disputas por la memoria: 1) el impacto que tuvo la Guerra Fría y la expulsión de la confrontación y la violencia a las periferias, en las cuales, junto con los contextos nacionales, formaron parte de un programa de guerra por la hegemonía a nivel mundial para beneficiar la imposición de un modelo económico; 2) los rasgos específicos del Estado mexicano como un Estado con varios rostros en la década de los años setenta, lo cual fue fundamental para el ocultamiento de la violencia sistemática del Estado; 3) la coyuntura que marcó la alternancia partidista, la falta de una transición política, puesto que no se ejerció en la práctica una justicia transicional, y la apertura de los archivos, aunque previamente habían ya investigaciones periodísticas sobre la violencia del Estado; 4) el problema todavía actual de la invisibilidad, ya que como señalaron Rangel y Sánchez, ha sido extremadamente difícil posicionar el tema de la violencia del Estado, inclusive desde el espacio académico; y 5) la continuidad de la violencia y la persistencia de la impunidad a pesar de las transformaciones que ha tenido tanto el ejercicio de la violencia del Estado y el crimen organizado, así como las transformaciones del propio Estado en el contexto neoliberal y de globalización actual.

Ahora bien, ¿cuáles han sido los discursos y disputas por la memoria en México?, ¿por qué pese a la existencia de marcas y manifestaciones de la memoria de violencia y del movimiento armado, éstas han tenido mucha menor visibilidad? ¿Cuál ha sido la dinámica entre memorias individuales, aquéllas que circulan en pequeñas comunidades y la fijación de una memoria social o emblemática? ¿Cuándo comienzan a ser escuchadas estas voces y por quiénes? ¿Cuáles son las voces que se posicionan como una tendencia dominante sobre otras? Y aún más, ¿cuál y cómo es la articulación de la memoria en México en contraste con los debates sostenidos en América Latina? Estas son algunas preguntas que se desarrollan en el siguiente capítulo.

Capítulo 2. Las disputas por la memoria en México

> La frontera entre lo decible y lo indecible,
> lo confesable y lo inconfesable
> separa una memoria colectiva subterránea
> de la sociedad civil dominada o de grupos específicos,
> de una memoria colectiva organizada
> que resume la imagen que una sociedad mayoritaria
> o Estado desean transmitir o imponer.
>
> Michael Pollak

> No puedo negar que lo intenté muchas veces
> a lo largo de estos años, pero no pude
> ¿cómo borrar como arte de magia lo vivido?
> Por eso empecé a escribir,
> para transformar la tristeza en nostalgia,
> la soledad en recuerdos.
>
> Minerva Armendáriz

Abordar el pasado no solamente remite a la reconstrucción de los hechos o bien, bajo la lente de la justicia transicional, al establecimiento de la verdad histórica que lleve a un proceso judicial y una eventual reparación integral del daño. Estas tareas son, sin duda, imprescindibles al revisitar un pasado de violencia para evitar que se repita. Sin embargo, abordar el pasado implica también analizar sus conexiones con el presente, la irrupción de este pasado y los modos en que se articula como memoria, o bien queda en el silencio. Quién recuerda, cómo recuerda, en qué momento recuerda; quién escucha, quién calla o quién olvida; cómo se articula el recuerdo, qué significados tiene este pasado y qué marco social rige la emergencia o no de estas memorias.

Si Halbwachs señaló la incidencia de lo social en la memoria individual y la formación de una memoria colectiva como una negociación y adhesión afectiva a un grupo, Pollak destaca la existencia de una hegemonía que regula lo que es aceptable decir o callar, remarcando la existencia de memorias subterráneas que, si bien no son visibles en determinado momento, trabajan en silencio y emergen en el marco de ciertas coyunturas. Es decir, que el silencio, por diferentes razones, no necesariamente implica el olvido.

A los dieciséis años y embarazada, Minerva Armendáriz, exmilitante del MAR, fue sometida en octubre de 1973 a la detención ilegal, la desaparición forzada y la tortura. Fue presentada ante el Consejo Tutelar de Menores, donde fue retenida antes de cumplir la mayoría de edad y ser liberada. La tutela fue transferida de sus padres a un tutor y su tía abuela que vivía en la Ciudad de México, en donde debía permanecer para firmar semanalmente en el tribunal. Minerva Armendáriz luchó toda su vida contra una depresión severa causada por las pérdidas familiares producto de la violencia del Estado. Después de 30 años de la ejecución de su hermano Carlos David, militante del Grupo Popular Guerrillero Arturo Gámiz (GPGAG), decidió romper el silencio con *Morir de sed junto a la fuente* (2001). El texto aborda la persecución del GPGAG en el cuadrilátero dorado en el verano de 1968, siendo un eslabón de la violencia estatal antes y después del movimiento estudiantil. Pero no solo eso, Armendáriz también plantea la imposibilidad de borrar el pasado y la memoria, ya que es en sí misma la experiencia que marcó su vida.

Sin embargo, siendo el primer testimonio publicado de una mujer exmilitante, solo los primeros capítulos narran su historia, el significado de revisitar el pasado y el doloroso proceso de recordar y escribir. El objetivo de Armendáriz fue investigar y traer a la luz el impune episodio de la persecución y ejecución de su hermano mientras cubría la retirada a sus compañeros el 23 de agosto de 1968 y las ejecuciones del grupo en Tesopaco, Sonora entre el 9 y 11 de septiembre. Pero, a su vez, despuntan en el testimonio los motivos emocionales para emprender este proyecto, pagar su deuda a la vida:

> [T]ú tienes una deuda con la vida y no puedes irte sin pagarle. (…) le debes la denuncia de las atrocidades que viviste! Le debes tu testimonio escrito que deben conocer los que vienen detrás. Desconocen los hechos y tienen derecho a enterarse de lo ocurrido no solo a ti sino a todo aquellos que ya no pueden hablar. (*Morir de sed* 28-29)

De este modo, rescatar la memoria de su hermano y narrar la persecución contra el GPGAG es rescatarse a sí misma y procesar la violencia estatal que sufrió en carne propia, atormentó y persiguió a su familia. Pero llama la atención que en la narración la memoria de Carlos David parece obnubilar la experiencia de Minerva como mujer que participó en la lucha armada. Se puede apreciar claramente en este testimonio que los procesos de construcción de la memoria están atravesados por lo que Rancière llama la «distribución de lo sensible», así como por las significaciones que cobra el pasado en lo experiencial y afectivo.

> La distribución de lo sensible revela quien puede participar en aquello que es común para la comunidad basado en lo que hace y en el tiempo y espacio en el que esta actividad se lleva a cabo. Tener una posición en particular determina entonces la habilidad o inhabilidad para determinar lo que cohesiona a la comunidad; lo que define qué es visible o no en un espacio en común, con un lenguaje en común asignado, etc.[1]

---

[1] Las traducciones del inglés son mías y en adelante solo señalaré la cita original: «The distribution of the sensible reveals who can have a share in what is common to the community based on what they do and on the time and space in which this activity is performed. Having a particular 'occupation' thereby determines the ability or inability to take charge of what is common to the community; it defines what is visible or not in a common space, endowed with a common language, etc.» (*The Politics of Aesthetics* 12-13).

Los años de silencio de Armendáriz, así como su testimonio, están traspasados tanto por lo individual y afectivo para procesar la experiencia dolorosa, como por aquello que tácitamente se consideró consensual para ser expuesto públicamente, para ser narrado o para ser callado. Los testimonios de exmilitantes publicados anteriormente se centran en la reconstrucción de los hechos, en la recolección de anécdotas junto con el balance del grupo armado, así como en la disputa a las versiones y silencios oficiales. El texto de Minerva Armendáriz sigue estas líneas generales, dentro de la cuáles su estatus como familiar de un militante acribillado le da legitimidad para hablar y para reconstruir este pasado de terror. Sin embargo, hay un consenso tácito que marca una diferencia o jerarquía sobre lo relevante a ser narrado. Armendáriz decide colocar en el centro de su narración la reconstrucción de la vida de Carlos David, su militancia ejemplar, la persecución por la sierra y la ejecución de los sobrevivientes del comando. Pero soslaya su propia experiencia en el MAR, al subordinar su historia en función de resignificar la identidad y brindar homenaje a su hermano. En todo caso, los primeros capítulos dejan vislumbrar entre persianas parte de su historia. Es decir, la «distribución de lo sensible» o una hegemonía, implícitamente coloca el estatus de Armendáriz como familiar por encima de su estatus como exmilitante de la lucha armada y su experiencia como mujer. No obstante, en la narración se logran filtrar lo afectivo y lo experiencial, el deseo por encontrar respuestas a nivel individual y existencial como motor de escritura y también como metanarración. El testimonio de Armendáriz ejemplifica las tensiones internas y disputas por la memoria como parte de una dinámica entre aquello que dentro de un marco social determinado es aceptable hablar o callar y nuevas agencias que irrumpen este marco social. Si bien el testimonio desmonta la versión oficial de la *pax priísta* y sale a la luz en un momento coyuntural, a su vez la agencia de recuperación de la memoria histórica y la resignificación identitaria del 'revoltoso' por la del luchador social domina otras agencias que, no obstante, ya aparecen de forma inquietante: la experiencia y subjetivad femenina como los cimientos que dan significado al pasado a nivel afectivo en la narrativa testimonial. Antes de su fallecimiento en 2013 y publicado de manera póstuma por su hijo Andrei, Minerva Armendáriz escribió *Morir de sed junto a la fuente 30 años después* (2018), el cual a diferencia del primer testimonio, aborda de manera profunda y desgarradora los efectos y secuelas de la tortura en su familia, particularmente en su hijo Carlos de quien estaba embarazada durante la detención-desaparición.

***

Durante las últimas décadas se han planteado nuevas aproximaciones en los estudios de la memoria y de la historia reciente, analizando no solamente la reconstrucción del pasado de violencia, sino también reflexionando sobre su articulación discursiva. Algunos de los debates en el contexto latinoamericano han girado en torno a la pertinencia y valoración de la voz del testigo, la historia oral y semblanzas de vida, las prácticas de memoria como recorridos, escraches y la transformación del espacio público en lugares de memoria, ya sea como iniciativa independiente o estatal. Asimismo, se han discutido los límites del testimonio judicial, los soslayos de un saber empírico y afectivo en los testimonios utilizados en las Comisiones de Verdad, la estatización de la memoria, el uso retórico de los derechos humanos para despolitizar y desdibujar las responsabilidades del Estado, la crítica a la sobrevaloración del testimonio y la vindicación de la memoria como un giro subjetivo en oposición a la historia, por citar solamente algunos ejemplos.

Este capítulo aporta una mirada panorámica como preámbulo al análisis de los modos en que los discursos sobre la memoria han sido articulados en México en relación con el periodo que comprende de 1962 a 1985. A su vez esta revisión compara de manera general algunos debates sobre la memoria en América Latina y, particularmente, en el Cono Sur. Cabe destacar que en México estos debates son relativamente recientes y que, a pesar de que los estudios han abrevado de la producción académica del Cono Sur, los trabajos comparativos son una tarea en curso. En este capítulo también se plantea la dinámica entre memorias individuales, la formación de pequeñas comunidades de memoria y la fijación de memorias colectivas que disputan las versiones oficiales sobre este periodo. En este proceso destaca que las disputas por la memoria no solamente responden a la oposición Estado *versus* lo subalterno o marginal, sino que a su vez dentro de estas memorias subterráneas, retomando el término de Pollak, existen tensiones, competencias y tendencias dominantes, que si bien se posicionan en el ámbito público aunque de manera marginal, a su vez éstas soslayan otra serie de agencias que se irán discutiendo en los siguientes capítulos.

De este modo, la revisión panorámica de los debates es pertinente para plantear similitudes y diferencias entre la producción de la memoria en México y América Latina y, así, zanjar una brecha, puesto que finalmente compartimos tanto el pasado de violencia en el periodo de la Guerra Fría, sus efectos en el presente, así como las formas de revisitar ese pasado. Asimismo, una revisión sobre la amplitud de términos para definir la memoria sientan las bases para una primera aproximación al *corpus* de los textos literarios y testimoniales analizados posteriormente.

Algunas entradas y debates al analizar los discursos y disputas por la memoria desde la teoría y la crítica, específicamente en el contexto latinoamericano, han sido la contraposición entre historia y memoria, basada en el criterio de verdad y objetividad, los marcos interpretativos bajo los cuales se producen tanto memorias como análisis académico, la configuración de la memoria como parte de un proceso y la interacción entre lo social e individual, la memoria ligada a un proceso de reconfiguración identitaria, que a su vez están ligados con una experiencia traumática y sus efectos en el momento de la enunciación, los silencios, desplazamientos y soslayos que genera, así como la necesidad de un interlocutor depositario de esa memoria, por solo citar solo algunos ejemplos.

I. Memoria e historia

Uno de los debates más recurrentes ha sido la relación entre historia y memoria que en gran medida se ha planteado tradicionalmente a manera de oposición y exclusión, asignando tácitamente la objetividad y la verdad al relato histórico, y a la memoria la subjetividad, como bien señala Beatriz Sarlo:

> El pasado siempre es conflictivo. A él se refieren, en competencia, la memoria y la historia, porque la historia no siempre puede creerle a la memoria, y la memoria desconfía de una reconstrucción que no ponga en su centro los derechos del recuerdo (derechos de vida, de justicia, de subjetividad). (*Tiempo pasado* 9)

Una nueva corriente historiográfica ha planteado que precisamente la tensión entre historia y memoria es una relación complementaria y de productividad, por un lado, porque el dato puro de la historia no es capaz de explicar los procesos en que los sujetos sociales construyen y dan significado al pasado y a la interpretación de los hechos y, por otro, porque precisamente en esta tensión, en las «tergiversaciones, desplazamientos y negaciones», la memoria plantea cuestionamientos a la historia, nutriéndola y permitiéndole establecer una agenda de investigación (Jelin 75-78). Inclusive, la historiografía es incapaz ya de construir una historia única, por lo cual se plantea la pertinencia de denominar la existencia de historias, parciales o plurales (Pollak 45). Asimismo, Pollak cuestiona privilegiar la fuente escrita sobre la oral, la historia cuantificada sobre la historia oral, ya que para él se trata de una «continuidad potencial»:

> Tenemos una posibilidad, no de objetividad, sino de objetivación, que toma en cuenta la posibilidad de las realidades y de los actos. (...) Creo que las oposiciones binarias, de las cua-

les las discusiones intelectuales hacen gran uso —subjetivo/objetivo, racional/irracional, científico/religioso— sólo sirven para fines de acusación o de autolegitimación. (*Memoria, olvido, silencio* 46-47)

En el contexto latinoamericano, un ejemplo de ello han sido los debates recurrentes en torno a la proliferación del testimonio; recuérdese la disputa Stoll/Beverley sobre la veracidad y representación del testimonio de Rigoberta Menchú, o el *boom* del testimonio desde los estudios subalternos y la crítica cultural[2]. Una tercera oleada de este debate ha sido el cuestionamiento de Sarlo al giro subjetivo de la historia, por la sobredimensión del testimonio o género memorístico y por el hecho de que su legitimidad descanse sobre un discurso de reparación y de políticas identitarias, que han convertido al testimonio en un ícono de verdad y a la voz del testigo como fuente única de verdad. Cierto es que ha habido una gran producción testimonial, y que en ocasiones, al igual que el relato histórico, el recuento de los hechos y el exceso del detalle podría caer en lo que Nietzsche advirtió sobre la «sobresaturación de la historia», ya sea en su sentido de construir una historia monumental o una historia anticuaria que en ambos casos se ahogan en la fijación teleológica del pasado (*Sobre la utilidad y el prejuicio de la historia para la vida* 52-76). Asimismo, como apunta Todorov, no toda experiencia de vida o recuento del pasado accede a una narrativa histórica o a una «memoria ejemplar» advirtiendo también de los peligros de «erigir un culto a la memoria por la memoria; sacralizar la memoria

---

2   Esta serie de debates ha abordado la veracidad y legitimidad del testimonio, el papel del intelectual para mediar o representar a las voces subalternas, la transformación del sujeto subalterno en un intelectual orgánico, así como la recepción y canonización del testimonio, particularmente en la academia estadounidense de estudios latinoamericanos. Véase *Subalternity and Representation* (1999) y *Testimonio: On the Politics of Truth* (2004) de John Beverley, y *Teorías sin disciplina* (1998) de Santiago Castro-Gómez y Eduardo Mendieta (eds.), por citar algunos ejemplos.

es otro modo de hacerla estéril» (*Los abusos de la memoria* 56). No obstante, es fundamental la comprensión y análisis de estas narrativas residuales, y de aquello que apuntan reiteradamente. Es decir, saber leer a contrapelo la repetición, el quiebre, los soslayos y los silencios, así como sus usos políticos.

En *Tiempo presente*, Sarlo destaca la necesidad de distanciarse de la voz del testigo en primera persona, para llevar a cabo un análisis más objetivo que eche mano de la metodología de las disciplinas sociales, a lo cual John Beverley responde que este argumento forma parte del giro neoconservador de los intelectuales de izquierda, en el que el rechazo a la subjetividad en su fundamento encierra una defensa al *estatus* del letrado[3]. Si bien la crítica de Sarlo nos recuerda que tanto memoria como narrativas testimoniales son construcciones discursivas —¿acaso el relato histórico no lo es también?—, Beverley advierte sobre el ejercicio de poder del intelectual y la academia al momento de categorizar y privilegiar ciertas narrativas sobre otras. De este modo, Beverley cuestiona un criterio de objetividad con otro de gestión de poder y representación. Como señala Jelin, el proceso de construcción de las memorias se encuentra dentro de una representación y nociones de tiempo que «son culturalmente variables e históricamente construidas. Y esto incluye, por supuesto, las propias categorías de análisis utilizadas por investigadores y analistas del tema» (*Los trabajos de la memoria* 23). Añadiría asimismo que tanto la memoria como el relato historiográfico son construcciones discursivas que, además, están atravesadas por marcos interpretativos, epistemológicos y también políticos. Volveré a este punto, en el siguiente apartado.

En el caso mexicano, este tipo de debate no ha tenido lugar, por lo menos en términos teóricos, quizás por tratarse todavía de un pasado no cerrado, porque no ha habido una ver-

---

3   John Beverley «The Neoconservative Turn in Latin American Literary and Cultural Criticism» (73-77).

dadera justicia transicional, la violencia del Estado sigue siendo una constante y la influencia política de las autoridades de turno ha bloqueado y saboteado tanto el acceso a los archivos, como a la posibilidad de poner fin a la impunidad a través de un proceso legal. Esta situación se ha agravado aún más en la última década por la colusión entre autoridades y crimen organizado. Si bien después del 2006 es más visible por la guerra contra las drogas del expresidente Felipe Calderón, ésta colusión comienza desde la década de los ochenta cuando muchos de los agentes de la DFS ingresan a las filas del narcotráfico. Como señalan David Cilia y Enrique González Ruiz en la compilación de testimonios de los exmilitantes, tras la alternancia partidista y la creación de la FEMOSPP:

> El régimen panista encubre al PRI-gobierno. Los viejos capos de la guerra sucia, se convierten en los capos de la droga y en los capos de las instituciones panistas de «seguridad de Estado», mientras, para burla de la sociedad, la llamada Fiscalía Especial, sigue sin encontrar y sin poder fincar responsabilidades a ninguno de los grandes criminales.» La verdad es que el pretendido «régimen de cambio» forma parte ya, históricamente hablando de este periodo de represión fascista y genocidio conocido también como periodo de la guerra sucia. Fox ya pasó a la historia como cómplice y encubridor de los criminales de la guerra sucia (…) y siempre será recordado como un asesino más de esta continuada guerra sucia del gobierno contra el pueblo. (*Testimonios de la guerra sucia* 8-9)

Debido a la continuidad de la violencia en México y la impunidad, ha habido una desarticulación inicial entre la academia, las prácticas de memoria por parte de exmilitantes, familiares de desaparecidos, activistas y organizaciones de derechos humanos que poco a poco se va zanjando. Mientras la historiografía sigue atendiendo al trabajo imprescindible de archivo y en su mayor parte se ha enfocado en la reconstrucción del pasado de violencia, las discusiones sobre la memoria y el análisis sobre sus prácticas ha sido abordada por la sociología, la antropología y la historia oral. Por su parte, la producción literaria y testimonial de los exmilitantes si bien ha sido soslayada por la disciplina histórica y por los estudios literarios, nuevos estudios como el de Cabrera y Estrada aportan una nueva mirada a los textos literarios que abordan la violencia del Estado y los movimientos armados. No obstante, poco se ha abordado sobre los posicionamientos de los exmilitantes y las transformaciones de los discursos de la memoria.

Durante el periodo de funcionamiento de la FEMOSPP (2002-2006) se llevaron a cabo una serie de encuentros entre los exmilitantes del movimiento armado socialista para discutir la importancia de preservar la «memoria histórica», planteando de manera general dos proyectos. El primero propuso realizar una investigación paralela que zanjara los huecos de una historia oficial dentro de un marco ajustado a la producción de una verdad histórica que, a su vez, pudiera sostener un proceso judicial contra los crímenes de lesa humanidad cometidos por el Estado. El segundo grupo apostó por la gestión de la memoria alejada del marco histórico-jurídico y concentrada en la discusión, la rememoración, las prácticas de memoria y la producción testimonial a nivel regional[4]. Es decir, en estos proyectos se puede observar que la memoria es concebida como una forma de disputa del relato oficial y la construcción de una «memoria histórica» incluía tanto la memoria de los sobrevivientes como el trabajo de archivo. En algunos de los encuentros se acordó la formación de una Comisión de la Verdad, con la diferencia de que la producción de un informe tendría que provenir de los propios exmilitantes. Esto debido a que las investigaciones y reportes de la FEMOSPP

---

[4] El capítulo 9 discute estos proyectos con mayor profundidad. Para un análisis más detallado véase Rodolfo Gamiño Muñoz *Resistir al olvido. Iniciativas no oficiales de memoria implementadas por exmilitantes del movimiento armado socialista en la Ciudad de México y Guadalajara* (2014), tesis doctoral.

privilegiaron de manera tácita la información de los archivos sobre el testimonio escrito y oral[5]. De este modo, se puede observar que no hay una tensión excluyente entre historia y memoria, sino más bien es complementaria y, en todo caso, la oposición se centró sobre quién tiene el poder de investigar, enunciar y establecer una «memoria histórica». Por otro lado, el segundo proyecto derivado de las discusiones sobre la construcción de una memoria colectiva planteaba, como parte constitutiva, la necesidad de resignificar el pasado, en una revisión del proyecto revolucionario y la rearticulación identitaria del exmilitante.

Si bien los textos testimoniales no han sido suficientemente atendidos, la historia oral y la recopilación de testimonios orales han sido centrales en estudios recientes desde la antropología y sociología, no solo para complementar la historiografía de la lucha armada en México y de la violencia sistemática del Estado, sino en particular para plantear los efectos de la violencia y la desaparición forzada a nivel individual y en el cuerpo social, y que actualmente en México es un problema severo y urgente de atender. En este sentido, las discusiones en torno al pasado reciente no se han dado dentro del marco de oposición memoria/historia, objetividad/subjetividad, porque la apertura de los archivos ha sido relativamente reciente y los estudios están en una etapa de reconstrucción del pasado. A su vez una joven generación de historiadores, antropólogos, sociólogos y politólogos, entre otros, se ha dado a la tarea de revisión y estudio de los

---

[5] Algunos exmilitantes del movimiento armado fueron invitados a participar en el área histórica de la FEMOSPP, no obstante, el interés por documentar y difundir la historia de los movimientos armados comenzó décadas anteriores con la creación independiente del Centro de Investigaciones Históricas y Movimientos Armados (CIHMA) en la década de los noventa, posteriormente el Centro de Investigaciones Históricas de los Movimientos Armados Rubén Jaramillo Ménez (CIHMARJM), antecedente del CIHMSAC, creado en el 2006, así como las publicaciones *Expediente abierto* y *Filo y Causas: Política, Historia, Arte y Ciencia* (Rodolfo Gamiño, «Resistir al olvido» 118-130).

pocos archivos todavía accesibles trabajando en conjunto con los círculos de exmilitantes y familiares de desaparecidos.

Siendo México un país en el que la violencia del Estado ha sido recurrente y pese a las iniciativas gubernamentales, en gran parte circunscritas a una retórica demagógica, la práctica de la memoria se encuentra en la esfera pública en la forma de protestas, encuentros, recorridos, escraches y manifestaciones performativas. No obstante, este trabajo se centra en el análisis de las marcas de memoria en su forma escrita, producidas desde la perspectiva de los exmilitantes del movimiento armado, ya que en ellos es posible leer críticamente la configuración de una memoria que presenta tendencias dominantes respondiendo a coyunturas políticas y sociales, pero que también muestra tensiones, quiebres, contradicciones, soslayos y silencios, pese a tratarse de una memoria no inscripta en el relato oficial.

Cabe destacar que la marca de memoria en el papel no reemplaza la práctica de la memoria en la arena pública, sus reemergencias, como tampoco reemplaza el relato historiográfico, ni el proceso de formación de una memoria social. Este trabajo trata entonces de establecer entrecruzamientos, destacando el análisis de ciertos textos literarios y testimoniales que ya sea establecen una continuidad narrativa o bien generan un quiebre en los discursos del pasado.

II. *El proceso social de la memoria, lo afectivo y lo político*

Si dentro de la oposición historia y memoria el centro de debate ha sido la objetividad, cuestionada y reconfigurada como una disputa por el poder de enunciación, el proceso de construcción de la memoria pone en el centro de debate la interacción entre las esferas individual y social, así como el proceso de transmisión. Siguiendo la línea de Halbwachs, Steve Stern plantea los conceptos de *memoria emblemática*, *memoria suelta* y *nudos de memoria* para analizar las diferentes construcciones del pasado en el caso de la dictadura chilena. Para Stern, la construcción de una memoria emblemática refiere no a los acontecimientos en sí, sino al marco que organiza el sentido de éstos en la arena pública o semipública que, en un proceso selectivo, a su vez da origen a una «contramemoria» y a una serie de debates que podríamos llamar las batallas discursivas por la memoria[6]. Stern describe el proceso de construcción de una memoria social como una lona o pabellón (*tent*) cuya capacidad y amplitud reside en la flexibilidad que tenga para admitir selectivamente y darle un significado a las memorias individuales o a una memoria suelta:

> Entre más amplio y flexible sea el marco de sentido, con mayor efectividad uno puede construir, de una multitud de experiencias específicas y diversas traídas a este pabellón, un imaginario colectivo que también parezca una experiencia 'real' compartida[7].

La descripción de Stern sobre este proceso de competencia entre la memoria suelta y la memoria emblemática es relevante en el sentido de que, por un lado, desplaza el estudio de la memoria de un criterio de objetividad hacia un criterio de construcción de significados sociales plurales, dinámicos y cambiantes. Y, por otro, Stern observa la capacidad de la memoria suelta para convertirse en nudos de memoria que en determinado momento interrumpen un discurso fijo de la memoria o el flujo 'normal' del cuerpo social:

> [los nudos de memoria] fuerzan a los aspectos cargados de memoria y olvido a entrar a la esfera pública. Éstos reclaman o plantean problemas que remarcan la atención y la concien-

---

6   Para Stern la «contramemoria» no necesariamente implica una postura política al discurso del Estado, sino que más bien señala que la configuración de memorias emblemáticas a su vez generan su contraparte.

7   Cita original: «The more capacious and flexible the meaning framework, the more effectively one can build, from a multitude of diverse specific experiences brought into the tent, a collective imaginary that also seems a shared 'real' experience» (*Remembering Pinochet's Chile* 115).

cia, perturbando de este modo los hábitos cotidianos y autómatas que albergan el letargo[8].

No obstante, el análisis de Stern pasa por alto el carácter político de esta dinámica; para él la memoria va más allá de lo político, centrándose más en su carácter afectivo, moral y existencial (128-129). Cierto es que si la memoria está anclada a la experiencia del sujeto, la significación del pasado inevitablemente estará atravesada por lo afectivo, tanto a nivel individual como por marcos sociales que rigen la transmisión y la recepción. Como señala Jelin,

> abordar la memoria involucra referirse a recuerdos y olvidos, narrativas y actos, silencios y gestos. Hay en juego saberes, pero también emociones. Y hay también huecos y fracturas. (*Los trabajos de la memoria* 17)

Y precisamente en los huecos, fracturas, quiebres, silencios y olvidos, inclusive, contradicciones, es posible detectar los efectos y sanciones de una hegemonía que, en todo caso, Stern incorpora bajo el concepto de memoria emblemática. Es decir, habría que hilar más fino para analizar por qué en determinados momentos se fija cierta memoria sobre otra y por qué en otros se lleva a cabo un quiebre que lleva a la transformación de esta memoria social hacia otros rumbos y otras agencias.

Asimismo, en la dinámica entre lo social e individual habría que considerar la multiplicidad y ciertas variables que giran en torno a lo afectivo, a los procesos identitarios de la memoria y a lo político, en un sentido más amplio que el de una oposición partidista, que a su vez están enmarcadas dentro de una hegemonía. Pero vayamos por partes, en relación con la multi-

---

8   Cita original: «They force charged issues of memory and forgetfulness into a public domain. They make claims or cause problems that heighten attention and consciousness, thereby unsettling reflexive everyday habits and euphemisms that foster numbing» (*Remembering Pinochet's Chile* 120).

plicidad, Jelin destaca que las memorias son simultáneamente individuales y sociales, pero esta correlación nunca será especular. La representación de lo social en la memoria individual no es mimética, como tampoco la formación de una memoria social incluye todos los aspectos de la memoria individual. Es decir, el estudio de la memoria debe contemplar la multiplicidad de la memoria tanto pública como privada y la imposibilidad de una memoria única; se trata, como señala Stern, de una competencia, yo añadiría de una disputa de memorias. Cabe apuntar que dicha disputa no solamente se da entre un relato fijado y la emergencia de una contramemoria, entre una memoria emblemática y los nudos de memoria, sino que a su vez la multiplicidad y, por lo tanto, su disputa, aparece tanto en las memorias dominantes o «emblemáticas», como en las memorias sueltas o emergentes como se analizará más adelante[9].

Ahora bien, si la memoria trabaja a partir de la experiencia y las resignificaciones del pasado a lo largo del tiempo desde ciertas coyunturas en el presente, la memoria también está ligada directamente con la rearticulación de procesos identitarios que buscarán la coherencia y la continuidad en sus narrativas:

> La memoria es un elemento constituyente del sentimiento de identidad, tanto individual como colectiva, en la medida en que es también un componente muy importante del sentimiento de continuidad y de coherencia de una persona o de un grupo en su reconstrucción de sí. (Pollak 38)

Es decir, en el proceso de construcción de la memoria se buscará una narrativa de continuidad que ajuste la significación del pasado con la formación o rearticulación identitaria de una comunidad de memoria emergente. Y en este sentido, lo político

---

9   Para el caso chileno, Stern destaca la coexistencia de varias memorias: la del golpe de Estado como salvación, como una ruptura irresuelta, como persecución y despertar político, y como una caja cerrada. Para mayor detalle véase *Remembering Pinochet's Chile* (108-112).

no desaparece con la presencia de lo afectivo, ya que al realizar una selección entre recuerdos, olvidos y silencios, de manera involuntaria o no, se lleva a cabo una operación que domina y a su vez puede estar dominada por lo que es posible decir o callar, lo que es aceptable escuchar o hacer caso omiso.

En la mayor parte de los testimonios de exmilitantes del movimiento armado en México, la reconstrucción identitaria, ya sea individual o grupal, aparece como un elemento repetitivo a lo largo de los textos y está anclada en las disputas sobre la viabilidad o no de la lucha armada. En los primeros textos, que si bien no son testimonios bien establecidos como género, sino comunicados, cartas y breves ensayos que buscan articular teóricamente la pertinencia o no de la rectificación de la lucha armada, se observa la necesidad de un deslinde político, pero también identitario de otros grupos o exmilitantes que sostienen una postura contraria, e inclusive de compañeros del mismo grupo armado y/o compañeros de celda. En estos textos, que bien pueden considerarse como testimoniales por la necesidad de posicionar otra versión de los hechos a partir de la experiencia, se pueden observar las irrupciones de lo afectivo, las disputas y recriminaciones dentro de una narrativa cuyo objetivo es sostener teóricamente un balance de la lucha armada y su necesaria rectificación. Inclusive, entre los exmilitantes que coinciden en la rectificación se pueden apreciar diferentes posturas entre aquellos que veían una puerta en la vía partidista y los que apostaban por el trabajo organizativo en el movimiento obrero, antes de abrazar alguna corriente partidista de izquierda[10].

Asimismo, en los testimonios posteriores que sostuvieron la continuidad de la lucha armada aparecen fuertes elementos identitarios como grupo, por ejemplo, a partir de la reme-

---

10 Para un análisis en mayor detalle, véase el capítulo 3.

moración de Lucio Cabañas[11]. Posteriormente, en el marco de la alternancia partidista y la creación de la FEMOSPP, la serie de testimonios publicados y los encuentros entre exmilitantes añadieron a su agenda no solamente la resignificación de la lucha armada como parte de un proyecto revolucionario todavía vigente, sino que a su vez consideraron esencial rearticular la identidad de los compañeros caídos y de los sobrevivientes, no como guerrilleros o terroristas, sino como luchadores sociales.

III. Hegemonía y los usos políticos de la memoria

La presencia de una hegemonía y el carácter político de las memorias, inclusive aquellas que se quieren distanciar de una postura política, se da en dos sentidos. Por un lado, como señala Calveiro, si bien las memorias no son neutrales, tampoco toda memoria es una resistencia al poder, «según cómo se acople la memoria del pasado a los desafíos del presente, se estará construyendo un relato que *puede ser resistente o funcional al poder*»[12]. Por otro lado, la producción de las memorias está enmarcada dentro de un horizonte de recepción que otorga o no su legitimidad. Como destaca Jelin, la relación entre lenguaje y la construcción discursiva de la memoria no es lineal, sino contradictoria y presenta rupturas, en su centro se debaten no solamente los significados del pasado, sino una disputa por el poder y la legitimidad de quien enuncia.

> La memoria como construcción social narrativa implica el estudio de las propiedades de quien narra, de la institución que le otorga o niega poder y lo/a autoriza a pronunciar las palabras, ya que, como señala Bourdieu, la eficacia del discur-

---

11 Tal es el caso de los testimonios *Los papeles de la sedición. La verdadera historia político militar del* PDLP (1982) de Francisco Fierro Loza y *Lucio Cabañas y el* PDLP. *Una experiencia guerrillera en México* (1987) de Eleazar Campos; ambos analizados en el capítulo 4.

12 Énfasis de Calveiro, «Los usos políticos de la memoria» (379).

so performativo es proporcional a la autoridad de quien lo enuncia. Implica también prestar atención a los procesos de construcción del reconocimiento legítimo, otorgado socialmente por el grupo al cual se dirige. La recepción de las palabras y actos no es un proceso pasivo sino, por el contrario, es un acto de reconocimiento hacia quien realiza la transmisión. (*Los trabajos de la memoria* 35-36)

Como se ha apuntado anteriormente, no toda memoria individual se incorpora a una memoria social o a una memoria emblemática, para ello es necesario la formación de una comunidad de memoria que comparta las significaciones del pasado y la posibilidad de transmisión:

[L]a experiencia y la memoria individuales no existen en sí, sino que se manifiestan y se tornan colectivas en el acto de compartir. O sea, la experiencia individual construye comunidad en el acto narrativo compartido, en el narrar y escuchar. (Jelin 37)

De este modo, lo hegemónico recorre no solamente la producción y enunciación de la memoria, sino también el horizonte de recepción, ya sea desafiándola, negociando o haciendo ajustes en la coherencia y continuidad de su narrativa. Para que ciertas memorias emerjan en la arena pública será necesario que una comunidad de memoria cobre fuerza y legitimidad para posicionar el debate ante memorias emblemáticas o memorias oficiales. Por supuesto, existen también coyunturas en las que la producción y recepción de determinadas memorias sean más visibles o no. De ahí que no se pueda establecer una memoria, sino más bien trazar la genealogía y transformaciones de los discursos de la memoria. Por ejemplo, como se señaló al comienzo, en el testimonio de Minerva Armendáriz conviven la recuperación identitaria de su hermano Carlos David junto con la experiencia femenina que apunta tanto a la relación afectiva y familiar como a la participación de Armendáriz en la lucha armada. No obstante, la producción y recepción del testimonio privilegian la recuperación de la memoria histórica y la reconstrucción de vida de un exmilitante masculino soslayando la experiencia y participación femenina. Es decir, el testimonio está atravesado por una tendencia dominante que no considera prioritario poner en el centro de la narrativa una perspectiva de género; pero a su vez el testimonio anuncia ya nuevas agencias que no han sido abordadas.

En el caso chileno, Jaume Peris Blanes realiza un análisis minucioso sobre la producción testimonial y destaca las transformaciones que se dieron desde el exilio hasta el período de la posdictadura. Si bien el testimonio comenzó en el exilio denunciando el terrorismo de Estado a través de la rememoración de la experiencia en el campo de concentración —como un modo de reconfigurar el proyecto de la izquierda y de participación social y política que había sido cercenado por el golpe de 1973—, la difusión de los testimonios recopilados por la Vicaría de la Solidaridad enfrentó un escenario muy diferente por la censura de la dictadura y por el horizonte de recepción de una sociedad polarizada y desmovilizada por los efectos de una política de terror. De este modo, la publicación de testimonios durante la dictadura, ya fuera en revistas de corte cristiano, en compilaciones o en forma de libro-reportaje basados en los testimonios recopilados por la Vicaría, si bien denunciaron de las violaciones a derechos humanos y fueron constantemente censurados, adoptaron la forma de denuncia con un concepto de justicia que se identificó con dar visibilidad a la verdad, pero separándose del carácter judicial al omitir los nombres de los agentes implicados que, como señala Peris Blanes, tuvo efectos a largo plazo de borramiento de la lógica de la violencia estatal, al articular un discurso, lenguaje, sintaxis y retórica que «con el tiempo llegaría a convertirse en la columna vertebral de las políticas de memoria de la Transición» (*Historia del testimonio* 197).

Peris Blanes destaca el efecto de borradura del componente político en los discursos de la memoria durante la posdictadura, si bien los testimonios durante la dictadura y la primera transición fueron desautorizados, en un segundo momento la construcción de una memoria pública se basó en la legitimidad que le daba el uso del testimonio que, a la par con la emergencia de mundo afectivo de la experiencia subjetiva, pusiera énfasis en los efectos de la tortura en el individuo, pero descontextualizados del proyecto económico impuesto por la Junta Militar, la desarticulación de la movilización social, la participación política y la destrucción del tejido social.

> Es cierto que la inmediatez de la situación, bajo el *shock* mental y político de las desapariciones, [el proyecto ideológico, económico y social de izquierda] resultaba a todas luces secundario. Pero con el tiempo, en otro contexto político, esa desconexión entre violencia y la revolución neoliberal serviría para exonerar a ésta de su responsabilidad en la represión: el paradigma de los derechos humanos condenaba, de hecho, la violencia concreta sobre los cuerpos, pero no decía nada sobre la violencia económica y social a la que la tortura se había consagrado. («Contradicciones del testimonio» 73)

A pesar de que el Informe de la Comisión Nacional sobre Prisión Política y Torturas (CNPPT) de 2004, mejor conocido como el Informe Valech, pretendía significar el estatus de los sobrevivientes al convertirlos en los portadores de la memoria de la nación, como señala Peris Blanes, por un lado constataba la exclusión de los sobrevivientes en el periodo de la transición, así como el borramiento de la práctica de la tortura en el debate público. Por otro lado, individualizaba los efectos de la violencia de la dictadura, desvinculando la experiencia individual de la sistematización de una limpieza social, la profunda ruptura del tejido social para imponer un modelo económico, dejando a la violencia como un hecho aislado incomprensible e irracional, cuyas responsabilidades se diluían en «una confusa responsabilidad colectiva» (*Historia del testimonio* 370-72).

Se puede observar, a partir del análisis de Peris Blanes, cómo las transformaciones en la construcción de la memoria se encuentran atravesadas por lo hegemónico en la producción y en la recepción, y cómo el uso político de la memoria está vinculado inclusive en el ámbito de lo afectivo y la experiencia subjetiva. Si en determinado momento fue conveniente desvincular el carácter político en la circulación de los testimonios para lograr visibilidad y eventualmente la suficiente presión política que contribuyera al fin de la dictadura, la narrativa de la memoria emergente en los testimonios fue un arma de doble filo en la posterior recuperación retórica y en la construcción de una memoria de la transición. El énfasis en la experiencia traumática, el carácter subjetivo, el mundo afectivo y los efectos de la violencia del Estado, fueron desvinculados del proceso político, de las transformaciones en el tejido social y en la desmovilización, particularmente de su vinculación con la implantación de un modelo económico neoliberal surgido de la Escuela de Chicago. De este modo, Peris Blanes manifiesta malestar por la proliferación del marco teórico de la memoria en tanto es una memoria oficialista.

En el contexto argentino, las transformaciones y disputas por la memoria no han sido la excepción y de manera similar las primeras denuncias enfatizaron el carácter individual, soslayando al sujeto político y desvaneciendo cualquier vínculo con la lucha armada y con una postura disidente. Como bien señala Fernando Reati, algunos testimonios carcelarios reprodujeron el estigma que la Junta Militar ejerció sobre el disidente político, a través del deslinde y la despolitización de la víctima sobreviviente.

> [L]a percepción de la victimización es más pronunciada en los textos cuyos autores son activistas políticos que no apoyaron la lucha armada, y que en consecuencia privilegian el objetivo de «sentar cuentas» a través del relato. A fin de subrayar su inocencia, estos autores intentan distanciarse en sus testimonios de otros prisioneros que sí pertenecieron a organizaciones armadas, con lo cual sin querer toman prestada la representación de disidente como peligroso criminal, que es

parte intrínseca del discurso oficial (militar) sobre la culpa. (Reati 218)

Como se ha señalado antes, inclusive la emergencia de memorias sueltas o subterráneas es a su vez plural y dependerá de los marcos interpretativos y de la presión de una hegemonía en su producción y recepción para determinar qué memorias se convalidarán en el ámbito público o en la formación de una memoria social. Asimismo, si bien el testimonio oral fue crucial para la Comisión Nacional sobre la Desaparición de Personas (CONADEP) al recabar información y llevar a un marco legal la violación de derechos humanos, el formato jurídico del informe *Nunca más* (1983) extirpó tanto la parte afectiva y experiencial de la víctima que testificaba, como su carácter político, ya sea que hubiera participado en la lucha armada o fuera disidente sin necesariamente apoyarla.

En este sentido, Hugo Vezzeti destaca los límites del uso público del testimonio, que en realidad no depende completamente de la intención o voluntad del testigo, sino de la recepción y su marco interpretativo. Vezzeti registra un cambio en el relato y en la recepción testimonial, que para él se trata de una práctica social con el pasado y que excede la función jurídica, al responder a un compromiso de hermandad con las víctimas desaparecidas y al tener un impacto social, un efecto de «revelación» de la magnitud de los crímenes y del terrorismo de Estado. Sin embargo, también señala que los testimonios han tenido poco eco en cuanto a revelar las condiciones y responsabilidades de la sociedad en su conjunto.

> De allí la ambivalencia de sus efectos: marcó profundamente la condena moral y el rechazo de ese pasado, y promovió la solidaridad con las víctimas. Pero el sentido de lo sucedido se ha dado al mismo tiempo en ausencia de un marco de significación *política* suficientemente arraigado. (…) En lo que quiero insistir es que los límites mayores residen en los *usos públicos* del testimonio. Esos límites no dependen ni de la sabiduría ni

de la voluntad de los testigos, sino de un horizonte de recepción, de discusión abierta y pluralista, dependen de condiciones que hoy están ausentes en la cultura y en la práctica del Estado, de los partidos y de las organizaciones de la sociedad. («El testimonio en la formación de la memoria social» 31-32)

Regresando al caso mexicano, a pesar de la continuidad de las publicaciones de textos literarios y testimoniales a lo largo de más de cuatro décadas, de las protestas y movilizaciones de los familiares de desaparecidos de las décadas de los años setenta y ochenta, desde una visión panorámica estas marcas y prácticas de memoria difícilmente se han posicionado en una memoria colectiva dominante o nacional. En este sentido, se puede observar el peso de la hegemonía gubernamental que controló de manera efectiva la recepción de la lucha armada apelando al nacionalismo, el populismo y al relato del boicot comunista extranjero que ponía en riesgo los valores nacionales, al tiempo que reforzó un relato de apertura democrática a partir del gobierno de Luis Echeverría Álvarez (1970-1976), quien paradójicamente fue responsable de la masacre de Tlatelolco el 2 octubre cuando era Secretario de Gobernación en 1968. Si bien algunos exmilitantes guardaron silencio durante varias décadas por diversas razones, el peso de una sociedad que no fue receptiva a la voz de los exmilitantes y los motivos de emergencia de los levantamientos armados selló, por lo menos en la arena pública, la construcción de una memoria que era problemática, particularmente dentro del relato democrático nacional. Es decir, los marcos de recepción en México rechazaron la violencia política, demonizada e inoculada desde el monopolio gubernamental de la prensa y dieron paso a la construcción de la memoria trágica de los estudiantes caídos en Tlatelolco el 2 de octubre. De este modo, se puede observar que aunque la represión contra movimientos sociales y políticos, antes y después de Tlatelolco, fue mucho mayor, la imagen de las víctimas indefensas resultaba inocua y más dócil para incorporarla a la resignificación del pasado en función de las transformaciones democráticas del presente operando como una cortina de humo sobre la recurrencia de los levantamientos armados y la sistematicidad de la violencia del Estado.

Reflexionar sobre la selectividad para rememorar Tlatelolco y olvidar las otras represiones no significa soslayar las luchas en diferentes frentes por la verdad, la justicia y poner fin a la impunidad, sin embargo, tampoco se puede obviar que la memoria de la represión contra la disidencia política y la lucha armada fue soslayada. En los tres casos expuestos, México, Chile y Argentina, se puede observar que la dinámica entre memoria social e individual está atravesada por una serie de variables que van de lo afectivo a lo político, que rigen la formación y la legitimidad de una comunidad de memoria, y que a su vez la conformación de una memoria social está intervenida por una hegemonía en los marcos de recepción que determinará la legitimidad de las memorias individuales, grupales y de sus procesos identitarios.

IV. Trauma, silencios y prácticas de memoria

Gran parte de los estudios de la memoria se ha enfocado en analizar los efectos del trauma desde la perspectiva psicológica, pero también en relación con la narración y la capacidad del lenguaje para representar una experiencia traumática, ya sea de forma oral o escrita. Si bien el trauma se manifiesta a través de una sintomatología dentro de un amplio espectro que va desde el olvido a la recurrencia involuntaria del pasado, destaca la incapacidad para integrar la experiencia traumática a nivel individual y social. No se trata solamente de enunciar o recordar el pasado, sino de darle un sentido o, en otras palabras, volverlo inteligible en un proceso que involucra el evento en el pasado y el presente en que reaparece. Como señala Cathy Caruth, el síntoma no puede ser interpretado como la distorsión de la realidad o del inconsciente, ni puede considerarse aisladamente como producto de la experiencia traumática, sino dentro de la dinámica entre trauma y sobrevivencia:

> [P]ara aquellos que pasan por el trauma, no solamente es traumático el momento del evento, sino el salir de éste; que la *sobrevivencia en sí misma*, en otras palabras *puede ser una crisis*. El trauma es el sufrimiento repetido de un evento, pero también es el continuo abandono de su sitio»[13].

Es decir, no solo la experiencia traumática, sino también la gestión por la sobrevivencia pueden traducirse en bloqueo, silencio u olvido involuntario. No obstante, como señala Jelin, estas vivencias del pasado que no pueden ser integradas, no necesariamente constituyen una ausencia o vacío; el olvido, el síntoma del trauma y el quiebre indican «la presencia de esa ausencia, la representación de algo que estaba y no está, borrada, silenciada o negada» (*Los trabajos de la memoria* 28).

Ahora bien, la aproximación al trauma y representación ha sido ampliamente discutida desde la postura que sostiene la imposibilidad de su representación —«la obscenidad de la interpretación» de Primo Levi— a la que subraya la necesidad de un escucha para lograr no solo la transmisión de la memoria traumática, sino también la eventual cura. Sobre la incapacidad de narrativizar o transmitir la experiencia traumática, Elaine Scarry destaca que el propio acto de la tortura busca el aniquilamiento de la noción del ser, del mundo y de la civilización para imprimir en el sujeto el lenguaje del torturador, arrancar la confesión y con ello sellar el silencio (*The Body in Pain* 28-51). De igual forma Dominick La Capra aborda la relación entre trauma y narración enfatizando que se lleva a cabo una lucha interna en el lenguaje a partir de la tensión entre dar significado a la experiencia traumática y la resistencia a la dilución de la experiencia. Si bien la enunciación, oral o escrita, del evento traumático forma parte de

---

13 Énfasis en el original: «for those who undergo trauma, it is not only the moment of the event, but of the passing out of it that is traumatic; that survival itself, in other words, can be a crisis. The trauma is a repeated suffering of the event, but it is also a continual leaving of its site» («Trauma and Experience» 9).

una catarsis que estaría enfocada en lograr la eventual cura, La Capra destaca la resistencia a abandonar el trauma:

> El vínculo con la muerte, especialmente con seres queridos muertos, puede asignar al trauma algo valioso y, aunque doloroso, el revivirlo es necesario para conmemorar, permaneciendo devoto o por lo menos enlazado con la persona. Esta situación puede crear en mayor o menor medida un deseo inconsciente de permanecer en el trauma[14].

Siguiendo a La Capra, Idelber Avelar advierte que el trauma, al transformarse en una narrativa diegética que busque zanjar los huecos y *lapsus* en la memoria, se transforma en una narrativa que sutura y organiza el relato para mantener innombrable la experiencia traumática («La práctica de la tortura y la historia de la verdad» 184-85). Es decir, si La Capra provee una entrada para comprender el proceso del trauma y del duelo a nivel individual, Avelar lo extiende a la formación de una narrativa extendida en el cuerpo social que puede ser cómplice o no del olvido, particularmente en el caso del Cono Sur. Por su parte, Cathy Caruth y Dori Laub destacan la persistencia del trauma, el colapso del testigo y la imposibilidad de dar sentido a la experiencia traumática, siendo quizás la única puerta el buscar nuevas formas de saber escuchar.

> El traumático reexperimentar de los eventos, entonces *carga consigo* lo que Dori Laub llama el «colapso del testigo», la imposibilidad de saber lo que lo constituyó en primera instancia. Y al cargar consigo esta imposibilidad de saber sobre el evento empírico en sí mismo, el trauma se extiende y nos reta

---

14   Cita original: «One's bond with the dead, especially with dead intimates, may invest trauma with value and make its reliving a painful but necessary commemoration or memorial to which one remains dedicated or at least bound. This situation may create a more or less unconscious desire to remain within the trauma» (*Writing History, Writing Trauma* 22-23).

a una nueva forma de escuchar, de ser testigo, precisamente, *de la imposibilidad*[15].

En el contexto latinoamericano, el análisis de los testimonios ha trazado la representación de los mecanismos de represión y una maquinaria del terror funcional al Estado, así como las resistencias, la labor de duelo y la experiencia del sujeto, en las que los propios textos señalan una serie de problemáticas en torno a la construcción de la experiencia traumática, precisamente a través del quiebre, los desvíos y el manejo de diferentes voces que toman cuerpo en la narración. Estos vacíos, digresiones, escisiones, soslayos, silencios y, en muchas ocasiones, contradicciones son marcas para leer a contrapelo e indican precisamente la presencia de esas ausencias, como señala Jelin.

Sin embargo, si bien existen diferentes tipos de silencio, ya sea por miedo, como una forma de sobrevivencia –porque es doloroso recordar y se evita transmitir el trauma a las nuevas generaciones, por solidaridad, por sentimiento de culpa o deuda con los seres queridos que han desaparecido– lo cierto es que también existen silencios impuestos que apostarán al eventual olvido, ya sea en la forma directa de supresión y censura en un régimen totalitario o bien de a través de una hegemonía que recorre los marcos de recepción. Es decir, regresamos a la dinámica entre la conformación de una memoria individual y una social.

El silencio no solamente rige la experiencia traumática a nivel individual o colectivo, vista como la imposibilidad de reconstruir el pasado, el evento y con ello la propia identidad, lo que sería el silencio como efecto del trauma. El silencio también se confecciona en los horizontes de recepción, en las borraduras

---

15 Énfasis en el original: «The traumatic re-experiencing of the events, thus carries with it what Dori Laub calls the «collapse of witnessing», the impossibility of knowing that first constituted it. And by carrying that impossibility of knowing out of the empirical event itself, trauma opens up and challenges us to a new kind of listening, the witnessing, precisely, of impossibility» (Caruth 10; énfasis en el original).

para ocultar o destruir pruebas como parte de una política estatal de olvido, en el análisis del trauma desvinculado del carácter político, al destacar el carácter de víctima sobre el sujeto político, al establecer la imposibilidad de su enunciación y enfatizando el despojo del habla a la víctima, así como al inocular el silencio y olvido en la sociedad, tanto en el rechazo a revisitar el pasado y sus vínculos con el presente, lo que Stern definió como la «caja cerrada», o bien en la proliferación del recuerdo en una suerte de neurosis (Richard) o como parte de una historia anticuaria, como la definió Nietzsche.

Como señala Calveiro, el concepto reforzado sobre la imposibilidad de transmitir la experiencia traumática, lejos de reconocer que la tortura es una práctica común aún en nuestros días, confina la experiencia al silencio. Más aún, Calveiro plantea la relación entre memoria y democracia, en la que al incluir al excluido como sujeto político se propicia también el desarrollo de la memoria social. Sin embargo, también alerta sobre diferentes tipos y funciones de la memoria, en que no todas ellas son necesariamente resistentes. Por ejemplo, ambas, la memoria que enfatiza el miedo o la que se centra en la víctima exaltando el poder del Estado tienen efectos de inmovilidad o parálisis en la sociedad.

> Pero también hay memorias que tienen que ver con las responsabilidades de las que hablamos recién. Cuando tenemos una memoria política, el sujeto político tiene responsabilidad y tiene la obligación de tomar esa responsabilidad. Este tipo de memoria con responsabilidad social fortalece la ciudadanía y da lugar a traer el pasado, pero siempre en función de lo que está pasando en el presente. Ésta es la única memoria viva que tiene sentido practicar: una memoria que tiene que ver con el presente, para crear otra cosa, para armar otra cosa. En resumen, la utilidad de la memoria para la democracia tiene que ver con la valencia política que esa memoria tiene. Si el derecho tiene que ver fundamentalmente con el Estado,

la memoria y la justicia tienen que ver con la sociedad. (Lazzara «Violencia, memoria, justicia: una entrevista con Pilar Calveiro» 340)

En este sentido, nuevos planteamientos proponen definir a la memoria no como el hecho de recordar el pasado, o tratar el trauma, sino como un trabajo, como señala Jelin, que supere los olvidos y abusos políticos, que sea una reflexión activa sobre el pasado y el presente, que genere cambios en el mundo social: «Esto implica un pasaje doloroso para la subjetividad; la toma de distancia del pasado, 'aprender a recordar'. Al mismo tiempo implica repensar la relación entre memoria y política, entre memoria y justicia» (Jelin 14-16). Por su parte, Nelly Richard plantea la diferencia entre evocar a la memoria como recopilación de información y la memoria como una práctica que precisamente desmantele la fijación e interpretación única del pasado, como ha sido el caso durante el periodo de la postdictadura en Chile (*Residuos y metáforas* 30-31). La memoria concebida como una práctica, más que un producto fijo, abre posibilidades de análisis, en tanto que destaca la dinámica constante entre lo social e individual, entre la formación de una comunidad de memoria y el peso de legitimidad social que tenga dicha comunidad más allá del circuito inmediato o familiar, entre una hegemonía en los marcos de producción y recepción de la memoria y las coyunturas generadas de las disputas por la memoria entre comunidades emergentes y los relatos oficiales. En este sentido, Calveiro describe a la memoria como un ejercicio que arroja una gran multiplicidad de relatos, como una suerte de piezas de lego que cada vez arman representaciones distintas.

> La multiplicidad de experiencias da lugar a muchos *relatos distintos, contradictorios, ambivalentes* que el ejercicio de memoria no trata de estructurar, ordenar ni desbrozar para hacerlos homogéneos o congruentes. Por el contrario, su riqueza reside en permitir que conviva lo contrapuesto para dejar que emerja la complejidad de fenómenos, pero también abrir

paso a diferentes relatos. De esta forma, la memoria no se arma como un rompecabezas, en donde cada pieza entra en un único lugar, para construir siempre la misma imagen; sino que opera a la manera de un *lego*, dando la posibilidad de colocar las mismas piezas en distintas posiciones, para armar con ellas no una misma figura sino representaciones diferentes cada vez. («Los usos políticos de la memoria» 378; énfasis en el original)

Finalmente, se trata de una construcción en proceso que obliga no solamente a revisar el pasado, sino también un presente en constante cambio. Asimismo, el concepto de prácticas de memoria incorpora manifestaciones en el ámbito público o semipúblico, de carácter fijo como monumentos, memoriales y antimonumentos, o bien de carácter efímero como homenajes, recorridos, escraches, performance y otro tipo de apropiaciones y resignificaciones del espacio público.

No obstante, dichas prácticas, indudablemente generadoras de cambios sociales, a su vez se enfrentan a una dinámica con los procesos de estatización de la memoria, que si bien en momentos coyunturales y de apertura del Estado reconocen la violencia del pasado, al fijar una memoria oficial ejercen una selección que soslaya otras memorias y prácticas de memoria. En el caso argentino, con la entrada de Kirchner a la presidencia se llevó a cabo una apertura para sacar a luz las violaciones de los derechos humanos ejecutadas durante la Junta Militar, sin embargo, a pesar de los logros en materia de justicia transicional y la reedición del informe de la CONADEP, *Nunca más*, en el trigésimo aniversario del golpe de Estado, Emilio Crenzel señala una serie de soslayos al relacionar los crímenes del Estado con la desigualdad social y la imposición de un modelo económico neoliberal, incorporando nuevos marcos interpretativos que reproducen diferentes formas de despolitización, como por ejemplo excluir el carácter político de las desapariciones antes del golpe y omitir las responsabilidades del Estado, las fuerzas armadas y de la sociedad civil («Toward a History of the Memory» 29).

En el caso mexicano, aunque con menores logros en materia de justicia transicional, también se puede observar la estatización de la memoria en la fijación de una memoria oficial y en la reapropiación, transformación y negociación de las memorias surgidas y gestionadas desde abajo. Asimismo, la lucha contra el silencio oficial se ha dado desde la formación de comunidades de memoria que a lo largo de cincuenta años han lidiado por posicionar la denuncia y exigencia de verdad y justicia. Sin embargo, a diferencia del Cono Sur, en México la memoria es un tema que aparece recientemente, a partir de la coyuntura de alternancia partidista, la apertura de los archivos y la creación de la FEMOSPP. Como se señaló en el capítulo anterior, las características de un Estado hegemónico con un discurso bifronte que supo aprovechar políticamente su posición en el contexto de la Guerra Fría influyó para que la emergencia de los grupos armados y las operaciones contrainsurgentes quedaran invisibilizadas bajo una retórica populista y de unidad nacional.

Esto explica, en gran parte, que de manera tardía aparezcan recientemente estas discusiones en torno a la memoria, ya que la tarea inmediata había sido recabar información y reconstruir el pasado de los grupos armados y de la violencia del Estado. Si bien el proceso de redemocratización tras las dictaduras del Cono Sur logró posicionar el debate sobre la violencia del Estado, con todo y sus tensiones, disputas por la memoria y limitaciones de las Comisiones de Verdad, el caso mexicano ha estado marcado por la continuidad e influencia del gobierno priísta por cuatro décadas y, a pesar de la alternancia partidista, el seno del Estado ha mantenido el control, la impunidad y un preocupante silencio[16]. Más aún, el relato oficial, apropiándose de la retórica

---

16 Uno de los tantos retos que enfrenta el gobierno de izquierda tras el triunfo de las elecciones presidenciales del 2018, es precisamente en materia de derechos humanos e impunidad.

de los derechos humanos, ha apostado por gestionar las políticas del olvido dentro de un discurso esquizoide, al generar instancias oficiales por los derechos humanos que posteriormente son limitadas en su acción, desdibujando las responsabilidades de las propias instituciones del Estado como ejército, policía política y autoridades a nivel local y federal. Ejemplo de ello fueron la Ley de Organización y Procedimientos Políticos Electorales (LOPPE) de 1977 y la Ley General de Amnistía de 1978, la creación de la CNDH (1990) y el informe sobre la desaparición forzada (2001), la creación de la FEMOSPP (2002) y su informe final saturado de eufemismos y confeccionado a la medida para impedir el posterior proceso jurídico[17].

En este sentido, la pregunta clave planteada en el capítulo anterior es que si ha habido un registro y práctica de memoria, ¿cómo se ha mantenido una retórica oficial que ha soslayado y encubierto las manifestaciones de una memoria persistente a lo largo de tantas décadas? Asimismo, destaca el contraste entre el eco que ha tenido la memoria del movimiento estudiantil del 68 y la represión en Tlatelolco el 2 de octubre, con la memoria de la lucha armada y la violencia del Estado. Cierto es que la cacería emprendida contra los movimientos armados, incluyendo encarcelamiento, ejecuciones, desapariciones, masacres, tortura y operativos contrainsurgentes analizados previamente, marcó tanto a nivel individual como comunitario el aparente letargo y silencio posterior. Sin embargo, la reapropiación de la memoria

---

[17] La sistematicidad de este relato oficial esquizoide ha sido ampliamente documentadoo, véase Rodolfo Gamiño «La memoria ante las políticas del olvido. Los informes de la FEMOSPP según exmilitantes del movimiento armado socialista»; Verónica Oikión «Verdad, justicia y reparación contra el terrorismo de Estado en México durante la Guerra Sucia» y «Crímenes de Estado en México: testimonios políticos contra el olvido»; Claudia Rangel y Evangelina Sánchez, «Los retos de la justicia transicional en México y la reparación integral del daño», y Evangelina Sánchez, «La transición política y la disputa por la memoria en México», por citar algunos ejemplos.

del 68 por parte del relato oficial reforzó el silencio y el olvido colectivo en torno de la lucha armada. De este modo, las pequeñas comunidades de memoria del movimiento armado tuvieron dificultades para posicionar en la esfera pública sus memorias.

En primer lugar, por la fragmentación producto de la represión y aniquilamiento a manos del Estado, y por las propias tensiones y rupturas en el interior de los grupos armados. En segundo lugar, por la imposición hegemónica del silencio que tuvo efectos de trauma y también de legitimidad para quienes quisieran hablar. No solamente era guardar silencio por miedo o inseguridad, sino también por el estigma social de haber militado en la lucha armada. A pesar de ello y en condiciones adversas, como se ha señalado, hubo una producción amplia de textos testimoniales escritos por exmilitantes que ha sido soslayada de manera sistemática, pero que indudablemente son marcas de memoria que hay que sabe leer. ¿Por qué la memoria del movimiento estudiantil ha sido privilegiada sobre otras memorias? ¿Cuáles han sido los discursos de la memoria del 68? y ¿cómo se han articulado comunidades de memoria en torno a la lucha armada?

V. El movimiento estudiantil del 68 y el movimiento armado socialista

«México es un país sin memoria», éste es uno de los lugares comunes que recorre el imaginario social y se reactiva cada vez que cobra visibilidad una nueva represión o masacre, un nuevo asesinato, un nuevo caso de corrupción, el robo de votos o un escándalo político. Desde esta perspectiva, parecería que México abraza el mito de Sísifo, destinado a cargar con la misma piedra, a repetir la misma historia, en una muerte sin fin, en un olvido colectivo, como serpiente que se muerde la cola. No obstante, ¿es un país sin memoria, un país de silencio o un país sin escucha?

Reducir la complejidad de los procesos y disputas de la memoria a la inexistencia de ésta en México, no solamente es la vía fácil para explicar la repetición del pasado, sino también lleva a la despolitización del presente, a la inmovilidad de la sociedad civil y al cierre de posibilidades de cambio a corto y largo plazo. Si bien esta frase manifiesta el hartazgo de la sociedad, lo cierto es que, como se ha planteado, la memoria en su relación con lo social y lo político es un trabajo y una práctica constante que debe ser y es ejercitada. A su vez, señalar que no hay memoria es negar una larga lucha social y política desde diferentes frentes, que se ha articulado en condiciones precarias y también ha generado y aprovechado determinadas coyunturas políticas. Es necesario observar entonces, tanto las políticas del olvido, del silencio como la construcción de los discursos de una memoria emblemática, desde el propio Estado, y aquella que se genera desde la sociedad civil, tomando en cuenta que se trata de una dinámica.

Uno de los primeros aspectos que destaca sobre la memoria de violencia en México es la disparidad en recordar la masacre de Tlatelolco más que el propio movimiento estudiantil; en olvidar que la violencia del Estado se ejerció antes y después de Tlatelolco; en soslayar las luchas sindicales, campesinas, estudiantiles y magisteriales desde la década de los años cuarenta, así como la emergencia de la primera ola de levantamientos armados en la década de los años sesenta. El asalto al cuartel Madera en 1965, la masacre de Atoyac en 1967 y la persecución desproporcionada contra el GPGAG en el cuadrilátero dorado durante el verano del 68, son, entre muchos otros, ejemplos claros de la violencia estatal y del silencio impuesto para generar el olvido colectivo. Asimismo, las movilizaciones estudiantiles, como actores políticos en la década de los años sesenta, fueron eclipsadas por el movimiento del 68 en la Ciudad de México[18].

---

18 El movimiento estudiantil de 68 fue el último de una serie de movilizaciones a lo largo del país fuertemente reprimidas, particularmente en los estados de Chihuahua, Guerrero, Jalisco, Michoacán, Nuevo León, Puebla, Sinaloa, Sonora y Tabasco. Para un estudio de los movimientos estudiantiles regionales en los sesenta véase a Rodolfo Gamiño, Fernando

De este modo, la memoria del movimiento del 68 y particularmente la masacre de Tlatelolco ha tenido un doble uso político. Por un lado, se ha convertido en un paraguas que ha cobijado a otros movimientos y demandas al Estado mexicano en contra de la impunidad y por los derechos humanos; incluyendo desde la primera manifestación por la diversidad sexual, en 1978, a los recientes movimientos sindicales, magisteriales y contra la desaparición forzada. Sin embargo, por otro lado, la memoria del 68 también ha sido usada como cortina de humo para difuminar movimientos sociales y políticos, y la violencia del Estado. Señalar esto no pretende restar relevancia al movimiento del 68, minimizar la masacre, ni la lucha posterior de los sobrevivientes por demandar verdad y justicia. Pero sí es vital la revisión de las políticas de la memoria desde el Estado y su interacción con la construcción de una memoria social y con las comunidades de memoria alterna para entender que no se trata de un país sin memoria o un país de olvido, sino de una batalla constante por la memoria.

Eugenia Allier-Montaño hace un seguimiento de los discursos de la memoria sobre el movimiento estudiantil del 68 y la masacre de Tlatelolco, trazando un recorrido que va de la *memoria de la conspiración* (1969-1977), a la *memoria de denuncia* y a la *memoria del elogio*, de 1978 a la fecha, como discurso fundacional de la democracia en México. Si bien la memoria de la conspiración emergió después de la masacre durante el gobierno de Díaz Ordaz (1964-1970) —como parte del nacionalismo contra el boicot extranjero que abrazó la política estadounidense anticomunista— durante el gobierno de Luis Echeverría Álvarez (1970-1976) se sentaron las bases para consolidar posteriormente la memoria del 68 como parteaguas de la democracia en México. Esto se logró gracias a la capacidad del PRI para incorporar

---

Herrera Calderón, Edna Ovalle y Sergio Arturo Sánchez Parra por citar solo algunos ejemplos.

de manera selectiva una serie de denuncias de los movimientos sociales de la época y la gestión de un relato de apertura democrática que se concretó en la reforma electoral a través de la promulgación de la LOPPE y de la Ley General de Amnistía en 1977 y 78 respectivamente.

La apertura democrática de Echeverría corrió a la par con la persecución y aniquilamiento de los movimientos sociales y armados, como se analizó en el capítulo anterior. Asimismo, el trato a los prisioneros políticos del movimiento del 68 y a los del movimiento armado fue diferenciado con un mayor encarnizamiento sobre aquellos que tomaron las armas, como se desarrolla en el capítulo 5. Visto desde ahora, se puede observar que la conformación de los discursos de una memoria oficial extirparon la existencia de movimientos más radicales y, con ello, los motivos de emergencia de la insurrección y la violencia sistemática del Estado contra la lucha armada y contra poblaciones sospechosas de ser bases de apoyo. Se puede observar, asimismo, el peso de una hegemonía que obligó a recordar el 68 y a silenciar, para apuntalar el olvido, los levantamientos armados. Todo ello fue parte de un proceso concomitante de inocular a la sociedad civil el rechazo al uso de la violencia, a través del monopolio de la prensa y la campaña anticomunista y antipatriótica, a la vez que promovió una imagen moderna y democrática del gobierno, precisamente, al incorporar las demandas de reformas políticas.

En el centro de este proceso, la fijación de una memoria sobre otra radica en la legitimidad de quien recuerda y de quien habla. Como se ha analizado anteriormente, el proceso de construcción de una memoria social es producto del intercambio entre memorias individuales, la conformación de una comunidad de memoria suficientemente amplia y con legitimidad para poder posicionar sus agencias en las disputas por la memoria. No obstante, es esencial considerar asimismo la dinámica que se da en las coyunturas políticas entre el posicionamiento de las memorias desde abajo y la reapropiación selectiva de dichas memorias por parte del Estado.

Como señala Allier-Montaño, a partir de 1978, la memoria de denuncia de la represión, la masacre de Tlatelolco y la memoria del elogio del movimiento del 68 comenzaron aparecer de manera simultánea en el ámbito público y en la plataforma política de los partidos de oposición, incluyendo al PAN. Si la memoria de denuncia demandó el esclarecimiento de la masacre, el procesamiento de los responsables y la reparación del daño, la memoria del elogio se centró en transformar a las víctimas en actores políticos ligados a la lucha por la democracia, muy probablemente por la demanda creciente de la izquierda y de la derecha por una democracia verdadera («From Conspiracy to Struggle for Democracy» 134-135).

Si bien las Comisiones de la Verdad (1993 y 1997) ejercieron presión política, pese a los obstáculos y a la falta de acceso a los archivos gubernamentales, del ejército y la policía política, no se puede soslayar el hecho de que el expresidente Ernesto Zedillo (1994-2000), durante su campaña presidencial y tras el asesinato del candidato Luis Donaldo Colosio, recuperara la memoria del 68 para darle un carácter oficial desde el PRI, al identificar que él era el estudiante agredido por los granaderos en unas fotografías publicadas en *El Universal*.

> Identificándose a sí mismo como víctima, Zedillo consideró que podía hablar con autoridad sobre el 68, ofreciendo así una versión en la cual el movimiento estudiantil se convertiría en parte de la historia oficial. Al mismo tiempo, la responsabilidad recaería sobre los hombros de la vieja guardia política —Díaz Ordaz y Echeverría— eximiendo así al ejército de su responsabilidad[19].

---

19 Cita original: «Identifying himself as the victim, Zedillo considered that he could speak of 1968 with authority, thus offering a version in which the student movement should become part of the official history. At the same time the responsibility would fall upon the shoulders of political old guard —Díaz Ordaz and Echeverría— and thus relieve the military estab-

Posteriormente, en el marco de la alternancia partidista, durante la presidencia de Vicente Fox Quezada (2000-2006) y Felipe Calderón Hinojosa (2006-2012), la memoria del 68 entraría a la historia oficial, no solamente con la creación de la FEMOSPP (2002), sino con la inclusión de la masacre de Tlatelolco en los libros de texto (2004), la creación del Memorial de Tlatelolco y el Centro Cultural Tlatelolco (2007), así como el decreto de guardar el 2 de octubre como día conmemorativo (2011). No obstante estos intentos de estatización de la memoria, dejarían mucho que desear en los planos jurídico, de derechos humanos e inclusive histórico, no solamente por la suerte de trabas, boicot y tensiones entre las áreas histórica y jurídica de la FEMOSPP, la protección al expresidente Luis Echeverría y al exagente de la DFS Miguel Nazar Haro, entre otros más, para que en un giro kafkiano lograran evadir el proceso legal en su contra, sino también por difuminar las responsabilidades del ejército, la policía federal y la policía política, y a su vez eclipsar la sistematicidad de la violencia del Estado.

Como se señaló anteriormente, la memoria emblemática se genera a partir de la selectividad entre varias memorias, y en esta dinámica intervienen el marco interpretativo y el uso político. En el caso mexicano, la memoria del 68 ha logrado penetrar la plataforma política y generar ciertos cambios también sujetos a discusión; no obstante, los discursos oficiales han recuperado ciertas memorias zanjado la disputa y extirpando otras memorias que resultarían problemáticas para el propio Estado. Ya fuera por la legitimidad de los partidos de izquierda para consolidarse como corriente democrática, por el deslinde necesario de una nueva generación del PRI en disputa con la corriente anterior, o como negociación política del PAN al entrar a la presidencia, la memoria del 68 se fijó y cerró las puertas a otras memorias,

---

lishment of its responsibility» (Allier-Montaño «Memory and History of Mexico's 68» 16).

al amalgamarse en un discurso fundacional de la democracia. Como señala Allier-Montaño:

> La *memoria de la denuncia* y la *memoria del elogio* se han convertido en una corriente dominante. Si éstas coexisten en el espacio público es porque no causan un conflicto de la memoria. No están en disputa sino que son memorias que mutuamente se complementan[20].

En el marco del 50 aniversario, las memorias del 68 se revitalizaron en el ámbito social, político y académico a través de homenajes, coloquios, testimonios, marchas, intervenciones artísticas, producción documental, apertura y restauración de los archivos visuales y curaduría tanto de exposiciones como de plataformas digitales de archivos[21]. En este contexto, la dinámica o disputas por la memoria parecerían haberse bifurcado de nuevo en la rememoración del elogio y la demanda de poner fin a la impunidad. Por un lado, la revisión nostálgica de sus actores, la territorialización del movimiento desde las instituciones universitarias, la estatización del 68 al develar la placa en el Congreso en homenaje al movimiento y la incorporación teleológica del 68 al triunfo democrático de MORENA con Andrés Manuel López

---

20 Cita original: «Memory of denunciation and memory of praise have become mainstream. If they coexist in the public space it is because they do not cause a memory struggle. They are not conflicting but rather mutually complementary memories» («From Conspiracy to Struggle for Democracy» 142).

21 Por ejemplo, el Archivo del Autoritarismo Mexicano (MIDAS) del Colmex en colaboración con Northwestern University y Article 19 reúne en digitalización abierta al público archivos de la DFS, National Security Archives y el archivo personal de Sergio Aguayo: https://www.crl.edu/midas/. Asimismo, véase «M68 Ciudadanías en movimiento» albergado por el Centro Cultural Tlatelolco y en colaboración de El Colegio de México, el Instituto Politécnico Nacional, la Universidad Autónoma de Chapingo, la Universidad Autónoma de México y la Universidad Iberoamericana entre otros. http://www.m68.mx/#/.

Obrador a la presidencia. Por otro lado, en coloquios académicos se posicionó, aunque de manera marginal, la discusión sobre los otros 68s, las otras luchas estudiantiles regionales, la lucha armada y el desarrollo de operativos contrainsurgentes. Asimismo, las manifestaciones e intervenciones artísticas callejeras no cejaron frente a las iniciativas oficiales. Pintas y empapelados en técnica de grabado dejaron la huella del recorrido Tlatelolco-Zócalo, el performance en la plaza de Tlatelolco no solo recreó la masacre, su objetivo era el desagravio a los caídos. La sustitución del nombre del expresidente Gustavo Díaz Ordaz (GDO) por «2 de octubre de 1968» en calles, plazas y estación de metro, la quema de la efigie de GDO como se hizo hace 50 años y el antimonumento con el lema «2 de octubre no se olvida. Fue el ejército, fue el Estado» en pleno corazón de la ciudad marcan un hito sin precedentes y disputan la apropiación de la memoria en la retórica oficial.

No obstante, si bien nunca antes un gobernante, en este caso el presidente electo, había hecho una guardia de honor a los caídos en Tlatelolco, ni los medios televisivos habían transmitido imágenes, documentales y programas de debate sobre el 68, en el alud informativo, salvo algunas excepciones, prevaleció la memoria nostálgica y del elogio como fundación de la actual democracia, junto con una memoria que privilegió el 68 como parte de una revolución cultural más que política o bien reafirmando el parámetro del 68 francés como revolucionario y el reformismo mexicano del 68. Aún más, autoridades universitarias destacaron el papel que tuvieron en el movimiento del 68, a menos de un mes de su indolencia antes los ataques porriles contra estudiantes de preparatoria y universitarios que se manifestaban contra la violencia y feminicidios en los planteles de estudio.

Nunca antes había circulado tanta información accesible a una audiencia tan amplia, lo cual marca un cambio muy importante; sin embargo, la celebración parecería haber obnubilado una lectura a contrapelo de las otras luchas sociales y armadas, las rearticulaciones del Estado y las deudas con el pasado para poner fin a la impunidad. Estará por verse qué rumbos tomará el nuevo gobierno de izquierda sobre la sistematicidad de la violencia del Estado en el pasado y su correlación con la violencia hasta nuestros días.

Regresando a nuestra revisión panorámica, en el campo cultural, la memoria del 68 dominó las narrativas producidas bajo lo que Aralia López denominó como el «ciclo de narrativa tlatelolca», ya fuera una memoria de denuncia o una de elogio al movimiento estudiantil. Aunque en un principio se sostuvieron disputas entre quienes apoyaron al gobierno y quienes denunciaron la masacre del 68, en el transcurso del tiempo la mayor parte de la intelectualidad mexicana y la producción literaria se concentró en la masacre de Tlatelolco, descartando la memoria de la lucha armada y la violencia sistemática del Estado, a pesar de existir un *corpus* de novelas que aborda el tema desde principios de la década de los años setenta[22].

Un caso excepcional fue el de Carlos Montemayor con su trilogía sobre la lucha armada, por ejemplo, *Guerra en El Paraíso* (1991) indudablemente dio visibilidad al movimiento armado plasmando un amplio mosaico de los motivos de emergencia del PDLP en Guerrero y de la lógica, escisiones y diferentes intereses en juego entre el poder político, el militar, la policía federal y estatal para aniquilar al grupo armado. Asimismo, en

---

22 Para una catalogación del 68 y la novela mexicana, muy estructural pero útil véase E*l movimiento popular estudiantil de 1968 y la novela mexicana* (1986) de Gonzalo Martré, así como los trabajos críticos sobre la literatura del 68 de Irene Fenoglio, Jean Franco, Theda Herz, Ryan Long, Aralia López González, Rubén Medina y Cynthia Steele entre otros. Para un análisis y debate de la novela política, del 68 y de la lucha armada véase Patricia Cabrera «Novelas políticas de los años setenta en México» y «La narrativa del 68 a través de los años: Debate literario y político»; Edith Negrín «Tres novelas de la guerrilla en México» y Cabrera y Estrada *Con las armas de la ficción*. Para una bibliografía de la novela política, movimientos sociales y la lucha armada véase la plataforma: http://www.literaturaypolitica.ceiich.unam.mx/.

novelas posteriores, como *Las armas del alba* (2003), *La fuga* (2007) y *Las mujeres del alba* (2010), Montemayor dio seguimiento al asalto del cuartel Madera por parte del GPG, a la fuga de un militante del movimiento armado de las Islas Marías y rindió homenaje a las mujeres, familiares y bases de apoyo del GPG, respectivamente.

Otras novelas, a pesar de retomar el tema de la lucha armada, llevaron a cabo una operación intelectual para desmontar desde su origen el proyecto revolucionario de la lucha armada como *La guerra de Galio* (1991) de Héctor Aguilar Camín y *El fin de la locura* (2003) de Jorge Volpi, como lo analiza Irene Fenoglio Limón[23]. Posteriormente otras novelas como *Canuteros de plomo* (2003) de Juan Negrete, *Hotel Balmori* (2004) de Francisco Pérez Arce o *Anatomía de la memoria* (2016) de Eduardo Ruíz Sosa han retomado la lucha armada ya sea como representación realista, como telón de fondo para abordar el impacto de la violencia estatal en las nuevas generaciones, o de forma crítica a través del contrapunteo entre el militante y el agente infiltrado, respectivamente. No obstante, textos literarios y testimoniales escritos por los participantes en la lucha armada tuvieron menor atención.

En el plano de la filmografía sobre el 68, tempranamente se filmaron documentales como *Únete pueblo* y *El grito* (1968), *2 de octubre. Aquí México* (1970), *Historia de un documento* (1971) y *Mural efímero* (1973), pero no pudieron ser proyectados, inclusive, sino hasta tres décadas después. En cuanto al cine de ficción, a pesar de que se produjeron varios largometrajes desde la década de los setenta como *La montaña sagrada* (1972) de Alejandro Jodorowsky, *Canoa* y *El apando* (1976) de Felipe Cazals o *El infierno de todos tan temido* (1979) de Sergio Olhovich, por citar las películas más conocidas, el tratamiento del 68

---

23 Véanse «La nueva ficción de la izquierda en México» y «Esa era, ay, la revolución: La teoría como desmontaje de la política en *El fin de la locura* de Jorge Volpi».

fue más alegórico que directo por lo que la primera película exhibida que tocó el tema de Tlatelolco fue *Rojo amanecer* (1989) de Jorge Fons. Sin embargo, a pesar de recuperar los testimonios de muchos sobrevivientes, en el desarrollo del argumento hubo mucho cuidado de no involucrar directamente al ejército.

En contraste con el 68, que ha tenido mayor visibilidad a pesar de la censura por varias décadas, la producción cinematográfica sobre la lucha armada fue mucho menor. La primera película que abordó el tema fue *Bajo la metralla* (1983), enfatizando el carácter 'psicótico' de la guerrilla y la violencia desmedida, antes que los motivos de su emergencia. En un tono similar, *Francisca ¿De qué lado estás?* (2002), recicla la caracterización de la violencia de la lucha armada, contrastando con los documentales que aparecieron a partir del 2005 que abordan la memoria del movimiento armado desde la perspectiva de los exmilitantes y familiares como *La guerrilla y la esperanza: Lucio Cabañas* (2005) de Gerardo Tort, *Los héroes y el tiempo* (2005) de Arturo Ripstein aunque en esencia sostiene la abjuración de la lucha armada, *Mujer-guerrilla* (2007) de Ana Valentina López de Cea, *Vivos los llevaron, vivos los queremos* (2007) de Cecilia Serna, *Trazando Aleida* (2008) de Christine Burckhard *Clandestino* (2008) de Juan Pablo Arroyo, *Flor en Otomí* (2012) de Luisa Riley, y la serie *Clandestino* (2018) de Pablo Valadez Huizar y *Oblatos el velo que surcó la noche* de Acelo Ruiz Villanueva, por citar algunos ejemplos[24].

---

24 Véase al final la filmografía del 68 y la lucha armada. Para una revisión general, véase Juncia Avilés Cavasola «Símbolos para la memoria: El movimiento estudiantil mexicano del 68 en su cine 1968-2013»; Aurelia Gómez Unamuno «El movimiento del 68 en el cine mexicano»; para un análisis de *El grito* véase el capítulo 3 de Juan Rojo, *Revisiting the Mexican Student Movement of 1968*; para un análisis de la producción cinematográfica marginal de los años setenta véase de José Carlos Méndez, «Hacia un cine político: la cooperativa de cine marginal».

Se puede decir entonces que la memoria de la masacre de Tlatelolco se ha transformado de una memoria de denuncia y marginal a una memoria emblemática producto de las prácticas de memoria y la marcha anual a partir de 1977 para demandar verdad y justicia, pero también producto de los vaivenes políticos, la apropiación de la memoria por parte del Estado, en la medida en que le ha sido funcional en su rearticulación como un Estado democrático y 'observante' de los derechos humanos. En contraste, aparece una serie expresiones de memorias sueltas (Stern), o memorias subterráneas (Pollak) que remiten a los ecos de la lucha armada, principalmente en torno a las figuras de Lucio Cabañas y Genaro Vázquez, o al asalto al cuartel Madera de 1965, como tres ejes principales. Sin embargo, a pesar de la existencia de pequeñas comunidades de memoria entre familiares y sobrevivientes de desaparición forzada y tortura, a pesar de las publicaciones de exmilitantes y, particularmente, de las tempranas movilizaciones y protestas de los familiares de desaparecidos —recuérdese la huelga de hambre de 1977 en catedral encabezada por Rosario Ibarra— estas memorias fueron absorbidas por la narrativa del 68 y posteriormente desechadas de una memoria emblemática, volviéndolas casi invisibles para el resto de la población. Si bien la memoria del 68 ha tenido un mayor peso en la memoria social, esto no significa que no hayan existido manifestaciones de memoria sobre el movimiento armado ni la denuncia de la desaparición forzada, que a su vez han funcionado como nudos dentro de las disputas por la memoria, tal es el caso de la lucha de organizaciones de familiares como Eureka y AFADEM, los recorridos de memoria de los exmilitantes —en Atoyac, Guadalajara, Madera y Nepantla—, así como las movilizaciones y escraches realizados por el Comité 68, Primeros Vientos, HIJOS México y Nacidos en la Tempestad, por citar algunos ejemplos.

En la década de los noventa, con el surgimiento en el ámbito público del EZLN, EPR y ERPI se reactivó la memoria de los exmilitantes, pero sobre todo en función de un debate y cuestionamiento a estos 'nuevos' grupos armados²⁵. Pero no sería sino entre 2000 y 2006 que el movimiento armado y su disputa por la memoria tuvo mayor visibilidad en la arena pública, durante la coyuntura de la alternancia partidista y la creación de la FE-MOSPP. No obstante, a partir de la violencia desencadenada por la guerra contra las drogas del sexenio de Felipe Calderón, la reivindicación de la lucha armada y la denuncia de la violencia estatal de la mal llamada «guerra sucia» pasó a un segundo plano entre ejecuciones, desplazamiento forzado y desapariciones forzadas a nivel masivo, siendo la desaparición de los 43 normalistas de Ayotzinapa la gota que derramó el vaso. Esto marcó un giro ya que la revisión del pasado se ha centrado en la desaparición forzada y la violencia estatal, sin duda aspectos fundamentales para esclarecer el pasado y también comprender el presente de emergencia, pero que tuvieron el efecto de soslayar la resignificación política e identitaria de los exmilitantes y los proyectos de memoria.

En el análisis académico sobre el movimiento armado y los estudios de la memoria, se pueden observar tres coordenadas generales bajo las cuales se ha gestado la memoria de la lucha armada en México: una memoria de reconstrucción, una memoria crítica y una memoria cultural, como se propone a continuación. Los estudios en México sobre la violencia del Estado y el movimiento armado socialista entre las décadas de los años sesenta a ochenta se han enfocado básicamente en la reconstrucción del pasado de los operativos contrainsurgentes, el papel del ejército y la fundación, emergencia, estructura y estrategias utilizadas por los grupos armados. Es decir, básicamente su aproximación ha sido desde la disciplina histórica, así como muy tempranamente

---

25 La mayor parte de los exmilitantes del movimiento armado socialista de los años setenta cuestionó la emergencia, operación y agenda del EZLN, así como las diferencias entre el EZLN y el EPR. Véanse los capítulos «¿El EZLN es de LN o grupo de presión?» y «El EPR: los no convidados de agosto» en *La negación del número* de Salvador Castañeda.

desde el periodismo. La mayor parte de los estudios anteriores a la apertura de los archivos tuvieron como fuentes la hemerografía, los textos literarios y algunos textos escritos por los propios exmilitantes. Sin embargo, no es sino hasta años recientes que algunos pocos estudios han dado un giro en su aproximación hacia los estudios de memoria e historia oral, como una forma de recuperar los elementos experienciales de las víctimas y de los participantes del movimiento armado. No obstante, poco se ha discutido sobre la formación de los discursos de la memoria, sus disputas y batallas por posicionar una agenda por fuera de las versiones gubernamentales y realizar un quiebre en la retórica oficial.

Memoria de reconstrucción. La mayor parte de las publicaciones sobre la lucha armada en México han surgido de la necesidad de recabar información y dar a conocer la formación, operación, estructura y deslindes del movimiento armado, así como los operativos contrainsurgentes. Esta primera coordenada de memoria, que es básicamente de reconstrucción del pasado reciente, constituye una primera aproximación cuyo objetivo principal es informativo y de difusión, en respuesta al silenciamiento de la retórica oficial. Este amplio *corpus* de textos, a lo largo de varias décadas, incluye: 1) textos periodísticos y primeras publicaciones basadas en entrevistas a testigos, en documentación oficial facilitada por el gobierno o en investigación hemerográfica; 2) textos de militantes de los grupos armados que se sitúan entre el testimonio individual, la reivindicación de su postura sobre la vía armada, el intento de analizar las condiciones de emergencia de los grupos armados y el desarrollo anecdótico de algunos eventos; 3) obras literarias basadas en la investigación hemerográfica y en entrevistas directas con testigos de primera y segunda mano, como la obra de Carlos Montemayor, por citar un ejemplo; y 4) los trabajos académicos enfocados en la reconstrucción del pasado y la documentación, cuyo enfoque ha sido prioritariamente descriptivo y estructural[26].

Memoria crítica. Una segunda coordenada de memoria se caracteriza por comenzar el cuestionamiento de las políticas y retóricas del pasado en el contexto de la creación de la FEMOSPP y el debate sobre la justicia transicional y la reparación en México. Asimismo, destacan trabajos que han optado por buscar nuevas aproximaciones desde la historia oral, la sociología y la antropología, a partir de la voz de los testigos sobrevivientes y de las prácticas de memoria como los recorridos y homenajes a militantes caídos. Bajo esta coordenada aparecen también análisis más amplios que incorporan el contexto sociohistórico, político, económico y cultural en México y América Latina en el marco de la Guerra Fría, el papel de la prensa como parte de una campaña mediática y de presión psicológica para formar una opinión pública que se ajustara a los relatos oficiales, así como trabajos académicos que analizan las iniciativas de estrategias de memoria realizadas por exmilitantes del movimiento armado socialista, por citar algunos ejemplos[27].

Memoria cultural. Bajo una tercera coordenada de memoria, que aparece de manera simultánea a la anterior, se en-

---

[26] Aunque existió una amplia producción novelística que abordó el tema de la guerrilla, como lo analiza el trabajo de Patricia Cabrera y Alba Teresa Estada en *Con las armas de la ficción*, cito el caso de Montemayor por tratarse del ejemplo más visible y constante en su obra. Para una historiografía de la lucha armada véase Arturo Luis Alonzo Padilla «Revisión teórica sobre la historiografía de la guerrilla mexicana (1965-1978)», y Adela Cedillo y Fernando Herrera Calderón «Análisis de la producción historiográfica en torno a la llamada 'guerra sucia' mexicana».

[27] Entre varios autores, destacan los trabajos de Adela Cedillo, Rodolfo Gamiño y Lucía Rayas para los proyectos de memoria, recorridos y apropiación del espacio público de los exmilitantes; Sergio Arturo Sánchez Parra y Rodolfo Gamiño para el análisis de la prensa, y Alicia de los Ríos, Claudia Rangel y Evangelina Sánchez para la incorporación de la historia oral, por citar algunos ejemplos.

cuentran los trabajos que analizan la construcción de la memoria, el imaginario de la 'guerrilla' y del 'guerrillero' en obras literarias y corridos, y la construcción de figura míticas en torno a Genaro Vázquez y Lucio Cabañas. El trabajo de Patricia Cabrera y Alba Teresa Estrada, *Con las armas de la ficción. El imaginario novelesco de la guerrilla en México* (2012), destaca por revisar los textos literarios que tradicionalmente se incorporaron al ciclo de la narrativa de Tlatelolco, para plantear la pertinencia de su estudio bajo una categoría aparte de novelas que fueron publicadas casi de manera simultánea a la emergencia de los grupos armados y plasman una «invención idealizante», y novelas que de manera muy temprana abordan el movimiento armado desde la «memoria y admiración», como proponen las autoras. Aunque las estudiosas en este primer volumen no abordan una aproximación desde los estudios de la memoria, la aproximación interdisciplinaria desde la sociología y la literatura llena un vacío en el campo académico al analizar la construcción de un imaginario social del movimiento armado en la época, incluyendo los motivos por los cuales una generación joven se une a los grupos armados, así como la representación y construcción de este imaginario en una realidad ficcional. Por su parte, la compilación que hace Ana María Cárabe en *Reflejos de la guerra sucia en el Estado de Guerrero* (2015) analiza la construcción del imaginario guerrillero a través de corridos, narrativa y obra poética de autores guerrerenses.

Ahora bien, desde la perspectiva de los exmilitantes, el movimiento armado socialista no ha sido suficientemente visible en contraste con la masacre de Tlatelolco y algunos de ellos a pesar de que participaron en el área histórica de la FEMOSPP, señalan que los resultados estuvieron lejos de procurar justicia y castigo a los responsables de la violencia estatal. Sobre el impacto que tuvo el 68 en el movimiento armado, aunque muchos jóvenes se unieron a la lucha y la clandestinidad tras la masacre de Tlatelolco en el 68 y San Cosme en el 71, en su mayor parte los testimonios destacan el movimiento armado como una lucha anclada a una tradición revolucionaria y luchas pasadas, ya sea a nivel local o nacional. Por ejemplo, para el PDLP la lucha en Guerrero se remontaba no solo al movimiento cívico de la década de los sesenta sino a la Revolución mexicana e inclusive a las luchas de Independencia, como hacen referencia los epígrafes en *Lucio Cabañas y el PDLP: una experiencia guerrillera*. En el caso de la LC23S, su propio nombre hace homenaje y conmemora la fecha del asalto al cuartel Madera por parte del GPG. En este sentido, la lucha por la vía armada es vista por los exmilitantes como un *continuum* de luchas y que, en el caso de la segunda oleada, es desencadenada por el hartazgo de la ciudadanía, la escisión con el PCM y las represiones en Tlatelolco en 1968 y San Cosme en 1971, también conocida como el Jueves de Corpus. Como señala José Antonio León Mendivil, exmilitante de las Juventudes Comunistas y de la LC23S:

> No es sino hasta la represión de 1968 y 1971 que el gobierno llega a excesos tales que se puede hablar no sólo de masacre sino de genocidio contra el propio pueblo. Esto fue la gota o mejor dicho el chorro que derramó el vaso. Se golpeó brutalmente a lo más sentido de un pueblo, los jóvenes. (Kraus 96)

En este sentido el movimiento del 68, las masacres de Tlatelolco y de San Cosme son eventos que se añaden a la lista de agravios anteriores. En todo caso, las discusiones sobre el 68 se circunscriben a que su represión revitalizó el movimiento armado que, junto con el impacto de la Revolución cubana, consolidó una percepción y lectura que no supo evaluar las capacidades del Estado y asumió que el pueblo se insurreccionaría a través del foco guerrillero. Por ejemplo, Salvador Castañeda, exmilitante del MAR, revisa críticamente tanto el movimiento armado como el movimiento del 68, particularmente en torno a lo que describe como la «negación del número», es decir soslayar el trabajo a nivel de las bases. Castañeda analiza la estructura y forma organizativa del movimiento estudiantil, que si bien por la amplitud de su cuerpo dirigente era un ejemplo de democracia interna, a su vez se convirtió en un obstáculo para responder de manera ágil al desarrollo acelerado del movimiento y a la represión del gobierno:

> El avance cualitativo y numérico de las bases, que maduraban rápido en la acción, ellas mismas responsables de su ascenso, y el rezago del CNH ante las posibilidades de mayor participación, le impidió al Consejo tomar el mando efectivo de las acciones, centralizar, asumir la negación del número. (*La negación del número* 67)

No obstante, Castañeda destaca la relevancia de las brigadas ya que finalmente éstas enfrentaron de manera cotidiana la represión y porque precisamente por su forma organizativa y de operación, mucho más flexible y capaz de movilizar a la población ejemplo de ello la defensa del Casto de Santo Tomás, en realidad fueron el blanco del gobierno para aniquilar al movimiento.

> Los brigadistas —correteados diariamente por las fuerzas represivas— eran parte del movimiento que lo hacía presente en los mercados, en el transporte, en los cines, en cualquier espacio público. Se llegaba hasta los sitios más relegados para involucrar a la población de los estratos menos visibles, tal particularidad era la espina dorsal de su expansión y afianzamiento en la periferia, la extensión de sus líneas, el crecimiento de su participación (…) no se reprimió selectivamente porque no tenía sentido, la cabeza estaba conformada por decenas de cabezas; a cambio se intentaba el viejo (aún efectivo) recurso de la cooptación o diálogo en corto. Frente a esto se determinó desmembrar las bases y no golpear a la cúpula. La masacre no se preparó para atrapar a los dirigentes, la noche de Tlatelolco fue concebida como una lección para atarragarnos de miedo. (*La negación del número* 67-68)

En una revisión panorámica, la memoria del movimiento armado desde la perspectiva de los exmilitantes puede analizarse en tres períodos durante los cuales aparecen tendencias dominantes que responden tanto a las preocupaciones y agencias de los grupos armados, así como a un reposicionamiento en respuesta a coyunturas políticas. En un primer período, que va de finales de los setenta a los ochenta, los testimonios se centraron básicamente en la discusión interna y el balance, principalmente generado por la erradicación de los grupos armados y las reformas políticas que abrieron la vía democrática a la disidencia política. En este período destacan, entre encarnizadas discusiones y divisiones, las posturas para rectificar la lucha armada y abrazar la vía democrática; no obstante, también aparece la disensión, particularmente de los sobrevivientes del PDLP y UP para afirmar la viabilidad y continuidad de la lucha armada[28].

Un segundo periodo, en la década de los noventa, destaca por la formación de agrupaciones de exmilitantes cuyo objetivo fue el recabar y publicar documentos pasados y formar un archivo que sirviera para la investigación histórica. En este período se lleva a cabo la discusión, aunque con ciertas tensiones, de hacer un balance y rescatar la «memoria histórica». Pese a la relativa apertura del gobierno, por lo menos en su retórica sobre los derechos humanos y la creación de la CNDH, este proyecto no prosperó a largo plazo, aunque sí sentaron las bases para retomar la discusión a partir del 2000. Cabe destacar, sin embargo, que en la década de los noventa aparecen menos publicaciones de exmilitantes en comparación con las décadas pasadas y con la proliferación del testimonio después del 2000[29].

---

28 Véanse los capítulos 3 y 4.
29 Entre 1991 y 1995, el Centro de Investigaciones Históricas de los Movimientos Armados (CIHMA) publicó tres números de la revista *Expediente Abierto* para difundir información sobre los grupos armados; cada número presentó un dossier sobre el asalto al cuartel Madera por el GPG, un homenaje a Genaro Vázquez y Lucio Cabañas, y el «asalto al cielo» en Sinaloa. Aunque el centro aparece en otras fuentes como Centro de Investigaciones Históricas de los Movimientos Armados Rubén Jaramillo

Un tercer período, posterior a la alternancia partidista, la creación de la FEMOSPP y a la par de los encuentros nacionales de exmilitantes, se caracteriza por la publicación de testimonios que se enfocan particularmente en el homenaje a los compañeros caídos a través de biografías, la narración de episodios específicos o la participación del autor en un grupo armado, todo ello encaminado a la recuperación de la «memoria histórica» a nivel regional o local. A la par de recorridos, homenajes y resignificación de los espacios públicos como lugares de memoria, los encuentros entre exmilitantes se centraron en discutir y redefinir tanto la lucha armada, en una segunda vuelta de balance, así como la resignificación de la identidad de los exmilitantes como luchadores sociales[30].

En términos generales, el balance de la lucha armada señala una serie de errores cometidos a la par de la persecución y represión del gobierno, lo cual precipitó la caída por subestimar la capacidad del Estado para combatir la disidencia. Entre éstos errores se encuentra por ejemplo el militarismo o la fe ciega en que el foco guerrillero crearía las condiciones de levantamiento popular, el aislamiento de las bases sociales y particularmente del movimiento obrero, la falta de medidas de seguridad y la infiltración en los grupos, el mesianismo o voluntarismo que susti-

---

Ménez, las revistas refieren solo a CIHMA. Para una revisión de las iniciativas de los exmilitantes y los centros fundados véase la tesis doctoral de Rodolfo Gamiño *Resistir al olvido* (118-129). Para una bibliografía de los textos de exmilitantes véase el anexo 3.

30 A partir del 2002 y como producto de las Reuniones Nacionales de Exmilitantes, se llevaron a cabo homenajes a nivel regional que facilitaron el diálogo y, en el caso de Guadalajara, se conformó el Colectivo Rodolfo Reyes Crespo (CRRC) en 2004. Véase Rodolfo Gamiño (131-152). Al mismo tiempo se gestó en la Ciudad de México la formación del Centro de Investigaciones Históricas y de Movimientos Sociales AC (CIHMSAC). A pesar de que el CIHMSAC tuvo actividades anteriores, logró su acta constitutiva en 2006. Véase el sitio http://cihmsac.blogspot.mx/

tuyó la preparación política y militar, entre otros. Como señala Castañeda:

> Las acciones militares de la guerrilla urbana no caminaron al mismo paso que sus acciones políticas de organización y esclarecimiento a la población, más bien se adelantaron. Las acciones militares y las político-militares quedaron tan atrás unas de otras que salían de la perspectiva de los militantes, quienes —en tales circunstancias— se ocupaban más de las cuestiones de a guerra. Aferrados a la parte engañosa que tiene la realidad, se entró en un empantanamiento del que jamás logró salir, porque una vez desatadas las hostilidades ya no hubo tiempo de nada más que sobrevivir la embestida. (*La negación del número* 81)

Asimismo, como señala Martha Maldonado, exmilitante del MAR, la falta de autocrítica y las tensiones internas llevaron al asilamiento de militantes sospechosos de ser infiltrados e inclusive a la ejecución, así como las tensiones entre teoría y *praxis* que llevaron a los grupos armados a la disyuntiva de la acción militar o el trabajo de masas.

> Los diálogos con ideas diferentes en el seno de distintos grupos armados eran vistos por nosotros mismos con mucha reserva y con gran desconfianza, al grado que empezamos a reprimirlos a nuestra manera, aislando al sujeto y finalmente aislándonos todos. Era demasiado peligroso y por qué no decirlo el miedo, que fuimos cayendo en la intolerancia y repito el aislamiento egocéntrico, mismos que nos metieron en la dinámica de elegir un camino: militar o el político. (Martha Maldonado en Ibarra *La guerrilla de los setenta* 102)

Otro de los ejes de discusión ha sido el significado de la lucha armada en el pasado, su derrota militar y resignificación en el presente, destacando la incorporación del relato democrático. Llama la atención que a la par de la estatización del movimiento del 68, como se expuso anteriormente, las discusiones entre exmilitantes asimilaron el discurso democrático como una forma de validar el pasado de la lucha armada y sus contribuciones, o como un modo de compensar el discurso de la derrota y reposicionar la validez de la lucha revolucionaria, aunque no por la vía armada, puesto que el objetivo de emancipar al pueblo todavía no ha sido logrado.

> La guerrilla mexicana en sentido amplio *no fue derrotada* porque finalmente la lucha de los oprimidos es histórica, permanente, hasta alcanzar su plena emancipación. Sí nos infringieron una derrota momentánea político-militar, sin embargo, la concepción de la lucha política, el objetivo estratégico de la emancipación del proletariado no ha terminado y es un objetivo permanente de los asalariados o de los desposeídos. (Fernando Pineda Ochoa en Ibarra *La guerrilla de los setenta* 140; énfasis mío)

Cierto es que para los exmilitantes las razones para unirse a la lucha armada fueron la explotación y desigualdad, así como las constantes represiones de movimientos sociales y la ausencia de vías democráticas cooptadas por las oligarquías locales y un principio de autoritarismo gubernamental a nivel nacional. No obstante, cabe recordar que el principio rector de los grupos armados era el derrocar al gobierno burgués e instaurar un gobierno del pueblo (PDLP) o la dictadura del proletariado en el caso de los grupos armados inspirados en la Revolución Cubana. En este sentido, se observa un cambio en los discursos de la memoria de los exmilitantes, en donde hay una resignificación de la lucha armada en función de obtener reconocimiento como un agente de cambio para la construcción de la democracia.

Al igual que las discusiones sobre la rectificación de la lucha armada a finales de la década de los setenta, la incorporación del discurso democrático si bien es una tendencia dominante, a su vez presenta una amplio espectro de lecturas. Durante la década de los setenta la tendencia dominante fue abandonar las armas para entrar a la vía democrática y las discusiones se centraron en el modo de participación, quienes optaban por unirse a los partidos de izquierda, quienes planteaban el trabajo de masas con el movimiento obrero para posteriormente conformar un frente amplio o, eventualmente, un partido que emanara de las movilizaciones. Después del 2000, se observa un espectro que va de reivindicar la lucha armada en el pasado como factor que visibilizó la violencia del Estado, que contribuyó a directa o indirectamente a la democracia actual, o bien que cuestionó estos cambios puesto que todavía persiste la impunidad.

Por ejemplo, Ricardo Rodríguez, exmilitante del PDLP, matiza que: «las organizaciones revolucionarias socialistas, no buscaban realineamiento, pero su lucha cristalizó como efecto secundario de la acción de los gobiernos y políticos priístas para abrir los espacios de poder y sobre todo los espacios de participación política en el ámbito electoral» (Ibarra *La guerrilla de los setenta* 70). Por su parte, José Antonio León Mendivil, exmilitante de la LC23S, señala la importancia de revisar un contexto más amplio en el que diferentes sectores socialistas, comunistas, sindicalistas, trotskistas, maoístas, demócratas, e inclusive dentro del PRI, igualmente sufrieron persecución, tortura y desaparición por parte del gobierno. En este sentido, para León Mendivil, aunque la lucha armada no puso en riesgo al sistema, sí logró exhibir las contradicciones del gobierno, particularmente en la violencia de Estado desatada. Destaca igualmente que si bien el movimiento armado contribuyó a estos cambios, también hubo otros sectores que tuvieron amplia participación política e incidieron en los cambios democráticos:

> Todas las formas de participación política de ese movimiento incidieron en crear las condiciones para que nuestro país avanzara a este momento. Nuestro país hoy transita hacia la democracia y se debe a ese gran proceso de maduración por el paso al movimiento social y político con desencuentros, coincidencias y grandes encuentros. (Kraus 99)

No obstante, Martha Maldonado, exmilitante del MAR, planteó en el 2006 ciertas reticencias sobre el discurso de la apertura democrática de finales de los setenta con la aprobación de LOPPE y la ley de Amnistía. Si bien se abrieron vías democráticas para la disidencia política y la posibilidad para los exmilitantes sobrevivientes de incorporarse a la vía partidista, esta opción no ha logrado cambiar los problemas de extrema concentración de capital y pobreza como producto de una política neoliberal.

> La clase política entendió muy bien, antes que nosotros. Nos cedió la palabra, dosificada a través de la amnistía y las reformas político electorales de un aparente nuevo diseño de partidos políticos, conformados de tal manera que la palabra no se desarrolla ni profundiza, por el contrario, se mediatiza y se simula la democratización de la misma. Se orienta a hablar mucho y no decir nada, hacer como que pasa algo y no pasa nada, o cambiar todo para que las cosas sigan igual, o da la tribuna para saciar nuestras ansias de hablar y ser escuchados y reconocidos, y a la vez desgarrarnos las vestiduras entre nosotros mismos, los precursores de la palabra. (...) La izquierda contemporánea, si se precia de pretender ser auténtica tendrá que asimilar el momento histórico de la guerrilla de los setenta, para su propia salud política, intelectual y emocional si quiere gobernar realmente en nuestros días. (Martha Maldonado en Ibarra *La guerrilla de los setenta* 102-103)

Esta breve revisión destaca que si bien las memorias de la lucha armada no son emblemáticas, algunas se han posicionado como tendencias dominantes a pesar de ser marginales al discurso del Estado y un imaginario social, pero es posible dar cuenta de la transformación y disputa de distintas agencias marcadas a su vez por coyunturas políticas, un marco de producción y recepción que incide en que unas memorias que se privilegien sobre otras. ¿Cuáles han sido los discursos de memoria de los exmilitantes y qué transformaciones han tenido a lo largo de más de cuatro décadas? ¿Qué tendencias han sido dominantes y qué otras agencias han sido soslayadas? ¿Cuál ha sido la dinámica entre la comunidad de memoria de los exmilitantes y la fijación de una memoria oficial? ¿Qué alcance y efecto han tenido estas memorias? y ¿qué estrategias narrativas han desarrollado para posicionar sus agencias? Si bien los siguientes capítulos no hacen un seguimiento estrictamente cronológico, procuran trazar una genealogía de los textos literarios y testimoniales, su gestación en el confinamiento carcelario, los debates sobre la rectificación de la lucha armada, la configuración de una memoria de denuncia de la tortura y la desaparición forzada, la reactivación de proyectos y prácticas de memoria en el contexto de la alternancia partidista, así como la emergencia de nuevas agencias de los familiares de desaparecidos y de las mujeres que participaron en la lucha armada.

Sección II: Los discursos testimoniales de la lucha armada

Capítulo 3. De arrepentidos y conversos: deslinde teórico y rectificación

> (...) estas posiciones aparecieron siempre,
> ante los ojos del movimiento,
> como la enfermedad sospechosa,
> como las aberraciones teóricas
> y las provocaciones políticas de los «enfermos».
>
> Gustavo Hirales Morán

> Lamentarse de los horrores de la violencia de la guerrilla
> es ocultar al mismo tiempo las causas sociales de esta violencia.
>
> José Alberto Sánchez Hirales

> El error fundamental de la izquierda en México ha sido,
> por una parte, el de moverse permanentemente
> en el terreno ideológico, ideologista, demostrando con ello
> una incapacidad política absoluta para actuar
> en el contexto de las masas trabajadoras.
>
> Paquita Calvo

Los epígrafes anteriores, escritos desde la cárcel y el exilio, son un ejemplo claro de la serie de discusiones llevadas a cabo por los militantes del movimiento armado en el contexto de aniquilamiento y fragmentación de los grupos armados a finales de la década de los años setenta. Si bien estos primeros escritos, en un sentido estricto, no pertenecen al género testimonial —no son testigos ni portavoces de la denuncia de la violencia de Estado—, se puede afirmar que poseen elementos testimoniales, ya que se registra la inmediatez por discutir y hacer balance del pasado reciente frente a los discursos oficiales, presentan elementos autobiográficos, están pensados como textos de circulación pública y tienen como objetivo crear un efecto en la opinión pública aunque no en forma de apoyo internacional. Este capítulo aborda la rectificación de la vía armada y los debates sobre el deslinde teórico destacando que aunque no se incorporó a una memoria emblemática ni a una memoria social extendida, se trató de una tendencia dominante que privilegió la discusión teórico-política sobre la denuncia de la violencia estatal y la violación de derechos humanos en el modo que se articulan actualmente. No obstante, en un análisis detallado se puede observar una heterogeneidad de posiciones y agencias políticas, así como un proceso de competencia por fijar los discursos de memoria de la lucha armada que rigieron las décadas posteriores. A través de la lectura de estos textos, a su vez, es posible dar cuenta de las tendencias no dominantes que desmontan y problematizan el relato oficial de transición democrática impulsada por las administraciones de Luis Echeverría Álvarez y José López Portillo.

Considerando que el testimonio latinoamericano, ampliamente discutido por la crítica, es un género heterogéneo y flexible que se encuentra en los umbrales del discurso histórico y etnográfico, la crónica, el libro de memorias, la autobiografía y la literatura, lo que lo define es su carácter político, en el sentido de su búsqueda e inmediatez por introducir un comentario, una aclaración, una justificación, una demanda, un remiendo, un residuo que ha sido excluido de un discurso previo. En este sentido, más que los rasgos formales del género, ya sea bajo el modelo de denuncia centroamericano o el testimonio del exilio y jurídico del Cono Sur, el presente trabajo considera la multiplicidad de formas en las que puede aparecer, así como los rasgos específicos con los que se desarrolla en México entre las décadas de los años setenta a la fecha.

Retomando el debate sobre el género testimonial, John Beverley destaca, más que sus características formales y/o literarias, su función política de denuncia y resistencia, así como su capacidad para cuestionar tanto taxonomías genéricas como a la propia institución de lo literario, a la vez que se constituye como un nuevo género literario.

> El testimonio puede incluir, pero no está sujeto a ninguna de las siguientes categorías textuales, algunas de las cuáles son consideradas convencionalmente como literatura y otras no: autobiografía, novela autobiográfica, historia oral, memoria, confesión, diario, entrevista, reporte del testigo, historia de vida, novela-testimonio, novela de no ficción, literatura factográfica. (...) Pero subsumir al testimonio a la categoría de ficción literaria es despojarla de su poder para atraer al lector. (...) Esto me parece formalista y, al menos en efecto, una respuesta política liberal al testimonio, la cual tolera y promueve su incorporación al campo sancionado de lo literario al costo de relativizar su urgencia política y moral. Lo que se debe entender, en cambio, es precisamente cómo el testimonio cuestiona la institución de lo literario como un aparato ideológico de alienación y dominación, al mismo tiempo que se constituye a sí mismo como una nueva forma de literatura[1].

---

1   Cita original: «Testimonio may include, but it's not subsumed under, any of the following textual categories, some of which are conventionally considered literature, others not: autobiography, autobiographical novel, oral history, memoir, confession, diary, interview, eyewitness report, life history, novela-testimonio, non fiction novel, or «factographic» literature. (...) But to subsume testimonio under the category of literary fictionality is to deprive it of its power to engage the reader (...) This seems to me a formalist and, at least in effect, a politically liberal response to testimonio, which tolerates or encourages its incorporation into the academically sanctioned field of literature at the expense of relativizing its moral and political urgency. What has to be understood, instead, is precisely how testimonio puts into question the existing institution of literature as an ideological apparatus of alienation and domination at the same time that it constitutes itself as a new form of literature» (*Testimonio. On the Politics of Truth* 31-40).

De este modo, analizar los textos testimoniales requiere de una aproximación menos formalista o estructural que sepa leer a contrapelo sus agencias, estrategias narrativas, pero también sus silencios y soslayos como marcas o huellas de memoria, así como las prácticas del poder en gestión. Este trabajo considera primordial un giro en el análisis en el cual más que la apreciación estética de los textos como un producto, la producción literaria y testimonial sea vista como una práctica de una escritura que, entre fuegos, ha tenido que enfrentar su legitimidad escrituraria y política. En este sentido, Ana Forcinito provee una herramienta útil en el análisis de los testimonios no jurídicos en Argentina, al considerar el concepto del umbral como una zona de pasaje entre varios mundos, como una entrada capaz de observar otras dimensiones de la experiencia de los sobrevivientes, su militancia política y como agentes de cambio, más allá de su función de testigos dentro del marco legal.

> El umbral queda, de alguna forma, marcado por silencios y lagunas que lejos de dar cuenta de la debilidad de lo testimonial pueden estar apuntando justamente a una revuelta en términos de la construcción de saber y de los métodos que reducen las narrativas de testigos o bien a un reclamo de verdad o bien a la mentira o la sospecha. [En] los bordes del escenario jurídico legal, los sobrevivientes, como agentes culturales de procesos de democratización articulados en la teoría pero no siempre en la práctica como respeto a los derechos humanos, ofrecen sus relatos testimoniales al debate cultural para irrumpir (interrumpir) transiciones democráticas marcadas por la impunidad, donde volver a narrar sus historias significa también reposicionarse como testigos [sobrevivientes], no reconocidos en mucho tiempo por el Estado. (*Los umbrales del testimonio* 16-35)

Aunque en el caso mexicano, el testimonio jurídico no ha sido considerado como parte de la investigación sobre el pasado y mucho menos como base de un proceso legal, el concepto de umbral es pertinente en el sentido de que estos textos navegan entre dos aguas en su estatuto político y literario, siendo asimismo extirpados de una memoria emblemática como se señaló en el capítulo anterior. Pero antes de entrar en el análisis de los textos testimoniales, es pertinente plantear *grosso modo* las formas en que se ha manifestado el testimonio, así como sus ejes de análisis y disputas en otros contextos, particularmente en el Cono Sur y Centroamérica, para observar sus particularidades en México.

Los testimonios producidos en el Cono Sur, ya fuera en la forma de testimonios del exilio o bajo la forma jurídica, como fue el caso de la Vicaría de la Solidaridad, el informe Rettig, el informe Valech o la CONADEP, están estrechamente relacionados con la denuncia de las atrocidades cometidas por el Estado durante las dictaduras y su posterior proceso legal. Si bien los testimonios del exilio buscaron la movilización y la mirada internacional para presionar y poner fin a las dictaduras, se observa también un paulatino borramiento de su carácter político. En el caso chileno, aunque en un principio los testimonios del exilio incorporaron una agenda política ligada a reconstruir el proyecto socialista decapitado por el golpe de Estado, posteriormente los testimonios fueron sustituyendo su carácter político por un lenguaje común de los derechos humanos[2]. Si bien el testimonio judicial fue sin duda fundamental para las Comisiones de Verdad y posteriores procesos legales, estuvo restringido a una estructura legal que, utilizado como prueba del delito, enfatizó la función del testigo de la violación de los derechos humanos, par-

---

2   Un caso paradigmático para Peris Blanes fue la publicación de *Tejas verdes*, de Hernán Valdés, primeramente en Barcelona, en 1974, y su reedición en Santiago, en 1996, destacando el cambio de la denuncia de la experiencia del campo de concentración ligada a la destrucción del proyecto socialista, a una denuncia centrada en la experiencia individual y alejada del contexto ideológico y político. Véase *La imposible voz* 267-270 y *La historia del testimonio*, capítulos 2 y 5.

ticularmente de las víctimas desaparecidas. Pero se soslayó tanto su carácter político, fuera simpatizante o no de la lucha armada, como el mundo afectivo y el hecho de ser un sobreviviente. Posteriormente, recientes estudios han discutido este soslayo, planteando nuevas aproximaciones en el estudio de los testimonios no judiciales y han presentado una mirada crítica a los discursos de la memoria[3].

En el caso de Centroamérica, el testimonio se convirtió en un modelo de denuncia política y de resistencia, particularmente ligado a la lucha armada, adquiriendo un estatus canónico con la creación del Premio Casa de las Américas a la narrativa testimonial en 1970. Por un lado, tras el triunfo de la Revolución sandinista en Nicaragua se impulsó la narrativa testimonial y la figura del poeta guerrillero que permeó la producción literaria de las décadas de los años setenta y ochenta, y que posteriormente fueron criticadas y denostadas por la literatura postrevolucionaria[4]. Por otro lado, la academia estadounidense de estudios

---

3   Ejemplos de ello han sido las discusiones planteadas en *Memoria colectiva y políticas del olvido. Argentina y Uruguay, 1970-1990* de Adriana Bergero y Fernando Reati; *Política y memoria. A cuarenta años de los golpes de Estado en Chile y Uruguay* de Ana Buriano Castro, Silvia Dutrénit Bielous y Daniel Vázquez Valencia; *Política y/o violencia: una aproximación a la guerrilla de los años 70* de Pilar Calveiro; *The Struggle for Memory in Latin America. Recent History and Political Violence* de Eugenia Allier-Montaño y Emilio Crenzel; *Chile in Transition. The Poetics and Politics of Memory* de Michael Lazzara; *Pasados en conflicto. Representación, mito y memoria* de María Inés Mudrovcic; *Políticas y estéticas de la memoria* y *Pensar en/la postdictadura* de Nelly Richard; *Crítica del testimonio. Ensayos sobre las relaciones entre memoria y relato* de Cecilia Vallina y *Sobre la violencia revolucionaria. Memorias y olvidos* de Hugo Vezzeti, por citar algunos ejemplos. Asimismo, véanse los análisis del testimonio en Argentina: *Los umbrales del testimonio. Entre las narraciones de los sobrevivientes y las señas de la postdictadura* de Ana Forcinito e *Historia del testimonio* de Jaume Peris Blanes en Chile.

4   Para el análisis y transición entre el testimonio, la literatura centroamericana de la guerra y la postguerra, véanse *El testimonio, un enfoque*

latinoamericanos se interesó en la producción testimonial bajo las aproximaciones del giro político de lo literario, la función del intelectual y su compromiso con las luchas y movimientos sociales, generando a su vez amplios debates sobre el impasse de la literatura, la representación del sujeto subalterno, la verdad y la representación, la edición y el montaje en el testimonio acompañado de una figura intelectual, el traslado de lo oral a lo escrito, así como la recepción del testimonio en el contexto del multiculturalismo, el boom del testimonio y la fijación de un canon en la academia estadounidense[5].

---

multidisciplinario (n° 2, *Istmo* 2001); *¿Narrativas agotadas o recuperadas? Relecturas contemporáneas de las ficciones centroamericanas de los sesenta y setenta* (núms. 27-28, *Istmo* 2014); *Literatura y estudios culturales centroamericanos contemporáneos* (núm. 242, *Revista Iberoamericana*); *Estética del cinismo* (2010) de Beatriz Cortez, y los artículos de Nanci Buiza «Trauma and the Poetics of Affect in Horacio Castellanos Moya's *Insensatez*» (*Revista de Estudios Hispánicos* XLVII.1 (2013): 151-172) y «Rodrigo Rey Rosa's *El material humano* and the Labyrinth of Postwar Guatemala: On Ethics, Truth and Justice» (*A contracorriente* 14.1 (2016): 58-79).

5   Cabe destacar que, a diferencia del estudio del testimonio en el Cono Sur, más apegado al modelo del Holocausto que a las luchas revolucionarias, el estudio del testimonio latinoamericano en la academia estadounidense estuvo vinculado al papel del intelectual como traductor de la cultura y experiencia de lucha en poblaciones indígenas, como ha sido el caso de Rigoberta Menchú o Domitila Barrios Chungara. No obstante, el análisis y los debates comenzaron desde los estudios literarios destacando el impasse de la literatura en los análisis de *Biografía de un cimarrón* de Miguel Barnet, *Hasta no verte Jesús mío* de Elena Poniatowska, por citar algunos ejemplos. En muchos casos se quiso trazar una genealogía desde las crónicas de la Conquista como parte del testimonio y la especificidad de la identidad latinoamericana. Posteriormente, a partir de la década de los años noventa, el análisis del testimonio se articuló desde los estudios subalternos, postcoloniales y multiculturales, centrando los debates sobre la representación de las voces subalternas, las relaciones de poder entre el intelectual y el informante, así como la recepción y formación de un canon que también subalternizó otras dimensiones de los testimonios. Para una visión panorámica de los debates entre las décadas de los años

I. Emergencia de los textos testimoniales en México

A diferencia de los testimonios del Cono Sur y Centroamérica cuyo eje central fue la denuncia internacional, los testimonios en México no estuvieron dirigidos a una comunidad internacional, ni a la movilización de la sociedad civil. Fueron producto del debate interno, y aunque en su mayoría son pensados para la circulación pública, en un primer momento su énfasis recayó en la discusión teórica y política de la viabilidad de la lucha armada y su rectificación. Un segundo momento estuvo centrado en la reconstrucción del pasado, el balance sobre los motivos de la lucha, la emergencia de los grupos armados, así como la participación del autor como testigo. Asimismo, en su mayoría aparece la combinación entre el intento de análisis de las condiciones sociales y políticas en las que surgieron los levantamientos con la abundancia de detalles, anécdotas y específicamente la justificación de las acciones del testigo. Cabe destacar que su carácter es eminentemente político y en la mayor parte de los testimonios la denuncia de las violaciones a los derechos humanos aparece como un tema secundario, al enfatizar la reconstrucción del proyecto revolucionario y la identidad de los exmilitantes.

Los exmilitantes que escribieron estos textos han atendido principalmente a la necesidad de explicarse a sí mismos el pasado inmediato, una especie de recuento sobre lo que pasó, ya que por las características de la organización compartimentada y la heterogeneidad de los grupos armados, la perspectiva individual es limitada. Su producción está destinada a un consumo

---

ochenta y el 2000, véase Hugo Achugar, John Beverley, Juan Duchesne, George Gugelberger, René Jara y Hernán Vidal, Mabel Moraña, Kimberly Nance, Mercé Picornell, Elzbieta Sklodowska y Marc Zimermann, así como las monografías *Latin American Perspectives* (1991), *Revista de Crítica Literaria Latinoamericana* (1992) y *Teorías sin disciplina* (1998) de Santiago Castro-Gómez (ed.).

interno o a la difusión en un circuito relativamente cerrado. De ahí que muchas de las ediciones sean de autor, de editoriales independientes o publicaciones de organizaciones de exmilitantes, aunque cabe destacar que algunos testimonios han sido publicados por universidades del Estado, ayuntamientos o casas editoriales de mayor peso[6].

A su vez los testimonios, en su mayoría manifiestan la intención de desmitificar la historia oficial, reproducida tanto por el gobierno como por el periodismo o bien la propia academia, que ha fijado versiones descalificativas o, en todo caso, reduccionistas y homogéneas sobre el movimiento armado. Haciendo uso del recurso de la falsa modestia, se observa casi siempre un prólogo en el cual se reconoce el hecho de que el autor no pertenece a una esfera intelectual, pero que su participación y calidad de testigo legitiman su discurso. El objetivo, por lo general, es rescatar la memoria para las futuras generaciones, con el fin de conocer los hechos del pasado y evitar cometer los mismos errores, ya sea que el discurso descalifique la lucha armada o plantee la continuidad de la lucha revolucionaria, sin que abiertamente se haga un llamado al levantamiento. Ahora bien, en la revisión de los textos testimoniales producidos durante más de cuatro décadas se observan temas recurrentes que se listan a continuación:

1) El deslinde y crítica al interior del grupo armado, justificando o rectificando la acción pasada en un intento de balance o propuesta de análisis teórico-política (Hirales Morán, Sánchez Hirales, Rhi Sausi, Castañeda y Pacheco, Robles Garnica y Pineda Ochoa).

2) La autobiografía o libro de memorias en la que el autor aborda su participación en la lucha armada como un episodio más en su vida, ya sea que manifieste un mayor o menor seguimiento de participación política

---

[6] Para conocer una bibliografía de los textos producidos por exmilitantes y las editoriales en las que publicaron, véanse anexos 2 y 3.

(Hirales Morán, López de la Torre, Ulloa, Pineda Ochoa y Uranga). Así como la recopilación de biografías o comunicados, encuentros o escritos (Alonso Vargas, Cilia y Palacios), y el homenaje a militantes asesinados o desaparecidos, usualmente escrito por familiares (Armendáriz Ponce, Lucero y Guzmán Cruz).

3) La reconstrucción de pasajes específicos, ya sea como proezas logradas (Orozco Michel), el fracaso de un proyecto revolucionario que tenía viabilidad (Topete y Angulo Luken), o bien la reconstrucción del grupo armado, combinando el análisis general del contexto con la experiencia del autor, en muchas ocasiones repitiendo episodios o anécdotas específicas de manera poco sistemática (Miranda y Gallegos Nájera).

4) La difusión con una dimensión didáctica y la inclusión de elementos literarios (Campos, Hirales Morán y Topete).

Obviamente, estos ejes temáticos aparecen superpuestos en los testimonios, por lo que se ha optado el análisis en función de la dinámica e interacción con ciertas coyunturas políticas que precisamente generan su emergencia, con el fin de trazar una suerte de genealogía del modo en que se desarrollaron sus agendas y las disputas por la memoria. Cabe destacar que los primeros testimonios no se circunscriben estrictamente a un discurso memorístico sino de discusión teórica; sin embargo, este trabajo considera que en ellos se registran las bases que formarán los discursos de memoria. Asimismo, en estos textos es posible observar la dinámica existente entre diferentes versiones y modos de articular el pasado, que si bien en su mayor parte han sido soslayados por la memoria oficial, a su vez se pueden observar tendencias dominantes y tendencias residuales que están directamente relacionadas con la reconfiguración identitaria del proyecto revolucionario y de los grupos armados.

II. El deslinde teórico

Puesto que el objetivo primordial de estos primeros textos fue discutir y posicionar una agenda política para dar cuenta de la otra historia y corregir un discurso previo, una de las estrategias narrativas que destacan es la persuasión acompañada de una serie de pruebas que compitan con la legitimidad de ese primer discurso que pretenden desmontar, ya sea un discurso oficial o uno proveniente de otra ala de los grupos armados.

En este sentido, se puede observar la temprana disputa y la competencia entre versiones del pasado para fijar una memoria que dé legitimidad a las acciones de los exmilitantes así como su rectificación, ya sea abiertamente retractándose de la lucha armada o bien planteando un balance crítico. En el contexto de la derrota militar y las reformas políticas a finales del sexenio de Luis Echeverría, los textos testimoniales escritos en prisión o en el exilio reaccionan a la impronta del gobierno para rectificar la vía armada. Esto agudizó las tensiones de por sí existentes entre los grupos armados, que tras el aniquilamiento de los cuadros dirigentes, la ausencia de formación de nuevos cuadros y el aislamiento de las bases de apoyo, generaron debates encarnizados sobre la rectificación, lo cual explica en gran parte que el interlocutor de estos primeros textos sean los propios miembros de los grupos armados, ya sea para deponer las armas, para reconfigurar la lucha armada o bien para debatir los modos y nuevas vías para integrarse a la vía partidista.

Los textos que abordan el tema de la rectificación de la guerrilla emergen en un contexto turbulento, en el que la represión del Estado se agudizó, particularmente a partir de 1976, cuando la estrategia contrainsurgente incorporó de manera sistemática la desaparición forzada en el combate a los grupos armados. Asimismo, las divisiones y diferencias insalvables surgidas en el interior de éstos minaron las posibilidades de respuesta o repliegue en la cacería que llevó a cabo el Estado. Si bien la reforma política del 77 y la Ley de Amnistía del 78 promovida por

Reyes Heroles se presentó como una apertura democrática, a la vez funcionó como una tenaza que cercó al movimiento armado para que desistiera de sus medios violentos. Entre 1976 y 1977 surge así la publicación de textos que si bien no inauguran el tema del deslinde de los objetivos, la teoría y los métodos de la lucha revolucionaria, sí ponen de manifiesto la intención de llevarlos al terreno público, ya sea como un modo de zanjar la brecha entre la lucha por la vía democrática y la lucha socialista que tomó la vía armada, como un medio para hacer un balance o reflexión sobre la (in)viabilidad de la lucha armada bajo las nuevas condiciones políticas y sociales.

No obstante, anteriormente, entre 1972 y 1973, Salvador Castañeda y Candelario Pacheco, miembros del MAR, enviaron desde la cárcel una carta dirigida a las compañeras encarceladas en Santa Martha Acatitla denunciando el protagonismo, dogmatismo y la falta de democracia en el interior del grupo armado. Posteriormente, esta carta fue publicada como *Balance del Movimiento de Acción Revolucionaria* (1992); el texto, además de ofrecer por primera vez información valiosa sobre la fundación, entrenamiento y organización del MAR, propone la necesidad de una discusión y un balance de los objetivos y métodos del grupo armado[7]. Sin embargo, aunque principalmente se destaca una serie de errores de la dirigencia, no hay una abjuración de la vía armada, ya que en ese momento las discusiones en el interior del MAR no abordaron la rectificación de la vía armada; este documento no forma parte del *corpus* analizado, pero demuestra, por un lado, la existencia de una crítica temprana al protagonismo, el dogmatismo y el sectarismo de la lucha armada, así como los intentos por subsanar dichos errores y, por otro lado, es posible

---

7   Dicha carta fue publicada como una separata en *Expediente abierto*, publicación del extinto Centro de Investigaciones Históricas de los Movimientos Armados (CIHMA).

cotejar diferentes perspectivas entre los pocos integrantes que han escrito sobre el MAR[8].

Aunque el tema de la rectificación recorre de manera implícita la mayor parte de los testimonios producidos desde los años setenta a la fecha, esta sección solamente aborda algunos textos que abiertamente se inscriben en la discusión sobre el sujeto, la teoría y los métodos revolucionarios, y que presentan una mayor intención de análisis sobre la anécdota, la autobiografía o la reconstrucción de un evento en particular. Si bien este *corpus* analizado utiliza el género epistolar, el ensayo o el comunicado, y se distancia del testimonio en la medida en que no intenta la reconstrucción de un evento, pueden ser leídos como textos testimoniales en el sentido de que utilizan recursos de persuasión y legitimación para presentar una agencia política. A su vez, si bien no poseen rasgos literarios, ya que se trata de una narrativa de argumentación, arrojan luz sobre el debate de rectificación de la lucha armada y el posterior proceso de rearticulación del sujeto guerrillero como un luchador social o activista. En cuanto a la construcción de la memoria, si bien no hay una distancia temporal suficiente que sostenga un relato memorialista — ¿cuánto es suficiente?—, analizar estos textos sí provee de un referente para observar las transformaciones del discurso testimonial a lo largo de estas décadas.

Los textos que se incorporaron en esta sección son una serie de cartas y documentos publicados en algunas revistas como *Oposición*, *Punto crítico*, *Madera* y *Bandera socialista*, que recopilan gran parte del debate que se dio, particularmente, entre los

---

8   Véase *Las guerras secretas* (2001) de Saúl López de la Torre; *En las profundidades del* MAR (2003) de Fernando Pineda Ochoa; *La negación del número* (2006) de Salvador Castañeda y el estudio de Verónica Oikión «El Movimiento de Acción Revolucionaria. Una historia de radicalización política».

miembros de la Liga Comunista 23 de Septiembre (LC23S)[9]. Sin embargo, cabe señalar que seguramente existen otros documentos que circularon de manera interna, dando inicio al debate. Por ejemplo, García Casillas señala, en el prólogo de *Presos políticos discuten*, que Paquita Calvo (FUZ) comenzó el debate con una serie de declaraciones que tuvieron una respuesta «sectaria», asimismo Hirales Morán hace referencia en sus escritos a las cartas de Rosa Albina Garavito, exmilitante de los Procesos antes de transformarse en la LC23S[10].

El tema de la rectificación y el deslinde teórico no comienza con la publicación de estos textos, sino que un primer proceso de deslinde arranca precisamente con las izquierdas partidistas, particularmente del PCM, de donde se desprendió la formación de la lucha armada. Asimismo, la formación y proliferación de distintos grupos armados fue resultado de un proceso constante de deslinde, a pesar de haber procurado la unión orgánica entre varios grupos. Por ejemplo, como señala José Luis Moreno Borbolla, exmilitante de Lacandones y la LC23S, el proceso de transformación de la Organización Partidaria (OP) a la

---

9   Dado el carácter fragmentario de estos textos, su análisis se ha organizado siguiendo en la medida de lo posible una cronología. Así, comenzamos con una entrevista de Vicente Leñero a Paquita Calvo del FUZ, los textos de Gustavo Hirales Morán y Héctor Escamilla —recopilados en *La Liga Comunista 23 de Septiembre: orígenes y naufragio* (1977)—, el texto «Del foquismo al reformismo» de Jorge Alberto Sánchez Hirales, la carta del consejo de redacción de *Madera* a la carta de Gustavo Hirales Morán, la nota introductoria de Felipe García Casillas al número 11 de *Bandera socialista* y el texto «La parábola de la guerrilla» de José Luis Rhi Sausi, publicado en la revista *Coyoacán*.

10 Se puede observar una diferencia de género, ya que a pesar de que Paquita Calvo y Rosa Albina Garavito Elías parecen iniciar el debate, las cartas y respuestas giran en su mayoría en torno al grupo que encabezó Gustavo Hirales Morán en Monterrey. Décadas después, Garavito se distancia de estos debates señalando que «fue la expresión de la gran soledad de esa generación radicalizada» (*Sueños a prueba de balas* 142).

LC23S junto con otros grupos lo califica también como «un proceso también de deslinde, ya es otro movimiento el movimiento armado, ya no es nada más la discusión de las organizaciones de izquierda tradicional, ya no es nada más el deslinde con ellas, sino al interior del movimiento armado» (Kraus 20-21). Es decir, que en la formación y desarrollo del movimiento armado, una constante fue el deslinde teórico entre otros grupos y de manera interna que a la larga llevaron al sectarismo y a la fragmentación.

Ahora bien, en el contexto de los golpes asestados al movimiento armado desde 1971, su división interna y la gestación de la reforma política del 77, el debate del deslinde y la rectificación surge como una necesidad de realizar un balance interno, como lo hacen tempranamente Candelario Pacheco y Salvador Castañeda (MAR), pero esta vez para deslindarse de la lucha armada y replantear otras vías de lucha como lo hacen Paquita Calvo (FUZ), Gustavo Hirales Morán, Héctor Escamilla Lira, Jorge Alberto Sánchez Hirales y José Luis Rhi Sausi (LC23S). Por su parte, aparece en el número 23 de *Madera*, órgano difusor de la LC23S, una respuesta a las declaraciones de Hirales Morán, en defensa de la vía armada y para reivindicar los objetivos revolucionarios. A pesar del intento de un balance, estos textos se centran particularmente en la confrontación y descalificativos, entre lo que *grosso modo* sería la oposición de dos corrientes que los exmilitantes denominaron reformismo o revisionismo *versus* el militarismo o radicalización, que Gustavo Hirales Morán también llamó la «enfermedad»[11].

---

11   El mote de la «enfermedad», como señala Sergio Arturo Sánchez Parra, proviene de la crítica de Lenin a quienes radicalizaron la toma del poder por la lucha armada. En México el movimiento de estudiantes en Sinaloa que optó por la vía armada abrazó con orgullo el mote, denominándose Los Enfermos. Sin embargo, Hirales Morán a pesar de haber colaborado en el asalto al cielo retoma la denotación peyorativa original. Véase «Violencia política en Sinaloa» de Sánchez Parra.

En términos generales, los textos proponen un análisis de las bases teóricas marxistas de la lucha revolucionaria, en un intento por conciliar la lucha democrática con la lucha socialista. Sin embargo, no se lleva a cabo una autocrítica profunda, ya que como se señaló, el debate se centró en legitimar una lectura correcta del marxismo y en descalificar principalmente a la lucha armada y a otros grupos que participaron en el debate.

Con excepción de la LC23S, que siguió en actividad hasta 1980, desde la prisión o el exilio los exmilitantes coinciden en el deslinde de la lucha armada, es decir que la guerra de guerrillas ha sido un método erróneo para llevar a cabo la revolución socialista. Aunque los textos destacan las condiciones de emergencia del movimiento armado a causa del cierre de las vías democráticas, las represiones de Tlatelolco y el Jueves de Corpus, la crisis del PCM, asimismo subrayan la transformación de las condiciones —la apertura democrática y la derrota de la lucha armada— en las que la «guerrilla» no es más la opción de lucha, sino que corresponde al trabajo político con las masas obreras. De este modo, el pasar revista por los errores está dado en función de explicarse la derrota, pero particularmente en legitimar y rearticular la lucha por la vía 'legal' y democrática, lo cual a su vez plantea una serie de problemáticas que se abordan a continuación.

La crítica de los exmilitantes destaca dos errores principalmente: 1) la desvinculación de la lucha armada urbana de las masas trabajadoras y 2) la ausencia de una línea teórico-política sólida que llevó a una mala lectura e interpretación del marxismo, lo cual generó el dogmatismo, el sectarismo y, por ende, la tendencia militarista, es decir, priorizar las acciones militares sobre el trabajo de masas. Todos coinciden en que el sujeto revolucionario es la clase proletaria y, en el contexto de auge de los movimientos obreros entre finales de 1974 y la primera mitad de 1975, los autores señalan la necesidad de aprovechar esta coyuntura y converger con los movimientos obreros para desarrollar la lucha revolucionaria[12]. Sin embargo, las divergencias surgen a partir de la explicación teórica del desvío de la vía armada y de las nuevas rutas a tomar. Por ejemplo, mientras Hirales Morán señala la necesidad de cerrar filas y adherirse al PCM y particularmente a la campaña de Valentín Campa como candidato a la presidencia, Sánchez Hirales subraya lo problemático que resulta esto, ya que opera un borramiento de la represión del Estado y del papel que desempeñó el PCM en las décadas pasadas.

De este modo, se puede observar que inclusive para aquellos que se retractaron de la lucha armada, la apertura democrática estuvo lejos de ser una transición pacífica y uniforme, por el contrario, agudizó las diferencias en la izquierda que, entre el sectarismo, la fragmentación y la inexperiencia, fueron aprovechadas por el Estado en la implementación de una política bifronte, poniendo a la lucha armada en un callejón sin salida: o bien rectificaba y se unía a la vía democrática o era aniquilada. Por su parte, algunos exmilitantes —Sánchez Hirales y uno de los grupos del penal de Topo Chico encabezado por Escamilla— problematizaron la incorporación a la lucha democrática *per se* e hicieron una crítica a la estrategia política del Estado, que en bastante medida soslaya Gustavo Hirales Morán y el grupo que encabezó también en el mismo penal.

III. Las disputas dentro de la rectificación

En la entrevista que da a Vicente Leñero, Paquita Calvo destaca algunos de los temas centrales de la discusión: aceptar que la lucha armada no es viable en las condiciones actuales y que se desvió al actuar «al margen de las luchas de las clases

---

12 Cabe destacar que las aproximaciones a teorizar la rectificación dieron por sentado que el sujeto revolucionario era el proletariado, soslayando así otros sectores, agencias y formas organizativas como en el caso del campesinado o los levantamientos armados arraigados en la memoria de la Revolución Mexicana.

trabajadoras, que no tomó en cuenta la experiencia ni la organización política de las masas ni sus necesidades» (Calvo 12)[13]. Aunque Paquita Calvo contextualiza los motivos de emergencia de la lucha armada, a su vez señala que hubo una serie de errores.

> El error fundamental de la izquierda en México ha sido, por una parte, el de moverse permanentemente en el terreno ideológico, ideologista, demostrando con ello una incapacidad política absoluta para actuar en el contexto de las masas trabajadoras. En consecuencia tenemos una serie innumerable de grupúsculos, a cual más lleno de pureza, a cual más dueño de la verdad absoluta y a cual más desligado de las masas trabajadoras. En el fondo esto es idealismo puro, no comprensión del materialismo dialéctico (...). Por otro lado, en el extremo opuesto, advertimos que cuando grupos de izquierda se han propuesto incidir en la lucha de masas, lo han hecho de forma espontaneísta, sin proyectos políticos independientes, sin ninguna comprensión del proceso revolucionario. Aquí se conforma el fenómeno opuesto, el del oportunismo, que lamentablemente genera el mero apuntalamiento de los regímenes opresores. (Calvo 17)

Calvo detecta así un desbalance entre la excesiva teorización o ideologización que devino, además del sectarismo, en el alejamiento de los movimientos obreros. También destaca que los esfuerzos de algunos grupos por vincularse al sector obrero y campesino carecieron de un programa. Es decir, al igual que como sucedió en el movimiento estudiantil del 68, a pesar de las mejores intenciones y las pequeñas conquistas —como el

---

13 Puesto que no se logró recuperar un primer documento, se han tomado las declaraciones que Paquita Calvo hizo a Vicente Leñero (*Proceso* n° 17 de febrero de 1977). Publicadas posteriormente al debate, las declaraciones podrían estar influidas por Leñero, sin embargo, estas concentran los ejes principales y, como señaló García Casillas, las declaraciones de Calvo son las primeras que plantearon el debate en la esfera pública.

movimiento de obreros, colonos y estudiantes de Sinaloa que hicieron posible el «asalto al cielo» en enero de 1974—, el trabajo de masas de la lucha armada no tuvo un impacto contundente, si se analiza en un marco general. A pesar de que el título de la entrevista destaca el error de la vía armada, «La guerrilla fue un error», Calvo señala que no la descarta, pero considera que en el contexto de los movimientos obreros de finales de los años setenta es necesario que la lucha se concentre en construir una fuerza política proletaria e independiente, como un modo de subsanar los errores:

> No sé si posteriormente la lucha guerrillera sea procedente, yo no la descarto (…). Pero ahora pienso que no. Por el momento, para mí la alternativa política revolucionaria de nuestro país consiste en el desarrollo del actual fenómeno de insurgencia obrera, campesina, popular, hasta constituirse en la fuerza política independiente que plantee, desde la perspectiva proletaria, de clase, una estrategia para la lucha por el socialismo. (Calvo 17)

Es decir, Calvo plantea el retorno a las bases proletarias para la construcción de un frente de lucha socialista, sin articular abiertamente si este debe darse dentro de algún partido de izquierda en particular. Junto con Calvo, Escamilla, Sánchez Hirales y Rhi Sausi coinciden en la necesidad de llevar a cabo un trabajo minucioso con el movimiento obrero, sin adherirse al PCM.

Por su parte, la carta de Gustavo Hirales Morán a Valentín Campa, encabezando otro grupo de presos políticos en el penal de Topo Chico, encontró mayor eco que lo dicho por Paquita Calvo, e inmediatamente arremetió en su contra el otro grupo de presos políticos del mismo penal encabezados por Héctor Escamilla Lira, su primo Jorge Alberto Sánchez Hirales, exiliado en Cuba, y, por supuesto, la LC23S a través del periódico *Madera*. Tras el debate, Gustavo Hirales Morán recopiló una serie de cartas dirigidas a Campa y a sus críticos, así como la carta de Escamilla en el libro *La Liga Comunista 23 de Septiembre: orígenes y naufragio* (1977), obteniendo una mayor visibilidad, por lo menos en el registro escriturario[14].

El objetivo central de Hirales Morán es hacer un llamado a los militantes para deponer las armas e incorporarse a la vía democrática, particularmente al PCM, dado que las condiciones políticas y sociales han cambiado. La propuesta es que, en el contexto del auge de las movilizaciones obreras y la apertura democrática, la lucha revolucionaria dé un giro hacia el fortalecimiento y educación de las masas, lograr ciertos cambios sin alterar el régimen actual y crear paulatinamente las condiciones a favor del tránsito al socialismo:

> [L]ograr y profundizar, por medio de la lucha, ciertos cambios en las relaciones políticas entre las clases, sus representantes y el Estado y que, sin alterar en lo esencial el régimen actual, signifiquen mejores condiciones para el desarrollo de la organización, la conciencia de clase y la lucha de clases revolucionaria, y en el sentido más profundo y estratégico de la lucha por aquellos cambios revolucionarios en el régimen político y económico que alteren radicalmente el carácter de las instituciones históricas donde se ha asentado el poder político de la burguesía y las bases de su poder económico, y creen las condiciones para el tránsito al socialismo. (*Orígenes* 41-42)

---

14   Se han tomado las citas de diferentes posturas de los exmilitantes de *La* LC23S*: orígenes y naufragio*, ya que Hirales Morán incorpora cartas y textos contextualizándolas y elaborando un discurso narrativo extenso. En adelante se citará como *Orígenes*. Se debe destacar que la polémica en gira particularmente entre dos grupos del penal de Topo Chico, uno encabezado por el propio Hirales Morán incluyendo a Pedro Aguirre López, Mario López Sandoval, Ricardo Morales Pinal, Elías Orozco Salazar, Benjamín Palacios Hernández y Ernesto Vázquez Laguna; y otro por Héctor Escamilla, Luis Ángel Garza Villareal, Isidoro López Correa, Jorge Ruíz Díaz, José Luis Sierra Villareal y Miguel Ángel Torres Enríquez.

Es decir, para Hirales Morán la resolución al *cul de sac* en que entró la lucha armada sería el deponer las armas, abjurar del pasado guerrillero y optar por la vía democrática, para en un segundo momento lograr cambios estratégicos que crearan mejores condiciones para el desarrollo de la lucha socialista. En esencia, las posturas de los otros exmilitantes, con excepción de la LC23S que se encontraba todavía activa, no difieren mucho de la necesidad de rectificar, incorporar la lucha democrática al proyecto de lucha revolucionaria socialista y consolidar un movimiento obrero. Sin embargo, el malestar que generaron las declaraciones de Hirales Morán radica en lo siguiente: 1) el análisis teórico sobre los errores del movimiento armado, 2) su postura acrítica al sistema democrático mexicano, y 3) el modo incendiario, plagado de descalificativos, contra quienes no apoyaran sus declaraciones[15].

Si bien Hirales Morán incluye en *La Liga Comunista 23 de Septiembre: orígenes y naufragio* un análisis introductorio a las cartas en el que parecería realizar un primer balance de la lucha armada, en realidad la compilación de textos en su conjunto responde a la inmediatez por hacer públicas las posturas de rectificación. Cabe recordar que este llamado se enmarca dentro de la promulgación de la Ley de Organizaciones Políticas y Procesos Electorales (LOPPE), que exigía a la izquierda partidista hiciera explícito su apego a la ley y a las instituciones. Y, en este sentido, el texto adolece de concentrarse en el calor del momento, sin llegar a contextualizar de manera más seria al movimiento armado dentro de una dinámica social y política (Alonzo Padilla 115-116). Sin embargo, analizar las estrategias discursivas del texto permite observar los modos en que un sector del movimiento armado buscó su inserción en la izquierda partidista, como una

---

15 Hirales Morán publica *El radicalismo pequeñoburgués* (1978) —donde aparece su ensayo «La nueva enfermedad»— y posteriormente el testimonio novelado *Memoria de la guerra de los justos* (1996).

suerte de trampolín que lo posicionara en la jugada que surgió a raíz de la reforma política.

En las cartas, Hirales Morán sostiene su legitimidad a partir de una serie de argumentos que se podrían resumir en los siguientes: 1) un argumento de saber y verdad, ya que Hirales Morán formó parte de la dirección nacional de la LC23S tras la muerte de Ramos Zavala, 2) un argumento teórico en el que plantea la correcta interpretación del marxismo, 3) un argumento descalificador al señalar los vicios y errores de la LC23S, y 4) un argumento teleológico de evolución o madurez política.

Como todo texto testimonial, el recurso de persuasión y legitimidad se basa en dar a conocer la 'verdad objetiva', de este modo la construcción del relato de verdad está basado en el hecho de que pocos militantes tuvieron acceso a esta información, debido al tipo de estructura compartimentada de las organizaciones clandestinas.

> *[N]o podían* conocer a fondo [la organización] y no la comprendieron en absoluto (...). Estos individuos pretenden, especulando con la ignorancia general y objetiva acerca de la historia interna de la Liga, sorprender al movimiento dando una interpretación tan falaz como filistea de lo que fue esta organización, con el propósito inocultable de legitimar sus errores del presente a través del embellecimiento servil de los errores del pasado y el *discreto* ocultamiento de las viejas desviaciones. (*Orígenes* 9-10; énfasis mío)

Hirales Morán da a conocer información que hasta el momento solamente era manejada por la DFS, sin embargo, su relato de «verdad» destaca los errores y excesos del grupo armado, dejando de lado las operaciones contrainsurgentes orquestadas por el gobierno y, en este sentido, más que realizar un balance, el texto funciona como correlato de la reforma política para legitimar su reintegración al PCM: «No sin un sentimiento de vergüenza recuerdo cómo se llegó a atacar la existencia histórica del PCM con argumentos prestados del vulgar arsenal de cierta crítica trotskista» (*Orígenes* 13).

Si bien su crítica a la lucha armada coincide con la de otros exmilitantes por la desvinculación de las masas, el continuo proceso de revisionismo y deslinde, el sectarismo y la radicalización, en realidad su argumentación más que teórica es descalificativa al criticar de una forma reduccionista lo que serían en su perspectiva las bases teóricas y el origen de la LC23S. Un ejemplo de ello es el cuestionamiento a las dos posiciones que fueron pilares de la LC23S: el deslinde de Raúl Ramos Zavala del PCM y las Juventudes Comunistas, y el proceso de deslinde constante que planteó Ignacio Salas Obregón tras la muerte de Ramos Zavala. Mientras la crítica a Ramos Zavala se sustenta en el hecho de haber leído a la Escuela de Frankfurt y a los teóricos anarquistas, la crítica a Salas Obregón se fundamenta en lo que Hirales Morán denomina un «mesianismo apocalíptico» y el deseo de vengar a los caídos, el cual considera estaba encubierto bajo la tesis de «la necesidad permanente del deslinde teórico» (*Orígenes* 17). En un texto posterior, *Los siete de Topo Chico*, que Benjamín Palacios recopila en *Héroes y fantasmas* (2009), Hirales Morán critica de nuevo la formación cristiana de Salas Obregón y la influencia de una visión apocalíptica que tuvo en la política de la Liga[16].

> [E]n aquella concepción que, aunque no se expresara en los documentos, ni siquiera en las discusiones, se la podía palpar: mantenía una visión en la cual la sangre, la muerte, el combate, el fuego, jugaban un papel purificador con respecto a los mismos valores revolucionarios, e incluso más allá, al universo, al mundo. (Palacios 261)

---

16 Benjamín Palacios recopila en *Héroes y fantasmas* (2009) una serie de entrevistas realizadas en 1977 al grupo de presos políticos que encabezó Hirales Morán, bajo el título «Los siete de Topo Chico». En dichas entrevistas participan además de Hirales Morán, Pedro Aguirre López, Mario López Sandoval, Ricardo Morales Pinal, Elías Orozco Salazar y Benjamín Palacios.

Ciertamente, en el movimiento armado aparecen rasgos de mesianismo y sacrificio por una causa justa, o lo que se conoce como parte de una moral revolucionaria, la cual contribuyó a la práctica dogmática y a una fe ciega legitimada en la causa revolucionaria. Sin embargo, en las declaraciones de Hirales Morán destaca el mecanismo de argumentación, en el que a la par de las críticas y las descalificaciones aparece el recurso de *mea culpa*, ya que él mismo formó parte del movimiento armado:

> El hecho es que no sólo podíamos aspirar a igualar su papel dirigente [de Salas Obregón], sino lo que es peor: cuando algunos empezamos a darnos cuenta de la dirección tan peligrosa, incluso suicida a que nos llevaba toda la organización esta peculiar concepción, tampoco tuvimos la capacidad para, apoyándonos en el marxismo, contrarrestar y producir un viraje que nos salvara de la bancarrota y la descomposición que finalmente se produjeron. (Palacios 263)

Este recurso aparece de manera recurrente en las declaraciones de Hirales Morán y está enfocado en legitimar, por un lado, su voz como testigo y, por otro, la línea teórica del PCM, al establecerla como contrapunto y resolución definitiva al callejón sin salida en que entró el movimiento armado. En este proceso de legitimación-argumentación es notable el doble papel de testigo y juez que se evidencia en el uso inconsistente entre una tercera persona para referirse a la radicalización o «enfermedad», y una primera persona, ya sea en singular o plural, para legitimar tanto el lugar del testigo como su postura rectificadora.

> La *enfermedad* no era, pues, sino la expresión, al seno del movimiento de masas, de las posiciones de la tendencia que, en su desarrollo, culminaría en la Liga; es decir, estas posiciones aparecieron siempre, ante los ojos del movimiento, como la enfermedad sospechosa, como las aberraciones teóricas y las provocaciones políticas de los *enfermos*. (...) Quien escribe fue testigo y actor principal de los hechos que aquí se relatan, tanto en la elaboración y difusión (propaganda) de las posi-

ciones teóricas y políticas de la tendencia, como en el proceso de fundación y organización de la Liga y, muy específicamente, en el proceso que produjo en Sinaloa los rasgos característicos de la enfermedad. (*Orígenes* 19)

Los militaristas y los izquierdistas de ayer deben (debemos) ser los revolucionarios más conscientes, críticos y sensatos de hoy, luchando por ocupar el lugar que les corresponde en las trincheras de un combate que apenas empieza a mostrar lo profundo, lo permanente y lo promisorio de sus horizontes. (*Orígenes* 87)

Por lo expuesto anteriormente, se puede observar que las declaraciones de Hirales Morán responden más a un discurso incendiario y de autolegitimación que a un análisis serio de las condiciones que generaron la inercia de las acciones militares sobre el efectivo trabajo político de masas, la creación de bases de apoyo y la tan pretendida unidad orgánica. Frente a esta ausencia de análisis teórico, el texto debe zanjar sus propias contradicciones, por lo cual recurre al argumento de la evolución o maduración teórica que justifica sus giros políticos y lo reinserta en la vida civil dentro la lucha partidista de la izquierda.

El movimiento armado de México, no ha sido ni mucho menos, una aberración histórica, sino (...) el intento de solucionar revolucionariamente una crisis política que en ese momento no tenía solución y que, por lo mismo, tenía fatalmente que expresarse en formas más espontáneas que conscientes, más dispersas que organizadas, en formas ideológicas más utópicas o idealistas que marxistas, que materialistas. El movimiento armado fue, en nuestras circunstancias, más que todo, una *anticipación histórica*. (*Orígenes* 29; énfasis mío)

De este modo, pone al movimiento armado, y su propia participación, dentro de un proceso dialéctico que tendría la función de anticipar históricamente y legitimar el presente, desde el cual la reconstrucción retórica del pasado erróneo es muestra de la superación de estas contradicciones. Más que un seguimiento dialéctico, destaca la argumentación teleológica de la vía armada como un mal necesario para poder llegar a un momento de madurez política:

> [L]a Liga, con todos sus errores y aberraciones, fue una buena medida de un producto «natural» y determinado de aquél, reflejo de sus debilidades y problemas históricos. (...) Más, al llevar a la Liga a un extremo inaudito estos errores y desviaciones y sufrir las consecuencias de su propia destrucción, creó, sin quererlo, las condiciones para que, quienes sobrevivimos la tempestad, liquidemos, a través de la reflexión serena y metódica, del ajuste de cuentas implacable y profundo, descubriendo y criticando el origen y el carácter de estas desviaciones, las fuentes de su permanencia o de su repetición. (*Orígenes* 35-36)

Lo que aparece en el texto como argumentación teórica basada en el retorno al análisis de Marx, Engels, Lenin y Gramsci, y la necesidad de rectificación y filiación a la lucha de izquierda por la vía democrática, en realidad obedece a una lucha por el poder de interpretación que, bajo el criterio del análisis científico marxista, impulsa a Hirales Morán como parte del grupo de izquierda que tomará las riendas de la vanguardia del proletariado.

Por su parte, el grupo de presos políticos encabezado por Héctor Escamilla y que polemiza con el grupo de Hirales Morán, critica la premura de este por desechar al basurero de la historia la experiencia del movimiento armado, al negar su existencia y su carácter revolucionario. Escamilla señala la imparcialidad de Hirales Morán al destacar los aspectos negativos de la lucha armada y las virtudes de la lucha democrática, por lo que plantea una serie de matices que se acercan más al balance, aunque todavía prevalecen algunos descalificativos. Hirales Morán arremete contra el grupo de Escamilla y contra quienes sostienen la lucha obrera antes que abrazar un partido:

> Ya vemos a quienes huyendo de la vía armada, en su prisa por incorporarse al movimiento de masas, son incapaces de adoptar una actitud crítica ante él; en su apresuramiento repiten la viciada práctica de hacer un remedo de análisis para legitimar posiciones políticas previamente adoptadas con la misma ligereza con que adoptaron las posiciones que hoy rechazan. (*Orígenes* 94)

Haciendo una revisión, Escamilla señala que algunos de los errores de la lucha armada parten de la lectura errónea bajo la cual la represión del movimiento estudiantil del 68 fue vista como un signo de debilidad política del Estado, asumiendo que esta crisis lanzaría a las masas a la lucha revolucionaria. Frente a la crítica mordaz de Hirales Morán, Escamilla destaca la preocupación constante por un análisis y una discusión teórica en el interior del movimiento armado que combatió la visión foquista, y de hecho considera que la fundación de la LC23S, en marzo de 1973, es producto de esta discusión.

A partir de la tesis leninista del centralismo democrático, Escamilla destaca que la línea política de la LC23S privilegió «la necesidad de cumplir tareas tendientes a la discusión política con las bases proletarias más combatientes y a la formación clasista de los sectores más amplios en base a los documentos desarrollados por el trabajo teórico de la organización» (*Orígenes* 98)[17]. Es decir, Escamilla responde con este argumento a las declaraciones sobre la ausencia teórica, la línea política y la desvinculación de la lucha armada con las masas que Hirales Morán reprocha. Sin embargo, Escamilla señala que hubo una visión acartonada de la lucha de clases, siendo una correlación compleja entre éstas y, en el caso de las movilizaciones obreras en Sinaloa, hubo una ausencia de discusión política y elaboración teórica

---

[17] Cabe señalar que el adjetivo «clasista» que aparece en algunas citas en este contexto debe ser leído como la conciencia de lucha de clases, no como clasismo.

que diera sentido al «asalto al cielo» realizado el 16 de enero de 1974 y las movilizaciones en Sinaloa de enero a abril de ese año. Como señala Escamilla, éstas «resultaron fugaces y sin posibilidad de consolidación en una organización clasista que permitiera la continuación de la lucha cuando decayera o cesara el ímpetu de dichas movilizaciones» (*Orígenes* 100)[18].

Esta experiencia, como señala Escamilla, en lugar de dar pie a una autocrítica, llevó a la práctica de mecanismos viciados en las discusiones políticas y el análisis teórico, que heredados de las organizaciones de izquierda tradicionales se utilizaron solamente para legitimar posturas políticas adoptadas previamente. Además, se cometió el grave error de no entrenar cuadros políticos que sustituyeran mandos en la dirección, en el caso de que cayeran en combate o fueran desaparecidos. Esta carencia, junto

---

18 Como parte del trabajo político de masas, la LC23S planteó la tesis de la universidad-fábrica, que consistía en integrar al estudiantado-proletario a la lucha política a través de acciones y la huelga general en colaboración con los sectores obrero y campesino. En Sonora y Sinaloa, este movimiento, conocido como «Los Enfermos», cobró gran fuerza por las huelgas y la toma de predios, los cuales fueron severamente reprimidos. Al respecto, Hirales Morán señala en una entrevista de 2005 que el objetivo y la táctica de la «guerrilla» fue radicalizar a los movimientos de masas a través de la infiltración en las fábricas para que se llegara hasta la huelga, «pero después de la huelga, como sus demandas eran muy racionales, pues no le dábamos una salida natural. Ocurría muchas veces que venía la represión y se fregaba todo el movimiento; entonces la Liga empezó a agarrar la fama —justa, por otra parte— de destructora de movimientos» (en Kraus 34). Asimismo, Hirales Morán señala que él mismo escribió el «Manifiesto al estudiantado proletario», firmado por la Federación de Estudiantes Universitarios de Sinaloa (FEUS). Véase *Orígenes* 18. En contrapunto, Camilo Valenzuela señala que el *movimiento enfermo* no era un grupo que incursionó en la luchar armada como pequeños núcleos, sino que «éramos una fuerza dirigente de un movimiento y por lo tanto nuestra radicalización era en gran medida expresión de la radicalización de un movimiento de masas» (Ibarra *La guerrilla de los setenta* 89).

con la persecución, dio origen a la descomposición de la LC23S, que se redujo a la lucha por subsistir.

Ahora bien, en relación con el giro hacia la vía democrática, Escamilla advierte que la lucha democrática por sí sola no implica un cambio revolucionario y, en el caso de México, ésta ha estado marcada por la clase dominante que no ha permitido el desarrollo ni la participación política real del proletariado:

> Pensar que la lucha por la democracia es la solución a la crisis actual del movimiento revolucionario es un error de terribles consecuencias, ya que el solo ejercicio de la lucha por la democracia, enarbolando las demandas de libertades políticas, no puede constituir una alternativa revolucionaria a la crisis social actual. La única salida que tiene el movimiento revolucionario a esta crisis es aceptar como su objetivo central la lucha por el socialismo. (*Orígenes* 104)

Al igual que Hirales Morán, como otros exmilitantes, Escamilla se centra en la necesidad de un trabajo minucioso con los movimientos de masas, sin embargo, a diferencia de Hirales Morán, no considera que éste sea viable con la adhesión al PCM o se resuelva como un giro democrático reducido a un plano meramente electoral. Por ello subraya la necesidad de «cohesionar y dirigir las movilizaciones de las masas, basándose en un proyecto revolucionario» (*Orígenes* 105), a través del trabajo a distintos niveles orgánicos, que no deben confundir sus tareas: el del movimiento de masas y el de la organización revolucionaria. Asimismo, insiste en la formación de una vanguardia que logre la unidad orgánica a nivel ideológico y político entre diferentes organizaciones democráticas, que vaya más allá de alianzas pasajeras o aleatorias.

Por su parte, Jorge Alberto Sánchez Hirales en su artículo «Del foquismo al reformismo» responde desde el exilio en Cuba a la carta de su primo Gustavo Hirales Morán con una severa crítica a la incorporación de los exmilitantes al PCM, analizando el giro del foco guerrillero a la corriente reformista que abrazó acríticamente la vía democrática. Al igual que otros exmilitantes, Sánchez Hirales coincide en la proliferación del sectarismo a nivel teórico y práctico, sin embargo, matiza que el error no radicó en la búsqueda de una forma particular de lucha, es decir, la variedad de líneas políticas y teorías que la acompañaron, sino en la ausencia de una clara concepción marxista de la realidad a partir del análisis objetivo de las condiciones materiales. Para Sánchez Hirales, el sectarismo buscó su justificación teórica en el uso de frases tomadas del marxismo, pero que perdieron su verdadero significado y llevaron al aislamiento de la clase obrera. Su crítica a la tesis de la universidad-fábrica destaca un error fundamental: los obreros que no estaban dispuestos a incorporarse abiertamente a la lucha no eran considerados proletarios y, a su vez, se consideró al estudiante bajo el régimen de represión como sujeto proletario. Al igual que Escamilla, que señala la visión acartonada de la lucha de clases, para Sánchez Hirales la tesis de la universidad-fábrica llegó a justificar todo tipo de acción directa sin una dirección coherente y que radicalizó al movimiento en Sinaloa: «Todo lo que no era contundente en su forma, no podría considerarse de ahora en adelante como marxismo revolucionario» (Sánchez Hirales 18).

Así, la mala interpretación del marxismo y el dogmatismo llevaron a una radicalidad teórica que se tradujo en un reduccionismo de concepciones, el cuál estrechaba el círculo a un grupo de elegidos y, por lo tanto, este producto del revisionismo terminó por rechazar y combatir, teóricamente y en la práctica, cualquier corriente que se alejara del dogma.

> Este sectarismo fue el que llevó a su absurdo la lucha contra el reformismo al considerar a toda organización o corriente que discrepara de los dogmas (o aún, que los mismos dogmas los llegaran a formular de distinta manera) como un enemigo al que había que abatir no solamente teóricamente sino con 'la crítica de las armas'. (Sánchez Hirales 18)

Hasta aquí el balance de Sánchez Hirales no difiere mucho del tipo de argumentación que se dio en el debate centrado en la mala interpretación del marxismo como fuente de errores, radicalización y ajusticiamiento de sus propios integrantes. Sin embargo, el texto de Sánchez Hirales hace una revisión más seria tanto del movimiento obrero en México y los métodos de cooptación del Estado —desde la Revolución mexicana a la consolidación del PRI durante el cardenismo—, como de la crisis del reformismo en la izquierda partidista, señalando que la emergencia de los grupos armados y el reflujo de ésta hacia el reformismo democrático tuvo un carácter predominantemente oportunista. De este modo, la crítica a Gustavo Hirales Morán y su adhesión a la corriente democrática subraya el borramiento de la violencia de Estado que originó la emergencia de la lucha armada en primer lugar:

> Lamentarse de los horrores de la violencia de la guerrilla es ocultar al mismo tiempo las causas sociales de esta violencia; hablar —como lo hacen los camaradas del Penal de Topo Chico— de que la guerrilla «sólo le hace el juego a las fuerzas más reaccionarias» es olvidar precisamente el carácter reaccionario y represivo del actual régimen mexicano ('olvido' del cual, por otra parte, padece la propia maquinaria represiva del Estado mexicano, al decir esto mismo su alto representante Luis Echeverría) (…) los camaradas se han olvidado de que la crisis del reformismo fue uno de los factores —y no el menos importante por cierto— que llevaron a la aparición de la guerrilla. (Sánchez Hirales 19-20)

A su vez, Sánchez Hirales destaca el error de sobredimensionar la apertura democrática como conquista del movimiento del 68, ya que estos cambios, aunque permitieron un estrecho margen de acción, fueron originados desde arriba. De ahí que él se muestre reticente a una entrada a la vía democrática acrítica y señale que así como hay una diferencia entre métodos represivos y métodos políticos del Estado, es fundamental diferenciar los métodos reformistas de los revolucionarios:

> [N]o podemos olvidarnos de que estos cambios no fueron obtenidos por un movimiento popular victorioso, sino por un movimiento que fue salvajemente aplastado y derrotado por la máquina represiva del Estado. La importancia y las grandes dimensiones que adquirió el movimiento popular de 1968 obligó al régimen a aceptar, después de haberlo aplastado, algunas reivindicaciones; pero sólo los reformistas incurables pueden alegrarse por esta clase de cambios en los métodos del Estado. (Sánchez Hirales 25-26)

Si bien para Sánchez Hirales el foquismo emerge en México y en América Latina de la crisis del reformismo de los partidos de izquierda —que en esencia dependían de las alianzas con la burguesía, aspecto que para él precisamente fue férreamente criticado por la Revolución cubana—, su crítica se centra particularmente en la confusión entre la violencia de las masas, con la violencia de un grupo aislado de las masas:

> [N]o es posible no hablar de la necesidad de la violencia y no hacer uso de ella en las situaciones que así se requiera, siempre y cuando se haga en función del desarrollo del movimiento popular revolucionario y no de una organización. (Sánchez Hirales 25)

En este sentido, Sánchez Hirales no descarta el uso de la violencia, sin embargo, hace una diferenciación entre la violencia del foco guerrillero y la del movimiento de masas que incluye la huelga, la toma de tierras y las marchas, cuestionando al mismo tiempo las posibilidades de lograr cambios revolucionarios a partir de una transición pacífica.

> Nos negamos a considerar la lucha armada como la forma única o como la forma fundamental de lucha; a diferencia de los foquistas creemos que las formas de lucha corresponden a una situación política concreta, y que no son formas esta-

blecidas de una vez y para siempre. Pero también reconocemos el principio marxista de la necesidad de la violencia para destruir el viejo Estado y preparar así la dictadura de la clase obrera; creemos que la concepción del tránsito pacífico del capitalismo al comunismo es una clara revisión de derecha del marxismo. (Sánchez Hirales 31)

La postura de Sánchez Hirales, aunque apoya la rectificación de la vía armada, marca un claro deslinde con el PCM y la reforma democrática, advirtiendo los peligros de soslayar las prácticas represivas del Estado y el juego político del PCM en ese periodo. De hecho, Sánchez Hirales reconoce la justificación histórica de la lucha armada, no por ser una expresión de protesta e indignación, sino por haber roto con los métodos del reformismo y por haberse opuesto a la alianza de los sectores campesino y obrero con la burguesía. En este sentido, aunque no descarta el diálogo con otras fuerzas y organizaciones democráticas, su propuesta destaca particularmente la necesidad de no perder de vista un trabajo minucioso con los movimientos de masas, no sustituir la lucha socialista por la lucha democrática y combatir la visión reformista dentro de la izquierda —léase del PCM y de los exmilitantes reinsertados— para lograr la formación de un partido obrero.

Por su parte en el número 23 de *Madera*, la LC23S responde criticando las declaraciones de exmilitantes, impulsadas por las revistas *Oposición*, *Punto Crítico* y el PCM, que considera parte de una política burguesa dentro del movimiento obrero. Así, claramente la LC23S se deslinda y rechaza a los grupos de izquierda como el PCM, la Liga Socialista, el Movimiento Obrero Socialista y la Liga Comunista Internacionalista de tendencia trotskista.

La respuesta de la LC23S a las cartas de Hirales Morán y Escamilla en realidad se centra en desmentir y responder a los descalificativos, al mismo tiempo que los reproduce, sin llegar a un análisis del debate. No obstante, hay una serie de puntos que son interesantes de observar para entender las diferentes posiciones. La respuesta de la LC23S se centra en destacar su línea política proletaria y el correcto análisis marxista como contrapeso a las críticas que enfrentó sobre la radicalización y la línea militarista. Cabe destacar, como se señaló anteriormente, que Escamilla critica el énfasis que hace Hirales Morán al radicalismo; pero las posturas de Escamilla y la LC23S se distancian, en tanto que esta última legitima el surgimiento de la vía armada, no por la crisis de los partidos comunistas, sino por el ascenso de la lucha revolucionaria y el salto cualitativo que tuvo la LC23S, dando continuidad a la lucha comenzada por el GPG y la ACNR. Cuestión que precisamente Escamilla critica, al destacar la sobreestimación de las condiciones sociales particularmente tras la represión de Tlatelolco. Por su lado, la LC23S denuncia el oportunismo de los exmilitantes al incorporarse a las organizaciones democráticas, cuyo deslinde está basado en descalificativos y ataques a la LC23S, considerándolos parte de los mecanismos del Estado en contra del movimiento revolucionario en México:

> ¿Cómo se explican que si la Liga 'no existe más', si sólo quedan 'restos del naufragio', la burguesía organiza todas sus fuerzas contra la Liga, que frente a toda movilización obrera y en todo lo que atente contra el capital, la burguesía siempre y en todas partes se lanza contra la Liga? (Consejo de redacción de *Madera* 42)

Si bien la respuesta de la LC23S es más combativa que analítica, en bastante medida evidencia el rostro bifronte del Estado: por un lado, la reforma política en la que el correlato de Hirales Morán desarticula la legitimidad discursiva de la lucha armada, y por otro, las fuerzas del Estado que llevaron a cabo su aniquilación física. En este contexto, la postura de la LC23S rechaza de manera contundente la viabilidad de una revolución por la vía democrática, reiterando la revolución socialista como la única vía de cambio revolucionario:

> [L]a única Revolución posible es la Revolución Socialista, todo el desarrollo material de la sociedad y el desarrollo de la lucha de clases han venido planteando tal cuestión. Por tanto, el objetivo inmediato del proletariado no es la 'conquista de la democracia' para luego pasar al socialismo como dicen tantos y tantos oportunistas; sino que el objetivo inmediato del proletariado es lograr su constitución en clase, derrocar la dominación burguesa y tomar en sus manos el poder político, el proletariado podrá guiar a todos los trabajadores en la construcción del socialismo. (Consejo de redacción de *Madera* 39)

Por su parte, Felipe García Casillas, compilador de *Presos políticos discuten*, en su análisis introductorio señala que la publicación de estos documentos responde a la intención del Partido Revolucionario de los Trabajadores (PRT) de colaborar en el debate —que considera fundamental para los grupos armados y para la izquierda en general—, destacando tres ejes principales sobre los cuales se da el debate: 1) la dicotomía entre lucha democrática y lucha por el socialismo, 2) el carácter del régimen y la violencia revolucionaria, y 3) el centrismo que ocupó la lucha armada.

Para García Casillas, la dicotomía entre lucha democrática y lucha socialista deriva de la poca comprensión de su relación dialéctica, originando posturas extremas entre reformismo y ultraizquierda. Si bien García Casillas rechaza la vía armada, se deslinda de la postura de Hirales Morán que establece un criterio de etapas, en el que la existencia de un Estado democrático burgués es condición previa para llegar al socialismo:

> [N]o debe conducir a pensar que es posible en México una etapa democrática previa a la revolución socialista. Una cosa son maniobras o concesiones —como la apertura democrática— por la presión del movimiento de masas (y no por las subjetivas y maquiavélicas intenciones que ve *Madera*) y otra cosa es la existencia de un Estado democrático burgués como paso previo al socialismo. (García Casillas II)

En este sentido, García Casillas y el PRT retoman planteamientos de Sánchez Hirales señalando que la lucha por la vía democrática no desemboca implícitamente en el socialismo. Asimismo, afirman que ante el vacío del Estado para satisfacer dichas demandas, los revolucionarios deben incorporarse a la vía democrática, precisamente para demostrar que el socialismo puede cubrir dichas demandas, ya que la lucha democrática en el marco de las instituciones del Estado burgués no es capaz de llevar a cabo la revolución socialista, como lo demostró el golpe de Estado a Salvador Allende. Rescata así la propuesta de los presos políticos de Monterrey encabezados por Héctor Escamilla, sobre el carácter socialista de la revolución y la necesidad de combinar la lucha por la democracia con la lucha socialista:

> [L]a validez de las reivindicaciones democráticas no estriba en que con su consecución se facilite más la lucha por los intereses históricos del proletariado. Su importancia radica en que la lucha por la democracia se entrelaza con la lucha por el socialismo; en que la primera sólo puede ser alcanzada con la revolución socialista. (García Casillas III)

Sus argumentos se basan en los textos compilados, tratando de mediar las posturas polarizadas y deslindándose de ambos extremos. Al analizar el carácter del régimen y la violencia revolucionaria, destaca que la apertura democrática es una concesión de lo que Marx denomina regímenes bonapartistas, en la que sin romper con el modelo capitalista, el Estado pretende recuperar el prestigio perdido tras las represiones. Para García Casillas esta coyuntura, a pesar de sus prácticas antidemocráticas, debe ser aprovechada para la construcción de un partido que participe e impulse la lucha de masas. Asimismo, retoma algunas partes del análisis de Sánchez Hirales sobre el giro del foco guerrillero al reformismo, sin embargo coloca a la lucha armada en un 'centrismo' que no funcionó como alternativa real al 'reformismo' del PCM. Este argumento, un tanto enrevesado, funciona como deslinde de la izquierda tradicional (PCM) y de la lucha armada, proponiendo implícitamente que la alternativa socialista y democrática se encuentra precisamente en el PRT[19].

Un análisis más serio, que se asemeja mucho a los planteamientos de Sánchez Hirales, es el que ofrece José Luis Rhi Sausi en su artículo «La parábola de la guerrilla mexicana», en el que propone una lectura del contexto en el que emerge la lucha armada, no como una reconstrucción de eventos, sino para destacar una serie de problemáticas que, en su perspectiva, enfrentó la izquierda mexicana y heredó el movimiento armado[20]. Su revisión crítica se centra fundamentalmente en el movimiento obrero y las luchas sindicales como base sobre la cual plantea una alternativa de lucha en la construcción de una corriente marxista que sea capaz de dialogar en un marco internacional:

> Los sectores marxistas de la guerrilla se separan del militarismo y el izquierdismo, incluyendo un cierto número de presos políticos, e inician un fatigoso y válido análisis, de crítica y autocrítica. Algunos pasaron ciertamente del guerrillerismo [sic] al reformismo, otros inician un proyecto todavía incipiente de construcción de una corriente revolucionaria marxista [que a la par de la construcción de un partido] son los ejes con los cuales los revolucionarios mexicanos se convierten en seguros interlocutores para los revolucionarios de todos los países. (Rhi Sausi 77-78)

Su énfasis en el movimiento obrero parte de los errores en la LC23S para crear y sostener un verdadero vínculo con las masas y de la revitalización de los movimientos obreros en la segunda mitad de la década de los años setenta. Este análisis, aunque cercano a los debates sobre la rectificación y la reforma política, presenta una distancia crítica que permite trazar ciertas

---

19 Cabe señalar que ninguno de los textos analizados manifiesta abiertamente su adherencia al PRT.

20 Publicado originalmente en la revista *Debate*, en Roma, aparece meses después en la revista *Coyoacán*, en 1978.

carencias en la nueva izquierda mexicana que repercutieron en el surgimiento y desarrollo del movimiento armado.

En primer lugar, observa que los movimientos sociales, ya fueran obreros, estudiantiles, proletario-agrícolas o campesinos, carecieron de una vinculación política desde el comienzo. Se trató entonces de movimientos de masas disgregados que adolecieron del discurso populista y nacionalista heredado de la vieja izquierda.

> Dos ecuaciones peligrosas han marcado esta dominación burguesa en la izquierda: igualar la nacionalización con «antiimperialismo», y aún más, identificar la mayor participación de los monopolios del Estado con un proceso de «transición al socialismo». (Rhi Sausi 68)

Un segundo problema que observa es la ausencia de una unidad proletaria, producto no solo del control férreo del PRI sobre los sindicatos «charros», sino de la proliferación de teorías, desde las concepciones tradicionales de la lucha de clases, hasta la teoría de la marginalidad y la teoría de la dependencia, bajo las cuales «derivaron las tesis de los «nuevos» sujetos revolucionarios y las reivindicaciones del 'campesinismo' [sic] o del 'nacionalismo revolucionario'» (Rhi Sausi 69). Esta falta de unidad proletaria, para Rhi Sausi se refleja en las dificultades para lograr la unidad orgánica entre varios grupos armados que formaron la LC23S.

A pesar de que los movimientos armados que conformaron la LC23S hicieron una crítica al foquismo populista y al reformismo democrático, y definieron al sector obrero como sujeto revolucionario, en realidad para Rhi Sausi su propuesta política no constituyó una alternativa proletaria. Sin embargo, al igual que la mayoría de los exmilitantes, Rhi Sausi considera al sector obrero como sujeto revolucionario y, en este sentido, ofrece una visión limitada del movimiento armado surgido en las áreas rurales.

En realidad, esta corriente no se dirigía a construir una política revolucionaria en el seno del proletariado, sino más bien a presentar una propuesta en la cual se identificaran los grupos armados, de cuya unión nacería «el embrión del partido». (Rhi Sausi 73)

Es decir, la crítica de Rhi Sausi está dirigida al vínculo retórico que estableció el movimiento armado con el sector obrero, no solamente porque en 1973 el debate sobre las diferentes líneas políticas no había llegado a ninguna conclusión —para él la formación de la Liga era simplemente una federación de varios grupos—, sino porque los ejes cardinales de la línea política de la Liga, así como el empirismo y la espontaneidad, soslayaron el trabajo realizado en el interior del movimiento obrero y negaron las posibilidades de desarrollo de un sindicalismo independiente.

Rhi Sausi señala que el concepto de «escisión objetiva» del proletariado —es decir, la división entre la cúpula del sindicalismo charro y las capas bajas del proletariado—, la tesis de la universidad-fábrica que privilegió la movilidad del estudiantado sobre el anquilosamiento de los sindicatos, así como la asunción de que las capas bajas del proletariado son revolucionarias en todo momento, llevaron al movimiento armado a pensar que las huelgas de 1974 constituyeron una situación prerrevolucionaria y no un movimiento espontáneo que tenía objetivos más modestos para conquistar espacios políticos (Rhi Sausi 75-76). De este modo, para Rhi Sausi, la idea de la lucha directa como modo de minar al Estado y como medio de concientización del proletariado llevó al movimiento armado al grave problema del dogmatismo y a la espontaneidad para llevar a cabo acciones militares:

> La operación doctrinaria resulta muy clara: la conciencia de clase se identificaba con la «teoría» llevada por los guerrilleros, y dado que suponían la revolucionaridad [sic] del proletariado (en su acepción) permanente, esta conciencia se desarrollaba sólo cuando el movimiento llegaba espontáneamente al enfrentamiento. Así de lucha directa en lucha directa, y con

la conciencia llevada por los comandos, se llegaba a la revolución. Por lo tanto, su política en realidad era sólo espontaneísmo. (Rhi Sausi 76)

En este sentido, su crítica al movimiento armado en México se centra en el desarrollo teórico de premisas que se fundamentaron en una mala lectura de la realidad y dieron por sentado que la acción militar sería suficiente para despertar la conciencia proletaria. El énfasis de Rhi Sausi en el movimiento obrero, en esta suerte de rastreo o breve genealogía, sugiere que su apuesta por la «rectificación» no va tanto por la adhesión al PCM, sino hacia la construcción de una corriente marxista que pueda llevar a la formación de un partido y entablar diálogo con otros partidos obreros a nivel internacional.

Si bien sus observaciones sobre la desvinculación de la lucha armada con los movimientos sociales anteriores, la falta de unidad orgánica de esta última y la urgencia de conformar una unidad proletaria resultan interesantes y sin duda forman parte de un análisis más sistemático, éstas parten de asumir como un hecho que los movimientos sociales y armados, y los contextos de los que emergen son un conglomerado homogéneo que puede reducirse a la clase obrera como único sujeto de cambio revolucionario. En este sentido, una de las grandes ausencias en el debate es el análisis de los movimientos armados 'rurales'[21].

Como se ha podido observar, la iniciativa de la reforma política aceleró el proceso de descomposición de la lucha arma-

---

21 Posteriormente aparecieron *Los ojos de la noche* (2009) de Miguel Topete y *Nos volveremos a encontrar. La LC23S en la Sierra Madre* (2011) de Leopoldo Angulo Luken «El General». Estos textos testimoniales abordan el proyecto de la LC23S para formar comandos en la región conocida como el cuadrilátero dorado (Sinaloa, Sonora, Chihuahua y Durango). En ellos es posible observar por un lado la forma en que la LC23S prácticamente abandonó a las brigadas en la sierra, así como el desfase entre el modelo de la lucha armada socialista y las prácticas comunitarias, culturales y lingüísticas.

da, amplificando los deslindes que suscitó el debate de la rectificación, y que si bien *grosso modo* se dividieron en «reformistas» *versus* «militaristas», existió una gran variedad de matices para articular el giro democrático de la lucha armada. Las divisiones heredadas de la izquierda tradicional generaron mayor confusión y dispersión, por lo que es sintomático que en todos los textos analizados se presente la preocupación por combatir el sectarismo y procurar una unidad orgánica entre las organizaciones de izquierda, así como su vinculación estrecha con los movimientos obreros.

En términos generales, el debate destaca más por la argumentación, la confrontación y los descalificativos, que por el análisis crítico y un desarrollo más claro de las vías alternativas que los autores sugieren. Sin embargo, algunas observaciones y señalamientos resultan sumamente interesantes y manifiestan una actividad continua de búsqueda y rearticulación política que desdibuja el lugar común de la lucha armada como irracional y que particularmente la aleja del estigma como 'terrorista' o 'criminal'.

Ahora bien, pese al rechazo contundente de la lucha armada, hay una conciencia política e interés por debatir en el momento los giros y estrategias políticas del Estado, situación que no aparece en los testimonios del Cono Sur y en los que se observa una despolitización para enfatizar el carácter de la víctima durante las dictaduras. En este sentido, me parece fundamental destacar el carácter político de estos testimonios y la capacidad de respuesta que tienen ante la inminente tenaza del Estado que, como se señaló anteriormente, se caracterizó por la ambigua apertura democrática y la violencia de Estado continua en contra de la disidencia política.

Contra el relato oficial de la reforma política que buscó borrar de un plumazo las condiciones que generaron la lucha armada, la mayoría de los exmilitantes que entraron en debate plantean una serie de matices fundamentales para comprender un primer momento de balance de la lucha armada y las transformaciones de la construcción de la memoria que se han dado a lo largo de estas décadas. De este modo, las disputas por fijar una interpretación del pasado en el circuito de los exmilitantes están relacionadas con la reconfiguración identitaria y del proyecto revolucionario en el contexto de nuevas condiciones políticas y sociales. El deslinde necesario de la vía armada para entrar a la arena política por la vía democrática fue el discurso dominante en estos textos, aunque en una revisión detallada se ha podido observar que en el interior de este discurso se registran tensiones y competencias entre diferentes agencias que buscaron zanjar la brecha entre vía armada y vía partidista. Se ha podido observar también que, aunque a la postre éstas no formaron parte de una memoria emblemática y carecieron de reconocimiento por el dominio estatal del relato democrático, el debate sobre abrazar la vía partidista o conformar un movimiento obrero sólido, registra la existencia de memorias residuales y plurales que eventualmente irán a reemerger en nuevas coyunturas políticas.

Pese a que hay una conciencia de la práctica represiva y de cooptación por parte del Estado, los textos analizados no abundan en los temas de la violencia estatal, la tortura y la desaparición forzada como métodos y prácticas regulares de las fuerzas contrainsurgentes por parte del Estado. Este hecho podría responder, en parte, porque el centro del debate no era la denuncia articulada en clave de derechos humanos, sino la elaboración teórica de la rectificación. No obstante, otro tanto se debió a que el imaginario «guerrillero» no dio cabida a pensarse como una víctima. En este sentido cabe destacar que, aunque historiadores y periodistas denunciaron los operativos militares en el estado de Guerrero, las denuncias de tortura no aparecen en los testimonios sino hasta décadas después[22]. Si bien, a la par de la reforma

---

22 Una excepción sería *De albañil a preso político* (1978) y *Guerrero, amnistía y represión* (1982), de Simón Hipólito, siendo este último el primer recuento de personas torturadas y desaparecidas; sin embargo, Hipólito no declara haber sido militante de la luchar armada.

política apareció el tema de la amnistía en el debate público, en gran parte por la presión de las agrupaciones de familiares de desaparecidos y por la necesidad del Estado de negociar políticamente el estatus del preso político, los textos analizados no hacen mención de ello, más allá de una recriminación a los rectificadores que buscaron negociar su excarcelación[23]. Asimismo, el debate sobre la rectificación soslayó una serie de problemáticas. La preocupación por elaborar teóricamente no solo la derrota de la vía armada, sino sentar las bases para la organización del movimiento de masas generó enfrentamientos y lucha por el poder de interpretación del marxismo para definir la corriente acertada de la lucha socialista. En este sentido, los textos analizados intentan mediar o rescatar de la lucha armada el componente socialista, privilegiando a la clase obrera como sujeto revolucionario, dejando de lado al sector campesino y a los movimientos armados que surgieron en las áreas rurales.

Como se señaló en el primer capítulo, los movimientos armados abrevaron en dos tradiciones revolucionarias que

---

[23] Para un cotejo de leyes de Amnistía en México, véase de Arturo Martínez Nateras, *El tema de la amnistía* (1978). Martínez Nateras compila una serie de artículos publicados en la prensa, dando seguimiento a diferentes propuestas de amnistía. Aunque su análisis no es muy sólido, provee de información y documentos sobre la promulgación de la Ley de Amnistía en diferentes etapas históricas en México. Entre estas destaca la Ley de Amnistía de 1976 promulgada por Echeverría, las diferentes propuestas de Ley de Amnistía en 1977, que incluyen la del PCM y la del Comité Pro Defensa de Presos, Perseguidos, Desaparecidos y Exiliados Políticos, hoy Comité Eureka. A partir de un cotejo entre estas propuestas, la iniciativa del presidente José López Portillo y la Ley de Amnistía que finalmente fue aprobada por el congreso el 28 de septiembre de 1978, se puede observar que dicha ley, más que proteger las garantías de presos políticos y desaparecidos opera como un borramiento de los crímenes cometidos por el Estado: «Amnistía es olvido, pero no sólo de parte de quien tiene la obligación de sancionar, sino también de aquellas personas —y sus deudos— que posiblemente sufrieron extremos rigurosos por la persecución y sanción a causa de los delitos cometidos» (Martínez Nateras 173).

no fueron compatibles por tratarse de dos lógicas, agencias, modos de operación y formas diferentes de articular el pasado. Si para unos la memoria de la Revolución mexicana y las deudas que dejó una revolución constitucionalista que llegó al poder se mantuvo persistente debido a los constantes abusos y prácticas caciquiles, para otros el impacto de la Revolución cubana, la relectura del marxismo y la posibilidad de subvertir el modelo partidario (PCM) frente a la inmediatez de las represiones del Estado mexicano se convirtió en la forma de acelerar el proceso revolucionario y construir desde el presente un proyecto a un futuro no muy lejano. ¿Cuál fue la respuesta de los movimientos armados anclados a la memoria de una revolución traicionada? ¿Qué elementos intervinieron en la (im)posibilidad del cambio revolucionario? ¿Cuáles son las memorias soslayadas que se opusieron a la rectificación de la lucha armada? Estas son algunas de las preguntas que guían el desarrollo del siguiente capítulo.

Capítulo 4. Práctica colectiva y continuidad de la lucha armada

> Un día le dice al Solín —Oye Solín, ¿tú ya entendiste lo que se discutió? —Ah sí, sí, ya entendí. —A ver ¿qué es el estado?— le dijo Ramiro al Solín. —Ah pues el estado, es el estado lamentable en que nos encontramos ¿no?
>
> Vicente Estrada, «Dionisio» (PDLP)

Este pequeño relato, surgido en el contexto de la colaboración entre la Organización Partidaria (OP) —que se convertiría en la LC23S— y la Brigada Campesina de Ajusticiamiento (BCA), brazo armado del Partido de los Pobres (PDLP), contiene el encuentro imposible entre la «guerrilla rural» y la «guerrilla urbana». Si bien la división entre urbanos y rurales es reduccionista, dado que en la emergencia y desarrollo del fenómeno de la lucha armada hubo intercambios entre las zonas rurales y urbanas, así como la adhesión de zonas a medio camino entre la ciudad y el campo, en realidad esta división básicamente ha servido como referente para diferenciar los levantamientos armados de raigambre popular y campesina de los movimientos armados con un programa explícitamente anclado en la revolución socialista. Esta sección analiza los textos testimoniales de Francisco Fierro Loza y Eleazar Campos que respondieron a los discursos oficiales sobre el movimiento armado en Guerrero, así como a los grupos armados urbanos que criticaron al movimiento de Lucio Cabañas respondieron también implícitamente al debate de la rectificación de finales de la década de los años setenta.

Si en el relato, para Solín, su incorporación al grupo armado responde a un presente de crisis, violencia, explotación y pobreza que es materialmente palpable, para Ramiro, interlocutor de Solín, la comprensión de ese «[E]stado lamentable» debe inscribirse en el desarrollo de una conciencia de clase y análisis marxista que, de paso, elevara el nivel educativo de la BCA. Este pasaje destaca uno de los más repetidos desencuentros entre diversos sectores que conforman aquello que llamamos nación, a la vez que reitera la obstinada sutura modernizadora, civilizatoria y emancipadora bajo la cual se han sostenido tanto los proyectos del Estado, como el propio proyecto de la revolución socialista. Como señala Pilar Calveiro, en el contexto de la Guerra Fría, tanto los Estados como los procesos de lucha armada en América Latina respondieron a la concepción de un orden de mundo bipolarizado, en donde vanguardia y élite se constituyeron a partir de una relación antagónica y excluyente. A pesar de tratarse de posturas antitéticas, en realidad ambas tuvieron una correspondencia simétrica y, en ambos casos, se distinguieron por asumir un papel protagónico en nombre de las masas, ya sea para liberarlas y derrocar al Estado burgués o bien para salvaguardar la seguridad de la nación frente a la amenaza comunista.

> Según este esquema se organiza la sociedad y la política desde la perspectiva de la necesidad de control y apropiación del Estado —asociado con la nación— y se estructura la lucha política bajo los ejes amigo-enemigo, donde cualquier conciliación es traición, y donde ambos campos operan por su homogeneización interna y la eliminación de la diferencia, entendida siempre como amenaza. (...) Desde este punto de vista, vanguardia y élite pueden entenderse como conceptos simétricos aunque en sentidos inversos. Una [la vanguardia] pretende incorporar a la masa con su mediación; la otra [la élite] excluirla por su incompetencia, pero ambas reivindican para sí mismas una misión *pedagógica* sobre el conjunto social. («Los usos políticos» 367-368)

El movimiento armado del campesinado, particularmente en el estado de Guerrero, ha sido abordado principalmente como un movimiento de defensa, con un ideario restringido en términos teóricos y políticos, de poco alcance nacional y destinado al fracaso por sus limitaciones políticas y militares. No obstante, como señala Carlos Montemayor, los movimientos armados campesinos no derivan de la lectura ni de una «catequesis ideológica»; se trata de movimientos que tienen una continuidad generacional anclada en la posesión de la tierra y provienen de las luchas de la Revolución mexicana. En este sentido, el (des)encuentro en la sierra entre la OP y la BCA no solamente se circunscribe a cuestiones de carácter humano o de lucha por el liderazgo del movimiento armado, como lo articulan algunos exmilitantes, sino que atiende a dos proyectos o formas de ver la lucha armada, que a su vez abrevaron de diferentes tradiciones.

I. Los desencuentros en la sierra

Por un lado, se puede observar la persistencia de una memoria colectiva proveniente de la Revolución mexicana, que aunada a la serie de vejaciones, atropellos, explotación, corrupción a nivel regional, así como la represión a la lucha «cívica» en Guerrero, dieron por resultado la incorporación de organizaciones civiles al clandestinaje como en el caso de la transformación de la Asociación Cívica Guerrerense (ACG) a la Asociación Cívica Nacional Revolucionaria (ACNR) y el surgimiento del PDLP y la BCA. Por otro lado, en el contexto de la paranoia anticomunista, el cierre de vías democráticas, las represiones a movimientos estudiantiles durante la década de los años sesenta, la crisis dentro de la corriente marxista tradicional, así como el imaginario que generó el triunfo de la Revolución cubana, dieron como resultado que muchos jóvenes, en su mayoría provenientes del sector universitario y de diversas agrupaciones marxistas, optaran por la lucha armada dentro del marco de una revolución socialista.

Ambas luchas buscarían tender puentes que se pensaron naturales, sin embargo, como bien señala Carlos Montemayor:

> Para el discurso del MAR o de la Liga, el concepto de Estado era el enemigo a vencer y para los guerrilleros de Lucio el enemigo a vencer tenía nombre y apellido, no eran conceptos eran poderes concretos, regionales, visibles. (...) Cada parte tenía razón desde la lógica de su propio discurso. Eran discursos absolutamente incompatibles, excluyentes. (En *La guerrilla y la esperanza: Lucio Cabañas* min. 57)

El programa político de la OP tenía por objetivo aglutinar a los diferentes grupos armados para derrocar al Estado burgués, privilegiando al sector obrero como el sujeto y vanguardia de la revolución, supeditada a una visión de progreso acorde con el modelo de industrialización. En este sentido, las zonas rurales eran vistas dentro de la estrategia militar como un posible refugio para los líderes y como un espacio para la concentración de fuerzas. El proyecto del movimiento armado urbano veía al sector campesino como aliado en la lucha, sin embargo, su incorporación estaba dada en función de subsumir la lucha regional al modelo de la revolución socialista, bajo el cual la lucha por la posesión de la tierra era vista como reminiscencia de una ideología pequeño burguesa. De este modo, el primer paso sería la educación y profesionalización del militante en lo político y en lo militar. A pesar de que uno de los objetivos para enviar algunos miembros del MAR a la sierra fue solamente el de dar apoyo militar y logístico al PDLP para establecer una coordinadora bilateral, algunos exmilitantes señalan que muy pronto la relación se tornó ríspida y que desde un comienzo Ignacio Salas Obregón consideró a la Brigada como un grupo sumamente atrasado[1].

---

1 Salas Obregón estaba a la cabeza de la Organización Partidaria que buscaba la unidad de varios grupos armados que posteriormente formarían la LC23S. Como se señaló antes, el MAR fue uno de los grupos que tuvo formación político y militar en el exterior, y uno de los objetivos del gru-

Por su parte, el programa de la ACG —rearticulada como ACNR entre 1968 y 1969— y el Primer Ideario del PDLP (1972) planteaban una serie de demandas más cercanas a reivindicar los derechos democráticos, no respetados ni ejercidos por el gobierno, que a la destrucción del Estado burgués. Tales demandas incluyeron derechos y libertades políticas, derechos sindicales, educativos, de salud, para las mujeres, niños y ancianos, el reparto agrario y el derecho de los trabajadores a tener acceso a medios para aumentar su productividad. El asalto al Estado estaba dado en términos del derrocamiento de la oligarquía, el establecimiento de un gobierno de coalición compuesto por obreros, campesinos, estudiantes e intelectuales progresistas, la expropiación de fábricas, edificios, maquinaria, transportes, medios de comunicación y latifundios, enfatizando la independencia política y económica de México, así como el aprovechamiento estratégico de sus recursos. No sería sino hasta el Segundo Ideario del PDLP (marzo 1973) que las demandas aparecen reelaboradas esta vez bajo el modelo de la revolución socialista, dejando de lado el lenguaje 'pobrista'. Es interesante observar que el Primer Ideario del PDLP incorpora a través de 14 puntos demandas para diferentes sectores de la población, con una clara conciencia de sus necesidades. Si bien este Ideario fue criticado por ser más reformista que revolucionario y carecer de un lenguaje revolucionario apropiado, presenta un proyecto mucho más inclusivo al abordar problemáticas que en la época fueron consideradas como luchas secundarias por el movimiento armado socialista. Entre éstas aparece el derecho de las mujeres a asociarse, opinar

---

po fue precisamente el de enseñanza y entrenamiento. Tras las detenciones de varios militantes del MAR en 1970, otra ala del MAR se transformó en el MAR 23. Entre los grupos que participaron en la OP estaban MAR 23, Los Procesos, Lacandones y FER, pero este último grupo ya no llegó a la sierra por el rompimiento con Lucio Cabañas. Para una revisión del encuentro en la sierra cotéjese *En las profundidades del MAR* (161-200) de Fernando Pineda Ochoa, y «La LC23S y el PDLP» (534-46) de Mario Ramírez Salas.

y recibir educación superior, el derecho de los trabajadores a la educación, cultura, higiene, salud y descanso, la protección a los niños, así como el derecho de los ancianos e inválidos a tener cuidados especiales y el de los artistas a mantenerse con dignidad del producto de su trabajo. Particularmente llama la atención que el Ideario incorpore el tema del racismo ejercido en México contra el campesinado y las clases trabajadoras, así como el problema que enfrentan las minorías raciales en EEUU. Todos estos puntos fueron eliminados en el Segundo Ideario del PDLP[2].

Las diferencias entre el PDLP y la OP giraron en torno al sujeto, la teoría, el objetivo y el programa político militar revolucionario, pero particularmente se evidenciaron en el lenguaje y en la convivencia cotidiana, que agudizaron las tensiones entre un proyecto que privilegió al proletariado pero con bases de apoyo débiles y que no supo ajustarse a las prácticas comunitarias, y un proyecto de fuerte arraigo comunitario que fue desgastado y no pudo responder a las operaciones de arrasamiento del ejército y de la policía política.

Tras la severa represión y el terrorismo de Estado ejercidos en Guerrero y del proceso de rectificación de la vía armada, surgieron a partir de la década de los años ochenta algunos textos escritos por militantes de la 'guerrilla rural', particularmente en el estado de Guerrero, enmarcados en la necesidad de contextualizar el movimiento armado como consecuencia y parte de la «lucha cívica» anterior, y en oposición a la crítica que se hizo a por ser un movimiento espontáneo y defensivo. El texto inédito Loza, *Los papeles de la sedición o la verdadera historia político militar del PDLP* (1982) de Francisco Fierro y *Lucio Cabañas y el PDLP, una experiencia guerrillera en México* (1987) de Eleazar Campos,

---

2   Para revisar el programa de la ACG y la ACNR véase Miranda Ramírez (*El otro rostro de la guerrilla* 67); el Primer Ideario del PDLP en Macías Cervantes (*Genaro Vázquez y Lucio Cabañas; la guerrilla rural en México* 78-80) y el Segundo Ideario del PDLP en el enlace http://www.cedema.org/ver.php?id=4380

si bien responden al debate de la rectificación, se distancian de ésta al plantear la continuidad de la lucha bajo diferentes vertientes: ya sea estableciendo lazos con el Frente Estatal contra la Represión y el comité estatal del PSUM o bien con el Partido Revolucionario Obrero Clandestino Unión del Pueblo (PROCUP) respectivamente. Posteriormente, a partir la década de los años noventa y principalmente después del año 2000, aparecieron otros textos en los que se combina una propuesta de análisis del contexto en el que surgen el PDLP, la ACNR y las FAR, con una narrativa que destaca sobre todo la participación del testigo[3].

En este sentido, los textos de Fierro Loza y Campos se desvían de la tendencia general de reconstruir determinados pasajes desde una perspectiva de rememoración individual o bien desde la justificación de determinadas acciones del testigo, centrándose en un balance crítico del movimiento armado en Guerrero, en el caso de Fierro Loza, o bien llevando a la práctica narrativa los modos de organización y rememoración colectiva del PDLP, como sucede en el texto de Campos.

II. Entre el balance y la rearticulación del PDLP

Los papeles de la sedición o la verdadera historia político militar del PDLP es un texto inédito que iba a ser publicado por la Universidad Autónoma de Guerrero tras ganar un concurso de ensayo, sin embargo, el proyecto se detuvo por tensiones políticas y Fierro Loza fue ajusticiado el 11 de julio de 1984 por

---

3   Sobre el PDLP véase *El otro rostro de la guerrilla. Genaro, Lucio y Carmelo: experiencias de la guerrilla* (1996) de Arturo Miranda Ramírez; *La guerrilla en Guerrero: testimonios sobre el PDLP y las FAR* (2004) y *A merced del enemigo* (2009) de Arturo Gallegos Nájera, *Carmelo Cortés y la guerrilla urbana: FAR* (2007) de Agustín Evangelista. Para la ACNR, véase *Rescate para la historia: la fuga de Genaro Vázquez narrada por Donato Contreras* (2003) de Jaime Solís Robledo y *¡Comandante Genaro Vázquez Rojas presente!* (2012) de Alberto López Limón.

la BCA del PDLP. Fierro Loza fue acusado de traición con los cargos de tomar dinero del PDLP, violación de dos compañeras y plagiar documentos internos para la elaboración del libro (Miranda 154-157). Mucho se ha especulado sobre las revelaciones del manuscrito y el ajusticiamiento de su autor. Si bien es cierto que critica el liderazgo de Lucio Cabañas, también es crítico con Carmelo Cortés y la postura de la OP. En todo caso, parece que el punto más delicado podría haber sido que identificara, aunque fuera bajo pseudónimos, a militantes que todavía estaban activos. Recuérdese que en 1980, el PDLP se unió al PROCUP y pidió al PSUM que devolviera el dinero producto del secuestro de Rubén Figueroa que quedó bajo la custodia del PCM. Puesto que no obtuvo respuesta del PSUM, secuestró en 1985 a Félix Bautista, miembro del PSUM y antiguo contacto entre el PDLP y el PCM, y al Secretario General del PSUM, Arnoldo Martínez Verdugo[4]. El mecanuscrito al que tuve acceso está firmado bajo el pseudónimo de Joaquín Reyes Galindo, sin embargo, como el propio texto señala, fue elaborado por un grupo de sobrevivientes del PDLP que colectivamente recopilaron documentos y llevaron a cabo una discusión y análisis para la elaboración del texto[5].

El objetivo del testimonio es dar cuenta de los hechos desmintiendo versiones que circularon sobre el PDLP en los medios y en publicaciones que abordaron el fenómeno armado en Guerrero, e inclusive, a través de la circulación de libelos, que fue una práctica común en la época[6]. El texto de Fierro Loza se com-

---

4   Véase *El secuestro de Lucio Cabañas* (1986) de Arturo Martínez Nateras y *Política y delito y delirio. Historia de tres secuestros* (2012) de José Woldenberg.
5   Quiero agradecer a la Dra. Alba Teresa Estrada por facilitarme una copia del manuscrito.
6   La publicación y circulación de libelos confeccionados desde los sótanos del poder fueron otra forma de operación contrainsurgente que en su mayoría fueron anónimos y formaron parte de la campaña mediática para generar el rechazo social a los movimientos sociales y armados. Entre ellos

pone de una introducción y cinco capítulos que, siguiendo una secuencia cronológica, abordan los antecedentes y nacimiento del PDLP, su etapa organizativa en la sierra, su etapa político-militar hasta la segunda Asamblea del PDLP a principios de 1973, la etapa de repliegue y recomposición, y un balance general realizado de manera colectiva. Así, tanto la estructura cronológica como la detallada narrativa sostienen que el grupo armado no puede ser analizado fuera de un contexto de lucha, que intentó todos los caminos antes de tomar las armas y que entre 1967 y 1972 hubo un fuerte trabajo de organización de comités de autodefensa entre las comunidades.

Cabe destacar que el mecanuscrito revisado no es un trabajo concluido, ya que faltan algunas partes y el segundo capítulo termina abruptamente, ya como el propio texto señala, por razones de clandestinaje no había sido posible discutirlo colectivamente[7]. A pesar de que se trata de un texto incompleto, no

---

destacan *El móndrigo. Bitácora del Consejo Nacional de Huelga* (1968) anónimo; *¡Qué poca Mad... era la de José Santos Valdés!* (1969) de Prudencio Jr. Godínez, que aborda el asalto al Cuartel Madera en 1965; *Traición a la patria* (1971) historieta de José G. Cruz que aborda la detención de algunos miembros del MAR; *Jueves de Corpus. Revelaciones sensacionales de un halcón* (1972) de Antonio Solís Mimendi; *El guerrillero* (1974) firmado bajo el pseudónimo «Ernesto» en alusión a El Che Guevara; *El terror en México* (1974) de Fernando Medina Ruiz, sobre Genaro Vázquez y Cabañas; y *Réquiem por un ideal. La LC23s* (1977) de José Pérez Chowell. En particular, el mecanuscrito señala los textos *Lucio Cabañas, el guerrillero sin esperanza* (1976) del periodista Luis Suárez —elaborado a partir de los archivos proporcionados por la DFS y el ejército—; *Ejercicio guerrillero* (1981) del sacerdote Carlos Bonilla Machorro —quién fungió como mediador por parte de la familia durante el secuestro del candidato a gobernador Rubén Figueroa— y el libelo *El guerrillero.*

7   El texto faltante es «Diario de un combatiente I», ya que solamente aparece la segunda parte elaborada anónimamente. Asimismo, el capítulo sobre la represión, repliegue y recomposición en el periodo 1975-1982 está incompleto. Podría pensarse que bien el texto no pudo ser concluido o que fueron extraídas estas páginas, precisamente porque esta parte po-

publicado y cuya circulación ha sido prácticamente clandestina, se trata de un escrito revelador por su contenido y por la necesidad de responder a las versiones oficiales sobre el movimiento armado en Guerrero, a los debates de rectificación, así como a las rupturas internas y a la rearticulación del PDLP.

De este modo, el texto combina el análisis y el balance con la narración de eventos y anécdotas que en ocasiones está interrumpida por anotaciones o comentarios que guían la lectura o la percepción de los eventos. Obviamente, el ejercicio de memoria está intervenido por el contexto de escritura y señala, por un lado, la inmediatez por realizar un balance y deslinde de las versiones autoritarias que no incorporaron las voces de los militantes del PDLP y, por otro, para responder a los descalificativos utilizados por los grupos armados 'urbanos' sobre el carácter regional, defensivo y particularmente poco organizado en lo político y militar, asumiendo que el levantamiento armado fue consecuencia de un evento aislado: la masacre en Atoyac, en 1967.

> Hoy [1982], a ocho años de distancia de que el PDLP fue golpeado, dispersado y aniquilado bajo los efectos de los golpes militares y políticos de la burguesía, consideramos justo y necesario históricamente hablar acerca de las causas reales que generaron este fenómeno político-social, en el contexto global de la lucha de clases en México, y que va más allá de un hecho aislado, como del que se hace partir todo el movi-

---

dría revelar información sobre miembros que seguían activos en el clandestinaje. Sin embargo, podría ser de que el mecanuscrito consultado sea una versión anterior. Los documentos anexos incluyen el Segundo Ideario del PDLP (marzo de 1973), la carta a los estudiantes del 20 de enero de 1974, otras cartas en las que se denuncia la represión del ejército a raíz del secuestro de Figueroa (27 de noviembre de 1974) y algunos extractos del libro del sacerdote Carlos Bonilla Machorro sobre el secuestro de Figueroa. Cabe destacar que el texto anónimo «Diario de un combatiente II» es similar en ciertas partes al texto testimonial de Eleazar Campos.

miento, negando su trayectoria anterior y su complejidad y dinámica particular. (Fierro Loza 3)

Junto con el apoyo del Frente Estatal contra la Represión, la Universidad Autónoma de Guerrero, el Comité Estatal del PSUM y otros sectores combativos de la población, el colectivo que elabora el texto demanda al gobierno del estado de Guerrero que implemente la Ley de Amnistía que obligaba a muchos militantes a permanecer en la clandestinidad, exigiendo el retorno de los exiliados y la apertura de cárceles clandestinas donde permanecían 500 detenidos-desaparecidos. Cabe recordar que la Ley de Amnistía de 1978 no aplicó la obligatoriedad a los estados de adscribirse a ella. En este sentido, si bien no hay una abjuración de la lucha armada ni explícitamente aborda la rectificación, al demandar la Amnistía y señalar su colaboración con otras organizaciones, como el Comité Estatal del PSUM, el texto de algún modo sugiere la continuidad de la lucha por otros medios. La derrota es asumida como transitoria y, a pesar de que hace una crítica a ciertas posiciones de Lucio Cabañas, en realidad rescata su liderazgo y lo considera consecuente con su lucha, anclando así la legitimidad del colectivo y del texto, para afirmar la continuidad de la lucha, a pesar de los cambios estructurales y teóricos que proponen, como se verá más adelante.

> [Q]ueremos dejar bien claro que Lucio Cabañas no estuvo equivocado en su lucha y mucho menos fue un «guerrillero sin esperanza» [aludiendo al texto de Luis Suárez]; si en la etapa del movimiento que le correspondió cubrir a Lucio, influyeron algunos factores que permitieron la derrota transitoria a una de las diferentes formas en que se manifiesta la lucha de los explotados en contra del sistema capitalista, esto de ninguna manera quiere decir que Lucio se haya equivocado —*que nos hayamos equivocado*— sino más bien que Lucio fue consecuente con su manera de pensar y que supo cumplir con su deber revolucionario en el momento que le tocó vivir. (Fierro Loza 202; énfasis mío)

A lo largo del texto se puede observar la afirmación de una raíz colectiva y comunitaria, ya sea durante el periodo de formación de comités de autodefensa o bien en las narraciones que abordan la detallada preparación y las dificultades logísticas que tuvieron que enfrentar para realizar las emboscadas al ejército. El relato cronológico incorpora una narración que se destaca por tener giros literarios en los que se establece una clara analogía entre la naturaleza y el desarrollo de los eventos, así como el uso de pequeñas anécdotas que demuestran el carácter ético del PDLP y de Lucio Cabañas. Un ejemplo de ello es el pasaje en el que Cabañas convence a unos trabajadores de caminos que van a reparar la carretera de no delatar a los «guerrilleros» cuando preparaban una emboscada. La narración aprovecha esta anécdota para persuadir igualmente al lector y demostrar la gran influencia de Lucio Cabañas sobre la comunidad. Así, Cabañas aparece como una figura carismática que explica a los trabajadores la justeza de su lucha y su solidaridad con el pueblo al ofrecerles comida. Igualmente sucede con unos niños cazadores que se acercan al lugar: «los niños escuchaban muy atentos y concedían la razón a Lucio, dedicándose después a proporcionar información de casos de injusticias en contra de campesinos que ellos conocían» (Fierro Loza 45).

El texto también hace un balance destacando los errores o limitaciones del liderazgo de Cabañas, de Carmelo Cortés y de la OP durante el encuentro en la sierra, por supuesto desde la perspectiva de Fierro y el colectivo del que forma parte. Entre las críticas a Cabañas, que son bastante semejantes a las que hicieron los grupos urbanos, destacan el centralismo, el caudillismo y el culto a la personalidad. Al parecer, Cabañas no aceptaba críticas, sus decisiones eran unilaterales y subjetivas e influía en las decisiones discutidas en asamblea, inclusive repitiendo los procesos de votación cuando los resultados no eran favorables a sus propuestas, señala Fierro Loza. De este modo, la renuncia anual de Cabañas a la dirección del PDLP, para Fierro Loza es un ritual, ya que estaba casi garantizado que el grupo de la dirección rotaría mínimamente. Asimismo, se destaca el favoritismo que Cabañas ejercía por sus familiares sobre el resto de los miembros de la BCA.

Sin embargo, quizás la mayor crítica que se hace gira precisamente en torno a las diferencias políticas y teóricas que tuvo Cabañas con la OP durante su estancia en la sierra. Mientras la discusión en las asambleas del PDLP se reducía a la planeación de tipo logístico y actividades concretas a realizar, a su llegada la OP señala la falta de una línea política que elevara el movimiento a un nivel teórico y no se quedara en un nivel pragmático. Para la OP, la identificación del enemigo fundamental era el Estado burgués opresor y no solamente caciques o autoridades en concreto, y sostenía que al definir al sector obrero como sujeto revolucionario, permitiría un desarrollo de la lucha armada con mayores alcances. No obstante, parece ser que no quedaba clara la diferencia entre E/estado y gobierno, como lo evidencia el relato de Solín y Ramiro en el epígrafe.

Por otro lado, Cabañas plantea que también la pequeña burguesía podría incorporarse activamente a la revolución, cuestión que para la Partidaria era impensable, aunque realmente la procedencia de muchos de sus militantes era de una clase media pequeño burguesa. En relación con el proletariado como la vanguardia revolucionaria, Cabañas sostenía que en la sierra todos eran proletarios, «debido a que un padre de familia que incluso tiene un pedazo de tierra, su producto no le alcanza ni para mantenerse y que por lo tanto son proletarios» (Fierro Loza 73).

En el texto de Fierro Loza, el desarrollo de los pasajes de discusión entre la Partidaria y Lucio Cabañas sugiere de manera implícita la desigualdad teórica entre la 'guerrilla urbana' y la 'rural', ya que en la narración el resto de la Brigada siempre queda en silencio y su incapacidad para asimilar la línea teórica de la Partidaria destacando así el papel centralista de Cabañas: «Lucio en particular, no podía aceptar lo esencial de los planteamientos de las Organizaciones Partidarias, que resultaban excesivamente radicales» (Fierro Loza 74). Aunque Fierro Loza no aclara a qué se refiere con radicales, me parece que alude a la iniciativa de armar al pueblo para llevar a cabo acciones concretas como el asalto al cuartel del ejército. Intuyo que las reticencias de Cabañas se deben al hecho de evitar poner en riesgo a la población que fungía como bases de apoyo de la Brigada. No obstante, estas reticencias fueron interpretadas como parte del caudillismo y el centralismo de Cabañas[8].

En relación con la creación de grupos de estudio, Fierro Loza destaca también el recelo de Cabañas, ya que la metodología de la OP contrastaba con sus enseñanzas, que estaban limitadas a relatos anecdóticos o a una suerte de parábolas, sin llegar a discusiones teóricas. Cabañas, por su parte, veía con desconfianza la división en grupos de estudio, ya que para él las sesiones de estudio deberían llevarse a cabo en un solo grupo. En este sentido, parece que Cabañas evita la división en grupos y la distribución por niveles en función de prevenir una división y una jerarquía que inevitablemente afectaría el sentido comunitario de la Brigada. A su vez, Fierro Loza señala que aunque las charlas de la OP eran muy interesantes, había una tendencia a influir en la política de la Brigada

> sobre todo en los compañeros más atrasados, lo que dificultaba aún más los problemas, porque se sumaban con los de los métodos incorrectos de discutir y la poca práctica y preparación de las bases. (Fierro Loza 90)

Entre los problemas estratégicos del PDLP que aborda Fierro Loza se encuentran la lentitud con la que llegaba la información para poder preparar una acción militar, la composición flexible de la BCA que aceptaba militantes temporales cuya salida

---

8   Pineda Ochoa, del MAR, señala que fue irresponsable por parte de la Partidaria querer armar al pueblo y que la reacción de Cabañas fue contundente: «No, no es así, aquí existen prioridades. Ellos tienen que cuidar sus huertas y atender a sus familias, a la Brigada le toca resolver este tipo de conflictos» (Pineda Ochoa 176).

en ocasiones se permitía precisamente antes de realizar una acción, la relajación de medidas de seguridad, el cambio constante de campamentos y almacenamiento sin que necesariamente hubiera una planeación estratégica. En cuanto a la preparación y desarrollo de las emboscadas, a pesar de que Fierro Loza critica la ausencia de una estrategia a largo plazo o bien que algunos de los proyectos discutidos en realidad son muy ambiciosos en relación con la capacidad logística del grupo, los pasajes narrados sobre las emboscadas demuestran una gran habilidad de planeación y el uso de economía de recursos, observación y paciencia en el desarrollo de las acciones militares. Esto se puede observar, por ejemplo, en la creación de diferentes comisiones que diversificaron las acciones y que indudablemente requirieron de preparación logística y estratégica: 1) abrir fuego, 2) recoger armas del ejército, 3) proporcionar ayuda a los heridos y contar los muertos, 4) recoger las credenciales de los soldados, 5) tomar fotografías e inclusive grabar en audio el desarrollo de la acción para presentarlos ante la asamblea, 6) el uso de la palabra para explicar los motivos de la lucha del PDLP y, finalmente, 7) una comisión de contención para cubrir la salida del grupo (Fierro Loza 55).

No obstante, Fierro Loza señala que las pocas medidas de seguridad en el reclutamiento, aceptando a cualquiera sin conocer sus antecedentes ni su formación política, aunada a una crisis económica, la falta de alimento y las tensiones en el interior de la BCA a raíz de la presencia de la OP y el aumento masivo de miembros de la BCA —hasta cerca de 100— dificultó la movilidad en los procesos de negociación de los secuestros:

> Era tan grande el número de gente que permanecía con nosotros, que ya no se podía permanecer sin que se presentaran problemas; había desesperación, la gente más atrasada salía del campamento sin pedir permiso y no regresaba. (Fierro Loza 93)

Otra de las críticas que aborda Fierro Loza, escuchada frecuentemente entre otros exmilitantes, es la desviación de las funciones de la BCA para resolver problemas domésticos de las comunidades. De este hecho se desprende también una crítica más al caudillismo de Cabañas, ya que se erige como figura moral que imparte justicia; sin embargo, no se puede soslayar que el propio nombre de la Brigada señala literalmente la sustitución de las funciones del Estado para impartir justicia. El famoso pasaje sobre el fusilamiento de los raptores de una muchacha en la comunidad Las Trincheras es abordado por Fierro Loza para señalar a Zeferino, uno de los miembros, como traidor e infiltrado cuyo objetivo era que el pueblo reaccionara en contra de la Brigada (Fierro Loza 64-67). Otras versiones han señalado, que la intención era el aleccionamiento a través del falso fusilamiento, que por la mala coordinación y la falta de preparación tuvo consecuencias lamentables: la BCA disparó con las armas cargadas a los muchachos cuando intentaban escapar.

La intervención de la BCA en asuntos cotidianos que aparentemente poco tenían que ver con el movimiento armado señala, por un lado, la relevancia de los lazos de solidaridad y reciprocidad entre las bases de apoyo y la BCA y, por otro, el tipo de expectativas que tuvo la población sobre el carácter o el sentido de justicia que el Estado no había podido atender y que la BCA estaba ejerciendo en la práctica. Asimismo, la resolución de la BCA sobre los fusilamientos como un «accidente» responde a un sentido de justicia que intenta la reparación o el resarcimiento del daño por medio de un juicio público en la comunidad y elaborar una denuncia que se entregaría a las autoridades. Sin embargo, para Fierro Loza esta acción no repara el daño y critica la suavidad del castigo, ya que un responsable es designado a trabajar en la cocina y otro es expulsado de la Brigada solo por varios meses. Obviamente el castigo no repararía el daño de las muertes ni de la muy posible violación[9].

---

9   Ambas versiones destacan las implicaciones políticas del fusilamiento para la BCA, ya fuera por la infiltración y traición o por un error; no obstante, llama la atención que las versiones se centran en el fusilamiento y no en

Ahora bien, es importante destacar que el balance incluye también aciertos y críticas a la dirección provisional de Carmelo Cortés, en ausencia de Cabañas, y a la OP. Entre los méritos de la dirección de Cortés, Fierro Loza señala la redacción del *Segundo Ideario del* PDLP y los cambios que incorpora en sus objetivos de lucha —más semejantes a la línea política de la OP— como por ejemplo, la supresión de la propiedad privada y la destrucción del Estado burgués. Lo cual contradecía la postura de Cabañas de apoyar a la pequeña propiedad privada para destruir los monopolios, y que la lucha se enfocaba solamente en «acabar con el mal gobierno» (Fierro Loza 85). Para Fierro Loza la nueva dirección de Carmelo Cortés tenía un carácter más colectivo, sin embargo, señala que el caudillismo no se acababa con el cambio de una persona, ya que «lo que refleja es toda una concepción política e ideológica, y en este sentido, la sombra del caudillo la tendía a proyectar en la nueva dirección Carmelo Cortés»; lo mismo señala sobre Carlos Ceballos conocido como «Julián» (Fierro Loza 85-93).

Aunque Fierro Loza coincide con los cambios que propone la OP en relación con la reelaboración del contenido político, los objetivos de lucha del PDLP y la necesidad de elevar el nivel teórico de la BCA, a su vez critica los métodos de enseñanza de la OP y el marcado interés de influir e intervenir en la línea política, en otras palabras, tomar las riendas del PDLP utilizando a su favor las tensiones existentes entre Cabañas y Cortés[10].

---

el hecho que lo generó: los problemas de inequidad y violencia de género como prácticas comunes.

10 Cabe destacar que en el centro del desencuentro intervinieron prejuicios morales y de género que encubrieron y exacerbaron las tensiones entre OP, Cortés y Cabañas. Me refiero a la unión de Carmelo Cortés con «Lilia», Aurora de la Paz Navarro del Campo, de Grupo Revolucionario 23 de Septiembre y actualmente desaparecida. Así como la confrontación entre Isadora, militante del MAR, y Carmelo Cortés que al parecer no aceptaba críticas provenientes de una mujer. Para una perspectiva desde la LC23S

La situación del PDLP se tornó conflictiva con la llegada de dirigentes de la Organización Partidaria, que venían con la intención de impulsar su línea política, aunque de forma encubierta, lo que degeneró en una verdadera grilla, como se le calificó a la guerrilla. (Fierro Loza 88)

Para la OP, narra Fierro Loza, el PDLP sostenía dos tendencias igualmente equivocadas: Lucio por su tendencia social demócrata y Carmelo por su tendencia militarista, destacando que estas tensiones eran a su vez utilizadas por la OP: «Según conviniera a sus intereses, la OP atacaba a una y otra de las «corrientes» apoyándose en la contraria» (Fierro Loza 98). A pesar de que las discrepancias fundamentales entre la OP y el PDLP parecían girar entre la movilización política para culminar en acciones insurreccionales armando al pueblo (OP) o bien el desarrollo de la lucha armada a partir del foco (PDLP). Aunque algunos militantes de la OP no estaban de acuerdo con acelerar la insurrección, cabe recordar que en el llamado a la comunidad y en el «volanteo» para tomar las armas durante la ausencia de Cabañas participaron tanto Carmelo Cortés como miembros de la OP. Es decir, la OP tuvo fracturas en su interior a raíz del desencuentro en la sierra y tras la caída de Salas Obregón se agudizó la crisis en la formación posterior de la LC23S (Ramírez Salas 540).

Se puede observar que la discusión entre la inmediatez de la lucha *versus* la preparación teórica para lograr las condiciones de lucha se traslapó con las diferencias existentes entre una tradición de lucha anclada en prácticas comunitarias que parecían lejanas de la lucha socialista para el grupo urbano, y un concepto de lucha que privilegió la teoría y consideró fundamental la organización de las masas[11].

---

véase la conversación entre Mario Ramírez Salas y Héctor Escamilla Lira en Ramírez Salas, «La LC23S y el PDLP» 534-46.

11 Destaca también que ambos, el modelo que privilegió al sector obrero como vanguardia de la revolución y el modelo basado en las prácticas

Por su parte, Lucio Cabañas criticaba la postura dogmática de la OP y el rechazo al movimiento pobrista considerándolo pequeño burgués. Por ello Cabañas señalaba a la OP como «unos muchachitos teóricos bastante equivocados que querían puros proletarios, desconociendo que procediendo todos de una sociedad burguesa todos, en menor o mayor medida, estábamos contaminados con su ideología» (Fierro Loza 101). Por otro lado, aunque la OP apoyaba a Lucio en oposición a la corriente militarista de Carmelo, Lucio atacaba a la OP cuando ésta cuestionaba su posición, «señalando a su vez que la OP era una corriente militarista, que tenía un ciego radicalismo y un dogmatismo que los ponía fuera de la realidad, acusaciones totalmente ciertas, por otra parte» destaca Fierro Loza (102).

Es decir, mientras la línea política de la Partidaria planteaba la destrucción del Estado burgués y consideraba que la defensa de Lucio de la pequeña propiedad privada era un desvío pequeño burgués, Lucio señalaba las limitaciones de la OP al desconocer las prácticas sociales y culturales de las comunidades rurales de la sierra. Aunque el PDLP no destacó explícitamente el componente indígena del campesinado, Cabañas conoció y formó parte de las prácticas comunitarias, obteniendo de este modo simpatía y apoyo[12]. De ahí que el tipo de lenguaje simple, reduccionista para los grupos urbanos, la lectura de la Biblia, las charlas anecdóticas de bajo nivel teórico, así como el hecho de resolver problemas cotidianos en las comunidades que tanto se criticó, formaron parte fundamental de la red de apoyo que obtuvo Cabañas en las comunidades. No obstante, Fierro

---

comunitarias, adolecieron de operar bajo una estructura de arriba hacia abajo, a pesar de que la organización del PDLP tuviera una práctica más cercana a lo colectivo.

12 Como se señaló anteriormente, el Primer Ideario del PDLP incluyó la lucha contra la discriminación racial, sin embargo, ésta no fue articulada en los términos que hoy conocemos y que ha abordado explícitamente el EZLN.

Loza considera que el PDLP no estuvo vinculado orgánicamente con las masas, porque las medidas relajadas de reclutamiento, el pragmatismo, la falta de un programa más amplio, la presencia de la OP, las tensiones internas que vieron con recelo la relación de Cabañas con el PCM y el Movimiento Revolucionario del Magisterio (MRM), así como las delaciones, llevaron a la «derrota transitoria» del movimiento armado.

Cabe destacar que, al igual que los textos de la rectificación, Fierro Loza hace un corte de caja proponiendo un balance en el interior del PDLP, más no una denuncia de las prácticas de terrorismo de Estado y violación a los derechos humanos, como se articula actualmente. En este sentido, el texto realiza un balance en función de enfatizar la rearticulación de la lucha más cercana a explorar las posibilidades de su incorporación a organizaciones civiles y partidistas, que a la lucha clandestina, de ahí la demanda por aplicar la Ley de Amnistía en el estado de Guerrero. Sin embargo, es interesante observar que al lado de la crítica al liderazgo de Cabañas se manifiesta también la necesidad de retomar al mismo tiempo su figura para precisamente legitimar la continuidad de la lucha:

> Con valor y constancia fuimos destruidos, pero no derrotados, nuestra victoria consistió entre otras cosas en que sembramos la fe, como diría Lucio: «Se sembró la fe. Es la fe que queríamos sembrar, la fe en el pueblo. Y es por una revolución socialista, por una revolución en todo el país, y esta es la gente que la empieza». (Fierro Loza 6)

A pesar de que una de las principales críticas al PDLP y a la teoría foquista en general es la premura de la lucha y el componente idealista que tendía a sustituir el trabajo logístico y de estrategia militar —«hace falta mucho más que un llamamiento de un grupo guerrillero» (198)—, Fierro Loza destaca la fe como un elemento que vincula la continuidad de la lucha del PDLP. Asimismo, señala que las reformas democráticas han sido producto de las conquistas del movimiento armado. Esta lectura es muy semejante a la de los textos de la rectificación, aunque, cierto, aparece también de manera implícita un deslinde de las declaraciones de Hirales Morán que estigmatizaron al movimiento armado como una «enfermedad» que era necesario erradicar.

> Tan no estuvo equivocado [Lucio Cabañas] —tan no estuvimos— que todos los avances económicos, políticos y sociales son en más de un sentido conquistas del movimiento armado. La parcial reforma política y el auge del movimiento de masas, son el producto de estas luchas que constituyen un compromiso que tiene el pueblo de Guerrero y de México con los compañeros caídos, compromiso que saldaremos cuando el pueblo logre su liberación definitiva. (Fierro Loza 202)

Si bien el balance no cae abiertamente en la abjuración, por el contrario, parece plantear la continuidad de la lucha, el texto destaca claramente la necesidad de una reestructuración del movimiento social que debe pasar por el tamiz marxista para darle mayor solidez. Esto se puede observar en el análisis del colectivo que legitima el surgimiento del PDLP a partir de una lectura de las condiciones objetivas y subjetivas que originaron el movimiento y su «derrota parcial», y en la crítica y extirpación de elementos 'pobristas' que fueron ampliamente criticados por los grupos armados urbanos, como el caudillismo, el bajo nivel teórico, las funciones no propias de la guerrilla y particularmente el foquismo:

> Es tan erróneo no tener una fuerza armada que defienda los logros democráticos, como el aislamiento de un grupo guerrillero que no se vincula al movimiento de masas; lo primero le pasó a Chile con Salvador Allende y el gobierno de Unidad Popular, lo segundo nos sucedió a nosotros. (...) Así al aumentar masivamente la represión en contra del PDLP pudo ser desarticulada la BCA y el movimiento en su conjunto desmantelado. A pesar de que nunca nos planteamos en teoría operar como un movimiento foquista, sin embargo, en parte por el aislamiento propio del grupo clandestino y en parte

por la falta de desarrollo teórico de la organización, se fue acentuando el sectarismo entre las bases del partido y no sólo nos alejamos del movimiento popular democrático; sino que llegamos a considerar a todo partido, grupo u organización que no participara en la lucha armada, como traidor al movimiento revolucionario. Así en la práctica nos convertimos en un foco insurreccional e históricamente está demostrado que los focos no desencadenan las revoluciones. (Fierro Loza 196)

De este modo, el texto de Fierro Loza busca reivindicar la legitimidad del movimiento anclándose en la figura de Cabañas, pero al mismo tiempo establece un deslinde de los métodos de lucha que lleven a la reformulación del PDLP, dejando a un lado el pobrismo e implícitamente planteen una cercanía y mayor aceptación del movimiento dentro del marco democrático. Como se señaló antes, esta vertiente del PDLP estableció lazos con el Frente Estatal contra la Represión y con el Comité Estatal del PSUM.

III. Memoria, narración y continuidad de la lucha armada

Una postura muy distinta es la que tomó el grupo de sobrevivientes del PDLP que se unió al Partido Revolucionario Obrero Clandestino Unión del Pueblo (PROCUP) —fundado en 1971 y procedente de Unión del Pueblo (UP)— para formar el PROCUP-PDLP en 1980. La línea política del PROCUP-PDLP incorporó el maoísmo y el concepto de la guerra popular prolongada (GPP) en oposición al del foco guerrillero. El PROCUP-PDLP apareció en la escena pública en la década de los años ochenta con la ejecución de Fierro Loza y los secuestros de Félix Bautista, contacto entre el PDLP y el PCM, y Arnoldo Martínez Verdugo, Secretario General del Partido Socialista Unificado de México (PSUM). Cabe recordar que una parte del dinero producto del secuestro del candidato a gobernador Rubén Figueroa en 1974 fue depositado en custodia al PCM. Posteriormente, el dinero fue utilizado para construir las oficinas del PSUM, con el cual en 1981 el PCM se fusionó junto con otros partidos de izquierda. El PROCUP-PDLP exigió al PSUM regresar el dinero y ante la negativa de éste se llevaron a cabo los secuestros[13]. Por supuesto, estos hechos reactivaron el repudio general contra la lucha armada en los medios, la opinión pública y la élite política, incluyendo a las diferentes agrupaciones de la izquierda democrática[14].

En este contexto se publica *Lucio Cabañas y el PDLP: una experiencia guerrillera en México* (1987) con un tiraje de 5,000 ejemplares. Aunque el texto aparece bajo la autoría del comandante Eleazar Campos Gómez, se trata de un texto colectivo más cercano a una narrativa testimonial y literaria que al balance o el análisis teórico. No obstante, la carta-prólogo firmada por la Dirección Nacional del PDLP funciona como una declaración de principios que sostiene la legitimidad, la continuidad y los avances de la unidad revolucionaria en los esfuerzos por «construir la vanguardia histórica del pueblo mexicano» (Campos 10)[15]. El texto de Campos responde así al debate de la rectificación, afirmando la continuidad de la lucha armada, que con la ayuda del PROCUP logró sobrevivir en el clandestinaje por más de diez años.

> Las condiciones que hacen posible la presentación de este libro, que contiene testimonios novelados por el Comandante Eleazar Campos Gómez de un período de la historia del PDLP son: en primer plano, la *continuidad y fortalecimiento* del PDLP (…) Asimismo la evolución teórico-práctica de los sobrevivientes de la guerrilla que combatieron al lado del Co-

---

13 Cabe destacar que el testimonio no hace referencia a los secuestros de Bautista y Martínez Verdugo.

14 Dentro de los partidos de izquierda —con excepción del PST y del PDM que calificaron al secuestro como resultado de una serie de errores del PSUM— el PPS, el PRT y el PMT se abstuvieron de emitir juicios para no deteriorar la imagen de la izquierda (Woldenberg, 250).

15 Esta carta es firmada por Adela Álvarez Ríos, Isidro Castro Fuentes, José Luis Orbe Diego y Enrique Álvarez Fierro.

mandante Lucio Cabañas, su adaptación a las condiciones cambiantes de la vida revolucionaria y el desarrollo de una formación marxista-leninista, permitieron la elaboración de las experiencias de miembros de la Dirección Nacional y militantes del PDLP, para poder llegar a un análisis autocrítico de lo que constituye una etapa de la lucha del pueblo mexicano por su emancipación definitiva. (Campos 9; énfasis mío)

Como todo testimonio, el texto responde a la necesidad de aclarar o enmendar discursos previos, en este caso aquellos que fueron fijados por los relatos oficiales, los medios e inclusive por el grupo de exmilitantes que optó por la vía democrática, criticando, asimismo, al intelectual de sillón no comprometido y que no conoce desde dentro los avatares de la lucha armada.

> Es necesario que la voz y pluma de los revolucionarios confronte la realidad de los hechos vividos y el análisis que se desprende de éstos, a las voces de los que han hecho lucro con su pluma, explotando la importancia que para los mexicanos ha tenido y tiene la existencia de la guerrilla y el movimiento revolucionario. (Campos 12-13)

El objetivo del texto, más que entrar en el debate teórico, es dar a conocer la perspectiva de los participantes del PDLP a través de relatos que recogen testimonios, narraciones y anécdotas que resaltan el carácter colectivo del movimiento y particularmente privilegiando la transmisión de la experiencia sobre la necesidad de articular teóricamente la reestructuración en el PROCUP-PDLP.

> [H]emos considerado las condiciones necesarias para que el pueblo mexicano, los obreros, campesinos y todos los sectores de la sociedad conozcan diversas facetas, episodios, testimonios, anécdotas y realidades de la historia de una parte importante del movimiento revolucionario. El desarrollo de los acontecimientos guerrilleros en el Estado de Guerrero merece, por su transcendencia, que se hagan públicos y esta

experiencia sirva para alimentar a las generaciones de revolucionarios que recorren los largos caminos de América Latina. (Campos 9)

El texto no es un documento interno, no discute la necesidad de un balance, sino que más bien el propio texto es producto del balance en donde las diferencias entre la BCA, la OP, la ACNR, así como las FAR y la Brigada 18 de Mayo (B18M), son abordadas por medio de relatos de rememoración que realizan los personajes. En este sentido, el texto se distancia del análisis y el lenguaje teórico, acercándose más a una narrativa que funciona a su vez como una puesta en escena de las prácticas colectivas y de transmisión oral, las cuales forman parte constitutiva de las prácticas de memoria.

Sin embargo, es posible observar en la carta-prólogo las transformaciones del PDLP en su nueva etapa, los deslindes que establecieron frente a una percepción homogénea del movimiento armado originada en la rectificación y el reformismo de finales de la década de los años setenta. De este modo, la legitimidad del movimiento armado en Guerrero y su continuidad están sostenidas por su carácter colectivo, como rasgo principal que diferencia al PDLP de los otros grupos armados de procedencia urbana, que esencialmente adolecieron del aislamiento de las masas y la falta de bases de apoyo. Por ello el texto enfatiza en que el movimiento armado en Guerrero no fue un foco guerrillero, en contraste con Fierro Loza, sino que sin proponérselo fue un movimiento con características muy similares al concepto de la GPP.

> [L]a revolución en Cuba no fue un «foco guerrillero» como se interpretó fragmentariamente, sino un proceso largo y accidentado que arrancó desde su lucha por la independencia hasta la organización de la lucha de masas y la resistencia urbana. (…) la guerrilla en el Estado de Guerrero no fue una experiencia foquista, sino resultado de un proceso natural que tuvo como origen y sustento la lucha de masas que dirigiera el profesor [Lucio Cabañas], en la que participaron diferentes

sectores del pueblo guerrerense. (…) Si bien es cierto que el PDLP no pudo llegar en esa época a los conceptos de la GPP, las características de su lucha aun con las deficiencias y errores cometidos en el transcurso de esos años los acercó, por su profundo sustento popular, a esta concepción. (Campos 11)

La incorporación del movimiento armado en Guerrero a una corriente o movimiento continuo por la emancipación es reiterada a lo largo del texto, particularmente a través de los epígrafes con los que abre cada capítulo, en los cuales siempre la cita de algún prócer de la Independencia, la Revolución o inclusive de la Conquista aparece acompañada de una cita del Colectivo Lucio Cabañas, estableciendo analogías que sugieren un *continuum* de la lucha[16]. También se observa que la construcción de este *continuum* establece una relación directa con los sobrevivientes de Madera a través de la participación de Jacobo Gámiz en la BCA, dejando fuera a los grupos armados que entraron en escena después del 68, que particularmente se formaron en el medio urbano y que en su mayoría optaron por la rectificación. Aunque esta diferenciación no está articulada en términos urbano *versus* rural, sino más bien en términos de bases de apoyo *versus* aislamiento de las masas, no se pueden soslayar los siguientes hechos.

En primer lugar, dichas diferencias proceden de dos proyectos de lucha que estuvieron en disputa —la OP y el PDLP— que la UP, antecedente del PROCUP, operó en Guadalajara y Oaxaca, no se unió a la LC23S. En segundo lugar, dichos proyectos consideraron de forma distinta el papel de las comunidades campesinas en un contexto en el que el modelo privilegiado

---

16 La selección de citas, a su vez, establece un orden cronológico que va desde el periodo de la Conquista a la rearticulación del PDLP, siempre acompañadas por citas del Colectivo. Entre las figuras revolucionarias se encuentran: Cuauhtémoc, Miguel Hidalgo, Morelos, Guerrero, Juárez, Zaragoza, Flores Magón, Zapata, Genaro Vázquez y Lucio Cabañas, así como Arturo Gámiz.

de producción y de desarrollo fue urbano e industrial, creando tensiones en la relación urbano-rural y, en tercero, que tras la rectificación, las disputas entre las diferentes organizaciones continuaron con el fin de justificar, denostar, legitimar o rechazar determinado proyecto. De este modo, el texto subraya el deslinde de estos grupos, en los que considera se dio la descomposición moral y política, la equivocación de métodos y el aislamiento de las masas, señalando que esta no fue la experiencia de todos los movimientos armados.

> La vinculación con las masas, la relación estrecha y el sustento que el PDLP *tuvo y tiene* dentro del pueblo, fue el factor fundamental que permitió resistir siete años de represión, campañas militares, aldeas estratégicas, cercos y acechanzas —todo esto con la asesoría de la CIA y el Pentágono—, hasta que la infiltración y la traición hicieron momentánea y posible una derrota militar para el PDLP y la muerte en combate de su primer Comandante y fundador. (…) Existen algunas publicaciones de personas que militaron en diversos grupos armados y hoy son parte del reformismo que describen [,] un cuadro sin duda real de la experiencia que vivieron y se autocritican por los errores cometidos: a ellos les manifestamos nuestro desacuerdo en que se pretendan generalizar experiencias particulares al conjunto del movimiento revolucionario, deben saber que *existieron y existen realidades distintas* a las que ellos vivieron[17].

---

17 Énfasis mío, Campos, 12. Cabe destacar que Campos sostiene que la muerte de Cabañas se dio en combate, sin embargo, posteriormente, en 2001, se llevó a cabo un análisis forense en el que se determinó que Lucio Cabañas se había suicidado una vez que fue cercado por el ejército. Al igual que el caso de Allende, resulta controversial el suicidio. Sin embargo, en el caso de Cabañas se percibió como un último acto de valor como señala Fierro Santiago en *El último disparo*.

Las amplias bases de apoyo que lograron su resistencia por siete años, así como su filiación a otro movimiento regional de características similares y anterior a la represión del movimiento estudiantil del 68 —el Grupo Popular Guerrillero (GPG) en el norte—, señalan implícitamente que la legitimidad de la lucha como parte del *continuum* del movimiento revolucionario radica esencialmente en su carácter colectivo y popular. Este carácter colectivo puede observarse en el hecho de que el texto se despoja del lenguaje teórico y la jerga marxista, dando paso a una narrativa literaria que es capaz de transmitir los relatos basados en la experiencia y que están dirigidos al pueblo mexicano y a otros grupos armados de América Latina.

> Esta *versión novelada* que hoy presentamos, se consideró como una forma más didáctica para la *asimilación de experiencias* que esperamos sean útiles para nuevos y viejos núcleos de revolucionarios latinoamericanos; algunos de los personajes de esta *novela* son los miembros de la Dirección Nacional del Partido de los Pobres. Resalta en el transcurso de la narración la participación en el PDLP, fundamentalmente de gente sencilla del pueblo mexicano, personas desarrolladas dentro de los marcos del sistema, con deformaciones, conceptos atávicos, supersticiones, pero transformándose y aprendiendo en la lucha; *el papel de la colectividad tratándose de educar* y normar al conjunto. (Campos 13; énfasis mío)

El texto subraya el papel de la colectividad y la autogestión en el PDLP al construir una narrativa que recupera la memoria de los participantes, ya sea de miembros de la Dirección Nacional del PDLP o bien de figuras menores como colaboradores y simpatizantes; aunque cabe mencionar, el acto de rememoración inevitablemente gira en torno a la figura central de Lucio Cabañas. Sin embargo, llama la atención un cambio fundamental del modelo revolucionario, que sostenía la misión pedagógica de educar y guiar a las masas, por el concepto de una colectividad que se educa a sí misma en el proceso de lucha, como lo plantea

Campos. Esto no es menor ya que, por lo menos discursivamente, opera una ruptura con el modelo jerárquico y en gran medida paternalista de los grupos urbanos.

Resulta a su vez muy peculiar que en varias ocasiones la carta-prólogo se refiere al texto como «testimonios novelados», «experiencia novelada», «versión novelada» e inclusive, «novela». Esto plantea no solamente una ruptura con la corriente dominante en México sobre el concepto estético de lo literario, sino que se desvía también del modelo dominante del testimonio en México hasta ese momento, al privilegiar el relato por encima de la discusión teórica o la reconstrucción de los hechos como lo habían hecho los textos testimoniales anteriores. Si bien los primeros textos escritos por participantes de la lucha armada tomaron el ámbito literario como medio de expresión dentro del confinamiento carcelario, como es el caso de Salvador Castañeda, Manuel Anzaldo y David Zaragoza, el texto de Campos es uno de los primeros que dentro del género testimonial incorpora no solamente recursos narrativos de la novela, sino que abiertamente nombra al texto como novela o versión novelada. Es decir, hay un uso consciente de la ficción narrativa para transmitir las experiencias de la lucha armada en Guerrero[18]. Posteriormente, Carlos Montemayor publicó *Guerra en El Paraíso* (1991), la cual muy probablemente se basó en el testimonio de Campos puesto que aparecen muchas similitudes entre las historias alternas de la novela y las anécdotas o pequeños relatos que hacen los militantes en *Lucio Cabañas y el* PDLP: *una experiencia guerrillera*[19]. En contraste con el testimonio-novela de Gustavo Hirales

---

18   Para un análisis de los textos literarios de los exmilitantes véase el capítulo 6.
19   Por ejemplo, en la novela la historia de Gervasio Vidal Benítez, que en realidad es Gervasio Iturrio Barrientos, plasma el proceso de tortura por parte del ejército, misma que desarrolla el testimonio a través de la historia de Pedro Periquito y la cual describe detalladamente la detención ilegal, los vuelos de la muerte, el campo de concentración, la tortura y la

Morán, *Memoria de la guerra de los justos* (1996) que detalla la experiencia individual, Campos incorpora la participación colectiva como eje central de la narrativa. En este sentido, el texto de Campos sobresale por abrevar de las prácticas de narración oral, al mismo tiempo que muestra una conciencia del uso narrativo y del ámbito literario para hacer circular la agenda política del PROCUP-PDLP.

La narración abarca el periodo del 12 de octubre de 1974, cuando Eleazar Campos queda aislado del grupo de Cabañas durante el asedio militar, al 20 de marzo de 1975, fecha en que los sobrevivientes se reúnen en la Ciudad de México y nombran a Benigno como Comandante del PDLP. Esta línea narrativa, que es la acción de salida para romper el cerco y restablecer contacto con Lucio Cabañas, está entrecruzada con los relatos de los militantes que, durante las noches, se congregan para narrar sus vivencias. En el transcurso de la acción, el narrador se encuentra con otros compañeros —Guillermo, César, Eusebio, Edi-Carlos, Alfredo, Adela, Juan, Pedro Periquito y Moisés—, formando un grupo de sobrevivientes, pero también de narradores que, frente al inminente peligro y la violencia del Estado, devienen en una pequeña comunidad de memoria cuya función será la transmisión oral de historias y experiencias de primera o segunda mano, que incorporan diferentes etapas y perspectivas del PDLP[20]. Aunque hay remanentes de hechos reales, es evidente

---

delación. Para un análisis más detallado de este relato en el testimonio, véase el capítulo 7.

20 El periodo y las acciones que abarca el testimonio están basados en hechos reales y a su vez los nombres de los personajes corresponden a los militantes que logran escapar. Tras la liberación de Rubén Figueroa el 8 de septiembre de 1974, los operativos del ejército cercan a la BCA y se dividen en tres grupos. Como señala Alberto López Limón: «Tras romper el cerco, cada grupo escapa por donde puede. Ya no vuelven a reagruparse. El ejército se adueña de la lista de los 41 campamentos empleados por la BCA-PDLP desde el inicio de sus operaciones. Para el 10 de octubre de 1974, la lista de desaparecidos documentados alcanza los 271 casos.

que la forma narrativa es mucho más literaria que los anteriores testimonios y existe una clara elección de performatividad de las narraciones orales y de rememoración.

Campos logra capturar en el texto la práctica de la transmisión oral, recuperando así no una versión definitiva o un análisis sobre el PDLP, sino los ecos y prácticas de memoria que se han mantenido vivas pese a las operaciones militares de arrasamiento ejecutadas antes y después de la muerte de Lucio Cabañas el 2 de diciembre de 1974. En este sentido, el énfasis que el texto hace en el papel de la colectividad, el carácter literario de la narración, pero sobre todo el objetivo de transmitir las experiencias que se asemeja bastante a aquello que Walter Benjamin señalara con respecto al acto de narrar. Es decir, el ejercicio del narrador más como un propulsor de experiencias que un difusor de información, o la elaboración de explicaciones que ciñan las posibilidades del relato[21]. Si bien Benjamin opone la narración de carácter oral a las formas impresas, ya sean la novela o el periodismo, sus reflexiones, surgidas del contexto de la Primera Guerra Mundial, señalan la pérdida de comunicación e intercambio de experiencias, lo que contrasta con el posterior alud de libros sobre la guerra, que «nada tenía que ver con experiencias que se transmiten de boca en boca» (*El narrador* I). En el

---

César, Edi-Carlos y Eusebio huyen juntos. Más adelante son alcanzados, y se les unen, Juan, Martín y Ricardo. Los seis llegan a La Caña el 12 de octubre. Después se trasladan a Zintalapa, donde llegan el 18. El 21 se encuentran en La Finca; acampan en El Interior el 22. En ese lugar, se les unen el 13 de noviembre Ernesto, José Juan (Felipe Ramos Cabañas), Acasio y Gabriel, de la Brigada 18 de Mayo (B18M) de la BCA-PDLP. Algunos guerrilleros que habían sobrevivido al rescate de Figueroa se trasladaron a la sierra de San Luis donde establecieron contacto con la B18M; se suman a los restantes sobrevivientes en el campamento de El Interior. En ese lugar se encuentran cuando reciben la noticia de la muerte en combate de su comandante» (López Limón «Lucio Cabañas Barrientos y el PDLP» s/p).

21   *El narrador* de Walter Benjamin, sección V y VI.

contexto mexicano, para fines de la década de los años ochenta había un número considerable de textos testimoniales o textos de difusión que abordaban el movimiento armado en Guerrero, sin embargo, ninguno lo había abordado como lo hace Campos desde la perspectiva de las bases, enfatizando la importancia de lo que significó para los participantes, como el propio título lo indica, «una experiencia guerrillera».

La excepcionalidad del texto de Campos radica precisamente en que, aunque la narración fija las prácticas de memoria sujetándolas a una agenda política y a una misión didáctica —finalmente ésta es la función de la carta-prólogo—, se incorpora a una tradición oral más congruente con el carácter colectivo de la lucha y con las formas de rememoración, en contraste con los textos que privilegiaron el análisis y el debate teórico o la experiencia individualista. No obstante, se puede observar en el texto una serie de tensiones entre las narraciones de procedencia oral y la sujeción de estos relatos a una función didáctica y política guiada, por ejemplo, a través del prólogo y los epígrafes con los que comienza cada capítulo, como se mencionó anteriormente.

La acción para romper el cerco funciona como detonante que convoca las imágenes del pasado concatenadas con el presente. A la línea narrativa del presente en combate se incrustan narraciones del pasado, ya sea por la evocación o recuerdo del narrador o a través de la conversación entre varios compañeros. Esta estrategia narrativa es consistente a lo largo del texto y a pesar de que un narrador principal mantiene la unidad narrativa, se puede afirmar que se trata de un testimonio a distintas voces, ya que hay una serie de cambios de narrador en primera persona que relatan las experiencias de diferentes integrantes y colaboradores de la BCA. Por lo mismo, la narración no guarda un desarrollo cronológico de la reconstrucción del grupo armado, sino que la lógica de la narración está dada por la asociación de ideas, anécdotas y relatos que los integrantes comparten durante las noches mientras hacen guardia en su retirada del ejército.

Cabe destacar que la emergencia de las narraciones rompe con el orden o la distribución temática que intenta dar la estructura al texto a través de los capítulos y el uso de los epígrafes. Éstos a su vez subrayan la legitimidad de la lucha al establecer analogías entre luchas revolucionarias anteriores con los lineamientos políticos del PDLP reestructurado tras la muerte de Lucio Cabañas. Destaca así la tensión entre el intento de sistematizar el testimonio y las reminiscencias de una narrativa oral que como práctica deambula aleatoriamente, dependiendo de las interacciones entre los integrantes de esta pequeña comunidad de memoria. Obviamente el texto reconstruye este intercambio oral o, en otras palabras, es una puesta en escena de estas interacciones a través de relatos que bien pudieron haber sido recopilados a través de grabaciones, transcripciones, bitácoras de campaña o a partir de entrevistas orales. Sin embargo, a pesar de su reconstrucción escrituraria, ciertos elementos de la práctica oral se filtran en el texto escrito y precisamente tensionan o problematizan la estructura capitular y la misión didáctica. Esto se puede observar en la tendencia a la repetición de escenarios, anécdotas, acciones y discursos de Lucio Cabañas que son rememorados por estos testigos sobrevivientes y narradores de la lucha armada.

En este sentido, la narración parece no avanzar en un sentido diegético, sino en círculos, presentando constantes saltos en el tiempo que el lector debe reordenar cronológicamente y muchos de los relatos están distribuidos en varios capítulos. Es decir, los relatos están interrumpidos y se concluyen a lo largo de varios capítulos, y también en muchas ocasiones se repiten ciertos pasajes desde diferentes perspectivas; por ejemplo, el secuestro de Rubén Figueroa.

La mayor parte de la narración se concentra en la perspectiva cotidiana o bien en la historia desde abajo, en donde los narradores reconstruyen de manera detallada los eventos de los que fueron testigos. El carácter testimonial del relato hace que la narración ahonde en detalles minuciosos que semejan una especie de bitácora o informe de campaña en donde las señas de ubicación, nombre de pueblos, nombres de participantes, logística y armamento son fundamentales para los narradores. Desde una perspectiva historiográfica, este material resulta muy útil si se desea cotejar con otras fuentes y reconstruir los recorridos y tácticas de la Brigada entre 1973 y 1974.

Destaca así el énfasis que hace la narración para fijar o contener en la palabra escrita los elementos de veracidad, al mismo tiempo que busca desarticular otros relatos elaborados sobre Cabañas, como por ejemplo, los atributos del caudillismo, el populismo, la falta de preparación marxista, radicalismo por ajusticiamientos y el foquismo, entre otros, no sin presentar ciertas contradicciones.

Aunque el objetivo del texto es la desmitificación, como señala el prólogo, la figura de Cabañas es central en las prácticas de rememoración y funciona como fuente de inspiración y valor en los momentos de combate. Así el recuerdo de Cabañas, de sus pláticas y de las asambleas proveen de fortaleza a los sobrevivientes. Por ejemplo, Eusebio señala en su relato el modo en que recobra fuerza para enfrentar a los militares: «Desapareciendo ese furtivo miedo desconocido y llenándome de valor imaginé de pronto mi barrio, la miseria social y humana de nuestros hermanos explotados» (Campos 19).

Sin embargo, también se observa un énfasis en lo colectivo a través de la narración de la vida precaria en la sierra, las dificultades para buscar abastecimientos, enviar un mensaje o establecer un contacto con las bases de apoyo. Dicha precariedad contrasta con la naturalidad con la que Cabañas establece lazos de confianza y de solidaridad con las comunidades. Como se señaló anteriormente, muchos de los relatos tienden a la repetición de un evento desde diferentes perspectivas, o bien la repetición es estructural en función de reiterar el carácter colectivo y los avatares de la BCA en la sierra.

Uno de los temas recurrentes es la llegada de Lucio a las poblaciones campesinas, caracterizada siempre por el apoyo y afecto de la comunidad que da de comer y proporciona abastecimiento e información sobre el ejército. El relato de estos encuentros, por lo general, sigue la misma estructura, después de la bienvenida se lleva a cabo una asamblea explicando la lucha del PDLP, se discuten problemáticas de la comunidad que Cabañas procura resolver y termina normalmente con un baile en honor al PDLP. En oposición a la figura del caudillo, el texto presenta la integración de Cabañas a las comunidades de manera orgánica, y ejemplo de ello es el gusto de Cabañas por cantar corridos e improvisarlos aludiendo a las problemáticas de determinada población.

> El dicho corrido fue citando todos los problemas del pueblo e invitando a la gente a la lucha y agregando algunas bromas; pero lo que motivó a la gente en su intervención, fue haberle cantado algunos versos al maderero, en los que le decía que cumpliera al pueblo, lo que le había prometido. (Campos 251)

De este modo, se puede observar que el componente social es fundamental para establecer contactos y acuerdos con las comunidades que eventualmente se convertirían en bases de apoyo, ya que los lazos de confianza se forjan precisamente a través de la convivencia y del hecho de compartir un interés colectivo. También el texto destaca el significado que tiene la vida colectiva para los militantes de la BCA y particularmente en un sentido identitario y de pertenencia al grupo. Por ejemplo, en su narración, Eusebio señala la importancia de formar parte de «este pequeño Ejército del Pueblo»:

> [S]abía que éramos pocos en comparación con el enemigo, pues en cualquier lugar podía ver gran cantidad de tropas, policías y judiciales. Eso a mí no me desalentaba, porque sentía que éramos superiores en cuanto que contábamos con el apoyo del todo pueblo (…) El pueblo nos daba alimentos, información, protección y compañeros que engrosaban nuestro pequeño ejército, que cada vez era más grande y aprendía to-

dos los días. Yo sentía que éramos invencibles, que estábamos haciendo la revolución y que pronto tomaríamos el poder. (Campos 245)

Por supuesto, estas experiencias colectivas que se plantean a lo largo de la narración tienen un fin didáctico, ya sea exponiendo relatos que destacan el heroísmo de algunos compañeros o la mala actuación y la falta de compromiso de los que son considerados traidores, delatores, irresponsables o egoístas. Este principio moral en los relatos también tiene como objetivo exaltar la voluntad y firmeza de principios que dan al revolucionario la fuerza necesaria para romper el cerco militar en el momento de la rememoración como lo muestran las siguientes citas:

> [S]aldremos adelante, lo importante es que tengamos la moral alta y que al mirar la moral de la tropa, casi estemos seguros de que evadiremos o romperemos este maldito cerco. (Campos 210)
>
> Nunca matamos por la alegría de matar, perdonamos muchos soldados, pero estábamos seguros de que si nos agarraban vivos nos iban a asesinar. (Campos 23)

La ausencia de una ideología y de una moral en el ejército es el contrapunto que enaltece los motivos y legitimidad de lucha del PDLP, inclusive en el trato a los soldados capturados. Obviamente, en este último punto, sostenido por la declaración de que ninguna revolución socialista ha sido injusta con sus enemigos, soslaya las pugnas estalinistas, por citar un ejemplo.

> [A] ellos no los motiva ninguna ideología mientras nuestra moral combativa les infunde también temor, pero esa moral, a pesar de las atrocidades que cometen ha hecho que a ninguno de ellos, cuando están presos con nosotros, se les dé el mismo trato, porque sabemos que en ninguna parte del mundo el que hace la revolución por el socialismo comete una injusticia contra su enemigo. (Campos 122)

Si bien el tono general de la narración destaca el optimismo y el triunfo revolucionario a largo plazo, también aparecen ciertas críticas a las deficiencias del PDLP y del propio Lucio Cabañas que tienen la función de contrarrestar una imagen mitificada de Cabañas y, como el propio prólogo señala, presentar un lado más humano de la lucha que incluya la vida cotidiana del grupo armado, así como los errores. Por ejemplo, en la narración Pedro Periquito señala que su padre había advertido a Lucio Cabañas sobre las medidas relajadas para reclutar militantes en la BCA:

> [T]e quiero advertir en tu grupo cargas muchos adolescentes que en la primera oportunidad que tenga el ejército de agarrarte uno, van a decir hasta lo que no saben y por eso yo no te visito a tu campamento, más que todo es precaución no por miedo, yo te sugiero que selecciones más bien a tu gente, pues yo pienso que debes cargar con gente que sepa a lo que se ha metido, ya madura, adultos que estén conscientes que así como se puede ganar se puede morir y que jamás deben traicionar a sus compañeros. (Campos 192)

Esta suerte de augurio, que proviene de boca de un personaje maduro investido de autoridad moral, destaca la paradoja del carácter colectivo del propio movimiento. Por un lado, éste depende directamente de mantener sus lazos comunitarios, de sus bases de apoyo, de las cuales se nutren las filas de la BCA, y de un tipo de estructura comunitaria en donde las relaciones familiares juegan un papel fundamental. Por otro lado, la flexibilidad para incorporar militantes de manera temporal, la relajación en las medidas de seguridad y los operativos militares de arrasamiento, finalmente llevaron a la delación y a la muerte de Cabañas en El Otatal. Asimismo, la narración aborda otra serie de problemáticas en el interior del PDLP que llevaron a la deserción, por ejemplo, la narración de Edi-Carlos destaca el malestar con Cabañas por seleccionar a reclutas jóvenes para realizar acciones, por encima de otros elementos con mayor experiencia:

> [S]e nos deja y se nos reemplaza por elementos indisciplinados que durante dos meses que llevaban en el grupo, su comportamiento era el de la indisciplina, que al parecer no era grave, como el hecho de no guardar silencio como lo establece el reglamento, así como la falta de seriedad para ver las cosas, pero aunque no fueran graves ponían en peligro a la guerrilla. (Campos 217)

La narración de Eusebio aborda el impacto que los conflictos entre Carmelo Cortés y Lucio Cabañas tuvieron en la Brigada y que llevaron al primero a desertar del PDLP, ya sea por el resentimiento por el favoritismo de Cabañas a sus familiares o elementos más jóvenes, pero sobre todo por la lentitud en las negociaciones del secuestro de Figueroa y la falta de actividad en la Brigada, como también lo señala el texto de Fierro Loza.

> Mucha de esa gente no desarrollaba mayor actividad o ninguna durante mucho tiempo; algunos de los que podíamos bajar con más frecuencia de la Brigada a la ciudad, no teníamos claro qué era lo que teníamos que hacer con esta gente, aparte de la tarea concreta que se nos mandaba cumplir desde la Sierra. (Campos 202-203)

A raíz de los problemas con Carmelo Cortés y la OP, algunos miembros de la dirección reclamaron a Cabañas presentar siempre opiniones diferentes a las de los otros integrantes, disuadiendo o manipulando por el lado sentimentalista o hiriendo el amor propio para que se tomaran sus determinaciones, relata Edi-Carlos (Campos 223).

Implícitamente, a lo largo del texto se elabora una suerte de balance en el que el PDLP reorganizado traza un claro deslinde de otras organizaciones, principalmente la OP y las FAR que organizó Carmelo Cortés tras su expulsión del PDLP. Lo mismo sucede con la Brigada 18 de Mayo (B18M), a través del relato de Pedro Periquito el testimonio destaca la amonestación de Lucio Cabañas a la B18M por el ajusticiamiento de un campesino. Este pasaje tiene la doble función de resaltar el liderazgo y experiencia de Cabañas, al mismo tiempo que matiza el tema de los ajusticiamientos solamente como un último recurso. Cabañas critica a la B18M por la falta de experiencia e ingenuidad al prestarse a una venganza personal para saldar cuentas entre algunos miembros de la comunidad, sin haber estudiado el problema a fondo y decidir precipitadamente el ajusticiamiento (Campos 280-282). Más aún, Cabañas señala:

> [E]sa determinación únicamente la puede dar la Brigada Campesina de Ajusticiamiento por tener más experiencia en esto, pero ustedes no pueden determinar estas cosas por carecer de capacidad y conocimientos ideológicos de la gente. (en Campos 282).

Esta amonestación a la B18M y los deslindes de la OP y de las FAR contrastan con el silencio sobre la ausencia de coordinación entre el PDLP y la ACNR. Aunque el texto solamente indica que el PDLP envió una carta a Genaro Vázquez que nunca tuvo respuesta, es interesante que el texto destaque la colaboración que hubo entre comunidades que eran simpatizantes de ambos movimientos, reforzando así el sentido de colectividad independientemente de las organizaciones a las que pertenecieran. Es decir, a pesar de que los relatos buscan contrastar al PDLP con otras organizaciones en función de darle mayor legitimidad —nótese que el texto no contrapone la imagen de Genaro Vázquez y Cabañas—, se puede observar también en estos relatos la presencia de un fuerte movimiento de base que nutrió a diferentes grupos armados. Destaca particularmente la flexibilidad de los campesinos para integrarse o cambiar de diferentes agrupaciones armadas. Aunque evidentemente el texto privilegia al PDLP, los relatos de Pedro Periquito —que sale de la B18M para integrarse a la BCA— y de Edi-Carlos —que deja la BCA, se incorpora a las FAR y regresa a la BCA— señalan el componente colectivo del movimiento y el malestar generalizado de la población, que de una u otra forma germinaría en la articulación de un grupo armado.

Obviamente, las mayores diferencias y deslindes que subraya el texto están centrados en la relación ríspida con la OP y con aquellos miembros de la dirección que cuestionaron el liderazgo de Cabañas, como Carmelo Cortés, Francisco Fierro Loza y Carlos Ceballos, por citar algunos ejemplos. Mientras los miembros de la OP son señalados como oportunistas que aprovecharon ciertas fisuras entre Cabañas y Cortés para dividir y querer controlar al PDLP, Cortés, Fierro Loza y Ceballos son fuertemente criticados por su conducta poco moral. En el caso de Cortés, por querer apoderarse del liderazgo del PDLP y «robarle» la compañera «Lilia» a uno de los miembros de la OP, y en el caso de Fierro Loza y Ceballos, por gastar dinero del PDLP en borracheras y violar las medidas de seguridad que llevaron a su detención, exponiendo así a la propia Brigada.

Como se señaló al comienzo de este apartado, las diferencias entre la OP y la BCA provenían de dos formas distintas de articular la lucha revolucionaria, que a su vez se encontraron con diferencias insalvables en las prácticas cotidianas y en los modos organizativos. El texto de Campos aborda estas diferencias de manera indirecta a través de las conversaciones entre los sobrevivientes que rememoran algunos episodios, entre los cuales destaca la tensión entre el carácter colectivo y la figura central de Lucio Cabañas. Aunque el objetivo fue responder a los descalificativos hechos al movimiento y desmitificar a Cabañas como caudillo, como se analizó anteriormente, este argumento aparece con sus contradicciones internas, ya que los actos de rememoración inevitablemente giran en torno a su figura carismática y algunos de los integrantes también critican algunos aspectos de su personalidad y liderazgo. También se puede observar la tensión entre teoría y *praxis* de la lucha armada, representada en las confrontaciones entre la OP y Lucio Cabañas. El relato de Edi-Carlos reconstruye estas diferencias, centrándose particularmente en el modo incorrecto de la OP de instruir a la Brigada en la teoría marxista.

> [E]l camarada Lucio criticó esa actitud invitándolos a que corrigieran su política para con la Brigada y el Partido (…) éramos de origen campesino y debido al atraso cultural nos era más difícil entender la teoría y más en la terminología llevada en que ellos hablaban, porque decían que al explicar con palabras sencillas era rebajar al marxismo y que, por tanto, no era correcto ese método porque era una desviación del marxismo. [Los integrantes de la OP] era gente sin experiencia y sólo presumían saber porque habían leído muchos libros que jamás habían puesto en práctica y no eran capaces de formar su propio grupo, pero sí de una forma arribista y oportunista querían adjudicarse la dirección del movimiento guerrillero y ante el no poder derrotar ideológicamente al compa Lucio, ni ganarse a la gente, estos elementos empezaron a lanzar calumnias. (Campos 64)

Este pasaje no solamente subraya las diferencias educativas entre el medio urbano y rural, sino que también destaca el desfase entre teoría y *praxis* de la lucha armada en Guerrero y la incapacidad de los grupos urbanos para ajustarse a una realidad que parecía desencajar con la asimilación dogmática de la revolución socialista. Si bien la crítica que hiciera la OP al bajo nivel educativo de la Brigada es reiterada en los textos de Fierro Loza y Campos, el modelo teórico que quiso imponer la OP adoleció de privilegiar un modelo urbano e industrial, soslayando otras formas organizativas y de producción, así como de asumir la misión pedagógica para guiar a las masas.

El texto de Campos destaca las resistencias a la OP para que asumiera un liderazgo no legítimo sobre la Brigada, precisamente a través de la tensión entre la desmitificación de Cabañas como caudillo y el papel de la colectividad que sostenía y legitimaba su liderazgo. En este sentido, cabe destacar que las diferencias entre la OP y el PDLP, muy probablemente, no fueron solamente la consecuencia de la lucha por el liderazgo o el carácter regional, como se ha querido ver aisladamente, sino que, en su raíz, para el PDLP estaba en juego tanto su autonomía como los modos de organización, los lazos de confianza y las prácticas comunitarias. No obstante, como se puede observar en los textos de Fierro Loza y Campos, la presencia de la OP tuvo definitivamente un gran impacto en el interior del PDLP, evidente no solamente en la agudización de tensiones entre el liderazgo de Cabañas y Cortés, sino en los modos en que posteriormente ambos textos reelaboran sus agendas políticas.

Ambos textos tienen como objetivo recusar los relatos previos surgidos en los discursos oficiales, los medios e inclusive en los grupos armados urbanos que estigmatizaron el movimiento armado en Guerrero como espontáneo, defensivo y carente de un programa sólido de lucha revolucionaria. De ahí la insistencia de ambos textos por subrayar el carácter colectivo de la lucha a través de las bases de apoyo y la formación de comités de lucha previos a la masacre de Atoyac. Sin embargo, las posturas teóricas en los textos se distancian. Por un lado, el texto de Fierro Loza optó por el balance interno, haciendo una crítica a la dirigencia del PDLP y a la intervención de la OP durante los (des)encuentros en la sierra, destacando que, aunque teóricamente el movimiento no se propuso operar como un foco guerrillero, en la práctica lo fue, y considera que esa fue una de las limitaciones que tuvo. De este modo, el impacto de la OP se ve reflejado en la elaboración del Segundo Ideario del PDLP, que al eliminar los elementos pobristas daría mayor consistencia teórica al movimiento armado.

Por su parte, el grupo de Campos marca un claro deslinde de los grupos armados que rectificaron, en su mayoría de procedencia urbana, y que abrazó el modelo de la revolución socialista. El trazo de un *continuum* de la lucha que va desde la resistencia a la Conquista hasta el asalto del cuartel Madera, legitima así la lucha del PDLP como parte de un movimiento general por la libertad que está determinado eminentemente por su carácter colectivo. Ahora bien, se puede observar que tanto el deslinde marcado por el *continuum* de la lucha como la rearticulación teórica del PROCUP-PDLP bajo el concepto de la guerra popular prolongada (GPP), muy probablemente se debió al balance interno, pero particularmente a la confrontación que tuvo el PDLP con la OP sobre la falta de teoría marxista *versus* la *praxis* de la BCA. Esto se observa en la respuesta que da el texto a la crítica sobre el bajo nivel educativo y teórico de la BCA, afirmando la autonomía y capacidad de transformación del grupo armado.

> [S]i a nosotros nos consideran ignorantes por nuestro bajo nivel cultural no quería decir que nunca nos podíamos superar, porque precisamente ese es el poder que tiene la teoría marxista-leninista de transformar al hombre en algo nuevo y los que ahí estábamos era indudable que en cada uno se operaría una transformación radical (…) cuestión que pasaban por alto estos «teóricos» del marxismo que padecían de un infantilismo de izquierda, (…) personas desequilibradas física y emocionalmente, como todo resentido social que al ver frustradas sus ambiciones reniegan y difaman, calumnian los movimientos y a los revolucionarios para ocultar sus propias desviaciones y sus fracasos de haberse formado como tal. (…) en ese momento no podíamos refutar teóricamente (…) pero ahora ha pasado un año y no somos los mismos, hemos avanzado. (Campos 65)

Aunque ambos textos coinciden en la continuidad de la lucha tras la muerte de Cabañas y establecen su legitimidad anclándose en la figura de él, no sin plantear ciertas contradicciones, se puede deducir por la adhesión del grupo de Fierro Loza a la demanda general de implementar la Ley de Amnistía en el estado de Guerrero y su relación con organizaciones civiles y con el PSUM estatal, que el grupo seguramente estaría considerando su incorporación a la lucha por la vía democrática. Por el contrario, el grupo de Campos plantea la continuidad de la lucha armada explícitamente al rearticularse con el PROCUP y definir al movimiento bajo el concepto de la GPP.

Ahora bien, las diferencias entre estos dos textos están marcadas también por los modos en que eligen difundir el balance y la agenda política. Mientras Fierro Loza combina el balance realizado de manera colectiva, con la narración «anónima» de un combatiente, Campos opta por la narración literaria enmarcada por la carta-prólogo y por epígrafes que sostienen una visión didáctica del relato. Si bien ambos son documentos que se piensan públicos para rectificar la percepción generalizada del movimiento armado en Guerrero, el texto de Fierro Loza está más cercano al documento interno que sienta las bases para la reestructuración del grupo.

El texto de Campos, por su parte, privilegia la transmisión de la experiencia guerrillera a través de la narración literaria, en la cual hay un entrecruzamiento entre la estructura novelística, la narración de raíz oral y el relato testimonial o de no ficción. Mientras, la estructura del relato se acopla muy bien al desarrollo del episodio de sobrevivencia, la incorporación de narraciones provenientes de una tradición oral logran zanjar la brecha entre el debate o discusión teórica y las prácticas comunitarias que nutrieron al movimiento armado. El acto de rememoración subraya el papel de la colectividad para abordar la historia desde abajo. Cabe destacar que la narración solamente aborda el episodio de sobrevivencia de este pequeño grupo que logra romper el cerco, culminando con el encuentro en la Ciudad de México en marzo de 1975 y el nombramiento de Benigno como comandante del PDLP. Es decir, hay un silencio de doce años sobre el periodo de clandestinaje e intercambio del PDLP con el PROCUP. En este sentido, la práctica de la memoria es selectiva y está dirigida a la afirmación, la continuidad y la legitimidad del movimiento armado.

Para cerrar este capítulo se debe mencionar que el texto de Campos también incorpora «nuevas» agencias que no aparecen con anterioridad en los textos testimoniales. Como por ejemplo el papel de las mujeres en el movimiento armado y la denuncia de los operativos militares de contrainsurgencia y del terrorismo de Estado que incluyeron la aldea vietnamita, los vuelos de la muerte, así como la práctica de la tortura, que se analizan más adelante en el capítulo siete. Respecto a la participación de las mujeres en la lucha armada, el testimonio de Campos incorpora esta agencia a lo largo de la narración a través de la voz de Adela, militante del BCA, lo cual es un parteaguas porque hasta ese momento los testimonios no han abordado el tema de género y las pocas mujeres que habían participado de manera más visible en el debate de rectificación, como Paquita Calvo o Rosa Albina Garavito, se circunscribieron a discutir y hacer balance más no abordaron las condiciones en que surgió la participación femenina o los cambios que impulsaron desde una perspectiva de género. Cabe recordar que, a pesar de que en los sesenta surge el movimiento feminista, éste no fue incorporado al proyecto revolucionario ya que se consideró una lucha secundaria y de corte burgués. Si bien la inclusión de una agencia de género en el testimonio de Campos presenta una serie de contradicciones y no posee una perspectiva de género, no se puede soslayar que hay un intento de atender e incorporar esta otra lucha, por lo menos discursivamente[22].

Como se señaló antes, la aparición de los primeros textos testimoniales a finales de la década de los años setenta respondió al debate de la rectificación de la lucha armada, planteando la articulación teórica de su integración a la vía democrática. Destacan así las diferencias entre distintos grupos, particularmente en

---

22 Todavía está pendiente, entre otras tareas, analizar la lucha armada desde una perspectiva de género, el entrecruzamiento, las tensiones entre el marxismo y feminismo, así como las diferentes olas del feminismo y los cuestionamientos de un feminismo descolonizador en relación con el feminismo «blanco». En el caso mexicano, ha habido pocos trabajos que se aproximen al tema, destacando por ejemplo los trabajos de Adela Cedillo, Macrina Cárdenas y Lucía Rayas, o bien los testimonios de mujeres exmilitantes como Minerva Armendáriz, Rosa Albina Garavito, Bertha Lilia Gutiérrez, Gladys López Hernández, Lourdes Uranga López, la compilación de María de la Luz Aguilar Terrés y la tesis de doctorado de María de Jesús Méndez Alvarado. Por la extensión del tema, el presente trabajo no lo aborda en profundidad siendo parte de una investigación que está en proceso. Para un panorama general véase la última sección del capítulo 8.

las formas de llevar a cabo esta integración; para algunos la respuesta fue unirse a los partidos de izquierda, mientras que otros destacaron la necesidad de reforzar el trabajo político en las bases del movimiento obrero. Aunque los textos de la rectificación se centran en el debate teórico y de balance, y no poseen una intensión memorística, sientan las bases para analizar el proceso de construcción de la memoria que, si bien no se constituyó como una memoria emblemática, definió como una tendencia dominante la rectificación. En contraste con los primeros testimonios del Cono Sur que denunciaron los horrores de las fuerzas armadas y buscaron la movilización de la comunidad internacional, los textos mexicanos tuvieron como audiencia e interlocutor a los propios exmilitantes. El objetivo de publicar fue dar visibilidad a los debates y tejer alianzas o deslindes con los partidos de izquierda durante la coyuntura política y 'apertura democrática' de finales de los setenta. Esto, contrasta a su vez por ejemplo con los testimonios de Chile, que si bien en un primer momento formaron parte de un proyecto todavía anclado en la Unidad Popular, posteriormente soslayaron, al igual que en el caso de Argentina, la participación política de desaparecidos o sobrevivientes al enfatizar su carácter de víctima sobre la de militante o simpatizante. En este sentido, los primeros textos testimoniales mexicanos operan al reverso, tienen como eje fundamental la participación, debate político y militancia por encima de la denuncia de la violencia de Estado.

Se pueden observar así las bases de una construcción del pasado que selectivamente estableció un marco interpretativo adherido a la retórica democrática propuesta desde el Estado, dejando fuera otra serie de agencias de denuncia de las violaciones a derechos humanos y de la experiencia, ya fuera colectiva o individual. Por otro lado, a la vez se trató de una dinámica y disputa entre varias formas de reconstruir el pasado reciente que generaron a su vez memorias sueltas, en términos de Stern, que no encontraron mayor eco aunque estas posturas aceptaran la rectificación. Por ejemplo, la propuesta de encausar la lucha en el trabajo de formación de bases e intercambio con el movimiento obrero. Aunque los debates de la rectificación y la vía democrática no cristalizaron en una memoria emblemática, éstos quedaron sepultados bajo la memoria del 68, sí lograron cierta unidad y consenso frente a la coyuntura política para rearticular la lucha armada a la vía partidista. Más que tratarse de una oposición memoria emblemática *versus* memoria suelta, la construcción y disputas por la memoria funcionan de manera dinámica, como una suerte de capas superpuestas y movibles que a su vez sufren transformaciones en el tiempo.

En la década de los años ochenta se observa la respuesta de los grupos armados provenientes de otra tradición revolucionaria, en este caso la lucha cabañista y su posterior rearticulación en el PROCUP-PDLP. Si bien en su mayoría los grupos armados urbanos se incorporaron a la vía democrática, la respuesta de los grupos en Guerrero o aquellos que no se alinearon a la LC23S sostuvo la continuación de la lucha, marcando no solamente un deslinde de los anteriores, sino resaltando la brecha entre dos tradiciones de lucha revolucionaria y la tensión entre teoría y *praxis*. Esta escisión, predecible por la naturaleza de ambos en los desencuentros de la sierra marcó de manera profunda a los movimientos armados, su imposibilidad de convergencia y con ello su derrota militar.

Los textos testimoniales del PDLP analizados presentan una memoria alterna a la tendencia dominante de la década anterior, no obstante estos textos solo son muestra del surgimiento en el ámbito público, aunque con poca recepción, de otras formas de rememoración y agencias políticas presentes anteriormente, pero que no tuvieron visibilidad. Los textos apuntan a una memoria alternativa del movimiento armado que legitima el proyecto político y la viabilidad de la lucha armada anclada en Cabañas. El surgimiento de estas otras miradas sobre el pasado marcan una pluralidad de concepciones y prácticas políticas de los movimientos armados, a la vez que tienen transformaciones en su estructura narrativa. Estos textos se encuentran a medio caballo entre el balance interno, narración memorística y, en el caso de Campos, de una narrativa que abreva de la oralidad y de lo literario.

En la década de los ochenta también se publicaron textos literarios escritos por los exmilitantes en el confinamiento carcelario de la década anterior, en los cuales el debate y balance teórico, así como las agencias políticas no aparecen de manera evidente. Esto lleva a plantear que mientras en los setenta se gesta una gran pluralidad de memorias sobre el movimiento armado, su represión y particularmente una variedad de posturas en torno a la rectificación, en la década de los ochenta emergen de manera pública y escrita estas otras visiones que no conformaron una tendencia dominante. Se ha analizado el uso de la escritura testimonial a través de cartas, ensayos y artículos de opinión, pero habría que analizar también las manifestaciones literarias específicamente bajo la forma de literatura carcelaria. ¿Cómo se articula en el ámbito literario la experiencia del movimiento armado y la experiencia carcelaria?, ¿qué estrategias poéticas y de narración utilizaron los exmilitantes para posicionar su voz por otros medios?, ¿cuál fue la recepción de estos textos?, ¿qué implicaciones tiene su obra literaria en el sentido de accionar una agencia política a través de lo literario?, ¿cuáles son los discursos de memoria que construyen en los textos literarios? Estas son algunas preguntas que guían el desarrollo los capítulos cinco y seis.

Sección III. Romper el cerco del silencio

Capítulo 5. Escritura y confinamiento carcelario

> Los presos políticos aprenden en las cárceles
> que el gobierno no permitirá el ejercicio de libertades
> y derechos democráticos, sino que el pueblo debe luchar
> para conseguir la democracia.
> Teníamos entonces que arrancarle a la prisión
> la voz y las imágenes de esos hombres.
>
> Óscar Menéndez / Rodolfo Alcaráz

> (…) los zapatos están desperdigados, vacíos, y el vientecillo helado
> se endulza con el olor de la sangre
> y miles de hojas de papel,
> iluminadas bajo la luz mercurial,
> abandonan en desbandada los cuerpos
> para romper el cerco de la muerte.
>
> Salvador Castañeda

Frente a la negativa del gobierno del expresidente Luis Echeverría Álvarez (1970-1976) de aceptar la existencia de presos políticos en las cárceles mexicanas, el documental *Historia de un documento* (1971) de Óscar Menéndez tuvo como objetivo «arrancarle a la prisión la voz y las imágenes» de los presos políticos del movimiento estudiantil del 68. Menéndez, junto con su equipo de trabajo, logró infiltrar una cámara Super-8 para grabar las escenas que desmentían las declaraciones oficiales[1]. Tras

---

[1] Óscar Menéndez y Rodolfo Alcaráz huyeron de México en 1970, llevando consigo las imágenes del movimiento estudiantil del 68. En 1971, Radio y Televisión Francesa (RTF) aceptó producir el documental, sin embargo, no pudo ser proyectado en la televisión europea por la intervención di-

un entrenamiento breve durante las visitas semanales, los presos políticos filmaron distintas escenas en la cárcel, que van desde la cotidianidad tras los muros, hasta las tomas de una cámara inestable y circular que plasma la visión vertiginosa de un horizonte atravesado por las rejas, documentando esa «geometría enajenada» de la que hablara José Revueltas. El rostro que asoma por la escotilla de la crujía, el cuerpo doblado y sometido a una celda de castigo que impide la posición vertical con el sol a plomo, la sombra de los barrotes recortando la pinta en el suelo «Aquí México» en yuxtaposición con imágenes de la inauguración de los Juegos Olímpicos, son escenas del documental que denuncian la existencia del preso político, tan negada por el Estado. El epígrafe de Salvador Castañeda, por su parte, destaca las hojas de papel impulsadas por el viento como lo único que logró romper el cerco de Tlatelolco, transformándose la escritura en documento y testigo de la represión. En ambos casos, imagen y escritura adquieren un valor testimonial frente a la inmediatez, por denunciar la represión y la censura del gobierno priísta, convirtiéndose en documentos vivos que registran marcas de una memoria alterna a la historia oficial y a la memoria social dominante.

Aunque este registro ha quedado inscripto a distintos niveles, que van desde documentos, archivos, imágenes y textos, hasta las marcas en el cuerpo social y la práctica de la memoria, este hecho no significa que en el proceso de configuración de ésta no existan tensiones, (in)visibilidades, olvidos, borraduras, o bien deliberados soslayos y mecanismos de desmemoria por parte de las instituciones, creando un entorno de impunidad. Como se ha señalado anteriormente, el movimiento estudiantil del 68 y, particularmente, la masacre de Tlatelolco, permeó los discursos de la memoria —social y del Estado—, dejando

---

recta del gobierno de Echeverría. Este documental fue censurado por más de treinta años hasta su proyección en 2004, en el V Foro Internacional sobre las Nuevas Tendencias del Documental del Centro de Capacitación Cinematográfica.

de lado la memoria del movimiento armado y la violencia del Estado contra la disidencia. En este proceso, las narrativas carcelarias, particularmente producidas por los participantes del movimiento armado, no solamente plasman la experiencia del preso político y la represión del Estado, sino que también, por su mera existencia, plantean una serie de problemáticas relacionadas tanto con la construcción de la memoria, como con la especificidad literaria, el oficio del escritor y la tensión entre lo testimonial y la reconstrucción literaria del pasado de violencia, ya sea en el género narrativo o poético. Si bien esto ya era apuntado por los textos del movimiento del 68, los textos de los exmilitantes tuvieron menor visibilidad y a su vez encontraron resistencias en su legitimidad tanto política como literaria.

Esta sección, que comprende los capítulos cinco y seis, analiza los textos literarios, ficción y poesía, de forma separada de los primeros textos testimoniales de finales de la década de los setenta, porque hay una evidente intensión literaria y, además, se observa un distanciamiento del debate teórico y la rectificación. Aunque los textos testimoniales y literarios comparten el mismo periodo de producción en el confinamiento carcelario, tomaron distintas rutas tanto en sus agencias como en sus formas discursivas y de recepción. Como se señaló en el capítulo 3, algunos textos testimoniales fueron públicos para posicionar el debate de la rectificación de la lucha armada, no obstante, otros circularon como manuscritos y fueron publicados después del 2000.

Por su parte los textos literarios como *¿Por qué no dijiste todo?* (1980) de Salvador Castañeda, la antología de poesía carcelaria *Sobreviviremos al hielo. Literatura de presos políticos* (1988) de Manuel Anzaldo y David Zaragoza, y *Los diques del tiempo* (1991) también de Salvador Castañeda abandonaron la forma del ensayo, artículo o carta, así como la intensión de debatir los posicionamientos teóricos o balance de la lucha armada. Sin embargo, esto no implica la ausencia de lo político; por el contrario, la búsqueda de nuevos horizontes de recepción a través de la práctica de la escritura y la entrada al ámbito literario demuestra un posicionamiento en su doble estatuto: literario y político. La presencia de una matriz testimonial y el tratamiento literario les permite abordar de manera detallada lo que los primeros testimonios no lograron capturar: la experiencia carcelaria, el mundo afectivo, así como la reflexión del sujeto sobre un pasado de violencia inmediato, más allá de las discusiones teórico-políticas.

Este capítulo aborda la ambigua articulación del preso político, no reconocido oficialmente, pero con un trato diferenciado y encarnizado en contraste con el preso común, la representación literaria de lo carcelario, el preso político y el preso común en la obra de José Revueltas, las diferentes experiencias del confinamiento carcelario de los presos políticos del 68 y los de la lucha armada, incluyendo las diferencias de género, así como las condiciones de producción de la literatura carcelaria de los presos políticos del movimiento armado.

I. El estatuto político y literario de los textos carcelarios

A diferencia de la reacción de la *ciudad letrada*, en términos de Ángel Rama, y de la sociedad en su conjunto que rechazó rotundamente la represión del Estado ejercida en la trágica tarde de Tlatelolco y del 10 de junio en San Cosme, el movimiento armado no tuvo la misma aceptación en la sociedad al optar por la toma del poder usando la violencia. Así, los primeros ecos del movimiento armado aparecen de una manera más empática para la población a través de la lucha de los familiares de los desaparecidos, como lo aborda Elena Poniatowska en *Fuerte es el silencio* (1980)[2]. En este sentido, cabe destacar que las narrativas carcelarias de los exmilitantes tuvieron un doble enfrentamiento o emergieron entre fuegos, como señala el título de este libro,

---

2   Inclusive, se puede observar una marcada diferencia de empatía por la huelga de hambre de las madres de los desaparecidos en contraste con las entrevistas a Paquita Calvo y Benjamín Pérez Aragón, exmilitantes del movimiento armado.

entre el desprestigio de la lucha armada, las tensiones internas de los grupos y el hecho de que no se trataba de escritores profesionales. Por un lado, el silenciamiento y la represión del gobierno y, por otro, ganar un espacio que tuviera tanto legitimidad política como literaria, es decir, el derecho a hablar. Sin ser ciudadanos legítimos de la república de las letras, algunos textos, que comenzaron a ser desarrollados como notas o bien como proyectos más elaborados en prisión, fueron publicados y lograron una relativa circulación durante la década de los años ochenta y noventa.

La publicación de estos textos puede ser leída, por un lado, como un cambio político que comenzó a perfilarse durante la «apertura democrática» del sexenio de Echeverría, pero que en definitiva marcó el gobierno de José López Portillo durante la reforma política con la aprobación del la LOPPE de 1977 y la ley de Amnistía de 1978, en un intento por deslindarse políticamente de su antecesor, como es la tradición del presidencialismo mexicano. Por otro lado, la entrada al circuito letrado puede ser vista como la toma del poder o el asalto a la *ciudad letrada,* en la que el ámbito literario se convirtió en el último bastión, una vez que la arena política, social y la propia lucha armada fueron agotadas. De cualquier modo, la emergencia de estos textos señala una lucha en el interior del campo literario que obliga a revisitar tanto el concepto o la especificidad de lo literario, como la demarcación de un espacio «entre medio» o liminal en el que se forjan comunidades de memoria o, en términos de Rancière, «colectivos políticos» (*The Politics of Aesthetics* 39-40), que a su vez dislocan los discursos hegemónicos de identidad, historia y nación.

Mientras la antología de poesía *Sobreviviremos al hielo* y el diario *Los diques del tiempo* fueron escritos en prisión, la novela *¿Por qué no dijiste todo?* fue desarrollada a partir de las notas tomadas durante el confinamiento carcelario, inmediatamente después de la excarcelación de Castañeda cumpliendo su sentencia en octubre de 1977[3]. No obstante, la novela fue publicada antes que los otros textos, al ganar el premio Grijalbo de primera novela en 1979. Indudablemente, el premio Grijalbo, los comentarios del jurado y la recepción de la novela, en general positiva, impulsaron a Castañeda como un seguidor de José Revueltas por la sordidez del mundo carcelario[4]. Por el contrario, la antología de poesía fue publicada en la editorial Costa-Amic, diez años después de la Amnistía y tras dos intentos frustrados de publicación, siendo el primero todavía dentro de la cárcel. Por su parte, el diario de prisión de Castañeda fue publicado hasta 1991, con una reimpresión en 2004. El diario representa alrededor de una séptima parte del tiempo que el autor estuvo en prisión, ya que muchas de las notas se perdieron durante los cateos de la DFS, especialmente durante el periodo en Lecumberri. Cabe destacar que, pese a su publicación, estos últimos dos textos pasaron prácticamente desapercibidos por la crítica. Los tirajes de la antología y el diario de prisión, 2,000 y 1,000 ejemplares respectivamente, contrastan con los de la novela premiada con una primera edición de 10,000 ejemplares en Grijalbo y una segunda de 1986 en la colección SepSetentas de 30,000 ejemplares que definitivamente colocó a Castañeda en un espacio legitimado por la institución de lo literario.

---

3   Cabe recordar que, al igual que con los presos del 68, los casos se resolvieron políticamente ya fuera a través de la amnistía o bien reduciendo cargos y sentencias que en muchas ocasiones ya habían sido cumplidos bajo la ley de normas mínimas, es decir dos días de trabajo por uno reducido de la sentencia. En el caso de Castañeda encarcelado en 1971, tuvieron que pasar seis años para que iniciara el proceso en junio del 77 y recibir una sentencia en dos meses, misma que ya había sido cumplida.

4   Algunos críticos como Campos, Escalante, Domínguez Michael y Negrín, entre otros, han destacado la denuncia del infierno carcelario, no obstante, la novela ha sido poco estudiada con mayor profundidad, con excepción del trabajo de Patricia Cabrera y Alba Teresa Estrada, que ofrecen una lectura comparativa con las otras novelas de Castañeda, *La patria celestial* (1992) y *El de ayer es él* (1996).

Llama la atención la desigualdad en la recepción, a pesar de que la novela de Castañeda fue relativamente reconocida, en contraste con los textos literarios y testimoniales o crónica del movimiento del 68[5]. Asimismo destaca que tanto la crónica como la ficción literaria sobre el 68 fuera mayormente reconocida en contraste con la relativa visibilidad de la novela y la nula atención a los textos testimoniales de la lucha armada. Esto sugiere, por un lado, que el género más permeable a la recepción del tema de la «guerrilla» fue la novela y, por otro, que hubo un aprendizaje de Castañeda sobre el uso literario o la ficcionalización de la violencia de Estado y el mundo carcelario.

El hecho de que la ficción fuera privilegiada sobre otros géneros, o bien que algunos textos aun siendo publicados quedaran un tanto relegados, responde a lo que se planteó anteriormente sobre un marco social hegemónico o la «distribución de lo sensible». Es decir, una serie de estructuras *a priori* que determinan quién tiene la habilidad o no para hablar, y define tanto los modos de expresión como lo que es visible o no en una comunidad determinada. Si antes se señaló la asignación de lo que se puede decir o callar en lo político, la distribución de lo sensible asigna a su vez un valor de lo estético o, mejor dicho, lo que es considerado como estético. Rancière analiza la relación entre estética y política, en el sentido de que la estética aparece en el seno de lo político como una práctica tácitamente aceptada que distribuye las funciones, los modos y la recepción de lo estético.

> El recorte de espacios y tiempos, de lo visible e invisible, de la palabra y el ruido lo que define a la vez el lugar y los retos de la política como forma de experiencia. La política se refiere a lo que se ve y se puede decir de ella, a quien tiene la habilidad de ver y el talento para hablar, a las propiedades de los espacios y

---

[5] Para un análisis de la literatura del 68 o «narrativa tlatelolca» véase Irene Fenoglio, Jean Franco, Ryan Long, Aralia López, Gonzalo Martré, Rubén Medina, Edith Negrín, Juan Rojo y Cynthia Steele entre otros.

las posibilidades del tiempo. A partir de esta estética primaria es posible plantear la pregunta sobre las 'prácticas estéticas' según las entendemos, en cuanto al lugar que ocupan, lo que estas «son» en relación a lo común. Las prácticas artísticas son «maneras de hacer» que intervienen en la distribución general de los modos de hacer y en su relación con modos de ser y formas de visibilidad[6].

El debate sobre la función del intelectual y la literatura de compromiso *versus* la literatura de creación, que en el fondo no se trata de otra cosa que delimitar y distribuir lo estético y el portador de lo estético como parte de un discurso dominante, apareció primeramente en el periodo posrevolucionario bajo la discusión de revolución *versus* vanguardia, lo nacional *versus* lo universal. Posteriormente, bajo el contexto de la Guerra Fría, la Revolución cubana y el boom de la narrativa latinoamericana, éste se rearticuló bajo la forma de autonomía literaria *versus* literatura de compromiso. Pero, particularmente en México, la discusión se reactivó después de Tlatelolco por la inmediatez para denunciar la masacre y por la necesidad de los intelectuales de deslindarse de las declaraciones de Sócrates Campos Lemus y Elena Garro, que sostuvieron la versión del complot de un grupo intelectual contra el gobierno. Esto provocó una fuerte

---

6   Traducción de Inés Arribas del francés. Cita original: «C'est un découpage des temps et des espaces, du visible et de l'invisible, de la parole et du bruit qui définit à la fois le lieu et l'enjeu de la politique comme forme d'expérience. La politique prote sur ce qu'on voit et ce qu'on peut en dire, sur qui a la compétence pour voir et la qualité pour dire, sur les propriétés des espaces et les possibles du temps. C'est à partir de cette esthétique première que l'on peut poser la question des « pratiques esthétiques », au sens où nous l'entendons, de ce qu'elles occupent, de ce qu'elles « font » au regard du commun. Les pratiques artistiques sont des « manières de faire » qui interviennent dans la distribution générale des manières de faire et dans leurs rapports avec des manières d'être et des formes de visibilité» (*Le partage du sensible* 13-14).

campaña antiintelectual por parte del gobierno de Díaz Ordaz, frente a la cual la defensa por la autonomía y de creación literaria parece haberse impuesto en los años posteriores, reivindicando la figura pública del intelectual en México[7]. Asimismo, la reticencia al movimiento armado, a la narrativa realista y al género testimonial, además de la abierta represión, la cooptación de medios y la campaña anticomunista por parte del gobierno crearon un entorno hostil en el horizonte de recepción de estos textos y enterraron la memoria de la lucha armada como eco de la memoria emblemática de Tlatelolco. Finalmente, la comunidad de la memoria del movimiento armado fue eclipsada, no solamente porque la violencia del Estado fue selectiva sobre una comunidad específica, mucho menos visible política y literariamente, sino también porque fue fragmentada, ya fuera por el silencio impuesto o por las tensiones generadas en el interior de los grupos armados.

De cualquier modo, en este contexto, las narrativas carcelarias de los presos políticos de la lucha armada adquieren un doble estatuto: político y literario, en el cual las condiciones de producción adquieren relevancia, por el hecho de que tanto quienes las produjeron, como el material del cual echaron mano cargan con un estigma social y político. Aunque este estigma no se tradujo en una censura abierta, pues finalmente fueron publicados tras la Amnistía —recuérdese la peculiaridad de la censura en México, tangible pero oficialmente inexistente—, sí se puede decir que fueron soslayados, ya que no fueron producidos por escritores profesionales, dejándolos así en un espacio «entre medio». Como señala Homi Bhabha:

---

[7] Para un seguimiento de los debates sobre la autonomía intelectual véase *Una inquietud de amanecer* (163-176) de Patricia Cabrera, *La imaginación y el poder* (Capítulo v) de Jorge Volpi, «The Critique of the Pyramid and Mexican Narrative after 1968» de Jean Franco y «Mexican Fiction in the 1970's and the Critical Controversy on Artistry versus Significance» de Theda Herz.

[Los espacios entre medio] proveen el terreno para elaborar estrategias de identidad (singular o comunitaria) que inician nuevos signos de identidad, y sitios innovadores de colaboración y cuestionamiento, en el acto de definir la idea misma de sociedad. (*El lugar de la cultura* 18)

La nota del editor Bartomeu Costa-Amic Leonardo de la antología *Sobreviviremos al hielo* señala que la publicación de los poemas obedece a la intención de reconocer a los presos políticos de la guerrilla y a la de «contribuir al enriquecimiento de la moderna expresión literaria en México», planteando que estos textos llenan un vacío tanto en el campo social como en el literario.

Los textos que se difunden no contienen necesariamente una enmarcación rigorista que pudiera satisfacer al fino gusto literario de muchos y posiblemente algunas páginas presenten graves dolencias que delaten al que escribió como un mero aficionado al delicado arte de escribir, pero la intención de esta casi antología es otra. La obra se publica, pues se cree representativa de una clase especial en nuestra sociedad: el preso político; y la forma literaria sería también un apartado especial en las letras: literatura carcelaria. (Anzaldo 11)

La necesidad de explicar y justificar el proyecto en las notas del editor y de los compiladores revela que los presos políticos están entrando en un espacio que no les corresponde legítimamente: la escritura. Y, a su vez, estos textos tensionan las formas que dentro del régimen de la distribución de lo sensible no sería consideradas como literarias, demarcando un lugar de «entre medio» como un espacio de disrupción que, sin embargo, se ha incrustado en el sistema dominante. Como señala Gyan Prakash sobre la subalternidad, el modo en que ésta irrumpe en el seno del sistema dominante marcando a su vez sus límites desde dentro:

[C]omo un trazo de lo que elude el sistema dominante. Es esta existencia parcial, incompleta, distorsionada lo que separa al subalterno de la élite. Esto significa que el subalterno presenta posibilidades contrahegemónicas, no como una otredad inviolable desde el exterior, sino desde dentro del funcionamiento del poder, forzando contradicciones y dislocaciones en el discurso dominante, y proporcionando fuentes para una crítica inmanente. («La imposibilidad de la historia subalterna» 62)

Desde esta perspectiva, las narrativas carcelarias generan una disrupción que se enmarca dentro de los ámbitos de lo político y lo literario. Sin embargo, no se trata de establecer que estos textos sean literarios porque denuncien la violencia de Estado y se propongan reconstruir la verdad, sino porque se incrustan en los discursos dominantes, dislocando, por un lado, una narrativa nacional armónica que negó la existencia del movimiento armado y la represión del Estado y, por otro, planteando un cambio en el concepto de lo literario. Sabiéndose ilegítimos en la *ciudad letrada*, la intención de la antología no es el manejo correcto de la escritura, sino la representación de un grupo social específico como es el del preso político. De este modo, el concepto de lo literario presenta un cambio, denotando que la literariedad deje de ser vista como un producto estético solamente. Al introducir el concepto de representación, literaria y política, en términos de Spivak, la antología implícitamente plantea un cambio radical que deja de centrarse en el producto literario, dando paso a un concepto de práctica literaria y el derecho de tomar la pluma y la palabra.

En este sentido, las condiciones carcelarias dejan de ser elementos extraliterarios y se convierten en una parte fundamental del proceso de la producción escrituraria. Como relata en una nota introductoria Manuel Anzaldo, exmilitante de la LC23S, el proyecto estaba casi listo para ser impreso en los talleres del reclusorio en 1977, sin embargo, un repentino traslado a otro reclusorio lo echó abajo, perdiendo el trabajo mecanografiado y todo lo hecho en placas y linotipos. Bajo unas condiciones extremas de producción, el traslado tenía una dimensión desastrosa, era perderlo todo y comenzar prácticamente de nuevo una larga carrera de obstáculos.

> Un traslado en la cárcel significa empezar nuevamente desde cero, cambiar de residencia quiere decir que todo lo aprendido acerca de las minucias de la convivencia carcelaria y todo lo logrado a base de estiras y aflojas sutiles y constantes se desvanece como el humo y nuevamente hay que recomenzar todo, empezar por la fajina, el trabajo semiesclavo, y buscar acomodo en la estructura social rigurosamente jerarquizada de la cárcel. Aunado a esto cuando hay un traslado, el sujeto en cuestión es notificado con 10 o 15 minutos de anticipación y sólo puede llevar lo que pueda cargar en la mano. Por lo mismo todo se perdió, placas, negativos, pruebas, papel, tiempo de máquinas y sobornos pagados, todo se perdió menos el original aunque incompleto. (Anzaldo 13-14)

Por su parte, Salvador Castañeda destaca en *Los diques del tiempo* lo complicado que era escribir en la cárcel en circunstancias tan adversas, desde conseguir papel y pluma, hasta esconder los textos cada vez que entraban a catear la crujía. El texto que comenzó con una cronología estricta, sin mayor pretensión, con el tiempo, las dificultades y las pérdidas de textos se convirtió para Castañeda en un archivo escrito del pasado, en una marca de memoria con sus fracturas y huecos, evidenciando también los silencios impuestos y la violencia del Estado al confiscar gran parte del diario.

> Lo que se registra corresponde tal vez a una séptima parte del tiempo que duró nuestro encierro. Encajonados por tal circunstancia, tomar notas aquí dentro exigía inflexibles medidas de seguridad no tanto por la vigilancia interna o los registros repentinos celda por celda espulgando todos los rincones (incluso en nuestros pliegues) en busca de cualquier

cosa por escrito; no tanto por eso como por las incursiones que hacen a la cárcel tanto la Judicial Federal como los cuerpos antiguerrilleros, que no se limitan a la búsqueda sino a la tortura. (*Los diques del tiempo* 9)

Como sucede con todo texto perseguido, del diario de cárcel de Castañeda quedaron seis partes dispersas entre distintos camaradas que fueron reubicados en varios reclusorios. Algunas notas jamás se recuperaron y su destino es tan incierto como el de algunos compañeros caídos o desaparecidos. En este sentido, textos y cuerpos se enlazan más allá de lo metafórico compartiendo destinos similares; se trata de textos-cuerpos sobrevivientes, textos castigados que lograron insertarse, aunque en pequeña circulación, dentro del circuito letrado, cuerpos que sobrevivieron a la muerte y a la tortura dentro de un espacio persecutorio y de censura.

Aproximadamente seis partes del total de las anotaciones, frente a la búsqueda y el saqueo por parte de los cuerpos represivos del estado, se hizo necesario diluirlas en varias ocasiones durante cinco años y medio. (…) Tal vez todas las partes libraron los filtros o sólo algunas, eso no se sabe. De todo esto (visto ahora), la pérdida más sensible es una gran parte de lo sucedido en Lecumberri. En la cárcel el espacio se reduce al máximo (¿o al mínimo?) como castigo. El mundo se cierra apareciendo de pronto más pequeño. La incidencia de tal encajonamiento opera sobre el individuo cambios notables que lo obligan a cerrarse también como si en realidad se adaptara al monstruo que puede devorarlo. La soledad escondida y el espacio oscuro resultaron el marco para hacer estas anotaciones que son *la bitácora del reptar del tiempo sobre nuestra conciencia* (*Los diques del tiempo* 9-10; énfasis mío).

Mientras el diario de cárcel de Castañeda podría considerarse un testimonio, la novela *¿Por qué no dijiste todo?* contiene una suerte de matriz testimonial por los referentes autobiográficos, sobre el MAR, al cual perteneció Castañeda, y sobre la experiencia carcelaria. No obstante, evidentemente hay un tratamiento literario o de ficcionalización de eventos y personajes. Destaca a su vez que a pesar de la matriz testimonial y los referentes de la realidad, este texto fue escrito y pensado como novela, por lo cual muy probablemente es la razón por la que tuvo mayor circulación y aceptación. Esto señala que el horizonte de recepción regido por la «distribución de lo sensible» privilegió el género de novela, por lo que *¿Por qué no dijiste todo?* solamente pudo circular públicamente al escamotear prudentemente la experiencia de la lucha armada y carcelaria bajo un mundo replegado en sí mismo y cobijado por la ficcionalización, aun cuando se supiera a voces que lo escrito en sus páginas poseía un innegable referente de la realidad. El filtro gubernamental, pero también por los juicios de valor que tradicionalmente maneja la institución literaria en México, sin duda influyeron en la incorporación o no en el circuito letrado de los textos producidos por exmilitantes. Asimismo, como se señaló en el segundo capítulo, los marcos interpretativos de recepción de la memoria definitivamente marcaron las condiciones y la selectividad en la construcción de una memoria social o de una memoria emblemática. Destaca así la disparidad entre la producción literaria y la testimonial del 68, con la producción literaria y testimonial del movimiento armado, siendo para este último visible y reconocido por el tema carcelario más no por las condiciones que generaron el levantamiento armado.

II. José Revueltas y las narrativas carcelarias

El tema carcelario en la literatura mexicana del siglo xx, por supuesto, no surge con la represión de los grupos armados, ni con el movimiento del 68. Sin embargo, este último sí marcó un parteaguas al visibilizar la represión del Estado estableciendo un vínculo importante con el movimiento obrero y magisterial del 58, al demandar la liberación de los presos políticos en el pliego petitorio del Consejo Nacional de Huelga (cnh). Asimismo, es notable el incremento del número de publicaciones posteriores al movimiento del 68 que, por un lado, abordan el espacio carcelario como consecuencia de la represión de Estado ejercida y, por otro, por el manejo de una ambigua política de «apertura democrática» que incluyó una política cultural[8]. Antes de analizar los textos carcelarios del movimiento armado y el modo en que se incorporan a la narrativa carcelaria mexicana en el siglo XX, es inevitable hacer un breve recorrido por los textos que los anteceden y, particularmente, por el tratamiento de lo carcelario en la narrativa de José Revueltas.

Si bien en 1900 la inauguración de la cárcel preventiva de Lecumberri coronó el régimen de Porfirio Díaz con la modernización del modelo carcelario, en la primera mitad del siglo XX la narrativa no aborda a Lecumberri, sino a las Islas Marías, cuya asignación como cárcel fue posterior en 1905. Quizás esto se explique por el horror que causó el destierro. Frente al modelo panóptico de Lecumberri, ir a las islas era literalmente ser

---

[8] Por citar algunos textos carcelarios posteriores al movimiento del 68 se encuentran: *El apando* (1969), «Hegel y yo» y «El reojo del yo» en *Material de los sueños* (1974) de José Revueltas revisitando el tema carcelario; *Los días y los años* (1971) de Luis González de Alba; *Círculo vicioso* (1974) obra de teatro de José Agustín; *Los murmullos* (1975) de Jorge Portilla Livingston abordando el pabellón psiquiátrico de la cárcel; *De albañil a preso político* (1978) de Simón Hipólito Castro; *Mi testimonio: experiencias de un comunista mexicano* (1978) de Valentín Campa; *¿Por qué no dijiste todo?* (1980) de Salvador Castañeda; *Las causas: memorias de un desaparecido político* (1985) de Alberto Núñez Jara; *Sobreviviremos al hielo* (1988) de Anzaldo y Zaragoza; *Los diques del tiempo* (1991) de Castañeda; *Beso negro* (1992) de Gilberto Flores Alavez y *De la libertad y el encierro* (1998) de Roberta Avendaño Martínez, por citar algunos ejemplos. Posteriormente aparece el premio literario Buzón Penitenciario de relatos escritos por presos, así como diversos proyectos de talleres y publicaciones hechos por reos; entre ellos se encuentran: *Mujeres de oriente* (2002) de Josefina Estrada, y la publicación de la asociación Documentación y Estudios de Mujeres (DEMAC) *Bajo condena*, de Alexa et al.

expulsados de la sociedad, como sucedió hasta el siglo XIX con la prisión de San Juan de Ulúa, en el Puerto de Veracruz.

La isla (1938) de Judith Martínez Ortega, secretaria del director del penal, es una especie de reporte que describe la vida en las islas. Una segunda aparición del espacio carcelario de las islas corresponde al proyecto de guión cinematográfico de Martín Luis Guzmán, razón por la cual visitó las islas en 1940. El proyecto no se concretó, pero *Islas Marías* (1959) fue publicada con el subtítulo «Novela y drama (Guión para una película)», lo cual explica la narrativa en escenas cinemáticas.

El texto de Martín Luis Guzmán prácticamente es una novela de tesis que critica agudamente el sistema penitenciario en México, las condiciones infrahumanas y el trato a los presos, por ello Guzmán se adhiere a la erradicación del castigo físico. Propugnando por un sistema moderno —recuérdese que Foucault no solamente señala el nacimiento de la cárcel, sino también su sintomática rearticulación y perfeccionamiento (*Vigilar y castigar* 236)—, la novela dramatiza la necesidad de un cambio a través de la lucha entre personajes antagonistas que representan las fuerzas del orden, la civilización y la humanidad *versus* la barbarie, la ignorancia y las bajas pasiones[9].

---

9   La pareja protagonista, la «Inspectora» del sistema penitenciario que visita las islas y el «Profesor» preso político de la oposición al que se culpa del asesinato del presidente electo, son personas educadas y comprometidas en construir espacios justos dentro del marco de la ley. Por otro lado, la pareja antagonista, «El Chora» y Rosa Platas, permanece en un plano moralmente inferior, pues ambos cometieron asesinatos por razones pasionales. Pese a las reformas llevadas a cabo en el penal, el motín y la renegociación de la libertad del «Profesor» por ayudar en la rendición de los amotinados, los mundos antagonistas permanecen separados en un orden bastante predecible. Es imposible para Rosa Platas o «El Chora» acceder a un amorío con sus antagonistas, por lo que se vuelven cómplices tramando su asesinato antes de que contraigan matrimonio el «Profesor» y la «Inspectora» y puedan salir libres de la isla. Rosa Platas se arrepiente, es asesinada por «El Chora», pero logra dar aviso para que prevengan a los

Es indiscutible el talento y la agilidad narrativa de Martín Luis Guzmán, sin embargo, el texto aborda lo carcelario desde una exterioridad, apostando por la necesidad de una planeación y una reestructuración del modelo penitenciario que contemple la reintegración social y humana, pero no da cuenta de los mecanismos de poder que atraviesan lo carcelario. La aparición de personajes marginales funciona como elemento de ambientación de la novela-proyecto, provee de argumentos, pero jamás aborda las subjetividades que están en juego, como sí sucede en los textos de José Revueltas.

El tema de la cárcel es una constante en las novelas de Revueltas y es posible registrarlo como un movimiento que comienza con las interacciones entre presos políticos y presos comunes en *Los muros de agua* (1941), para paulatinamente irse despojando del preso político o militante comunista y centrarse en los personajes lumpen y presos comunes, como sucede en *Los errores* (1964), pero particularmente en los últimos textos: *El apando* (1969) y en el cuento «Hegel y yo», recopilado en *Material de los sueños* (1974). Este proceso o movimiento, totalmente inverso al de los textos carcelarios de los exmilitantes, como se explica más adelante, cobra sentido si se observa el tema carcelario como parte de un todo dentro de la obra revueltiana: «El mundo es una prisión, pero una prisión sin concesiones, más dura y resistente que una piedra o una maldición» (Escalante 25). De este modo, el confinamiento carcelario es para Revueltas un espacio más en el que las fuerzas opresivas se agudizan y en donde la condición humana se confronta con sus propias contradicciones, como lo registra a lo largo de su obra literaria:

> Escojo la cárcel como ambiente, es decir, ambiente simbólico. Porque la cárcel no es sino un compendio, una condensación de las sociedades. Tiene sus clases sociales, sus tiranos, sus

---

novios del inminente peligro. «El Chora», por su parte, al confrontar su pasado decide colgarse de un árbol.

opresores, y constituye entonces una reversión de la sociedad externa a los límites de una geometría enajenada, como le llamo en *El apando*. Las rejas para mí, las rejas de *El apando*, son las rejas de la ciudad y las rejas del país y las rejas del mundo. (Revueltas en *Conversaciones con José Revueltas* 193)

La cárcel es para Revueltas un compendio de lo social, sin embargo, a lo largo de su narrativa ésta no solamente es una reproducción agudizada de las relaciones de poder que atraviesan a los sujetos, sino que se convierte en una matriz constitutiva de lo social. Lo carcelario en Revueltas no puede ser entendido sin prestar atención al modo en que elige «representarlo», no solo porque ha vivido la cárcel en carne propia, sino porque forma parte medular del pensamiento y del proyecto político-literario de Revueltas.

En el prólogo a *Los muros de agua*, en 1961, Revueltas reflexiona sobre las problemáticas del realismo en la literatura y el modo de «representar» la realidad que vaya más allá de lo mimético, el realismo socialista o el reportaje de lo terrible. A partir del materialismo dialéctico, Revueltas plantea un método o modo para aprehender de la realidad aquello que llama su movimiento interno o «el lado moridor» y seguir sus líneas o movimiento en la construcción narrativa:

> Dejarse la realidad que la seleccionemos. ¿Qué significa esto? Significa que la realidad tiene un movimiento *interno* propio, que no es ese torbellino que se nos muestra en su apariencia inmediata, donde todo parece tirar en mil direcciones a la vez. (…) Este *lado moridor* de la realidad, en el que se la aprehende, en el que se la somete, no es otro que su lado *dialéctico*: donde la realidad obedece a un devenir sujeto a leyes, en que otros elementos contrarios se interpenetran y

la acumulación cuantitativa se transforma cualitativamente. (*Los muros de agua* 19)[10]

Para Revueltas, el proceso dialéctico no necesariamente se resuelve en su lado

> positivo, como propone el realismo socialista, sino que precisamente a través de su reverso, de la exacerbación de la opresión, se lleva a cabo una síntesis negativa. Como señala Evodio Escalante: «los procesos de pauperización (deben) exacerbarse hasta el límite de lo insoportable para hacer posible, así, la desaparición del sistema que lo genera» (*José Revueltas. Una literatura del lado moridor* 73).

Durante su vista al leprosorio de Guadalajara, la cuestión primordial para Revueltas es cómo representar lo terrible, cómo aprehender «ese material vivo, doliente, desquiciante de los leprosos», a lo que el propio Revueltas replica: «Tomar a los leprosos en lo que no tienen de leprosos, porque, en efecto, la vida no es la lepra, pero más aún, sin que dejen de ser leprosos, porque la vida *todavía* está en riesgo de caer en la lepra» (*Los muros de agua* 19). Es decir, que la aprehensión de lo terrible y lo sórdido no radica en imitar la realidad, sino en apuntar hacia un proceso en devenir que plasma, por un lado, el movimiento hacia la finitud del ser o el acabamiento y, por otro, la toma de conciencia, las resistencias y las fugas en este proceso[11].

---

10 Como señala Evodio Escalante: «La aplicación consecuente de este método, que él sostiene está en la realidad, pero que en un segundo momento él descubre o inyecta en la realidad, le permite perseguir los movimientos internos de este mundo, descubrir sus líneas de fuga, sus movimientos de descenso y degradación, y encontrar en esa degradación, en esta corrupción aparente, no una manifestación del mal en términos absolutos, sino un momento en el camino de la superación dialéctica de la realidad» (*José Revueltas: una literatura del lado moridor* 23).

11 Se puede observar una gran afinidad entre el trabajo de lo literario a partir del concepto *el lado moridor de la realidad*, en Revueltas, y el concepto de una literatura menor en Deleuze y Guattari, refiriéndose como menor,

Como sugiere la lectura deleuziana de Evodio Escalante sobre la obra de Revueltas, es a partir de este *lado moridor*, de la exacerbación de la opresión, articulada en un continuo proceso de degradación, pauperización, circularidad, acumulación y opresión del lenguaje y la memoria, que Revueltas reproduce en el interior de los textos las tensiones entre un movimiento envolvente de contención —como la territorialización en el signo, el lenguaje obsesivo, los procesos de degradación— y el trazo de líneas de fuga en algunos de los personajes —como la despersonalización, los flujos deseantes, el devenir animal, los cuerpos baldados y la deyección— en cuyo descenso o caída arrastran consigo y desarticulan la lógica de acumulación capitalista.

> A partir de los procesos despersonalizantes, pasando por los cuerpos baldados, la animalización y las conexiones excrementales, y terminando con esto que podría llamarse una defecación de la memoria, un convertirse tinaco averiado de la memoria, la literatura de Revueltas no deja de mostrar nunca la manera en que los flujos dispersantes entran en lucha con la naturaleza paranoide del lenguaje y de la memoria, y cómo en todos los casos —al menos desde el punto de vista del resultado final— los primeros vencen a los segundos. (Escalante 112)

Se puede observar entonces que el tema carcelario en Revueltas rebasa la denuncia o la representación del preso político, del militante comunista o del preso común. A continuación se apuntan algunas notas sobre el modo en que Revueltas aborda el espacio carcelario, los movimientos en fuga —flujos desean-

---

no a lo literario, sino a las condiciones en que emergen, los modos en que operan y desestabilizan una literatura establecida: «Escribir como un perro que escarba su hoyo, una rata que hace su madriguera. Para eso: encontrar su propio punto de subdesarrollo, su propia jerga, su propio tercer mundo, su propio desierto» (*Kafka por una literatura menor* 31).

tes— y de contención —celda/matriz/memoria— así como la transición en su narrativa del preso político al preso común.

El primer elemento que destaca en *Los muros de agua* es la yuxtaposición con la que el título designa a la prisión de las Islas Marías[12]. El agua que sustituye al concreto y a los barrotes de la celda se convierte en el espacio que contiene el destierro, el castigo, el aislamiento y la exclusión social de los presos. Mientras en los últimos textos de Revueltas la narración se asume desde el espacio carcelario, en *Los muros de agua* el encierro aparece como un espacio de transición, un umbral o lugares de contención por los que atraviesan los personajes en su traslado a las Islas Marías —del vagón a la bodega del barco, de Balleto a las barracas de Arroyo Hondo.

La cárcel como un espacio de reproducción social es evidente en esta primera novela, en donde aborda el comportamiento criminal y la relación de poder que atraviesan a los personajes a todos los niveles: desde las autoridades, como el subteniente Smith, a los presos políticos y a los reos que fungen como vigilantes o tienen pequeños cargos de poder, por ejemplo, el cabo Maciel, «preso de gobierno», y El Chato, que después de ser un hampón se convierte en el jefe de cocina de Balleto y es comisionado para buscar y castigar a los remontados homosexuales.

No obstante, aparecen ya instancias o momentos en los que se traza una tendencia de fuga, desde el *lado moridor*, que es desarrollada en los textos posteriores. Por un lado, aparecen las instancias en que los personajes en una situación límite, no teniendo nada más que perder, deciden dejarse ir, como es el caso de Soledad, quien deliberadamente se contagia de la sífilis con el fin de transmitírsela al cabo Maciel, o el de El Miles, quien intenta salir de la isla nadando a pesar de los riesgos que esto representa. Por otro lado, aparecen los flujos deseantes que aflo-

---

[12] Para un estudio de los títulos de la novelística de Revueltas véase a Edith Negrín, «El agua, la tierra, el hombre (…). Revueltas nombra».

ran y buscan incansablemente concretarse, pero que al mismo tiempo se desprenden de un objeto de contención en particular. Por ejemplo, durante la tortura a los remontados, las pulsiones deseantes entre El Chato, el torturador, Rosario, Ernesto y Marcos, presos políticos que protestan por el castigo, se yuxtaponen y el castigo se convierte «en un mero pretexto, como una mera referencia a la pasión subterránea, espesa, sofocante» (*Los muros de agua* 151).

La triangulación o superposición del deseo que se presenta igualmente de manera contenida en *Los días terrenales* —la escena en la que Jorge Ramos y Victoria presencian el escarceo y reprimenda a las lesbianas de la azotea y que termina con el salto al vacío de una de las adolescentes— aparece más elaborada en *El apando*, logrando una mayor fluidez. En la escena donde La Meche pasa por la rutinaria revisión de los visitantes a los presos, los flujos de deseo —La Meche, la imagen de Albino y la figura viviente del tatuaje de Albino— se superponen al tacto realizado por la celadora, lo que amenaza con contaminar el deseo en la propia celadora e invierte así la relación de poder entre ella y La Meche.

> Arqueología de las pasiones, los sentimientos y el pecado, donde las armas, las herramientas, los órganos abstractos del deseo, la tendencia de cada hecho imperfecto a buscar su consanguinidad y su realización (…) se aproximan a su objeto a través de una larga, insistente e incansable aventura de las superposiciones, que son cada vez la imagen más semejante a eso de que la forma es un anhelo, pero que nunca logra consumar, y quedan como subyacencias sin nombre de una cercanía siempre incompleta (…). Así un rostro, una mirada, una actitud, que constituyen el rasgo propio del objeto, se depuran, se complementan en otra persona, otro amor, en otras situaciones. (*El apando* 30)

Se puede observar también que estas «subyacencias incompletas» aparecen ligadas a la memoria y al crimen. Por ejemplo, en *Los muros de agua*, Ábrego, uno de los presos comunes, presencia el castigo y tortura de El Charro por haber golpeado y violado a otro de los presos comunes, El Marquesito. El castigo, tan brutal como la transgresión, desencadena en Ábrego, más que el recuerdo del crimen que cometió, se trata de una reminiscencia del recuerdo que no puede definir del todo.

> Ábrego había permanecido inmóvil, en cuclillas, durante toda la escena. (...) Como si el martirio del infeliz constituyera una forma viviente y lúcida del recuerdo; no de un recuerdo semejante (...) sino un recuerdo más sustancial, una memoria de las emociones, un retorno a cierta sensación específica, compuesta de angustia, de placer, de miedo, de lástima, de arrepentimiento, que en otro tiempo experimentó. (*Los muros de agua* 125)

Esta reminiscencia que emerge en el presente, pero que parece estar convocada por el pasado aparece de nuevo en el cuento «Hegel y yo», en donde el narrador evoca, no a Medarda, su mujer y víctima, sino la ausencia de ella y la incapacidad del narrador para recordar: «No son las cosas mismas lo que recuerdo, sino su halo, su periferia, lo que está más allá de aquello que las circunscribe y define» (*Material de los sueños* 14).

En la mayoría de los textos revueltianos, la memoria aparece como una serie de superposiciones en las que se da una batalla entre el recuerdo y flujos deseantes que pugnan por liberarse de la materialización del recuerdo: «La memoria adquiere de esta suerte una autonomía insoportable, se impone sobre los personajes, los obliga a considerar sus signos y a vivir el presente a través de una abrupta mediación» (Escalante 104-105). Si bien la memoria irrumpe en el orden cronológico de las novelas, también recusa la concepción de progreso como desarrollo ascendente. No obstante, en «Hegel y yo» la memoria está en proceso de descomposición, al no encontrar ya un anclaje que la territorialice en un recuerdo, una imagen, un signo. Es decir, de nuevo aparece el movimiento en fuga que arrastra consigo la memoria, lo que Escalante ha llamado «la deyección de la memoria».

A pesar de que hay una transformación en Revueltas sobre el modo en que aborda el espacio del encierro, es decir, como umbral de una narrativa asumida desde el encierro, se puede observar ya en *Los muros de agua* la relación que se establece entre cárcel y matriz como espacios de contención de la condición humana. Por ejemplo, en *Los muros de agua*, el traslado a la cárcel/destierro es descrito como un parto en el que los presos son arrancados de su lazo con el mundo, y las mujeres que buscan a sus familiares afuera de los vagones quedan como matrices vacías:

> Cuando sobrevenía el encuentro; cuando por fin «estaba ahí», era como una súbita, hiriente claridad eléctrica; como una puñalada de metales agrios; como si parieran otra vez, pero sin fruto y sólo el vientre, de par en par, quedara con un lamento. (*Los muros de agua* 29)

En *Los días terrenales*, Revueltas elabora la imagen de la celda/matriz como un umbral hacia el nacimiento por el que Gregorio Saldívar transitará antes de ser llevado de nuevo a la sesión de tortura: «El hombre había nacido de las tinieblas y comenzó a existir a causa de estar dentro de ellas, recibiéndolas como su primera percepción, su primera idea: todo es oscuro, todo es solitario, los eslabones de una cadena de soledad» (*Los días terrenales* 165). Este espacio umbral, relacionado con la toma de conciencia de existir y morir, se manifiesta como el devenir del sujeto a lo largo de la novela. Si bien en la escena de la pesca con que abre la novela, la oscuridad y el caos envuelven los cuestionamientos de Gregorio sobre el dogmatismo del Partido Comunista Mexicano (PCM) y su incapacidad para vincularse con las comunidades campesinas —«En el principio había sido el Caos, mas de pronto aquel lacerante sortilegio se disipó y la vida se hizo. (…) En el principio había sido el Caos, antes del Hombre, hasta que las voces se escucharon» (7)—, al final de la novela este espacio umbral, celda/matriz, establece conexiones con el acto sexual, el origen y la muerte, pero particularmente presentan un instante de transformación en el que Gregorio se despoja del ropaje de las certezas teóricas que discutiera con Fidel en capítulos anteriores.

> Resistir la verdad —pensó Gregorio— es el planteamiento justo de la cuestión, porque la verdad es el sufrimiento de la verdad, la comprobación no tanto de si esa verdad es verdadera, cuanto si uno es capaz de llevarla a cuestas y consumar su vida conforme a lo que ella exige. (…) Soportar la verdad —se le ocurrió de pronto— pero también la carencia de cualquier verdad. (*Los días terrenales* 169-70)[13]

---

13   En términos generales, la crítica ha dado mayor énfasis en leer este pasaje final como un sacrificio producto del dogmatismo comunista o católico en Revueltas, sin embargo, la apuesta de Revueltas apunta a desnudar al hombre de ropaje teórico para enfrentarse al vacío: «Los hombres se inventan absolutos (…) porque necesitan un asidero para defenderse del Infinito, porque tienen miedo de descubrir la inutilidad intrínseca del hombre. Sí, lo asombroso no es la inexistencia de verdades absolutas, sino que el hombre las busque y las invente con ese afán febril, desmesurado, de jugador tramposo, de ratero de alta escuela. (…) En cuanto descubre asideros, esperanzas, ya no es un hombre sino un pobre diablo empavorecido, amedrentado ante su propia grandeza, alto lo que puede ser su grandeza, indigno por completo de ella, indigno de ser la «floración más alta» de la materia» (*Los días terrenales* 131). En la conversación entre Gregorio y Fidel se puede observar un cuestionamiento radical no sólo al PCM y la lucha de clases, sino a la propia concepción de progreso. Mientras Fidel encarna al militante dogmático, Gregorio asume el *lado moridor* al plantear que la igualdad de clases no solucionará el problema del hombre, ya que la lucha del proletariado excluye a otros individuos no considerados en esta categoría. Para Gregorio, la solidaridad es un instinto de autodefensa que no distingue al ser humano de los animales. La verdadera solidaridad, inversa, sería entonces asumir la responsabilidad común del género humano, lo bueno y lo malo: «Esa sí puede ser una característica que distinga al hombre, pero a condición de tomarla no como un medio ni como un fin, sino como algo naturalmente implícito en las leyes que

En este espacio umbral, el hecho de aceptar la existencia sin asideros, abordado ya desde *Los muros de agua*, marca un devenir en el que se traza un movimiento en fuga que abandona la cárcel/matriz. Posteriormente, en *El apando* aparece de nuevo esta imagen, pero de una forma más descarnada. Es decir, el espacio carcelario es abordado, ya no como un espacio umbral, sino desde sus más poderosos efectos de opresión y degradación, esta vez en el preso común.

Si bien en las novelas anteriores Revueltas encuentra en el preso político o militante comunista el modo de plasmar los movimientos internos de la realidad, al final de su obra los personajes lumpen o presos comunes toman por asalto la narrativa revueltiana. Sin embargo, es posible registrar desde *Los muros de agua* la tensión entre los personajes políticos y lumpen, por lo que se puede observar una tendencia en Revueltas a explorar más detenidamente las posibilidades narrativas en la marginalidad extrema[14].

En *Los muros de agua*, el foco de la narración está articulado con la incertidumbre y el horror de los militantes comunistas confinados al destierro. Contrastan así el miedo y el prejuicio con el que establecen relaciones con los presos comunes. Por ejemplo, Ernesto sospecha que el acercamiento de Gallegos para repartir sus pertenencias encubre una provocación o ataque a los presos políticos, cuando en realidad le aplican la «ley de fuga» a Gallegos, preso común, y no a los militantes. También, durante la guerra de excrementos en el barco, contrasta el pasmo de los militantes con la iniciativa y el jolgorio desatado por los presos

---

rigen el desenvolvimiento y devenir del hombre, hasta su consumación más acabada» (146-147).

14 Frank Loveland destaca la diferencia entre los personajes héroes y los personajes grotescos en Revueltas. Mientras los militantes están marcados por un «shock inicial» al enfrentar la verdad oculta del mundo civilizado, los personajes grotescos se encuentran en su hábitat, son producto de ese infierno («El último Revueltas: el margen como totalidad» 191-195).

comunes para obligar a las autoridades a otorgar el permiso para ir al baño.

Parecería así que Revueltas intenta desmitificar, desde el comienzo de su obra, la distancia moral entre el preso político y el preso común, el personaje militante y el personaje lumpen. A pesar de que el trato de las autoridades se encarniza con los comunistas —«¡Peores que rateros y asesinos!» (*Los muros de agua* 82)—, estos dejan de ser un prototipo heroico, ya que están absolutamente aturdidos por el horror carcelario. Mientras tanto, los presos comunes y los personajes lumpen parecen asumir radicalmente su *lado moridor*, como se puede observar a continuación. El sacrificio «necesario» de Fidel Serrano, en *Los días terrenales*, contrasta radicalmente con el suicidio de la lesbiana adolescente. La muerte de Bandera, la hija de Fidel y Julia, es consecuencia del dogmatismo de Fidel al utilizar el dinero del partido en el envío del periódico y no en medicamentos o en el funeral: «La que puede esperar es *ella*, porque está muerta» (53), rememora Bautista las palabras de Fidel. Mientras que para Julia este hecho marca una liberación dolorosa de la relación con Fidel, para él representa la glorificación moral por su entrega al partido: «la muerte de Bandera nos unirá siempre porque es un sacrificio enaltecedor que hemos consumado con nuestras propias entrañas» (*Los días terrenales* 51).

En contraste, la escena de las lesbianas en la azotea es un elemento desestabilizante en el conflicto y el drama de Jorge Ramos, crítico de arte que alberga en su casa una reunión del PCM: «su moral de crítico entraba en conflicto con su moral política» (*Los días terrenales* 107). La escena de las lesbianas adolescentes, observada por Ramos desde el edificio contiguo, detona un flujo deseante que es interrumpido cuando su esposa, Virginia, lo sorprende. El deseo se proyecta entonces en ella, como la posibilidad de transformarlo en el hombre con el que seguramente le será infiel. La pulsión deseante, mediada por el encuentro de las lesbianas y la complicidad voyerista de Ramos y su mujer, es abruptamente interrumpida por la reprimenda a las chicas y el suicidio de una de ellas.

La escena de la adolescente suicida, abordada desde una exterioridad y la única en donde no hay una narrativa introspectiva, enfatiza el hedonismo estético de Ramos, la indiferencia de Virginia y la caricaturización de la reunión del PCM, a punto de ser descubierto por la policía que investiga el suicidio. La brutalidad con que la mujer madura reprime a las chicas es rebasada por el acto de una de ellas de arrojarse al vacío, pero quizás lo más cruel es el hecho de que pasa desapercibido por los miembros del PCM y deliberadamente es soslayado por Jorge y Virginia.

Los personajes militantes en su mayoría, como se puede observar, están anclados a las certezas teóricas y al dogmatismo —Fidel Serrano—, al pequeño poder del partido —Germán Bordes en *Los días terrenales*, Patricio Robles e Ismael Cabrera en *Los errores*— o bien divagan circularmente en la meditación del error. Esto se puede apreciar, por ejemplo, cuando Jacobo Ponce cavila sobre las purgas del PCM, sin dejar del todo su dogmatismo:

> Es el hombre mutilado y preforme de nuestro tiempo, son pues los hombres mismos, y de entre ellos los mejores, quienes devienen asesinos en virtud de llevar entre las manos la braza ardiente de aquella otra verdad concreta, pero más real —o en rigor la única real— que sí puede transmitirse. (…) Mientras tanto, la historia —y así es, aunque no lo queramos, de un modo objetivo— no nos permite hablar y denunciar todo y en cualquier momento: el hombre no se encuentra aún a la altura de ese nivel que le permita resistir el desencanto de sí mismo, digamos, la autocrítica radical con la que se humanizará en definitiva. (*Los errores* 198)

Por otro lado, el sacrificio de Olegario Chávez al inculparse por el asesinato del usurero Don Victorino —que no cometió, pero que es coherente con la culpa de haber asesinado por equivocación a uno de los militantes en el asalto a la organización anticomunista— resulta ser totalmente innecesario, lo que contrasta a su vez con el sacrificio también innecesario de Januario López, el taxista tísico que a sangre fría asesina a su esposa para evitar que denuncie el asalto, concreta en este acto terrible y toda la potencialidad de la condición humana desde su *lado moridor*.

En este sentido, no es extraño que Revueltas en sus textos finales se haya inclinado por trabajar más detalladamente este límite y la dispersión de la condición humana ya no del preso político o militante, que de hecho parece estorbarle, sino del personaje lumpen y el preso común. La narrativa asumida desde el encierro carcelario no solamente reproduce lo que posteriormente Michel Foucault llamaría «el archipiélago de lo carcelario»[15]. Es decir, la extensión de lo carcelario a toda la sociedad en su conjunto a través del disciplinamiento de los cuerpos, sino que tenazmente invierte el lugar de enunciación cuando la narración en *El apando* describe a los *monos* como los guardias, «cubiertos de ojos de la cabeza a los pies, una malla de ojos por todo el cuerpo» (*El apando* 13-14). Así, el vigilante deviene en vigilado, invirtiendo la relación de poder en un momento en el que la narración discrimina la diferencia entre el afuera y el adentro. Los guardias, sin percatarse de las miradas amenazantes que los asedian, tampoco se percatan del engranaje en el cual también están atrapados:

---

15 Michel Foucault define al archipiélago de lo carcelario como el traslado de la técnica penitenciaria al cuerpo social en su conjunto, señalando efectos importantes como la sanción a la desviación o a la anomalía, la formación y recuperación de la delincuencia en el corazón de lo legal al establecerla como una criminalidad específica, pero en particular «lo carcelario «naturaliza» el poder legal de castigar, como «legaliza» el poder técnico de disciplinar» (*Vigilar y castigar* 309). Aunque para Revueltas la extensión de lo carcelario se manifiesta a través del intercambio monetario y la corrupción que se expande desde el espacio carcelario hacia el doméstico, estos a su vez tienen efectos de enajenación que forman parte de una cadena de poder y sometimiento del cuerpo que atraviesan lo social.

[D]espués de las veinticuatro horas de su turno en la Preventiva, tirado en la cama, sucio y pegajoso, con los billetes de los ínfimos sobornos, llenos de mugre, encima de la mesita de noche, que tampoco salían nunca de la cárcel, infames, presos dentro de una circulación sin fin, billetes de mono, que la mujer restiraba y planchaba en la palma, largamente, terriblemente sin darse cuenta. (*El apando* 14)

La extensión de lo carcelario aparece de manera sugestiva en textos anteriores, por ejemplo, en *Los errores*, con Mario Cobián, que a pesar de ser integrado a la policía tiene por cárcel la ciudad —recuérdese el uso de la criminalidad por la policía como uno de los engranajes del poder (Foucault 289). O bien en Lucrecia, incapaz de librarse de relaciones afectivas de sometimiento: «que la hacía convertir en cárcel todo aquello a donde iba o donde se encontraba, como si alguien la siguiera invisible a sus espaldas para cerrar con llave cada vez una puerta tras de ella» (*Los errores* 132). A su vez, los militantes del partido están sujetos a su propio dogmatismo o bien quedan a merced de los dirigentes.

No obstante, en *El apando* aparece de manera más evidente cómo el poder atraviesa los muros de la cárcel y se extiende al cuerpo social, ya sea porque los carceleros pasan la mayor parte de su tiempo en prisión o bien porque a través de la ínfima derrama económica, el dinero producto de los sobornos traspasa la cárcel, pero apresa a las familias de los carceleros en un movimiento circular de complicidad. Se puede observar, entonces, una transición en la narrativa revueltiana, que va de la cárcel como espacio umbral, el aislamiento social de los presos en *Los muros de agua* y la cárcel como réplica social de los poderes y flujos que atraviesan al sujeto a la permeabilidad de lo carcelario y la exacerbación de la opresión en *El apando*, como marca la escena final, en la que Albino y Polonio quedan incrustados como animales entre los barrotes, dentro de una «geometría enajenada».

La analogía entre cárcel y matriz que recorre a las novelas anteriores es reelaborada de una manera desgarrante, como se puede observar en los efectos narrativos y porque la construcción de la narración emana precisamente desde el espacio de contención, estableciendo la relación entre la cabeza que sale por la escotilla de la celda de castigo y la cabeza que corona un ejercicio de autoparirse:

> Introducir —o sacar— la cabeza en este rectángulo de hierro, en esta guillotina, trasladarse, trasladar el cráneo con todas sus partes, [como] la cabeza de un ajusticiado, irreal a fuerza de ser viva, requería un empeño cuidadoso, minucioso, de la misma manera que se extrae el feto de las entrañas maternas, un tenaz y deliberado autoparirse con fórceps que arrancaban mechones de cabello y arañaban la piel. (*El apando* 34-35)

Pero, particularmente, la imagen celda/ matriz es reiterada a través de la relación entre El Carajo y su madre, en la que se reproducen los devenires entre un movimiento envolvente, de contención y flujos desterritorializantes en el que la madre, matriz contenedora, es descrita literalmente como un apando:

> [A]ún no terminaba de parir a este hijo que se asía a sus entrañas mirándola con su ojo criminal, sin querer salirse del claustro materno, metido en el saco placentario, en la celda, rodeado de rejas, de *monos*, él también otro mono, dando vueltas sobre sí mismo a patadas, sin poderse levantar del piso, igual que un pájaro al que le faltara una ala, con un solo ojo, sin poder salir del vientre de su madre, *apandado* ahí dentro de su madre. (*El apando* 20)

Si bien en *Los días terrenales*, la celda es un espacio umbral en el que Gregorio se despoja del ropaje de certezas teóricas que recubren la existencia humana, asumiéndola desde su *lado moridor*, lo que en esencia es un movimiento desterritorializante, en *El apando* dicho movimiento es llevado a los límites, en toda su radicalidad, por el hecho de que El Carajo transgrede el tabú materno, al delatar a su propia madre, en cuyo vientre carga la droga. La delación de la madre en *El apando* y la multiplicación del recuerdo sin que la memoria pueda asirse a éste en «Hegel y yo» son ejemplos de un desanclaje radical en el que los devenires y los despojos materiales y morales rebasan las instancias de contención que se articulan, como se mencionó anteriormente, en la celda, la matriz, la memoria, e inclusive, la culpa.

La narrativa revueltiana excede, por mucho, la idea de una representación realista o mimética de lo carcelario, tanto por la riqueza de las posibilidades literarias que explora, como por la complejidad de su proyecto, o mejor dicho, de su método para captar la realidad y producir en el interior de lo literario las tensiones y las contradicciones entre fuerzas opresivas o de contención, flujos deseantes y devenires que no se resuelven en un movimiento progresivo, afirmativo, sino en su caída y degradación, arrastrando consigo las fuerzas que los contienen hasta su propio acabamiento. En este sentido, lo político no desaparece, a pesar de la ausencia del prisionero político o militante en los últimos textos, sino que se encuentra en el seno de los movimientos y devenires de los personajes revueltianos, particularmente en aquellos que se encuentran al filo de lo social. Es decir, la apuesta literaria de Revueltas se perfila hacia la configuración de lo político, no en términos obvios o explícitos, sino por su lado más sutil, aparentemente menos visible —una biopolítica del poder en Foucault— aunque no por ello con efectos de opresión menos devastadores.

No obstante, Revueltas denuncia en sus últimos textos carcelarios la censura, la represión, así como la negación por parte del gobierno de la existencia de presos políticos en el contexto del movimiento estudiantil de 1968. La divergencia entre su proyecto narrativo y los escritos políticos, en particular los referentes al movimiento del 68, atiende no tanto a una contradicción sustancial o extravío, como ha señalado gran parte de la crítica a Revueltas, sino a un imperativo de inmediatez a los acontecimientos políticos, es decir, tanto a la represión política del gobierno, como al dogmatismo del PCM y a las disyuntivas que enfrentaron la izquierda mexicana y los movimientos sociales. En este sentido, los últimos textos carcelarios de Revueltas, más allá de las obvias coincidencias o *leitmotiv* del mundo carcelario, convergen con el documental de Óscar Menéndez y la antología de literatura carcelaria de Anzaldo y Zaragoza, en la necesidad de denunciar el ambiguo estatus jurídico del preso político.

III. La prisión política en el movimiento del 68 y el movimiento armado

Analizar la prisión política en la historia reciente no sólo permite recuperar la memoria de aquellos que sufrieron la persecución, sino que a su vez expone formas de operación, cooptación y represión del Estado. La categoría del preso político es en sí misma problemática dentro del marco jurídico y político, ya que, para un gobierno, el hecho de aceptar la existencia de los presos políticos significa que él mismo ha actuado de manera antidemocrática en contra de la oposición política. Mientras en el Cono Sur, las Juntas Militares reprimieron y encarcelaron a la disidencia política por medio de la suspensión de garantías, al declarar un estado de excepción, en el caso mexicano no se declaró esta suspensión, aunque existiera *de facto*, y tanto la oposición política como los simpatizantes del movimiento fueron encarcelados bajo las acusaciones de haber cometido delitos del orden común. Esta situación creó una dinámica compleja, generando, por un lado, un limbo jurídico en el que los presos políticos, sin ser reconocidos, recibieron un trato diferencial y su tiempo de encarcelamiento fue incierto, dependiendo de los virajes del entorno político y, por otro lado, la resolución de este conflicto se llevó a cabo por la vía pragmática desde el poder ejecutivo, que en esencia irrumpió con el sistema de justicia al apelar a una resolución política más que a un procedimiento legal. En el caso mexicano, precisamente, éste ha sido el procedimiento sistemático, tanto para el movimiento del 68, como para el movimiento armado de los años setenta y los movimientos sociales posteriores, de ahí que todos ellos demanden el reconocimiento y la liberación de los presos políticos. Asimismo, se puede observar, inclusive, un trato diferenciado entre los presos del 68 y los de la lucha armada, considerados de mayor peligrosidad. Este manejo diferenciado y conveniente de lo ilegal, a su vez marcó no solamente la experiencia carcelaria, sino también el horizonte de producción y recepción, tanto del movimiento armado, como de los textos producidos por los exmilitantes, como se verá a continuación.

En las cartas y escritos de Lecumberri, José Revueltas hace una serie de planteamientos que se derivan del modo en que el gobierno manejó la problemática de los presos políticos del movimiento del 68. El primer planteamiento gira en torno a la censura en México, que sin ser explícita o formal, es decir, escrita, existe *de facto*: «No hay esas prohibiciones, no hay esa dictadura, *pero tampoco hay en absoluto, una libertad real*» (Énfasis de Revueltas, *México 68: juventud y revolución* 224). Este hecho se perfila particularmente en el manejo de los medios de comunicación y en el modo con que oficialmente se disfrazó al preso político bajo los cargos del orden común y se utilizaron palabras «neutrales» —como las de «presos por los lamentables acontecimientos de 1968»— que pretendieron cubrir la existencia jurídica del preso político.

> La inexistencia puramente verbal y teórica de los presos políticos se invierte en su contrario, para el gobierno mexicano, en la *existencia política* de un cierto número de adversarios a los que tienen en la cárcel y respecto a los cuales el propio gobierno no puede menos que consagrar como legítimos el saqueo y el progrom, ya que, al no reconocerlos en su calidad verdadera, deberá reconocer en cambio, como inevitable contrapartida, que la cárcel de Lecumberri —y en las cárceles de todo el país— ha dejado de existir cualquier situación de derecho, en virtud de que las autoridades mismas han sido las

primeras en introducir este otro estado de las cosas —sobre la base del precedente del primero de enero— en que la ley del hampa terminará por ser la única ley de convivencia. (*México 68: juventud y revolución* 227)

Revueltas denuncia, de igual forma, tanto el aislamiento de los presos políticos, como la constante intimidación a la que fueron sometidos, el ataque y el saqueo del que fueron objeto por parte de los presos comunes, orquestados por las autoridades de la cárcel preventiva y la DFS, como narra en la carta dirigida a Arthur Miller: «Año nuevo en Lecumberri». En sus declaraciones, el procurador de justicia Sánchez Torres presentó el ataque como un conflicto entre presos, como una provocación en la que, bajo la «Operación Fuente Ovejuna» [sic], supuestamente los familiares de los presos (políticos) se rehusaron a abandonar la cárcel al término del horario de visita, encubriendo de este modo el objetivo de intimidar y romper la huelga de hambre iniciada el 10 de diciembre de 1969. Se puede observar así una operación encubierta o, en términos de Foucault, una táctica en la administración de los ilegalismos, en la que si bien, por un lado, hay una separación o clasificación del tipo de criminalidad en la regulación de la pena a través de la privación de la libertad, por el otro, los ilegalismos populares —es decir, el entrecruzamiento entre movimientos sociales contra regímenes políticos, luchas obreras, movimientos de resistencia a la industrialización o movimientos derivados de los efectos de las crisis económicas— son escamoteados bajo delitos del orden común, recibiendo a su vez un trato claramente mucho más severo.

La penalidad sería entonces una manera de administrar los ilegalismos, de trazar límites de tolerancia, de dar cierto campo de libertad a algunos, y hacer presión sobre otros, de excluir a una parte y hacer útil a otra; de neutralizar a éstos, de sacar provecho de aquéllos. En suma, la penalidad no «reprimiría» pura y simplemente los ilegalismos; los «diferenciaría», aseguraría su «economía» general. Y si se puede hablar de una justicia de clase no es sólo porque la ley misma o la manera de aplicarla sirvan los intereses de una clase, es porque toda la gestión diferencial de los legalismos por la mediación de la penalidad forma parte de esos mecanismos de dominación. Hay que reintegrar los castigos legales a su lugar dentro de una estrategia legal de los ilegalismos. El «fracaso» de la prisión puede comprenderse sin duda a partir de ahí. (*Vigilar y castigar* 277-278)

Asimismo, Foucault observa una estrategia de colonización de los ilegalismos populares por parte de los ilegalismos dominantes, ya sea a través de la moralización social, para incitar la hostilidad general hacia la delincuencia, o bien a través de la sistemática confusión de delitos del orden común con infracciones de librete, huelgas, coaliciones de obreros que pedían el reconocimiento de un estatuto político (*Vigilar y castigar* 291-292).

Se han mezclado en las prisiones las dos categorías de condenados, y concedido un trato preferencial a los de derecho común, mientras que los periodistas y los políticos detenidos tenían derecho, la mayoría de las veces, a ser colocados aparte. En suma, una verdadera táctica de confusión cuyo fin era crear un estado de conflicto permanente. (*Vigilar y castigar* 292)

En el contexto del movimiento estudiantil de 1968 es evidente esta aparente contradicción entre la negación de la categoría del preso político, la dispersión de las diferencias en el marco legal y el aislamiento, ya sea individual o en grupo, del resto de la población carcelaria, por demarcación y diferenciación interna o *de facto*. Aún más, la función de los medios de inocular en la sociedad civil el rechazo a la violencia de los «provocadores» o «agitadores sociales» del movimiento —de nuevo se observa una estrategia de dispersión— que se combina con la división y el enfrentamiento entre presos políticos y comunes, supuestamente a causa de su «altanería... y de los privilegios de que han querido gozar» (*México 68: juventud y revolución* 242), según declaraciones del procurador de justica.

El castigo encarnizado en el preso político, al igual que la censura, operan sin ser nombrados y forman parte esencial de las prácticas del poder, son hechos que están ligados con un segundo planteamiento de Revueltas: la necesidad de reconocer la categoría jurídica del preso político, que sistemáticamente ha sido negada desde los gobiernos de López Mateos, Ruiz Cortines, Miguel Alemán, Gustavo Díaz Ordaz y Luis Echeverría. Llama la atención que Revueltas sustituye el término de «preso político» por el de «adversario político», comparándolo con la situación de un prisionero de guerra:

> El adversario político de un régimen no es diferente, en esencia, del prisionero de guerra. De igual modo, el atropello y la violación de los derechos del adversario político encarcelado, no sin distintos esencialmente, de las transgresiones al Derecho Internacional en que incurre un gobierno cuando no considera a sus prisioneros de guerra sino en la condición de forajidos y facinerosos. En uno y otro caso, un gobierno que transgrede estos principios se coloca al margen de la ley. (*México 68: juventud y revolución* 227)

De ahí la importancia expresada por Revueltas de apoyar la iniciativa de la Ley de Amnistía lanzada por el rector de la UNAM en 1970:

> Al *exigir* la promulgación de una Ley de Amnistía, el Movimiento democrático-estudiantil 1968-70 no hace ninguna concesión de principios a sus adversarios, antes por el contrario; si la Ley de Amnistía se expide, el Movimiento asumirá una victoria limpiamente obtenida. (*México 68: juventud y revolución* 286; énfasis en el original)

La aprobación de la amnistía representaría el reconocimiento de un Estado represor en México, no obstante, esta iniciativa fue problemática tanto para el gobierno como para otros participantes del movimiento que la consideraron como una forma de claudicación. Por su parte, el gobierno presionó a los dirigentes para que aceptaran salir del país sin las garantías del exilio político o, de lo contrario, permanecerían indefinidamente en la cárcel, siendo ésta una forma facilista de solucionar el problema de los presos políticos y continuar con el proyecto de apertura democrática en el sexenio de Luis Echeverría. Se puede observar, entonces, una resolución desigual, ambigua, ya que en algunos casos obligó la salida del país a los dirigentes, mientras que a otros les otorgó la amnistía. En el caso de Revueltas, salió bajo libertad condicional y murió sin recibir la amnistía, ni el retiro de los cargos.

El manejo inconsecuente del gobierno del tema de los presos políticos del 68, mucho más visible que los del movimiento obrero y magisterial del 58, responde no tanto a la incompetencia del mismo, como a la necesidad de dividir el movimiento y zanjar el problema fuera del marco legal, a pesar de los tecnicismos que lo acompañaron. Este procedimiento se puede observar igualmente con los presos políticos del movimiento armado, cuya excarcelación fue administrada y regulada a lo largo de varios años —y que constituye en sí misma otra forma de tortura— ya sea por medio de la Ley de Amnistía expedida, el desistimiento federal, la libertad condicional y, en muchos casos, inclusive, habiendo cumplido o rebasado la condena.

Los modos con que se llevó a cabo esta división en el 68 pueden ser observados en un tercer planteamiento de Revueltas sobre la persistencia del movimiento del 68 y la necesidad de mantener el objetivo central de la liberación de todos los presos políticos. Para Revueltas, el movimiento no es una organización fija que pueda ser desarticulada, sino una conciencia social colectiva:

> Un *movimiento* es tan ubicuo, tan plural, tan ágil, tan variado y multiforme como los individuos mismos que lo integran. Su presencia se hace sentir por todas partes y mediante los

recursos más inesperados y las iniciativas individuales más llenas de originalidad e imaginación. (*México 68: juventud y revolución* 284)

Efectivamente, el movimiento del 68, por su pluralidad, espontaneidad y flexibilidad, logró evidenciar tanto las contradicciones del régimen, como su incapacidad para saber negociar en condiciones tan opuestas al manejo corporativista de los sindicatos «charros», y de ahí que Revueltas apuntala al movimiento del 68 como una conciencia que no se ha extinguido,

> Dicha conciencia social, por ende, *sabe* que hay una oposición *política* encarcelada; luego, *sabe* que el régimen político existente en el país no es un régimen democrático, puesto que se persigue a la oposición con cárcel y, finalmente, *sabe* que, al ocultar esta situación o tratar de disimularla de algún modo —incluso con las bárbaras sentencias dictadas contra los procesados por imaginarios delitos comunes—, el régimen viene a ser entonces mucho más antidemocrático, dictatorial y arbitrario de lo que, prudentemente, ella misma pudiera denunciar en público. (*México 68: juventud y revolución* 286)

Sin embargo, por medio de la coacción, la amenaza directa o anónima, así como de la intimidación, el gobierno logró dividir al movimiento, como lo evidencia la preocupación de Revueltas sobre la necesidad de mantenerlo unido y evitar un cambio de rumbo en el objetivo, y no confundir la libertad de los presos políticos con el derrocamiento de la burocracia en el poder, es decir, la vía armada.

> Las masas democráticas de los centenares de miles que se movilizaron en 1968, tampoco pueden confundir la libertad de *sus propios* presos políticos —que lo son *todos*, universitarios o no, encarcelados desde 1968 o desde fechas anteriores, trotskistas, maoístas, marxistas-leninistas, miembros del partido comunista o sin partido—, no pueden confundir esta libertad, repetimos, con el derrocamiento de la burguesía ni con

la toma del poder por el proletariado. (*México 68: juventud y revolución* 296)

La resolución política de la situación de los presos del 68 en el sexenio de Echeverría se caracterizó por el manejo conveniente de los ilegalismos populares, si bien éste logró minar al movimiento y resolver provisionalmente el problema de los presos políticos, el gobierno, al evadir su resolución en el marco legal y llevar a cabo una verdadera apertura democrática, en realidad desencadenó la revitalización de la lucha armada, como respuesta al nulo interés por resolver los problemas sociales y políticos por la vía democrática, así como en respuesta al autoritarismo y a la violencia estructural e institucional del Estado, como apuntó Montemayor, que la originó en primer lugar. En este sentido, los temores de Revueltas no son infundados y la inmediatez por advertir los peligros que se derivaban del autoritarismo del gobierno explican de algún modo esta aparente «bifurcación» entre su proyecto literario y sus últimos escritos políticos que, al igual que el proyecto de la antología *Sobreviviremos al hielo*, reiteran la necesidad del reconocimiento legal de los presos políticos.

Ahora bien, se debe destacar que la experiencia carcelaria de los presos políticos no es homogénea y que ésta dependió no solamente de las subjetividades o del modo de enfrentar o asumir la cárcel, sino también de las condiciones bastante fluctuantes que rodearon el manejo de los presos políticos. Estas variables dependieron de las 'recomendaciones' con las que fueron tratados los diferentes tipos de presos políticos, de los vaivenes políticos y de las disposiciones específicas de las autoridades carcelarias, de las diferencias de género, de la opinión pública y de las presiones de las agrupaciones o movimientos sociales, así como del cambio de sistema carcelario tras el cierre de Lecumberri en 1976.

Mientras el manejo del aislamiento o la segregación individual tuvo como objetivo el castigo a un individuo considerado peligroso —como fue en el caso de Revueltas, al cual se inculpó, entre otras cosas, de ser el autor intelectual del movimiento—, las medidas de aislamiento o segregación de los presos políticos como grupo del resto de la población permitieron, en gran medida, la propia organización para obtener pequeñas pero significativas conquistas en el espacio carcelario, como sucedió con los presos políticos del 68 y en cierto momento con los del movimiento armado durante la breve dirección de Sergio García Ramírez en Lecumberri, así como en otros penales como Topo Chico en Nuevo León y Oblatos en Jalisco.

Luis González de Alba, Raúl Álvarez Garín y Salvador Martínez de la Roca, entre otros miembros del Comité Central del Consejo Nacional de Huelga (CNH), destacan las conquistas que tuvieron en la crujía de la cárcel de Lecumberri, tales como no ser sometidos a pasar lista, ganar un espacio relativamente autónomo en las crujías al no permitir la entrada de otros reos, pasar libros a la prisión, obtener pequeños tesoros personales como una parrilla o una máquina de escribir, autoorganizarse en labores y formar grupos de estudio, inclusive presentar exámenes para la universidad. González de Alba señaló, por ejemplo, que es posible el activismo aun dentro de la cárcel y que: «El ambiente, a no ser porque se está en la cárcel, no es del todo desagradable» (*Los días y los años* 41).

> En la cárcel, los días no son largos. Todo lo contrario: son increíblemente cortos. Nadie me cree cuando digo que no he terminado algo, un examen, por ejemplo, porque no he tenido tiempo. Aunque no lo parezca, así sucede. Es frecuente que un día entero se pase en blanco; y para que eso suceda bastan uno o dos descuidos: levantarse un poco más tarde y alargar los cafés. (*Los días y los años* 56)

Efectivamente, las lecturas y discusiones entre todos los compañeros de lucha y presentar exámenes extramuros en la UNAM, mantuvieron ánimo y cuerpo, pese a las torturas encarnizadas, como en el caso de Luis Tomás Cervantes Cabeza de Vaca, y el ataque perpetuado el año nuevo de 1970, por citar algunos ejemplos[16].

No obstante, esta experiencia dista mucho de la que tuvieron las mujeres del movimiento del 68, ya que fueron una minoría, tuvieron menor visibilidad y fueron separadas de sus compañeros para ser distribuidas en otros centros penitenciarios, primeramente en Tlalpan y después en Santa Martha Acatitla. Otra diferencia es que, como señala Ana Ignacia Rodríguez, a las mujeres se les prohibió la visita conyugal y fueron sujetas al acoso físico y psicológico, muy probablemente orquestado desde altos mandos del gobierno. Asimismo, Roberta Avendaño Martínez destaca el hecho de que al ser una minoría fue para ellas mucho más difícil organizarse al contrario los hombres en Lecumberri. En su testimonio, Avendaño señala que, durante su estancia carcelaria de dos años, la convivencia fue difícil por la programática amenaza de golpizas por parte de un grupo de presas comunes y por la destrucción y hurto de los pocos bienes recolectados. A su vez, Avendaño denuncia la existencia de cárceles clandestinas, la detención ilegal y prolongada sin cargos formales, los procesos estancados, así como la corrupción, violencia e injusticia del aparato carcelario[17].

---

16 El uso de la tortura contra el movimiento estudiantil en el Campo Militar Número Uno fue negado por González de Alba, tanto en *Los días y los años*, como en su posterior novela *Otros días, otros años* (2008). Sin embargo, el caso de Luis Tomás Cervantes Cabeza de Vaca demuestra el sadismo por parte del ejército contra los estudiantes. Asimismo, las fotografías filtradas en 2001 a la revista *Proceso* revelan la tortura llevada a cabo durante las aprehensiones en el edificio Chihuahua, el 2 de octubre del 68. Para el testimonio de Luis Tomás Cervantes Cabeza de Vaca véase el documental *Memorial del 68* y la revista *Proceso* del 10 de diciembre del 2001.

17 Cabe señalar que es abrumadoramente notable la desproporción de testimonios o escritos de mujeres del movimiento estudiantil o del movimiento armado de la década de los años setenta. Asimismo, la cuestión de género ha sido insuficientemente abordada, siguiendo primordialmente un modelo masculino que destaca su participación como eje del movi-

> Todos estos incidentes a nosotros lógicamente nos asustaban mucho, pues no estábamos acostumbradas, sin embargo, había que sufrirlos junto con la impotencia de saber que aquí las reglas las marcaban gentes que apenas si sabían leer y escribir, se tienen que acatar, te pareciera o no, nosotras las Presas Políticas éramos minoría y las otras nos comían, no sucedía lo mismo con los hombres que por ser más y estar concentrados en la crujía «C» y «M» de Lecumberri podían lograr algunas mejorías convenientes a todos. (*De la libertad y el encierro* 123)

En contraste, las presas políticas de la lucha armada tuvieron una experiencia muy diferente a la que Ana Ignacia Rodríguez y Roberta Avendaño relatan. En primer lugar, porque, para los miembros de la guerrilla, llegar a la cárcel significaba haber sobrevivido a la muerte en el enfrentamiento directo con la policía, así como a la detención ilegal, a la tortura y a la desaparición en las cárceles clandestinas: «Lo más difícil [para entrar a la cárcel] era el examen de admisión»[18]. Otra de las diferencias que señalan es que al ser entrenadas militar y políticamente, estaban conscientes de las posibilidades de muerte, tortura y encarcelamiento. En este sentido, la cárcel se convirtió en un espacio relativamente seguro, casi como un espacio de libertad, como lo

---

miento, más que el trabajo de las bases, brigadas y, por supuesto, de la participación femenina. Sobre las mujeres del 68 véase el testimonio *De la libertad y el encierro* (1998) de Roberta Avendaño, *Cartas de Libertad* (2018) de Ana Ignacia Rodríguez y Citlali Esparza González (comp.) y el documental *Mujeres 68: entre tinta y palabras* (2018) de Beatriz Argelia González. Para la crítica véase Lessie Jo Frazier y Deborah Cohen, *Revisiting the Mexican Student Movement of 1968* de Juan J. Rojo, en particular el capítulo 4 y *México 68. Experimentos de la libertad, constelaciones de la democracia*, cap 6, de Susana Draper. Para las mujeres en el movimiento armado véase Macrina Cárdenas, Adela Cedillo y Lucía Rayas.

18   Entrevista a Alma Gómez, exmilitante del MAR, durante el encuentro «Confluencias: Género y guerrilla durante la guerra sucia en México», 15 a 17 de junio de 2011.

expresa un poema de Trinidad León Zempoaltécatl, integrante de la LC23S y la única mujer incluida en la antología *Sobreviviremos al hielo*.

> Feliz mi corazón / porque la rosa / en el pantano no se secó/ y su polen y fragancia / por el mundo esparció… / Sola, sola conmigo y mi pensamiento / es cuando en verdad me siento, / me siento y me gusta, / me gusta y no me gasta… (Santa Marta Acatitla, enero 1977, en *Sobreviviremos al hielo* 165)

Puesto que las presas políticas del movimiento armado fueron concentradas en grupo en la cárcel de Santa Martha Acatitla, para la mayoría la experiencia carcelaria fue de solidaridad, ya que había un grupo formado por otras compañeras que habían sido recluidas anteriormente. Es decir, hay un contraste significativo, porque las mujeres del movimiento del 68 fueron minoría y, a pesar de su politización en el movimiento, jamás imaginaron que la respuesta del gobierno fuera a ser represiva. Por su parte, las mujeres de la lucha armada comprenden lo difícil que fue el periodo carcelario para las mujeres del 68, aunque no sufrieran la tortura física sistemática que sí experimentaron las exmilitantes en las cárceles clandestinas.

> Obviamente fue un *shock*, seguramente más fuerte que el que nosotras recibimos, porque ellos eran estudiantes. (…) Fue mucho más difícil para ellos, porque venimos ya de un movimiento guerrillero, es decir, habemos [sic] aquí, otras compañeras que no solamente participamos en el movimiento estudiantil, sino que hay trayectoria, es decir, la militancia política se inicia, digamos, mucho antes del movimiento estudiantil. (…) Todas cuando llegamos, después de haber estado, de verdad, en manos de seres que uno sabe que son capaces de causarte el mayor de los sufrimientos con una sonrisa en los labios, que matarte va a ser lo de menos, la tortura (…) de tal manera que cuando la libras, a pesar de lo que te han hecho (…) la sensación es de una alegría. (…) Apenas empieza el encierro –no sabes cuánto tiempo te van a tener allí, ni

lo que vas a vivir. Sin embargo, en el momento en que te sueltan, es decir, los asesinos ¿verdad?, es una sensación de liberación increíble[19].

Es cierto que un cambio radical en el modo de enfrentar el confinamiento carcelario se debe a una conciencia militante en el momento en que deciden tomar las armas, sin embargo, la segregación en grupo del resto de la población carcelaria, a su llegada a Santa Martha Acatitla, permite fortalecer sus lazos de solidaridad. También se debe destacar que en el momento en que llega a la cárcel la mayoría de las militantes del movimiento armado, la directora del penal había cambiado. Este cambio, junto con la aplicación de la nueva ley de normas mínimas para la reducción de las penas, la iniciativa de terminar con prácticas viciosas de la antigua administración, así como cierto prejuicio de género que consideró que las mujeres no representaban un peligro como los hombres de los grupos armados, aseguraron un espacio relativamente menos hostil para ellas. Ahora bien, como destaca el grupo entrevistado durante el encuentro «Confluencias: Género y guerrilla durante la guerra sucia en México», en 2011, hubo luchas importantes en el interior de la cárcel, por ejemplo, el derecho a la visita conyugal, la organización de talleres, los cursos de educación continua y las actividades deportivas, que si bien formaban parte de los cambios planeados, tuvieron que presionar, ya que no fueron implementados de manera inmediata. Por otro lado, allí los trabajos de «fajina», es decir, de limpieza, no fueron un modo de castigo encarnizado y de degradación, como sí ocurrió en Lecumberri.

La entrada a la cárcel para los hombres del movimiento armado, al igual que como lo relatan las mujeres, significó la salida y la libertad de la cárcel clandestina. La visibilidad pública,

---

19 Entrevista a Yolanda Casas, exmilitante de Lacandones, realizada durante el encuentro «Confluencias: Género y guerrilla durante la guerra sucia en México», 15 a 17 de junio de 2011, disco 2, min. 12-18.

como el ser presentados ante los medios de comunicación, les otorgó relativa seguridad, que si bien no les garantizaba quedar exentos de la amenaza de tortura y ejecución en el interior de Lecumberri, por lo menos quedaba trazada su huella en el archivo público. Este hecho, aunque parecería menor, es de suma importancia, ya que, a pesar de que oficialmente eran presentados como «terroristas» o «criminales» del orden común, su categoría *de facto* había cambiado de desaparecido a consignado. Así, la cárcel significó también un renacimiento, un espacio relativamente seguro, un respiro antes de proseguir en el recorrido carcelario:

> Irónicamente ante la perspectiva clara para todos de la cárcel, al salir de aquel lugar volvimos a nacer. Se cumplía un mes desde que fuimos atrapados en diferentes partes del país. (…) Al fin estaban fuera de aquel lugar, *nacidos otra vez al mundo, salidos de los espacios de tortura líquida, de cables de corriente alterna y directa, de caucho sintético; listos para entrar otra vez en la oscuridad de otras paredes. (¿Por qué no dijiste todo?* 78-79; énfasis mío)

Cabe destacar, sin embargo, que el trato dado a los 'recomendados' en Lecumberri fue implacable, porque fueron recibidos con golpizas y castigos. Por ejemplo, mientras que para el preso común la tarea de «fajina» y «chocho» estaba asignada por tres meses —si no había un pago de por medio para evitar el trabajo forzado— en el caso de los presos políticos la asignación a la «fajina» se extendía a seis meses durante el turno de madrugada[20].

---

20 La «fajina» o «hacer fajina» significaba limpiar los pisos con piedra y agua. Más que una tarea de limpieza, era un castigo físico que imponía disciplina, sometía y desintegraba la personalidad, siendo parte también de la tortura. La actividad en cuclillas durante varias horas transforma al propio cuerpo en instrumento de tortura, y quienes no cumplían satisfactoriamente con la labor o el cuerpo dejaba de responderles, eran gol-

> La primera impresión es tremenda. La violencia flota. Los garrotes alargan los brazos de los llamados comandos. Se siente una gran desesperanza, un desamparo total. Esto es como otro mundo. (…) Al principio no sentíamos los golpes y los insultos por el odio contra los del *Rondín*. Lo duro llega al separarnos; al diluirnos en distintas crujías, perdemos fuerza. (Estancia en Lecumberri, *Los diques del tiempo* 13)

Es importante señalar que solamente los primeros presos políticos del movimiento armado fueron asignados directamente a la crujía «O», considerada como de alta peligrosidad, y los siguientes grupos fueron designados en la crujía «M» con los presos comunes. Aunque Castañeda estuvo en la crujía «O» junto a otros compañeros, es interesante su observación sobre la estrategia de separación y disolución de los políticos entre los presos comunes, así como los mecanismos de presión y quiebre emocional. Posteriormente, tras el cierre de Lecumberri, los presos políticos fueron enviados a diferentes reclusorios y estuvieron mezclados con presos comunes[21]. Ahora bien, a pesar de que algunos

---

peados brutalmente por los celadores o por presos comunes a cargo de la vigilancia de los nuevos ingresados. Para una descripción de la «fajina» y «el chocho» véase el capítulo Hoyos y rayas en *¿Por qué no dijiste todo?* de Salvador Castañeda, los documentales *Lecumberri, Palacio negro* (1976) y *Los héroes y el tiempo* (2005) de Arturo Ripstein, y la película *La cuarta compañía* (2016) de Arreola y Galván Cervera.

21   La relación entre presos comunes y políticos, en general, fue buena; en ocasiones hubo tensiones, en particular, con los grupos de narcotraficantes y con las mafias carcelarias, pero esto no significó un mayor problema. En algunos casos, la relación fue bastante solidaria, por ejemplo, algunos porros en Lecumberri, inclusive anotaban a sus conocidos en la lista de visitas de los presos políticos, como un modo de darles un respiro de los castigos que recibían, como señala Castañeda. En otros casos, cierto prestigio de peligrosidad, les garantizaba un trato de respeto por parte de los comunes (*Los diques del tiempo*) e incluso hasta les ofrecían marihuana para sobrellevar el carcelazo (Entrevista a mujeres exmilitantes, julio de 2011). No obstante, mientras que para algunos políticos la convivencia

presos políticos estuvieron en la misma crujía, fue mucho más difícil para ellos obtener las pequeñas conquistas y posibilidades de autoorganización, en comparación con los presos políticos del 68, ya que los exmilitantes tuvieron que enfrentar, a su llegada a Lecumberri, castigos degradantes, condiciones de hacinamiento, interrogatorios y tortura por parte de la DFS, violencia, amenazas e intrigas para ser ejecutados o aplicarles la ley de fuga[22].

Sin el reconocimiento jurídico que se extendía hasta por más de seis años sin sentencia, el trato especialmente violento y las incursiones de la DFS se incrementaban entre los presos políticos cada vez que se llevaban a cabo acciones armadas, ya fueran expropiaciones o secuestros, como en el caso del empresario Eugenio Garza Sada y, particularmente, en el del suegro del expresidente Luis Echeverría, José Guadalupe Zuno, en 1974. La tortura se practicó en los sótanos de Lecumberri, ya fuera como medio para sustituir el trabajo de investigación o bien como forma de castigo y quiebre del sujeto, y las incursiones del DFS, así como los cateos nocturnos, fueron una práctica común, inclusi-

---

con los comunes representó también una oportunidad de politización y legítimo interés en el preso común, hubo una minoría que lo estigmatizó como lumpen, solicitando de inmediato su traslado a la crujía de los políticos, e inclusive hubo un caso de crisis nerviosa ocasionada por el miedo de convivir con homicidas y delincuentes, como fue el de Fabricio Gómez Souza, del MAR (Entrevista a Salvador Castañeda, julio de 2011).

22 Como narra Castañeda en *Los diques del tiempo*, en los primeros días estuvieron confinados, junto con presos comunes, en una celda de 2.5 por 3 metros cuadrados habitada por 75 reos, de manera que tenían que «dormir» parados, mientras el jefe de celda, un ex miembro de las Guardias Presidenciales, violaba por las noches a algún preso común. También describe la constante incertidumbre vivida tras la amenaza de Nazar Haro a Pablo Alvarado y Florentino Jaimes, miembros del grupo Comandos Armados del Pueblo, y su ejecución dentro del penal, disfrazada como un plan de fuga que tuvo como objetivo involucrar a otros guerrilleros en la supuesta fuga. Este episodio es retomado en la historia de P (*¿Por qué no dijiste todo?* 134-137).

ve en los Reclusorios Norte y Oriente. Este trato fue sistemático sobre los presos políticos del movimiento armado, e incluía las cárceles de Oblatos, en Jalisco, y Topo Chico, en Chihuahua, como lo señalan los testimonios *La fuga de Oblatos, una historia de la LC23s* (2007) de Antonio Orozco Michel y *Héroes y fantasmas* (2009) de Benjamín Palacios Hernández, respectivamente.

Esta situación cambió relativamente con el nombramiento de Sergio García Ramírez como director de Lecumberri en los últimos meses antes de su clausura. Asimismo, la distribución de los presos hacia diferentes reclusorios, Norte y Oriente, representó cierto respiro después de su terrible estancia en 'El palacio negro'[23]. A pesar de la relativa mejoría que significó el cambio de sistema y política penitenciaria, las recién inauguradas instalaciones del Reclusorio Norte tuvieron severos problemas en su funcionamiento, ya que la construcción de muchas áreas no estuvo terminada y carecían de servicios. Este hecho y

---

23   El nombramiento de García Ramírez, a raíz de la fuga del narcotraficante cubano Alberto Sicilia Falcón en abril de 1976, trajo consigo una reforma en el interior del penal, en la que, tras una huelga de los presos políticos, se eliminó la estructura de mayores y comandos al interior de las crujías, se suspendieron la «fajina», «el chocho» y el castigo físico, se prohibieron la venta de celdas y de protección, y se suspendió la revisión humillante a las visitas. Por su parte, los presos políticos tuvieron acceso a los talleres e instalaciones deportivas, así como la circulación de libros sin restricciones (López de la Torre 112-114). Anteriormente, el penal —a cargo de los militares Manuel Arcaute Franco, en la dirección, y Edilberto Gil Cárdenas como jefe de vigilancia— tuvo una pésima reputación por llevar a cabo prácticas viciosas en complicidad con las autoridades, tales como la distribución de droga, el control de la organización interna en manos de grupos mafiosos y la extorsión por todo tipo de servicio o consumo recibido. Este hecho, junto con el proyecto de Echeverría de echar andar un cambio en el sistema penitenciario con la apertura de los Reclusorios Norte y Oriente, en 1976, antes de terminar su sexenio, marcó un cambio significativo en el trato dado a los presos políticos y en las viejas prácticas. Este cambio se registra en los documentales de Arturo Ripstein antes mencionados y *El palacio negro de Lecumberri* (2001) de Julio Pliego.

el relajamiento en la seguridad propiciaron dos fugas en los primeros meses, que le costaron el puesto al director y las medidas de seguridad fueron reforzadas y endurecidas de nuevo contra los presos políticos.

En su diario, Salvador Castañeda hace una crítica a las nuevas condiciones carcelarias, con instalaciones modernas, pero que de algún modo disfrazaban la realidad del encierro. Por ejemplo, le llama la atención la institucionalización de un «nuevo» lenguaje carcelario, es decir, la sustitución de *garitón* por 'observatorio', de *monos* por 'custodios', de *crujías* por 'dormitorios', de *celdas* por 'estancias', de *apando* por 'segregación' y de cárcel por 'centro de rehabilitación'. Por otro lado, se observa la trivialización de las huelgas de hambre, que si en algún momento fue un poderoso recurso, habían perdido casi por completo su significado y efecto original. Castañeda incluye tanto las huelgas organizadas por narcotraficantes con el fin de distraer la atención y poder fugarse, como de hecho sucedió, así como a las huelgas organizadas por los guardias para mejorar su salario. De cualquier modo, a pesar de la reducción del castigo físico, la presión psicológica fue mucho más fuerte por la constante incertidumbre, ya fuera para obtener el permiso de hacer una llamada telefónica, recibir una visita familiar o conyugal, o bien aquella causada por la constante promesa de una excarcelación por una salida política o jurídica.

> La cárcel es tan cruel (¿la cárcel?) que nadie se salva; metamorfosea los conceptos, trastoca los valores y nos hace meditar porque aquí hay mucho tiempo para esto; algunos atragantándose de odio y otros ahogándose de arrepentimiento sincero pero sin valor para los que nos tienen aquí, que al fin de cuentas se han transformado ya. (Reclusorio Norte, *Los diques del tiempo* 42)

Cabe mencionar, sin embargo, que en esta coyuntura —el giro político dado por Echeverría en los últimos meses de su presidencia y la inauguración del nuevo sistema penitenciario— es cuando se registra la mayoría de los textos producidos por los presos políticos del movimiento armado, no porque no se ejerciera la escritura anteriormente, sino porque el asedio a los presos disminuyó y los escritos dejaron de ser confiscados. La cárcel, entonces, aparece en los escritos no solo como tema inagotable y autorreferencial, sino que alberga el ejercicio escriturario, es decir, permite su desarrollo, a la vez que condiciona sus modos de escritura.

> Yo no sé si ya sean señales de mi *rehabilitación*, pero después de tanto tiempo privado de mi derecho más elemental —desde febrero de 1971— solamente puedo hablar y escribir sobre la cárcel. Claro está que escribir en un lugar como éste —con toda[s] las adversidades encima— es algo así como la medalla de dos caras. Por un lado, para escribir la fuente resulta inagotable. La sociedad queda aquí nítidamente dibujada tal y como es. Por otro lado las circunstancias están en contra. En este lugar una máquina de escribir, una hoja de papel, un libro, una goma para borrar o una pluma para escribir adquieren —para el que escribe— un valor que no tienen en otro lugar. (Reclusorio Norte, *Los diques del tiempo* 88)

Y es en este pequeño espacio de 'libertad' donde se gestan, no sin ciertas dificultades, la organización de círculos de estudio, el intercambio con algunas figuras políticas e intelectuales, el desarrollo de talleres, así como el proceso de rectificación articulado en la forma de escritos que se analizaron anteriormente en el capítulo 3[24].

---

24 La organización de pequeños círculos de estudio y el intercambio con figuras intelectuales como Aguilar Camín, Pérez Gay y Linares Zapata se dio desde la última etapa de la estancia en Lecumberri. Por otro lado, la candidatura a la presidencia de Valentín Campa, por el PCM, en 1976, puso sobre la mesa de discusión el tema de los presos políticos, así como el proceso de rectificación y su incorporación a la izquierda democrática. Véase *La Liga Comunista 23 de Septiembre. Orígenes y naufragio* (1977)

En ocasiones he pensado que la policía, en cierto sentido, me hizo un favor al capturarme y meterme a la cárcel; por un lado, de haber escapado a las persecuciones de ese momento, ahora seguramente estaría muerto o desaparecido por ahí en algún lugar; por el otro, en lo personal, he tratado de hacer de la cárcel, en la medida de lo posible, lo que muchos antes que nosotros y en diversas épocas y lugares han hecho de ella, es decir, convertirla en una universidad. Y de hecho para mí lo ha sido. (Cárcel de Topo Chico, Benjamín Palacios 324)

En este periodo, a su vez, la cárcel para muchos se convirtió en un espacio de estudio y reflexión, en la posibilidad de ahondar en la comprensión del marxismo y la lucha armada, pero también en el que se agudizaron diferencias insalvables entre la reivindicación y/o el balance de la lucha armada, o bien el giro democrático de la izquierda radical. Las iniciativas de incorporación del preso político por parte de las autoridades penitenciarias no llegaban sin cierta carga de desarticulación política. Por ejemplo, narra Castañeda, frente a la propuesta de Radio Educación de participar en la lectura de poemas y narraciones de los presos políticos, la condición fue mantener el anonimato de los presos, lo que en realidad significaba el silenciamiento de las irregularidades cometidas en sus procesos.

> [S]e dice que para un preso (esto lo dice Sabido [la trabajadora social] supuestamente como vocero del sentir de los presos) resulta denigrante decir que se está encarcelado, ya que la gente así lo ve. Y para rematar dice «la sociedad creó la cárcel, pero la rechaza» (¡?) Sabido. Lo que realmente esconde esto; esta verborrea es que nosotros no digamos cuánto tiempo tenemos encerrados (seis años y medio) sin sentencia. Por mi parte no participé con nada [para el programa de radio] —aunque puedo ayudar en lo que digan —pues lo que tengo lo

---

y *El radicalismo pequeño burgués* (1978) de Hirales Morán, y *Las guerras secretas* (2001) de López de la Torre.

enviaré (una vez que encuentre el modo de sacar los textos del penal— creo que lo harán Lupita o Araceli; Flores, Salmerón) al concurso de SPAUNAM. (*Los diques del tiempo* 80)

Es decir, nada parecía haber cambiado, los presos políticos del movimiento armado continuaron en el limbo jurídico por varios años, a pesar del saneamiento carcelario del nuevo sistema, reflejado tanto en el lenguaje, como en la arquitectura y en la disposición espacial de los nuevos reclusorios:

> [L]aberinto de ángulos rectos, de aristas de mármol, mucha luz y después de los cristales la oscuridad cerrada; (...) un amplio comedor y todo envuelto en una aparente tranquilidad y condescendencia, como si no existieran las crujías. (Reclusorio Norte, *Los diques del tiempo* 27)

Así, las visitas de los abogados y de las autoridades del penal aparentaban ser una legítima preocupación por rehabilitar y estimular la reinserción de los presos, sin embargo, en cuanto el grupo de los políticos mencionaban su situación se alejaban inmediatamente.

> Por ahí andaba Quiroz Cuarón [criminalista y jefe de observación], como pez en el agua, y otros, de traje, repartiendo justicia. Los comunes lo abordaban y prometíales agilidad en los procesos (...) Cuando alguno de nosotros le dijo que teníamos cinco años y medio sin sentencia, careos, ni nada, casi grita de su vocación democrática. De pronto se detuvo y preguntó, nada más por curiosidad, sobre nuestros delitos. Nada más escuchó conspiración e incitación a la rebelión, dio media vuelta y hasta no verte Jesús mío. (Reclusorio Norte, *Los diques del tiempo* 28)

Asimismo, la naturalización de la represión y del castigo manejada en los medios de comunicación dificultó la resolución por vía de la amnistía, que fue promulgada hasta el 28 de septiembre de 1978. Esto se evidencia en el sondeo que el gobierno hizo a la opinión pública haciendo circular información sobre la posibilidad de dar amnistía a los presos políticos.

Este mismo día también apareció pequeña y escondida (en *Excélsior*) una nota que recoge supuestamente una declaración de Andrade (Guillermo) en el sentido de que la Procuraduría del DF, y otras de los estados, estudian 300 casos de presos políticos para darles libertad. Eso nosotros ya lo conocemos, lo que ha ocasionado cierta ilusión —quién sabe en qué medida real— respecto a la salida y esto constituye el hecho de que se diga públicamente, aunque como ya anoté, la información apareció perdida. Esto en realidad es un sondeo a nivel nacional dirigido principalmente a los grupos más reaccionarios. Sin embargo, hoy sábado (es decir un día más tarde) ya no se vio nada por ninguna parte de ningún diario. (Reclusorio Norte, septiembre de 1977, *Los diques del tiempo*, 57)

Lo que para el gobierno era una forma de plantear la posibilidad de una resolución política, para los presos políticos representó un periodo mucho más angustioso y de desgaste, tanto por las esperanzas fugaces, como la presión para que declararan públicamente el rechazo del uso de la violencia en las acciones guerrilleras. De este modo, el último periodo de su estancia representó casi una tortura psicológica, una vez que se les dictó sentencia a partir de mediados de 1977.

De un tiempo para acá no tenemos descanso sólo de pensar en que nos vamos. No solamente pensamos sino que vivimos tan en serio la libertad sin tenerla y resulta que entre nosotros entre más pensamos en ello menos capaces somos para resistir la realidad que no se mueve, por más que tratemos de encubrir su omnipresencia con velos tenues de optimismo exagerado (en ocasiones) sin dejar margen a fuerzas para controlarlos en caso necesario. (Santa Martha, *Los diques del tiempo* 109)

Se puede observar, entonces, que el preso político, particularmente el del movimiento armado, representó una vez más una presencia incómoda para el gobierno, ya que su existencia contradecía su propia vocación democrática, sobre la cual asentaba su legitimidad. Si bien el gobierno intentó por todos los medios invisibilizar los movimientos sociales y los levantamientos armados al momento de criminalizarlos —administración de los ilegalismos populares en Foucault—, la respuesta de los grupos armados aumentó proporcionalmente a la violencia de Estado a través de comunicados o reportajes en medios independientes o de secuestros para exigir a cambio la liberación de presos políticos[25]. No obstante, la campaña mediática del gobierno, así como el rechazo de la opinión pública y la cúpula empresarial a la violencia de los grupos armados diluyeron el significado de las acciones guerrilleras, echaron una cortina de humo sobre los motivos de los levantamientos y silenciaron tanto las operaciones contrainsurgentes programáticas en las comunidades rurales, como la tortura practicada en cárceles clandestinas u oficiales sobre los presos políticos.

---

25 La práctica del secuestro a cambio de presos políticos fue una práctica común entre los grupos armados. Destaca, por ejemplo, el secuestro en Guadalajara del cónsul estadounidense Terrance George Leonhardy, en mayo de 1973, realizado por el grupo Fuerzas Revolucionarias Armadas del Pueblo (FRAP), por el que fueron liberados 30 presos políticos distribuidos en varias cárceles del país para enviarlos a Cuba. El cónsul fue liberado tras 75 horas de cautiverio (Castellanos 211-12). Sobre los comunicados y reportajes, destaca la impresión del periódico mensual *Madera* de la LC23S, con tiraje de 40,000 ejemplares entre 1975 y 1976. Por otro lado, la revista *¿Por qué?* dio seguimiento a los levantamientos de la «guerrilla rural» y «urbana» tanto en América Latina como en México. Para un análisis de medios, gobierno y la revista *¿Por qué?*, véase *La otra guerra secreta* de Rodríguez Munguía, en particular el apartado «Revistas: el miedo a la memoria» y «Guerrillas and the Mexican State (1968-1974). Government, Press and Political Crisis: The Case of *¿Por qué?* and the Guerrilla Movement in Mexico» de Gamboa Henze.

Se puede observar que el manejo gubernamental de los presos políticos, tanto los del 68 como los del movimiento armado, tuvo un doble movimiento de visibilidad y ocultamiento. Si bien la represión se recrudeció contra el movimiento armado como parte de una política de exterminio, este doble juego es sistemático. Por un lado, al visibilizarlos como agitadores sociales, terroristas, delincuentes o 'robavacas' creó efectos de legitimidad en el gobierno para combatir el crimen y defender la paz social, como en la naturalización alrededor de la represión. Sin embargo, al ocultar el carácter político de la violencia creó a la larga una paradoja sobre el gobierno de Echeverría, que se extendió hasta el sexenio de López Portillo, el cual prácticamente tuvo que dar una zancada para allanar la brecha que él mismo había creado entre los términos «guerrillero», «criminal» y «preso político»[26].

Hasta aquí se han trazado las condiciones de producción y emergencia de la literatura carcelaria del movimiento armado, la apuesta y transformación de la obra revueltiana que ha sentado las bases para comprender el tratamiento de lo carcelario más allá de una representación mimética y cuyo impacto fue indudablemente crucial en la novela de Castañeda. A lo largo de este capítulo se ha podido observar que lo carcelario forma parte constitutiva de la escritura, como motor y paradójicamente también como limitante de su producción y circulación, depen-

---

[26] La utilización de categorías impuestas a los levantamientos armados llega a tal grado de obscenidad en los archivos de la Secretaría de la Defensa Nacional (SEDENA), que se referían con los términos de «paquete» a una persona detenida, torturada o asesinada y, con los de «paquete archivado» a una persona en detención prolongada. Véase en el *Informe* la sección 6 sobre el estado de Guerrero, en la página de National Security Archives Project   http://www.gwu.edu/~nsarchiv/NSAEBB/NSAEBB209/index.htm. Recuérdese que Luis Echeverría ejerció una política maquiavélica, ya que otorgó una amnistía al principio de su mandato a los presos políticos del 68 y a su vez fue implacable con el exterminio de los grupos armados y de las comunidades que la apoyaron.

diendo del género literario y los modos en que el texto logró insertarse en el campo de lo literario.

La revisión del funcionamiento de lo carcelario, los vaivenes políticos para ocultar la prisión política y las diferentes experiencias en torno a ésta permite tener una visión más completa de los textos y fundamentalmente el modo es que éstos desmontan los relatos del Estado y la fijación de una memoria emblemática que va del 68 a la apertura democrática, pasando por alto tanto el movimiento armado, su represión y los diferentes modos de articular el pasado desde la vivencia carcelaria. El siguiente capítulo analiza la antología de poesía carcelaria *Sobreviviremos al hielo* de Anzaldo y Zaragoza, así como la novela *¿Por qué no dijiste todo?* de Salvador Castañeda, los modos en que abordan la experiencia carcelaria tomando en cuenta que plantean una doble ruptura en lo político y literario.

Capítulo 6. Los otros apandos: poesía y ficción desde la celda

> Dime pinche carcelero
> entre tus llaves
> ¿hay alguna para abrir flores?
>
> Agustín Hernández Rosales
>
> Ellos también,
> desde su pequeño mundo que los aprisionaba,
> veían a los presos como si fueran animales,
> sin poderse explicar quiénes eran, en ese momento,
> los verdaderos prisioneros
>
> Salvador Castañeda

I. La poesía carcelaria del movimiento armado

En el contexto de represión de la década de los años setenta, el espacio carcelario representó para los militantes de la lucha armada una relativa tregua al salir de las cárceles clandestinas; es en este espacio, bajo condiciones adversas y de asedio constante donde se gestó la práctica escrituraria como un modo de sobrevivencia y resistencia. Rafael Saumell Muñoz observa que «la prisión es un *locus* donde desembocan los discursos transgresores. El escritor-prisionero está fuera de la ley, incluso aquella que representa la justicia poética oficial» («El otro testimonio» 499).

Los textos carcelarios producidos en el encierro por los militantes del movimiento armado cargaron con un doble estigma de 'ilegalidad' y tuvieron que enfrentar un problema de legitimidad, tanto política como literaria. De ahí que adquirieran relevancia, en su doble carácter testimonial y literario, ya que, por un lado, dislocaron los discursos oficiales de apertura democrática del sexenio de Echeverría y, por otro, problematizaron a su vez el concepto de lo literario. Muestra de ello ha sido el relativo reconocimiento a esta literatura, que en todo caso se 'salva' como documento testimonial que posee ciertos giros literarios. Como señala Evodio Escalante sobre el diario de prisión de Castañeda:

> La suya es una taquigrafía contra el tiempo, notas arrancadas a la persecución, escritas bajo el peligro que la *chota* los confisque. Un trabajo prohibido y a contrapelo que es también un ejercicio de supervivencia (…) un modo de guardar la memoria, de anotar lo ocurrido para que se sepa, para que otros sepan. Se entenderá que estas notas carecen en absoluto de pretensiones literarias. Se trata de guardar la huella y nada más. Esto no obsta, por supuesto, para que ciertas descripciones y ciertos giros del lenguaje nos puedan parecer literarios. ¿Pero es que es posible escapar a la literatura? (Prólogo a *Diario bastardo*, XII)

Más que un manifiesto sobre la vigencia de la literatura, el comentario de Escalante evidencia el carácter testimonial de los escritos, pero particularmente subraya las dificultades para definir la especificidad de lo literario. En este sentido, es crucial destacar un giro necesario para aproximarse a esta literatura, no como un producto que se someta a la valoración estética, sino como una práctica de la escritura que, producida desde espacios no autorizados, espacios liminales o de «entre medio», irrumpe en los discursos oficiales de lo político y lo literario e introduce líneas de fractura en la configuración de los imaginarios colectivos.

Desde esta perspectiva, la cárcel no es un recurso literario o una temática desarrollada en los textos, sino que forma parte constitutiva de los textos, ya que fungió como un motor de producción escrituraria —catarsis, cobijo, esperanza, rabia—, pero también la condicionó y limitó su ejercicio. Ejemplo de ello es la mayoría de los textos rescatados y compilados en la antología de poesía carcelaria corresponden al periodo posterior a Lecumberri, en el que la tortura, el castigo físico, el asedio, el registro y la confiscación habían disminuido considerablemente. Es así que, desde este espacio, resquicio o fisura, en el margen jurídico y literario, se filtra la práctica de una escritura no legitimada o, tomando prestada la frase de Salvador Castañeda, de «los otros apandos» haciendo referencia a esta otra literatura además de la célebre novela *El apando* de José Revueltas.

La antología de literatura de presos políticos *Sobreviviremos al hielo* compila en su mayoría poesía producida por miembros de diferentes grupos armados en México; a su vez, sin ser representativa de todos ellos, busca una doble afirmación, tanto de la existencia de los presos políticos, como de su capacidad de producción literaria desde la cárcel. Los autores compilados pertenecen a siete grupos armados de alrededor de cuarenta que estuvieron activos durante la década de los años setenta. La mayoría estuvo encarcelada entre 1971 y 1978, y algunos comenzaron a ser excarcelados a partir de 1975; otros salieron tardíamente de prisión, inclusive hasta 1980. La estancia carcelaria, en promedio, fue de aproximadamente seis años, sin embargo, algunos estuvieron solamente por tres años, mientras otros permanecieron en la cárcel hasta por más de ocho años. Entre 1971 y mediados de 1976 estuvieron concentrados, en la zona metropolitana, en Lecumberri, y tras su clausura fueron distribuidos en los reclusorios Norte y Oriente. Una vez dictada sentencia, fueron trasladados a la cárcel de Santa Martha. Cabe destacar que la antología no incluye a los presos políticos de la cárcel de Oblatos, en Jalisco, ni de Topo Chico, en Chihuahua[1].

---

1   A continuación, incluyo los autores y las agrupaciones a las que pertenecieron. Liga Comunista 23 de Septiembre: (David Zaragoza Jiménez, Trinidad León Zempoaltécatl y Manuel Anzaldo Meneses); Lacandones (Roberto Sánchez Ensch y Carlos Salcedo García); Partido de los Pobres

Como señala el editor, Bartomeu Costa-Amic Leonardo, el proyecto tuvo como objetivo dar testimonio y dejar constancia, en su paso por el mundo, de los exmilitantes de los reclusorios del Distrito Federal, ya que la publicación de la antología, a diez años de decretada la Amnistía, da reconocimiento a los luchadores comprometidos y a los asesinados. Teniendo un doble carácter, político y literario, la producción de estos textos toman el ámbito de lo literario como último bastión de resistencia, para afirmar su existencia y el derecho a ejercer la escritura. Sin embargo, destaca también el carácter espontáneo de la práctica literaria.

A diferencia del género testimonial, en el que se expone una narrativa claramente argumentativa que busca reconstruir el lugar del testigo o bien legitimar su discurso frente a un público lector que se transforme en una especie de segundo jurado (Saumell Muñoz 499), la mayoría de los textos en la antología funcionan como una especie de instantáneas que plasman las subjetividades de la experiencia carcelaria. Es decir, el prólogo y las notas son los que le dan la cohesión discursiva a las piezas recopiladas que en un principio no fueron pensadas como un proyecto en conjunto, sino como una manifestación de la práctica escrituraria, como una forma de sobrevivencia, inclusive la necesidad que se observa en algunos poemas de honrar y dar memoria a los compañeros caídos y a las madres que formaron un fuerte grupo de solidario con los presos políticos.

La antología, como se señaló antes, tuvo un largo proceso de incubación desde la escritura y recopilación de los textos

---

(Ricardo Rodríguez y Pedro Estrada Gámiz); Movimiento Acción Revolucionaria (Fernando Pineda Ochoa, Saúl López de la Torre, Agustín Hernández Rosales, Salvador Castañeda y José Luis Chagolla Remigio); Unión del Pueblo (Jesús Tomás Licea Hernández y Javier Almaraz Olvera); Asociación Cívica Nacional Revolucionaria (Alfredo de la Rosa Olguín y Jesús Gutiérrez Sierra) y Frente Urbano Zapatista (Roberto Tello Alarcón).

en prisión hasta su publicación en 1988, después de dos intentos fallidos. Por ello, es pertinente observarla, en primer lugar, como un proceso en el cual el proyecto se fue transformando, y esto explica tanto su carácter heterogéneo como su inminencia y objetivo de publicación tras el fraude electoral de 1988. Como señala el editor Costa-Amic Leonardo:

> Creemos que esta etapa fue definitiva para la historia del país y que no debe ser ocultada ni minimizada y mucho menos olvidada, para que el imperio del terror no vuelva a ensombrecernos como a veces parece que quiere, a juzgar por los últimos acontecimientos. (*Sobreviviremos* 19)

La antología comenzó como proyecto dentro del reclusorio Norte, en 1977; originalmente recopilaba poemas escritos por presos políticos de los reclusorios Norte y Oriente, entre 1977 y 1978, junto con una serie de grabados[2]. Posteriormente, se integraron textos producidos en las crujías «O» y «M» de Lecumberri, así como poemas de exmilitantes excarcelados, con motivo de la ejecución de otros compañeros recién liberados. Asimismo, se incluyen poemas de Trinidad León Zempoaltécatl, la única mujer en la antología, que estuvo presa en la cárcel de Santa Martha, y dos narraciones de Roberto Ensch y Salvador Castañeda, esta última fue escrita tras su excarcelación. La antología incluye también un fragmento de «El hombre acecha» de Miguel Hernández, un poema de Alfonso Sastre y un poema de Samora Moisés Machel, líder revolucionario del Frente de Liberación de Mozambique.

Si bien la antología es poco sistemática, tanto en la selección de autores y géneros, como en la presentación y organización del material, la heterogeneidad de los materiales denota no solamente el intento por establecer una complicidad de re-

---

2 Casi todos los grabados son de Alfredo de la Rosa, preso político de ACNR, y de Alfonso Anzaldo, hermano de uno de los coordinadores de la antología que no estuvo encarcelado.

sistencias más allá de un espacio geográfico «nacional», influido obviamente por la diseminación de la lucha de la izquierda por todo el mundo, sino también una búsqueda por manifestar su derecho a la expresión a través de distintos medios[3]. La inclusión de poemas revolucionarios que no corresponden al contexto mexicano es en sí misma una declaración de principios. Por su parte, la recopilación de la «Poesía (in)necesaria», tomada del periódico mural de la crujía «O», organizado por el colectivo El Yacaré, muestra la espontaneidad y el carácter lúdico de la escritura carcelaria. En este sentido, el proyecto enmarca los textos en un discurso de denuncia que al mismo tiempo busca legitimar la práctica escrituraria, al engarzar estas instantáneas del confinamiento carcelario.

Ahora bien, la literatura carcelaria se encuentra en una paradoja, ya que si bien los temas recurrentes se restringen al espacio carcelario y a sus efectos en los prisioneros, el microcosmos carcelario ofrece una fuente inagotable de escritura, porque es posible observar en éste la reproducción de los poderes que atraviesan el cuerpo social y al mismo tiempo, como señala Castañeda, tanto la sobrevivencia como el ejercicio de la escritura se dificultan y quedan condicionados dentro del aparato carcelario.

Grosso modo, los temas recurrentes en la literatura carcelaria abarcan los efectos del encierro a nivel físico y psicológico, como la percepción alterada de la dimensión temporal y espacial, la pauperización de la calidad de vida, la mecanización del sujeto a horarios y actividades rígidas, la reducción del sujeto al cuerpo biológico, la tortura física y psicológica, los efectos en la vida emocional y en las relaciones con familiares, pareja y compañeros, y la depresión o 'carcelazo', entre otros. Otros temas recurrentes son el impacto de lo carcelario en la renuncia o afirmación de las convicciones ideológicas, la transformación del

---

3   Un ejemplo de ello es que algunos fragmentos fueron publicados en diversas revistas de San Francisco, Karlsruhe o Milán antes que en México, como señala Anzaldo en la nota introductoria (*Sobreviviremos al hielo* 14).

sujeto y sus modos de adaptación o sobrevivencia en el entorno carcelario, así como el papel primordial que juega la imaginación y la escritura.

En los textos de la antología *Sobreviviremos al hielo* se encuentran como temas recurrentes, principalmente, la alteración de las relaciones emocionales con la pareja y la familia, ya sean padres o hijos; la memoria de los compañeros caídos, así como el reconocimiento al apoyo de las madres y grupos solidarios fuera de la cárcel. Otros temas son el transcurso del tiempo en la cárcel y los cambios de ánimo que van desde la reivindicación de la lucha armada hasta la rabia, la impotencia, la desesperación y la decepción. Cabe destacar que, además de la internalización de lo carcelario, hay poemas incisivos con un humor ácido que problematizan y subvierten el poder carcelario, así como otros poemas lúdicos que parodian a las autoridades y a los propios compañeros, estos últimos fueron principalmente producidos por el colectivo El Yacaré. A continuación se analizan algunos poemas que ofrecen un espectro general de lo carcelario y, al final de este apartado, otros poemas que exponen el funcionamiento de los mecanismos del aparato carcelario y llevan a cabo una retorsión de los mismos.

La privación y regulación de la libertad, obviamente tiene sus primeros efectos a nivel afectivo, porque no solo se ejerce la separación del preso de su entorno social, sino porque la administración de la visita familiar o conyugal refuerza esta separación, asegura la internalización de lo carcelario y el disciplinamiento del sujeto. Los presos políticos del movimiento armado, si bien tuvieron acceso a la visita familiar y conyugal, esta representó una forma más de tortura psicológica, como lo demuestra la recurrencia del encuentro, del recuerdo o nostalgia por la persona amada, así como la desolación del preso al despedirse de los familiares tras el horario de visita, o lo que se conoce como el «carcelazo». Uno de los poemas de Fernando Pineda Ochoa, exmilitante del MAR, captura el modo en que se ve afectado el encuentro con la persona amada y la terrible distancia emocional o la barrera que ha cimentado la cárcel en la relación de pareja.

> Inevitablemente descubro tu cuerpo inamovible
> Anegado
> de rocío fértil
> al amor
> … pero terriblemente distante
> (…) Como el dolor de la luna devorada
> por la desdentada boca de la noche[4].

En el mismo poema, Pineda Ochoa describe la entrada del amanecer, pero observada por la pareja dentro de la celda. Así, lo que sería un encuentro amoroso, en realidad expresa un estado de amenaza constante, articulado en la imagen de la muralla:

> Voces tocadas por nuestros sueños
> subterráneos se deslizan en el polvo de la noche
> y el lugar reducido que ocupo. (…)
> La mañana se introduce sigilosa
> (es un leve temblor de primavera)
> remolinos de figuras
> nos dictan el origen
> de ocultas nubes
> que vigilan la ciudad
> dormida…
> Mientras nuestros ojos opacos
> contemplan la muralla. (86-87)

La libertad y encierro es un binomio inseparable en los textos carcelarios, bajo el cual, el hecho de evocar la libertad afirma la condición de encierro, e inevitablemente hablar

---

4 Fernando Pineda Ochoa, Lecumberri 1976, *Sobreviviremos al hielo* 86. En adelante solo incluiré el o la autora del poema, lugar y fecha de escritura y la página de la antología.

del confinamiento fortalece el deseo y significado de la libertad, ya sea proyectándola hacia un futuro indeterminado que augure un tiempo de justicia, o bien manifestada cotidianamente por su reverso: el asedio constante y el castigo.

> La libertad soñada
> a diario y constantemente
> metida en tu carne
> y en tus huesos hasta
> su misma médula. (...) Esa libertad que se nos mete
> por todos los sentidos tan desarrollados
> de un cuerpo acorralado
> y de un espíritu irreprimido [sic] Esa libertad de preso
> que es amenazada
> constantemente por el verdugo
> es libertad tan mermada
> a diario y constantemente. (Carlos Salcedo, Lecumberri 28 junio 1975, 53-55)

> La cárcel se me ha metido en mis huesos
> para despojarme de voz y de saliva. (Saúl López de la Torre, Reclusorio Norte 1976, 113)

Como se señaló, un *leitmotiv* del encierro carcelario es el desfase que hay en la percepción o el concepto de lo temporal, ya sea como un tiempo circular que remite al pasado o un tiempo prometido que se apuesta hacia el futuro, los cuales contrastan con la lentitud del presente carcelario y, particularmente, con la espera. Como se puede observar en los poemas de David Zaragoza, la espera y la desesperación aparecen de manera reiterada y en muchas de las ocasiones con un sentido lúdico. Por ejemplo, el poema «Pero siempre hay una espera» enumera las diferentes ocasiones y contextos en los que se utiliza su forma en imperativo, como un modo de detener o condicionar el proceso de vida de los jóvenes: «Espera, ya no llores / Espera, quédate ahí / Espera hasta el domingo, / Espera que lo piense, / Espera que mis padres / Espera que me duele / Espera, despacito / Espera que nos ven» (34-35). El poema registra la espera desde la infancia hasta la pubertad y, aunque no aparece explícitamente el registro de lo carcelario, se puede deducir de cierto modo un efecto de minimización y sentido lúdico del confinamiento carcelario como un tiempo más de espera.

Cabe destacar el uso relativamente libre del espacio de la hoja de papel en la mayoría de los poemas que, si bien no es sistemático, tiene efectos creativos y lúdicos. Por ejemplo, en otro poema de David Zaragoza, el formato del título y el uso del espacio de la hoja crea el efecto de un rectángulo, que no solamente atrapa el espacio, sino que sugiere posibilidades combinatorias entre el juego de los opuestos (desesperación/ tranquilidad) en sus formas adjetivas y adverbiales. Este juego espacial manifiesta un sentido lúdico de la escritura, así como la circularidad del pensamiento en el encierro carcelario.

TRANQUILAMENTE DESESPERADO
Y   Y
DESESPERADAMENTE TRANQUILO

También pueden observarse los efectos del poder carcelario en las diferentes reacciones o momentos por los que transita el preso político, que van desde la rabia a la impotencia, la decepción y la derrota del proyecto revolucionario. Los poemas no desarrollan explícitamente los debates y posturas que hubo en relación con el proceso de rectificación y el balance de la lucha armada en el marco de su derrota militar y de las negociaciones y presiones surgidas desde el Estado. Sin embargo, aunque los poemas no funcionan a un nivel de discursividad narrativa, sino de figuras o instantáneas poéticas, es posible apreciar en algunos de ellos las tensiones y la división de posturas de la lucha armada en la articulación de un imaginario de la venganza y la derrota, así como la denuncia del oportunismo y la enajenación.

Puedes no saberlo
ni sospecharlo siquiera

pero soy tu enemigo.
Y algún día
con cuchillo de carnicero
peinaré tu pelo. (Saúl López de la Torre, Reclusorio Norte 1976, 116)

El primer poema «Yo soy tu enemigo» de Saúl López de la Torre augura un tiempo de venganza en el que el yo poético responde al principio de retribuir a su enemigo, basado en la ley del talión. Asumiendo que el yo poético es el sujeto torturado, y su enemigo, el torturador, el poema invierte los lugares de torturador y torturado, pero en esencia reproduce la misma lógica de violencia, creando un efecto de despolitización de la lucha armada. El poema «Ilusos», también de López de la Torre, presenta a la lucha armada como un espejismo, al contraponer imágenes líquidas con elementos desérticos: «nadar por la estepa arenosa», «arena fresca», «cactus jugoso».

Nadamos por la estepa arenosa,
como en alberca de hotel (...)
Y no salimos de nuestro entendimiento
cuando cansados de arena deliciosa
observamos las espinas del cactus
atravesándonos la carne. (Saúl López de la Torre, Reclusorio Norte 1976, 123)

A través de esta yuxtaposición, el poema subraya la ingenuidad de los militantes al confundir la obvia diferencia entre aridez y humedad, como efecto del espejismo o sueño del cual se despiertan cuando las espinas del cactus atraviesan su carne. Es decir, que el dolor físico, la represión y la tortura, rompen el hechizo y devuelven al militante al ámbito de lo racional, lo que le permite ahora distinguir la diferencia básica entre agua y arena. A pesar de que estos dos poemas parecen estar en las antípodas, uno reafirmando la 'vocación guerrillera' y otro estableciendo a la guerrilla como un delirio, ambos operan en el mismo sentido, al insertarse y reproducir los imaginarios oficiales sobre la lucha armada. Por otro lado, el poema de Manuel Anzaldo muestra el desencanto en el que cayeron, así como la carrera de obstáculos en la que «los blandengues fuimos descalificados».

> (…) es amargo, duro y
> peor aún,
> nauseabundo
> a flor de piel sabemos
> que fuimos cayendo
> en este pozo sin fondo
> uno a uno,
> en este irremisible oportunismo
> esperando salir,
> sólo para seguir vegetando
> (…) esperando al igual que siempre. (Manuel Anzaldo Meneses, Reclusorio Norte, julio 1977, 285)

La derrota en Anzaldo parece multiplicarse no solamente por el fracaso de la lucha armada y por el hecho de estar en prisión, sino por una especie de autoculpabilidad por la debilidad de sus integrantes. No obstante, es interesante observar que a su vez destaca el oportunismo que envolvió en determinado momento a los militantes durante su periodo carcelario.

Como se señaló en el apartado anterior, la política gubernamental de segregación y aislamiento de los presos políticos, junto con la práctica de la tortura, agudizó las diferencias insalvables entre los militantes que, de algún modo, ya estaban latentes desde la formación de los grupos armados[5]. Sin embar-

---

5   Las divisiones en los grupos armados emergen casi en el momento de su formación; entre los problemas que se destacan están el protagonismo o caudillismo de sus líderes, el foquismo, el militarismo, la inmediatez de acciones sin fortalecer sus bases de apoyo y el teoricismo, entre otros. Como señalan algunos testimonios, las divisiones entre grupos armados, así como entre compañeros de un mismo grupo, se agudizan en el periodo carcelario. Por ejemplo, en la última parte del periodo en Lecumberri, la crujía estaba dividida en dos grupos: los firmes y los tibios o revisionistas.

go, estas diferencias insalvables se diluyen frente a la amenaza de la represión, como lo describe otro poema de Saúl López de la Torre:

> La puerta comienza a rechinar.
> Los viejos goznes gimen
> Nosotros escuchamos con oídos adiestrados
> Deliberamos en grupos
> Por primera vez coincidimos
> La puerta se abre. (Saúl López de la Torre, Reclusorio Norte 1976, 133)

Como en toda literatura carcelaria, otro de los temas recurrentes en la antología es la afirmación de las convicciones revolucionarias que se apuestan hacia el futuro y la certeza de que habrá un tiempo de justicia. Es decir, frente a la incertidumbre y el lento transcurrir del tiempo carcelario, la promesa de un cambio se articula en muchos casos a través de los elementos de la naturaleza.

> Cada átomo de mi cuerpo, ha sido mil y mil veces transferido de una generación a otra
> sin pensar que el día termina y vuelve a principiar
> quién me dijera sin engaños
> si los siglos que hoy quiero mirar
> hace mil años dulces palabras le oí murmurar
> porque una gota de lluvia cayó en mi frente
> y yo sé que mañana puede venir a mí nuevamente. (Trinidad León Zempoaltécatl, Santa Martha Acatitla, diciembre 1977, 167)

Como propone el poema de Trinidad León Zempoaltécatl, el sujeto pierde su carácter individual al formar parte de un todo, como una corriente indefinida que se transfiere entre generaciones; así, la caída de una gota de lluvia, como encuentro casual, augura la posibilidad, aunque sin garantías, de su 'repetición'. En un tono similar, un poema de la serie «Poesía (in)necesaria» del colectivo El Yacaré augura el renacimiento de la lucha en tanto las condiciones de desigualdad no cambien:

> Biografía de fantasma... Nadie notará que estuviste ahí
> donde eras necesario
> otros caminarán sobre tu esfuerzo
> embarrados de estiércol
> para obligar a tu madre a parirte de nuevo
> regresarás tolerante
> a perderte por la fatiga y morirte diez veces para creer
> para arrastrar cuerpos desalentados
> desnudar ídolos de plástico
> rescatar la palabra
> de gargantas injertadas con timbres impostados
> entonces aprenderás a ser canto
> a medir el tiempo por fragmentos
> a no desesperar
> de nacerte de vez en cuando[6].

Aunque el poema no tiene título, el primer verso enmarca al poema bajo «biografía de un fantasma», lo cual alude a la disolución humana del sujeto al transformarse en un espectro, una presencia imperceptible pero que aparece de manera recurrente. Se puede observar de nuevo la disipación de lo individual, esta vez a través del uso de la segunda persona y del modo verbal en futuro, creando así un efecto de tiempo en espiral que augura no precisamente la repetición del levantamiento armado, sino su rearticulación. La imagen de la madre y el parto remiten de algún modo al uso revueltiano de la matriz/celda, sin embargo, esta afinidad no está dada por su sentido de matriz contenedora,

---

[6] Colectivo El Yacaré, Lecumberri crujía «O» 28 de octubre 1973, *Sobreviviremos* (208). El colectivo El Yacaré estuvo integrado por Alfredo de la Rosa Olguín (ACNR), Roberto Tello Alarcón (FUZ) y Pedro Estrada Gámiz (PDLP). Los poemas escritos por ellos formaron parte de un periódico mural en la crujía «O», en Lecumberri, en 1973.

sino por el lado de su liberación: el hecho de «nacerse» o autoparirse. Si bien en Revueltas el autoparirse se articula en el personaje El Carajo por la ruptura con el vínculo materno a través de la delación, en este poema el renacimiento revela el carácter agonístico que proviene de la toma de conciencia para reanudar las veces que sea necesario el cambio revolucionario.

Otra de las constantes en la literatura del encierro es la imaginación y la percepción de elementos de la naturaleza, por medio de los cuales se logra rebasar la condición de opresión física y psicológica en la cárcel: «Entre cadenas y barrotes vivo/ con las palomas y las gaviotas sueño» (Jesús Tomás Licea, Reclusorio Oriente, abril 1977, 151). El poema «Sueños», de Carlos Salcedo, presenta el proceso de reconstrucción del sujeto a través de la imaginación y la libertad del pensamiento. Después de la tortura y la «oscuridad arrinconada» de la lucha interna, de la delación o el silencio, lo que le queda al preso político es el aire o la luz de la luna que se cuela por una pequeña ventana: «…y por este nuevo /cordón umbilical / nos llega el aire / como nueva vida, / respirar, respirar (…) Por eso empiezas / a soñar, / a transformar / en tu mente / lo que la realidad / tan cruel impide» (Lecumberri, 5 de septiembre 1975, 63-64).

Así, el yo poético describe la metamorfosis del sujeto que ha sobrevivido la tortura: «de tus brazos nacen alas, / de tu boca, pico, / de tu pelo, plumas, / y empiezas a sentir / que te vas empequeñeciendo, / tanto que no ocultas / tu felicidad de burlar / las barras de la oquedad» (65). La imagen del ave, obviamente remite a la libertad, a la esperanza y a la capacidad de imaginar, sin embargo, es interesante observar que la imagen del pájaro no forma parte constitutiva del sujeto, sino que se encuentra en devenir. Es decir, en el poema, la brutal realidad del encierro y la tortura es desterritorializada por el espacio de la imaginación que, si bien comienza como un breve respirar, la metamorfosis en pájaro, devenir-libertad, se posesiona del sujeto y de la celda como una gran bocanada de aire. Este devenir es interrumpido por los guardias que regresan para llevar al sujeto a otra sesión de tortura, y aunque la imagen del ave ya no está fijada en el sujeto, su halo permanece como una forma de resistencia que se sobrepone al castigo corporal.

> Pero ellos se desesperan,
> están confundidos,
> quieren aprisionar
> al pensamiento,
> encarcelar a los sueños,
> y la rabia les inunda
> al ver tanta libertad
> meciéndose en el cielo,
> y tanto sueño desbordado
> más allá de las murallas. (67)

En contraste con este poema, que quizás es uno de los que presenta más elementos de imaginación y ensoñación, otros elaboran el espacio físico de la cárcel, ya sea destacando los efectos de la limitación del espacio físico o bien desafiando las constricciones de este. Por ejemplo, mientras el poema «Despertar», de Agustín Hernández Rosales, describe la celda como un espacio agobiante que contiene y extingue en su geometría austera los puentes de comunicación humana, como la voz y la mirada; los poemas de Saúl López de la Torre y Jesús Tomás Licea desafían la función del muro y el reflector de la cárcel para contener, cercar e iluminar.

> Las paredes
> los asientos
> y las mesas
> con su agobiante cercanía
> atornillada al piso.
> Un montón de libros
> con sus teorías dormidas
> asfixiadas
> en un lecho de letras apretadas.
> Un cenicero victorioso de colillas.

Es la celda de todoslosdías
forrada de sombras y silencios
limitada y comprimida
por pulidas y rígidas aristas.
Impecable y exacta simetría
cuajada de callejones sin salida
de acrílicos y duros horizontes
donde se doblan y escurren asqueados
el grito y la mirada. (Agustín Hernández Rosales, Lecumberri 1976, 177)

Son tantos ya
los cercos de concreto
los anillos de hierro.
Que pedazos de ladrillos
entre rostros retorcidos
no son nada. (Saúl López de la Torre, Reclusorio Norte 1976, 130)

Alumbras sólo insomnios
y lo sabes
tu luz solamente
es un fuego impotente
que no ilumina la vida
ni la muerte. (Jesús Tomás Licea Hernández, Reclusorio Oriente, enero 1977, 146)

Cabe destacar que los últimos dos poemas pertenecen al periodo posterior a Lecumberri, que se caracterizó por la disminución del castigo físico. Sin embargo, se puede observar en el poema «Muro O», perteneciente a los últimos meses en Lecumberri, el propósito de expandir los múltiples significados y lo que representa el muro de la cárcel.

Sudoroso de sombras,
chorreante de miradas por un lado
y de calles muertas —por el otro.

> Nido de cantos,
> telaraña de rumores,
> charco de ilusiones
> Hueco repleto de mentadas de madre.
> Reguero de huellas
> y lánguidas siluetas
> Montón de vísperas
> y tímidos presentimientos
> crucificados en amarillentos calendarios. (Agustín Hernández Rosales, Lecumberri, marzo 1976, 179)

Aunque el ahogo y la opresión del espacio físico obviamente prevalecen como una constante que envuelve amenazante la experiencia carcelaria del sujeto y condiciona la producción escrituraria, es interesante observar en algunos poemas el modo en que abordan lo carcelario más allá de las restricciones del espacio. Es decir, los elementos físicos de lo carcelario —la celda, el apando, los muros, las rejas— si bien son elementos monótonos e invariables en la rutina carcelaria, el modo de aproximación para nombrarlos se da por el lado de la multiplicación de significaciones en un movimiento de constante asedio al significante —cárcel, muro, celda, etc...— destacando particularmente los efectos de lo carcelario. Por ejemplo, en un poema intitulado de David Zaragoza se puede observar un movimiento de acecho constante con el significante «cárcel», en un intento por contener su significado a través de la enumeración de efectos del poder carcelario que atraviesan al sujeto.

> Opacadora de soles
> sol de los opacados (...)
> Degeneradora de dioses
> Diosa de los degenerados. (Zaragoza, julio 1977, 29)

La cárcel está definida de este modo, por la relación que se establece entre ésta y el sujeto, por sus interacciones y devenir, mas no a partir de características prefijadas. Por ejemplo, en el primer verso, la cárcel no es un espacio físico sino un mecanismo que ejerce efectos sobre el sujeto, «opacadora de soles»; en el segundo, que se complementa con el primero a través de la figura retórica del retruécano, la cárcel no está definida como una creadora de efectos, sino que ahora sí está articulada como un sustantivo, aunque siempre acompañado de un complemento que indica una acción posesiva: «sol de los opacados». Es decir, la construcción retórica de «la cárcel» está dada a partir de los efectos que el mecanismo del poder carcelario impone sobre el sujeto, la cárcel cobra su existencia y adquiere significación en su devenir, en sus efectos de opresión, más que en su definición como espacio físico. Más adelante se puede observar la misma operación, aunque ahora en el sentido inverso:

> Frustración de los creadores,
> creadora de los frustrados
> Refugio de los castrados,
> castradora de blandengues (29)

El retruécano no sólo es un elemento retórico, sino que expone el funcionamiento de la cárcel, evidenciando sus relaciones, mecanismos y efectos de poder que subyacen en ella. El espacio físico de la cárcel es sintomático de lo carcelario como mecanismo coercitivo no acabado, y la cárcel es un mecanismo vivo y en constante devenir que se define a partir de su relación con el sujeto, precisamente en el momento en que lo territorializa como sujeto delincuencial, como sujeto carcelario. Aunque esta figura retórica aparece solamente al comienzo del poema, los siguientes versos sostienen el recurso de intentar definir lo carcelario a partir de sus efectos, no solamente en el prisionero, sino también en todos aquellos que interactúan y forman parte del engranaje de este mecanismo, incluyendo a jueces y celadores.

> Mina de gambusinos de escritorio
> Secadora de conciencias
> templo de meditaciones
> Desintegradora familiar
> Cómplice de jueces

Alcahueta de ladrones con licencia para matar. (29)

La incansable enumeración y ritmo del poema se asemeja a una plegaria religiosa o a un mantra, sin embargo, no se trata de una repetición, sino de la proliferación de los múltiples significados de la cárcel. La obsesión por contener en la palabra el dolor y la rabia ante el poder coercitivo de la cárcel, que en conjunto se erigen como una experiencia inenarrable, devela a través de la ironía los mecanismos, las perversiones y el objetivo del disciplinamiento carcelario.

> Paridora de hombres
> Hacedora de despojos
> Lugar de las masturbaciones
> Creadora de neuróticos
> Gran panacea
> Sala de los espejos desnudantes
> Exterminadora de amores
> Forjadora de odios
> Truncadora de proyectos
> Arrancadora de máscaras
> Fábrica de locos
> Reina del vicio
> ¡¡PINCHE CÁRCEL!! (29-30)

En este sentido, el poema expone la falacia del objetivo correctivo del aparato carcelario que, lejos de 'reintegrar' o 'rehabilitar', en realidad transforma al sujeto en despojo humano.

> Clausuradora de gargantas
> Domadora impotente
> Semillero de degenerados
> Soledad de soledades
> Encauce de desvíos
> Artículo de primera necesidad
> Compendio de historias e histerias
> Gran Larousse ilustrado

(...)
Hierro candente que nos marcas
de orgullo o vergüenza
Ramillete de barrotes
Finamente amurallada (30)

Al describir la cárcel como «clausuradora de gargantas» o «encauce de desvíos», el poema enfatiza en la fuerza opresiva de lo carcelario, pero más aún al describirla como «gran panacea» o «artículo de primera necesidad» denota que no solamente se trata de un espacio de disciplinamiento que fracasa en su objetivo de normar el comportamiento criminal —«los males de la humanidad siguen afuera» (131)—, sino que se trata, a su vez, de un engranaje imprescindible en el funcionamiento del cuerpo social. La analogía con el diccionario Larousse subraya en un tono ácido que la experiencia carcelaria se convierte en un medio de acceso al conocimiento de la realidad, a una realidad atroz, al develamiento de máscaras, al desmantelamiento de la doble moral y de los discursos que legitiman la naturalización del castigo.

Por otro lado, se puede observar que los efectos de lo carcelario se expanden hacia el cuerpo social en su conjunto e intervienen en el sujeto, ya sea el prisionero o inclusive el guardia. En este sentido, en el poema «Carcelero», de Agustín Hernández Rosales, opera una retorsión del poder del carcelero, al contraponerlo con las pulsiones de vida y los ritmos biológicos de la naturaleza. Es decir, hay un vaciamiento de poder.

Dime pinche carcelero
entre tus llaves
¿hay alguna para abrir flores? (...)
¿o que cerrando los ojos y las puertas
cierras el venero de las primaveras?
¡Pobres mañanas!
¡qué grises serían
si fueras tú el encargado de abrirlas! (Lecumberri 1976, 190)

Como se observó anteriormente en el poema de Carlos Salcedo, la metamorfosis del sujeto torturado en su devenir-pájaro recalca una fuerza inmaterial que no puede ser contenida o aniquilada, inclusive por la práctica de la tortura, del mismo modo el poema de Hernández Rosales alude a una fuerza inaprensible articulada en la aurora, el abrir de las flores o la entrada de la primavera. Al contrastar los procesos y elementos de la naturaleza con la frialdad del acero y el concreto de la cárcel, el poema parece establecer una analogía con la imposibilidad de detener el proceso revolucionario. Asimismo, cabe destacar el contrapunto que se establece entre el preso y el carcelero. Mientras el preso político ha completado los requisitos para realizar el cambio revolucionario y ha purgado la sentencia, el carcelero está desprovisto de poder y es solamente un engranaje más del aparato carcelario.

> He agotado ya
> los trámites para un amanecer:
> he ido desde el puño crispado
> hasta la mirada oblicua (…)
> No encabronan
> tu mirada aceitosa
> ni tu andar domesticado.
> Lo que encabrona
> es que un barrote como tú
> pueda andar por ahí
> esparciendo miradas
> como si de veras comprendiera
> la alegría de las pendientes
> y la reverencia de los árboles. (190-91)

En este sentido, la relación entre preso y guardia está revertida, al trasladar una diferencia de poder en una diferencia basada en la toma de conciencia. El poema marca un énfasis en la experiencia del preso político que, durante su temporada en el infierno carcelario, ha pasado por todas las instancias de violencia y ha logrado sobrevivir, cobrando conciencia de la condición humana y de los pequeños goces de la naturaleza. Como contrapunto, el poder del Estado, representado en el cuerpo del carcelero, es desarticulado al exponer su reificación y reducirlo al dominio de las rejas y candados.

> A los de tu estirpe (...)
> solo les queda el placer
> del acoplamiento de metales
> el regocijo enfermo de acariciar orificios y candados
> y ondularse maricones
> con el penetrar morboso
> de las llaves. (191)

Es interesante observar a su vez que el poema, al reducir al carcelero a máquina y engranaje de violencia, traslada la sexualidad del carcelero a la estructura física de la cárcel, despojando e invirtiendo su masculinidad, que tradicionalmente se definiría por el acto de penetración. Así el poema acentúa que a pesar de penetrar los orificios y abrir o cerrar los candados, el placer que obtiene no es otro sino el de ejercer un poder minúsculo.

La antología de literatura carcelaria presenta la heterogeneidad de la experiencia carcelaria del preso político del movimiento armado, a la vez que como proyecto presenta una declaración de principios al plantear la necesidad de dar reconocimiento político y literario a aquellos que el aparato gubernamental reprimió durante la década de los años setenta. Como se señaló en el apartado anterior, la categoría ambigua del preso político y el modo en que el gobierno persiguió, aniquiló y encarceló a los disidentes políticos, echó una cortina de humo sobre los problemas que motivaron los levantamientos, invisibilizando la categoría jurídica del preso político. A pesar de la derrota militar del movimiento armado y de los múltiples cuestionamientos y fracturas en su interior, la publicación de la antología adquiere relevancia por el hecho de desestabilizar, tanto los discursos oficiales de apertura democrática, como los parámetros esteticistas de la institución de lo literario. Si bien no hay una crítica, balance o debate sobre la rectificación como aparece en los primeros textos testimoniales analizados en el capítulo tres, la antología captura aquello que soslayaron los testimonios: el mundo afectivo del confinamiento carcelario. La antología de poesía *Sobreviviremos al hielo*, sin estar pensada como un texto memorístico, sí puede considerársela como una marca de memoria que presenta otra mirada a la experiencia del movimiento armado. Si los testimonios privilegiaron, por su inmediatez, discutir la rectificación y funcionaron como pilares en la construcción de una memoria alterna a las versiones oficiales, independientemente de las tensiones internas y memorias en competencia, así como el hecho de que no se convirtieran en una memoria emblemática, la antología de poesía saca a la luz la práctica escrituraria de los militantes al abordar los efectos del mundo carcelario a nivel afectivo, psicológico y físico, pero también político, una biopolítica del poder, en los modos en que el preso político enfrentó y desafió de manera cotidiana el aparato represivo del Estado.

II. *¿Por qué no dijiste todo? o la memoria ficcionalizada*

A diferencia de la antología literatura carcelaria *Sobreviviremos al hielo* y los primeros testimonios del movimiento armado, la novela *¿Por qué no dijiste todo?* de Salvador Castañeda capturó la atención de la crítica al ganar el premio Grijalbo en 1979, lo cual le dio una mayor circulación y visibilidad. Si bien su entrada a la *ciudad letrada* se debió a su mérito literario, se debe considerar a su vez la coyuntura política en la que se publica el texto y el hecho de que fuera una novela y no un testimonio, aunque indudablemente posee una matriz testimonial. A pesar de la resolución política del sexenio de López Portillo (1976-1982) para dar por terminado el problema de los presos políticos mediante la Amnistía en 1978, la censura y la represión continuaron durante su sexenio[7]. Aún cuando algunos textos testimoniales comenzaron a ser publicados a finales de la década de los años setenta, la tendencia, tanto de la crítica, como de la narrativa mexicana privilegió la literatura de creación o ficción sobre las fórmulas del realismo social y la literatura de compromiso.

Llama la atención, que aunque la novela se inscribe bajo el género de ficción, el jurado destaca su valor testimonial: «Por encima de su valor literario, una cicatriz en nuestra conciencia. Un testimonio, un documento vivo» (*¿Por qué no dijiste todo?* 11). El comentario de Jaime Labastida plantea un aspecto muy interesante sobre la tensión entre testimonio y ficción, que está latente tanto en la recepción de la crítica, como en el propio texto. Si bien, bajo un criterio general de lo estético o la distribución de lo sensible en Rancière, el género testimonial no era visto como un género literario o, en todo caso, era considerado como un género menor, el hecho de subrayar los elementos testimoniales indica el vacío que cubre la novela e implícitamente señala la necesidad de denunciar la violencia del Estado y la existencia de una censura que opera de manera tangencial al no poder hablar abiertamente sobre la represión. Es decir, que el género más permeable para incorporar el tema del movimiento armado y, particularmente, las condiciones carcelarias del preso político fue la novela y no el testimonio o escrito político. Asimismo, los propios exmilitantes privilegiaron el ensayo, cartas, comunicados y testimonios como los géneros idóneos para abordar asun-

---

7   Las operaciones contrainsurgentes continuaron hasta 1985, el mismo año del desmantelamiento de DFS; asimismo, la censura a los medios se realizó a través del control del papel por parte de la paraestatal PIPSA y no se puede soslayar la expulsión de Julio Scherer García como director del periódico *Excélsior* en 1976. Para los operativos del ejército y la policía política véase el capítulo uno, y para el control de la prensa véase *La otra guerra secreta. Los archivos prohibidos de la prensa al poder* de Jacinto Rodríguez Munguía.

tos teórico-políticos, el balance y debates sobre la rectificación. Con la excepción del «testimonio novelado» de Eleazar Campos, analizado en el capítulo cuatro, la narrativa o ficcionalización no se consideró suficientemente seria para abordar los temas urgentes de la lucha armada. Asimismo, cabe destacar que mientras la audiencia de los primeros textos testimoniales fueron los propios exmilitantes para legitimar su reinserción a la vía democrática, el texto de Campos se dirige a un lector que comparta la viabilidad y continuidad de la lucha armada en América Latina para aprender de la experiencia del PDLP. En este sentido el énfasis en lo experiencial define el uso de una narrativa más literaria que de discusión teórica. Por su parte la antología *Sobreviviremos al hielo* tuvo como objetivo político afirmar la existencia del preso político de la lucha armada. No obstante, por mucho la novela de Castañeda tuvo mayor visibilidad y audiencia, pese a que en décadas posteriores haya sido casi olvidada. En este sentido, Castañeda logra insertarse estratégicamente dentro del aparato cultural y poner sobre la mesa de debate la problemática de la violencia de Estado a partir de la elaboración literaria de la experiencia carcelaria.

Mientras la antología de poesía, como proyecto enfatiza el carácter político de la práctica escrituraria, la novela de Castañeda aborda el aspecto político, no en un sentido explícito, sino a partir del trabajo literario sobre elementos residuales y de marginalidad que se articulan tanto en las condiciones carcelarias del preso —político y común—, como en las condiciones sociales del campo y la ciudad que tácitamente explican el contexto del cual emerge el movimiento armado. De este modo, se puede observar que el objetivo de la novela no es reconstruir la historia de la lucha armada o destacar la participación del autor como en un libro de memorias o en una autobiografía, sino reproducir los efectos de la opresión en el espacio carcelario y, por extensión, en los ámbitos rural y urbano.

Retomando la lectura deleuziana de Escalante sobre Revueltas, se analizan algunos de los recursos que atraviesan el texto, como por ejemplo, el continuo contraste entre la acumulación de la memoria, la incertidumbre y el asedio del poder carcelario con la pauperización del sujeto, su reducción a cuerpo biológico y la situación de precariedad; la fragmentación de la narración, la temporalidad del relato, el uso de imágenes o asociaciones a partir de una relación de contigüidad para abordar la representación de la violencia; la recurrente confrontación y la desarticulación del poder carcelario, ya sea a través de la animalización de los guardias y de la policía política, o bien al trazar movimientos desterritorializadores del sujeto carcelario.

La crítica literaria, por supuesto, destacó la influencia de José Revueltas en la novela y, efectivamente, hay muchas afinidades de Castañeda con la narrativa de Revueltas, que se sitúan en el modo de 'representación' de la violencia carcelaria a través de la pauperización del sujeto, la opresión del lenguaje y la producción de una narrativa de la asfixia, la circularidad del tiempo, la reducción del sujeto a un cuerpo biológico, acentuando sus fluidos y deyecciones, así como el devenir animal o el devenir sujeto, entre otros recursos. Si bien Castañeda ha señalado que incursionó en la obra de Revueltas solo hasta después de haber ganado el premio Grijalbo, el punto neurálgico no es tanto establecer la influencia de Revueltas, sino las afinidades en los modos de representación y su uso estratégico para denunciar la violencia de Estado y para insertarse en el circuito literario y zanjar la censura y las tensiones entre testimonio y ficción, y la problemática de representación de la violencia.

La novela narra la historia de los últimos seis miembros de un grupo armado —Movimiento Acción Revolucionaria (MAR)— que después de más de seis años de encarcelamiento y de un proceso legal estancado, finalmente están a punto de ser liberados. La línea argumentativa aborda las últimas horas del proceso de excarcelación. Sin embargo, la novela no tiene un estricto desarrollo cronológico, ya que el tiempo de narración es interrumpido constantemente con retrospecciones que remiten al periodo de formación y clandestinaje del MAR, al trabajo de reclutamiento en el campo y la ciudad, así como a su captura y al periodo en cárceles clandestinas y oficiales.

La novela abre con los últimos seis militantes —El Changungas, El Ejidatario, El Perkins, El Niñodios, El Cananeo y Joaquín/Jaime— sentados en una banca, esperando a ser llamados por las autoridades del penal de Santa Martha. Si bien la liberación de los presos políticos augura el término del periodo de la «guerra sucia» y parecería funcionar como un afortunado desenlace de un relato de horror, en realidad esta escena enmarca un punto de inflexión o crisis en el que el preso político, incluso al salir de la cárcel, no está a salvo de las represalias del gobierno y corre el riesgo de ser ejecutado o desaparecido, como de hecho sucedió con algunos compañeros tras su excarcelación.

> Los últimos seis del mismo grupo guerrillero estaban ahí, extrañamente callados, como si no sintieran alegría alguna. Saben que al salir, ahí mismo, otros de sus camaradas han sido secuestrados y luego desaparecidos. Quien sabe si fuera mejor seguir adentro, piensan, no salir hasta que las cosas cambien un poco. Pero no, no es posible; una vez dada la orden de libertad hay que salir o los sacan por la fuerza, como si fueran a meterlos a otra cárcel. (*¿Por qué no dijiste todo?* 18)

Así, el recuento del pasado guerrillero y carcelario está construido desde «el último dique», es decir, la vida en constante incertidumbre, al borde de la libertad, pero también de la muerte. En este umbral, como lugar de enunciación, la narrativa recurre a la articulación del pasado como una serie de placas superpuestas que Joaquín/Jaime, uno de los personajes, ha registrado en un cuaderno de notas.

La narración está enmarcada por un narrador omnisciente en tercera persona que a través del discurso indirecto libre establece el foco de la narración desde la perspectiva de los presos políticos y de los comunes —por ejemplo: El Pato, El Gato y El Matagatas. A su vez, la novela introduce cambios ocasionales en el narrador —en segunda y en primera persona del plural— que forman parte del proceso de reconstrucción de la escritura a partir de las notas que Joaquín había tomado en prisión. Ahora bien, el personaje de Joaquín Márquez Peñaloza y su pseudónimo, Jaime, puede ser visto como el *alter ego* del narrador y este a su vez como el *alter ego* de Castañeda, sin embargo, más que un análisis entre lo verídico y ficcional, se debe destacar que en este juego de desdoblamientos hay reminiscencias del uso de pseudónimos en el clandestinaje, que en el texto funciona como un recurso de metanarración: Joaquín escribe sobre Jaime que es el mismo narrador y plantea una serie de tensiones en el interior del texto. Por un lado, el recurso metanarrativo alude al ejercicio de la escritura bajo vigilancia y persecución, e inevitablemente remite a la inmediatez por dar a conocer lo vivido en prisión y a la reconstrucción del lugar del testigo; siendo ambas características de una narrativa testimonial.

> Sobre la envoltura de rollos de papel sanitario, Joaquín hizo varios intentos de relato relacionados con lo sucedido a Cananeo. Antes del cateo general, después del secuestro, para proteger la libreta de Joaquín la pasó a El Gato, y no fue sino tiempo después cuando, finalmente, transcribió... (*¿Por qué no dijiste todo?* 127)

Sin embargo, por otro lado, las reflexiones sobre la organización de la novela y el desarrollo narrativo, las referencias al libro de notas de Joaquín y la práctica de la escritura en la cárcel señalan que la narración es la reconstrucción posterior de las notas. De este modo, la memoria ejerce una doble mediación entre la experiencia y la narración, a la vez que introduce un elemento de ambigüedad utilizando frases como «lo *imagina* así», «los protagonistas se *reducirían* a seis», «no *narraría* empezando por el final ni por el principio del desarrollo de lo sucedido», «al hacer las anotaciones, planteó las siguientes preguntas, lo *recuerda* bien», «Joaquín se detiene un poco en el recuerdo de este hecho y cree que si lo escribiera linealmente (...) no *surtiría* el mismo efecto en el lector», «lo que sigue *sería* el texto narrado por Joaquín»[8]. Es decir, la narración reitera que el relato es una aproximación de segunda mano sobre los hechos ocurridos, afirmando su origen testimonial, pero a su vez deslindándose de este, al ser una reconstrucción literaria.

> Joaquín quiere escribir, siempre ha querido hacerlo, y la libreta en la bolsa es muy importante para este propósito. Novela, es en lo que piensa. Una novela con todo lo vivido en la cárcel y antes de llegar a ella. Una novela que sea verdadera, que quien la lea pueda vivir las mismas situaciones que ellos. (18-19)

En este sentido, los recursos metanarrativos, además de capturar el proceso de escritura, plantean la problemática entre narración y experiencia, sobre cómo narrar un hecho real que sea verosímil, cómo articular o nombrar la experiencia de violencia en un entorno todavía amenazante. Si bien el deseo de Joaquín de escribir una novela verdadera asume un principio de equivalencia entre verdad y verosimilitud, Castañeda se rehúsa a construir una narrativa que se sustente en la referencialidad, precisamente al incorporar esta tensión y transformarla en un elemento metanarrativo y no circunscribirse a la escritura de un testimonio que asume un contrato de lectura de lo real o de no ficción. Al final de la novela, Joaquín logra sacar la libreta roja con las notas de prisión, sin embargo, la libreta se pierde durante un forcejeo con los guardias en el traslado de salida de la cárcel. Este hecho da una resolución sumamente interesante tanto en el trabajo metanarrativo como en el simbólico, en donde la memoria juega un papel fundamental. Por un lado, la libreta roja que no logra cruzar el umbral carcelario sugiere la derrota de la revolución socialista por la vía armada, así como el despojo ma-

---

8   *¿Por qué no dijiste todo?* 15, 19, 29, 32 y 150. En adelante solo se citarán las páginas de la novela.

terial e ideológico de los sujetos disidentes —pese a ello, la mera existencia de la novela tensiona lo anterior.

> A los pies de cada uno están los uniformes vacíos, sin vida, como si ellos en realidad ya no existieran o acabaran de pasar por una etapa de algún proceso metamórfico circular, que los hiciera volver al mismo punto, metidos en una clase de movimiento repetitivo para siempre. (41)

En el umbral de salida, la descripción de los uniformes en el piso como una especie de cambio de piel o cascarón remite a la situación de vulnerabilidad y precariedad que viven los personajes, en la que el despojo forma parte de un mecanismo sistemático de destrucción y quiebre del sujeto que no acaba en el proceso de excarcelación, sino que deja una marca en el cuerpo y en la memoria, a pesar de la ausencia física de un registro escrito. Es decir, a nivel simbólico la novela destaca el despojo identitario del sujeto, la ausencia del lugar del testigo y de un testimonio que lo documente. Aún más extendiendo esta metáfora textos y cuerpos desaparecidos son borrados de la historia oficial para permanecer en su sentido de ausencia en la memoria y recuperados en una narrativa ficcional.

La pérdida del registro escrito, el cual sería un testimonio de primera mano, alude al encubrimiento y a la borradura de la represión y a la violencia ejercida por parte del Estado. Frente a estos, la reconstrucción de la memoria sobreviviente disloca en la novela los discursos oficiales que suturaron el pasado con el decreto de una amnistía, subrayando el carácter autoritario con el que se manejó la problemática de la lucha armada y los presos políticos, al destacar el momento de liberación como un punto crítico en el que el peligro se cierne de nuevo sobre el disidente y desencadena el fluir de la memoria[9].

---

9   Si bien para Revueltas la ley de Amnistía en el 68 representaba un triunfo del movimiento estudiantil, ya que de este modo el gobierno reconocería su acción represora, entre los exmilitantes del movimiento armado hubo

> Hasta el umbral, frente a la camioneta, donde aguardaban, les llegaba suave y desconocido, olvidado ya, un vientecillo libertario que los envolvía sacudiéndoles el recuerdo: el entrenamiento militar, las primeras operaciones en la montaña y la ciudad, las emboscadas dobles en la retirada, las escapadas de las casas de seguridad, los errores y el repliegue, las torturas y la cárcel, la derrota masticada una y mil veces durante años. (111-112)

Sin embargo, la narrativa no se circunscribe a la recuperación de la memoria a nivel referencial o de denuncia explícita, sino que reproduce en su interior los modos en que opera la memoria como una irrupción en el presente, no como un ejercicio de voluntad o como una forma de reconstruirlo tal y como ha sido, sino retomando a Benjamín en el acto de «adueñarse de un recuerdo tal y como relumbra en el instante de un peligro» («Tesis de filosofía de la historia» 180). Así, la novela establece una tensión entre memoria y violencia, en la que hay un contrapunteo entre la acumulación desproporcionada de violencia, opresión y memoria, y las líneas de fuga que se articulan en el texto a través de la fragmentariedad de la narración, la asociación de imágenes por medio de la contigüidad y la desarticulación del poder carcelario a través de la animalización de los guardias y la policía política, por citar algunos recursos.

Como toda literatura del encierro carcelario, la alteración de la percepción del tiempo es una constante, en donde la circularidad temporal se erige en una forma más de opresión y tortura psicológica que, como en la mayor parte de los testimonios, se describe como más cruel que el castigo y la tortura física. Aunque la circularidad del tiempo permea toda la novela, particularmente en el capítulo «El antidialéctico» Castañeda ex-

---

una división y crítica a la ley de Amnistía de 1978, porque para algunos exmilitantes representaba un modo de borrar y exculpar al gobierno por los crímenes cometidos en las operaciones contrainsurgentes.

perimenta con un narrador en segunda persona que a partir de las notas de Joaquín produce un efecto de desdoblamiento con el que augura un tiempo estancado, negando así un movimiento dialéctico que recrudece y lleva al límite la opresión carcelaria.

> El tiempo estará acechante, sin movimiento aparente, cubriéndolo todo como una tela de araña a sus víctimas; transformando hasta la conciencia. El tiempo de fuera y el tiempo de la cárcel; aliado y enemigo; bueno y malo; tiempo para todo y para nada. (…) Aunque te resistas eso harás porque aquí no se puede hacer otra cosa por más que quieras ocuparte de algo diferente; irás y vendrás en el tiempo, pasado y presente; acorralado sin salida, y olvidarás poco a poco a fuerza de tanto recordar. (153-157)

Si bien en Revueltas, particularmente en «Hegel y yo», la deyección de la memoria libera y desterritorializa al sujeto, en el caso de Castañeda, la memoria es torturante, pero el olvido representa la amenaza constante de aniquilación y quiebre del sujeto, por lo que los personajes se encuentran en un limbo, en un umbral de contención que no permite el nacimiento del sujeto. Cabe destacar que la novela aborda las diferentes estancias carcelarias, clandestinas y oficiales, y la narración enfatiza en los diferentes traslados, que en determinado momento se tornan confusos para el lector, ya que los personajes siempre están en la incertidumbre de un traslado, sin saber a dónde los llevan.

> Como si parte de una misma unidad se desgajara de pronto, los activistas se sienten solos, terriblemente aislados, indefensos, necesitan estar junto a los demás presos. (…) La sensación de invalidez, ahora, extrañamente, les parece la misma que sintieron cuando los sacaron de la anterior cárcel para conducirlos a ésta de la que ahora salen. (103)

De esta manera, el efecto de un tiempo circular, la incertidumbre y la memoria están relacionadas con imágenes de metamorfosis truncada, y el traslado de una cárcel a otra es descrito como un alumbramiento en el que el sujeto, al borde de la muerte, no se desprende del todo, ya que ingresa a otra cárcel/matriz que lo contiene y territorializa en nuevas paredes, celdas y vigilancia extrema.

> Los presos brotan lentos, contrariados; a pesar del tiempo que duró el trayecto, en realidad no han estado un solo momento fuera de prisión: es como si nacieran sin salir del vientre y comadronas armadas se encargaran de ello. (113)

La imagen de la matriz en Revueltas está ligada a la cárcel y el apando como fuerza territorializadora del sujeto; sin embargo, aparecen también movimientos en fuga de los personajes, ya sea en la toma de conciencia y el despojo de las certidumbres, en el caso de Gregorio en *Los días terrenales*, o a través de la delación de la madre en el caso de El Carajo en *El apando*. En la novela de Castañeda, la imagen de la matriz, también relacionada con la cárcel y las fuerzas de opresión, es una constante que pareciera no dar un respiro a los personajes. Tanto a la salida de la cárcel clandestina para ser presentados a los medios como terroristas, como en los traslados de Lecumberri al Reclusorio Norte y de esta a la prisión de Santa Martha Acatitla, los cambios de cárcel son descritos como nacimientos truncados o bien como metamorfosis incompletas:

> [N]acidos otra vez al mundo, salidos de los espacios de tortura líquida, de cables de corriente alterna y directa, de caucho sintético; listos para entrar otra vez en la oscuridad de otras paredes. (79)

Las imágenes de una matriz contenedora o bien de imágenes embrionarias, más que tener una función de transformación, enfatizan la situación de precariedad y opresión radical en los presos políticos y en los sujetos marginales, como por ejemplo El Pato, preso común y adicto que se solidariza con los «guerrillas», como él los llama:

El Pato, sentado sobre un costal, solidario como siempre, apoderado de un silencio que no le conocía, esperaba también. Parecía temblar y con los brazos encadenados entre sí empujaba las rodillas flexionadas contra el pecho, reducido de volumen, acomodándose en el vientre oscuro de su madre muerta para nacer al mundo, sin hablar, como si con el pensamiento pudiera leer el de Jaime con sólo verlo. Joaquín, en esta parte de sus notas, remarcó especialmente algo que lo estremecía al mirar a Jorge [El Pato] como un embrión en una enorme matriz listo para nacer y no para morir, como realmente sucedió. (28-29)

A su vez, la novela destaca la marginalidad que se vive tanto en el espacio rural como en el urbano a través de la reconstrucción del pasado de los personajes guerrilleros. Es decir, las historias enclavadas en la experiencia del sujeto guerrillero son recuperadas de manera ficcional mediante la reconstrucción del lugar del testigo. Estas historias, a su vez, están mediadas por el ejercicio de una memoria compuesta de retazos y elementos residuales desechados de una memoria emblemática, pero que a su vez van más allá de la memoria individual al establecer estrechas afinidades con diferentes subjetividades de lo marginal. Este ejercicio de contramemoria o memoria subterránea es abordado en la narración a través de la superposición de diferentes recuerdos de los personajes al momento de ser liberados. La narración produce así un efecto de arcada de memoria en la que los recuerdos fluyen a partir de la asociación libre y someten al lector a los efectos de circularidad del tiempo y a la confrontación con una memoria opresiva y envolvente.

Por otro lado, la memoria obsesiva abre un espectro narrativo que incorpora una memoria social de precariedad que ha sido sistemáticamente soslayada. Este es el caso de la historia de don Jesús, campesino, simpatizante del grupo armado, que a su vez participó con las fuerzas villistas en la Revolución mexicana y vivió el proceso de modernización como una extrema pauperización del campo, por la fuga de la fuerza laboral y el saqueo de los recursos naturales. El hijo de don Jesús, el único que no abandonó el pueblo, es un ser deforme, descrito a medio camino entre hombre y animal, que evoca la articulación del lado moridor en Revueltas.

> La esposa murió al nacer una especie de embrión que reptaba por el corral; una clase de negación del hombre. Esto era lo único que no lo abandonaba; algo intermedio entre hombre y animal (...). Se acostumbró a vivir en el corral después de que las vacas lo amamantaron una larga temporada, cuando los soldados se llevaron a Don Jesús y a los demás campesinos acusados de colaborar con los alzados. (...) Contraído sobre sí mismo, semejaba algo insepulto o no nacido o quizás nacido a destiempo; parecía esperar su propio nacimiento en aquel vientre terrenoso al que llegada adelantado y sin posibilidades de retorno, condenado para siempre a vivir sin haber nacido. (116)

Las imágenes embrionarias están entretejidas con el encierro carcelario, pero también con la sociedad en su conjunto y las condiciones que crearon el levantamiento armado. Mientras la figura esperpéntica del hijo de don Jesús está asociada con los objetivos traicionados de la Revolución mexicana –por los que el campo está condenado a una existencia espectral replegada en sí misma– el proceso de desplazamiento forzado, la urbanización y marginación también es recuperado al reconstruir pasajes el periodo clandestino en la ciudad. Asimismo, muchos de los personajes provienen de un entorno rural, emigran a la ciudad y se incorporan a la lucha armada, como el propio Castañeda. De este modo, la novela subraya la pauperización tanto en las zonas rurales como las urbanas. Por ejemplo, a través de la historia de El Cananeo y la misión clandestina de esperar un contacto en la zona del mercado de La Merced, la novela describe la actividad febril del mercado y los operativos policíacos contra los vendedores ambulantes que contrastan con la silenciosa pero inquietante presencia de personajes marginales, ya sean teporochos o niños de la calle drogándose con pegamento.

> Los niños, tirados sobre el pasto maltratado del jardín de Santa Escuela, dormían con pesadez. Cerca de ellos unos tubos de cemento *Duco* (*Dupont Company*), vacíos, exprimidos al máximo, daban la impresión de frutas metálicas secas. Los que no lograban caer en la ilusión del hartazgo que produce, se cubrían la cara con las manos con tal violencia que parecieran estar deteniendo el aliento de la vida que se les escapara por entre los dedos. El cemento sobre la cara —que se contrae al contacto con el aire— los deformaba en una metamorfosis involuntaria hasta convertirlos en seres escapados de alguna mitología; las manos de una pieza; trabadas. (93)

Si en Revueltas la 'representación' de la realidad corresponde a una dialéctica en la cual la aprehensión de sus movimientos internos no se resuelven en una síntesis positiva, el mundo narrativo de *¿Por qué no dijiste todo?* apuesta igualmente por la precariedad y el ser humano en un estado de involución o negación radical. No obstante, frente a la acumulación de violencia y memoria opresiva que permea la novela, también es posible encontrar líneas de fuga precisamente en el trabajo narrativo. Es decir, si bien los personajes guerrilleros están sometidos al asedio constante, al castigo físico y psicológico, las formas de resistencia o desarticulación del poder carcelario y la violencia están dadas a partir de diferentes mecanismos narrativos que se analizan a continuación.

La fragmentariedad de la narración, como se ha venido planteando, crea el efecto circular del encierro y de una avalancha de memoria incontrolable en el umbral de salida, pero al mismo tiempo opera como una memoria residual, una memoria soslayada y fragmentada que se resiste su recuperación y organización en un desarrollo cronológico que lime y suture aristas, llene o sustituya vacíos o silencios elocuentes. El título de la novela remite a una de las escenas finales, en donde la policía política regresa a las celdas para volver a interrogar a Joaquín/Jaime amenazando con torturarlo: «¡'ora sí te llevó la chingada cabrón! *¿Por qué no dijiste todo?*» (177). De comienzo a fin la narración reproduce las formas de opresión, intimidación, violencia y quiebre del sujeto, sin embargo, el propio texto a su vez se rehúsa a decirlo todo, de tal modo que se instala en un espacio ambiguo, en el que si bien la memoria tiene una función de mediación entre experiencia y narración, esta no se construye sobre la transparencia del lenguaje, la mímesis o la narración diegética, ya que los modos en los que opera la narración apuestan por la aproximación, la asociación de imágenes a partir de su relación de contigüidad, por la multiplicación de historias de marginalidad superpuestas como capas de memoria y donde los pasados se fusionan en un solo tiempo:

> Sólo con unos elementos, Joaquín podía vivir el futuro por adelantado y el pasado como presente, metido en los hechos de los tres tiempos como en uno; algo torturante que ya no podía evitar aunque quisiera. (105)

El tiempo y espacio en la novela aparecen en la narración por medio de la contigüidad o lo liminal, es decir, de manera oblicua se aborda entre líneas aquello que ha permanecido en el silencio y que no se puede decir abiertamente; esto sucede tanto en la construcción de los personajes como en las alusiones a la política gubernamental. Por ejemplo, los personajes guerrilleros son una mezcla de experiencias del autor y de otros compañeros, que a su vez están ficcionalizados a través del tratamiento literario[10]. Al contrario del diario de prisión *Los diques del tiempo*, los

---

10   Ejemplo de ello es el personaje central de Joaquín Márquez Peñaloza, una mezcla entre la propia experiencia de Castañeda y Jaime Peñaloza, compañero asesinado tras su excarcelación, El Niñodios que captura episodios de la experiencia de Alberto Ulloa Borneman, o bien El Changungas, que incorpora algunos aspectos de Fabricio Gómez Souza. A su vez, las diferencias entre algunos miembros de la dirección del MAR y Salvador

nombres de torturadores, de la policía política o de los directores de los penales no son mencionados, como tampoco se dicen abiertamente los cambios en el sistema penitenciario al final del sexenio de Echeverría, los vaivenes políticos, ni las diferencias en el interior de los grupos armados, de tal forma que el lector deberá tener un papel activo y saber leer entre líneas. Por ejemplo, al comienzo la novela sitúa el lugar y el tiempo en los que se desarrollan los hechos, aludiendo al sexenio de López Portillo de una manera sutil.

> El lugar se localiza en lo que fueron los llanos de Santa Martha Acatitla. (…) El cerro más cercano y a lo lejos menos abrupto que los otros conserva un gran círculo tricolor tachado con dos líneas negras que se cortan en el centro sobre una R mayúscula. El nombre en letras blancas del último candidato a la presidencia de la república *parece* amontonarse hasta hacer perder el espacio que hay entre ellas. Jaime las *imagina* desde donde está, *oblicuamente*. (15; énfasis mío)

El narrador se refiere así a la zona oriental de la ciudad de México y al cerro conocido como López Portillo, por llevar su nombre en la campaña presidencial del PRI, en 1976. Esta entrada oblicua en la narración, desde el umbral de salida de la cárcel, va de la mano con las afinidades que establece con las diferentes marginalidades presentes a lo largo de la novela, que cubren tanto el ámbito rural como el urbano, desde los asentamientos irregulares que amenazan con desbordar el valle de México entre tiraderos de basura y cárceles, los barrios marginados en el centro de la ciudad, al aislamiento y la miseria en el campo. De este modo, la novela traza toda una cartografía de la margen ligada a

---

Castañeda están incorporadas en el texto, sin mencionar nombres. En este sentido, la novela aborda las situaciones de violencia del Estado, la tortura, así como las tensiones dentro del grupo armado, sin quedar atrapada en una disputa personal o en justificaciones, como se puede apreciar en algunos testimonios o en libros de memorias.

una memoria subterránea. A través del recuerdo y los desplazamientos de los personajes guerrilleros, implícitamente se alude al contexto de donde ellos emergen, los motivos de la lucha armada, así como el deslinde con el PCM y el modelo revolucionario de la Unión Soviética[11].

Como se ha señalado, la mayoría de los capítulos comienza con el proceso de excarcelación, o bien con alguno de los diferentes traslados entre prisiones. La memoria se activa a través de imágenes contiguas que asocian los diferentes pasados. Por ejemplo, durante el traslado de la cárcel clandestina a la Ciudad de México, los guerrilleros van encapuchados, por lo que a través de los sentidos del olfato y del oído los recuerdos se desencadenan, asociando la incertidumbre del traslado con la situación precaria en el campo.

> Desde lejos, en oleadas llegadas desde kilómetros, la música atravesaba el laberinto inhumano del ruido de los agentes y sin querer recordaba los bailes perdidos en la lejanía, con esa misma música, en los ranchos aterrados del norte, perdidos en los mezquitales y en la distancia, extrañamente distantes unos de otros, como para que nunca lleguen a caer en la tentación de organizarse contra alguien. La gente embrutecida con sotol cada fin de semana. Las mujeres condenadas, antes de nacer, a una vida circular enajenante como la de un cautivo; sin salida, poseídas por una resignación enloquecedora. (79)

La asociación libre permite que la narración aborde un fragmento de la historia de El Ejidatario, que se complementa con otros fragmentos abordados en otros capítulos, estrategia utilizada también en otros personajes y que funciona como hilo narrativo a lo largo de la novela. Otro fragmento de la historia

---

11 Los aspectos de la novela sobre el grupo armado están basados en la propia historia de formación del MAR en 1966, en el clandestinaje de las propias autoridades, tanto soviéticas como de la Universidad de la Amistad de todos los Pueblos Patricio Lumumba.

de El Ejidatario se reconstruye a través de la imagen religiosa del Santo Niño de Atocha, vinculando su pasado campesino con su trabajo de militancia política en las zonas marginadas urbanas. Si bien la imagen representa el lazo comunitario con su compadre Atilano al llevarla a bendecir, a su vez funciona como un recordatorio y culpa por haberlo matado, debido a los problemas que el ejido tenía con la monopolización del sistema de riego. El asesinato 'accidental' —ya que su compadre Atilano era vigilante de la presa cuando un grupo del ejido toma por asalto las compuertas del agua— enfatiza los problemas agropecuarios y la división en el interior de las comunidades rurales, al mismo tiempo que marca una especie de sacrificio que El Ejidatario asume desde lo que Revueltas señaló como el «lado moridor de la realidad» al llevar consigo la imagen religiosa durante su periodo de clandestinaje trabajando como conserje de una escuela en el borde oriental de la ciudad de México.

> La imagen barroca representaba el recuerdo para El Ejidatario; una fuerza que lo conducía inevitablemente hasta el ejido, sumergiéndolo en el momento en que mató a aquel hombre y escuchó el zangoloteo impresionante del agua al caer en ella; un ruido espeso. (69)

Otro ejemplo de la asociación de imágenes y el modo en que están estructurados los capítulos es la historia de El Cananeo, cuyo apodo remite a la huelga y a la represión sucedidas en Cananea antes de la Revolución mexicana. El capítulo «... alguien que tú no conoces... pero que te conoce» presenta las diferencias existentes en el interior del grupo y el aislamiento al que es sometido El Cananeo por orden de El Changungas, miembro de la dirección del grupo armado. El Cananeo es designado a la falsa misión de establecer un contacto en la zona del mercado de La Merced, en donde es detenido, no por su militancia, sino por vender en la calle. A través de la historia de El Cananeno, la novela aborda el dogmatismo del sistema compartimentado y la falta de entrenamiento táctico de la guerrilla:

«Tienes que esperar siempre en Santa Escuela, pase lo que pase, porque alguien que tú no conoces, pero que te conoce, hará el contacto contigo» (86).

El capítulo comienza con la espera de su excarcelación, enfocándose en las tensiones entre El Changungas y El Cananeo, la confusión que lo lleva a la detención, así como en las golpizas a las que fue sometido. El foco de la narración se sitúa en los separos de la delegación, engarzando la misión clandestina, su detención, el trajín del mercado y los sujetos marginales que lo habitan, con el ataque de una manada de ratas mientras yace en el piso de la celda tras la golpiza que la policía le propinara. A su vez, desde los separos, la narración rememora el pasado guerrillero al establecer una asociación entre la imagen del piso resquebrajado en la celda y los mapas utilizados durante las operaciones en la sierra mexicana y el entrenamiento en Corea del Norte.

> La resquebrajadura del piso, como una hidrografía fantástica, le hacía recordar las agujas perforándole las rodillas durante los descansos que hacían durante esas caminatas que duraban semanas enteras y en las que siempre evitaba el contacto con los soldados del ejército regular, el sudor pegajoso secándose frío sobre el cuerpo. El mapa de cemento carente de tabla de símbolos, lo miraba como un mapa muerto; una negación de sí mismo. (92)

Se puede observar así la forma en que opera la narración, al concatenar las historias y tejer de manera ficcional un mosaico de narraciones que tangencialmente recupera una memoria soslayada o residual. Esta memoria asoma como punta de un iceberg a través de las historias narradas, sin embargo, no como una denuncia abierta ni bajo una organización narrativa que presente de manera explícita las causas y efectos del levantamiento armado, sino por medio de las afinidades con otros elementos, personajes o situaciones marginales, destacando una filiación política al margen por supuesto del Estado, pero también al margen de las instituciones de izquierda, ya fuera el PCM, las Juventudes Comunistas, las autoridades universitarias soviéticas y del PC en la Unión Soviética.

La narrativa se construye a través de diferentes saltos al pasado, por medio de la reproducción de los modos en que trabaja la memoria, es decir el presente desencadena la imagen del pasado. Así la asociación de imágenes engarza como un trabajo de filigrana las posibilidades de significación e incluso de los monótonos espacios de encierro. Por ejemplo, en el capítulo «Hoyos y rayas» la narración describe la celda de castigo en Lecumberri, en donde se encuentran los militantes junto con otros presos comunes; sin embargo, el relato se desliza fuera de la celda para describir la arquitectura funcional a lo carcelario asociada a las prácticas de extrema vigilancia, e inclusive la narración penetra en los pensamientos de los guardias.

> Luego, en el otro mundo, fuera del pena, el garitón y su reflector que el guardia manipula sin salir de él. Por las noches desenfunda su *luminiscente espada* y penetra la oscuridad, cubierto por ella misma, con la imagen de su mujer desnuda pegada en la mente, atormentado por unos celos irracionales que le produce el estar ausente de su casa por veinticuatro horas. Con ese *hueco violento* escudriña paredes, ventanas y azoteas, y sorprende a los insectos nacidos cada noche que enloquecen hasta la muerte copados a distancia; una escena semejante a la que se daba diariamente al salir el camión de la basura. (30; énfasis mío)

Al contrario de los presos, la narración se desplaza como rata en el espacio carcelario, trazando una ruta que va del sujeto apandado a los guardias. La imagen del reflector que como falo luminiscente penetra la oscuridad en el ejercicio de vigilancia nocturna, se contrarresta al ser descrito en la siguiente frase como una concavidad violenta, en donde la noche como matriz amenaza con devorarlo todo. Esta imagen, junto con los celos irracionales del guardia, plantean una vuelta de tuerca en la narración, en donde en ambos casos, la rata que se escurre por los recovecos y la noche que todo lo inunda diluyen el poder carcelario. De hecho, la narración es en sí misma una línea de fuga. La imagen de los insectos enloquecidos que se estrellan en el reflector es asociada con el frenesí con que los guardias cotidianamente revisan los camiones de basura para evitar una fuga de los internos. El menosprecio a los guardias, al compararlos con insectos, a su vez contrasta con la furia y arrebato con que escudriñan entre la basura.

> [Los guardias] con el oído y el tacto agudizados al extremo y que los hace escuchar gritos de dolor inexistentes (...) hunden la varilla corrugada una y muchas veces, frenéticamente, sin hablar, poseídos de ellos mismos y ajenos entre sí, hasta alcanzar una satisfacción envueltos en un agotamiento desfallecedor [sic] que los hace caer laxos, rezumando un sudor espeso que apesta a flores podridas. (30)

Tanto el frenesí como el cansancio extremo tras la búsqueda aluden al orgasmo, el cual es una constante en la novela al asociar lo corporal —fluidos, deyecciones, partes bajas— con el castigo físico, la tortura y, en este caso, el ejercicio de control, vigilancia y paranoia revertido en quienes ejercen el poder. Si bien lo corporal es intrínseco a la narrativa carcelaria, los guardias tampoco escapan a esta corporalidad, en este caso, destacando la absurda y desgastante actividad de registro, al igual que las actividades de la *fajina* y el *chocho* a la que son sometidos los presos.

Otro recurso que destaca en la novela es el contraste entre la pauperización del sujeto carcelario, su animalización y reducción a cuerpo biológico, con una narrativa que desarticula el poder carcelario a través de la animalización y reificación tanto de guardias como de la policía política, y a través del uso de la metonimia para abordar la violencia carcelaria. Se ha señalado anteriormente la ambigua categoría del preso político, en el que la criminalización de la disidencia operó un borramiento del preso político —«adversario político» o «prisionero de guerra» en Revueltas. Ahora bien, el sujeto carcelario, común o político, una vez que ingresa a la cárcel es sometido a un proceso de disciplinamiento que, como parte de una biopolítica del poder, no solamente se racionaliza y administra sus tiempos y actividades a través de la privación de la libertad, sino que también tiene efectos como la internalización de lo carcelario y en la construcción de una relación de poder y ajuste a un aparato de producción, como señala Foucault.

> No es como actividad de producción por lo que se considera intrínsecamente útil, sino por los efectos que ejerce en la mecánica humana. (...) el trabajo de la prisión tiene un efecto económico, es producir unos individuos mecanizados. (...) ¿La utilidad del trabajo penal? No un provecho, ni aun la formación de una habilidad útil; sino la *constitución de una relación de poder*, de una forma económica vacía, de un esquema de la sumisión individual y de su ajuste a un aparato de producción. (Énfasis es mío, *Vigilar y castigar* 245-246)

Sin embargo, la mecanización o reificación del sujeto carcelario no es el único proceso al que es sometido, la práctica del castigo físico extremo y la tortura fueron y siguen siendo prácticas destinadas a destruirlo y quebrarlo. Su reducción a cuerpo biológico o la vida nuda, en Agamben, no solamente lo despoja de sus derechos humanos, sino que lo subyuga a un recordatorio constante de su existencia biológica, su vulnerabilidad y su situación de precariedad. Como se señaló anteriormente, las prácticas del castigo físico e intimidación en Lecumberri fueron brutales con la población presidiaria; allí la organización del penal, a través de un sistema de mayores y cabos, en realidad presos comunes nombrados por las autoridades del penal, se encargó de ejercer directamente la violencia y el sometimiento de los presos, particularmente en las actividades de limpieza llamadas *fajina* y *chocho*[12].

---

12 Las actividades de limpieza, la fajina y el chocho, eran unos castigos impuestos a los presos recién llegados como una forma de amedrentar y

El manejo narrativo del castigo físico, así como los recursos para plasmar los efectos de lo carcelario, operan por el contraste entre episodios de violencia extrema, constante asedio e incertidumbre y con momentos narrativos que capturan los efectos carcelarios mediados a través del uso de la metonimia. Es decir, que si bien, por un lado, la acumulación de violencia asociada con la pauperización del sujeto es abordada de manera descarnada en la narración, por otro lado, el efecto carcelario no está sujeto a una narración diáfana, sino que se elabora a partir de imágenes contiguas que aluden de manera indirecta a la reducción del sujeto a un cuerpo biológico, a su despojo.

Por ejemplo, en el capítulo «Hoyos y rayas», título que alude a la porosidad del piso y a las rayas que dividen los adoquines, la novela aborda la actividad del *chocho* y la violencia encarnizada sobre el sujeto carcelario. Durante la estancia en Lecumberri, un grupo de guerrilleros y presos comunes se encuentra en una celda de castigo por una trifulca que hubo con uno de los cabos durante la *fajina* y el *chocho*. Como se ha señalado, más que actividades de limpieza, en realidad se trata de actividades dirigidas por presos comunes que han ascendido en la jerarquía carcelaria y que están destinadas a internalizar y replicar lo carcelario: someter y doblegar al sujeto. De este modo, la maquinaria de la violencia y la opresión carcelaria se activa en los presos a través de la inoculación, la internalización y la reproducción de la violencia sobre otros presos, sin que las autoridades ejerzan 'directamente' dicha violencia.

> El que no lograba esquivar el golpe sangraba y sacudía la cabeza como animal enloquecido ahogándose en su propia sangre y, maldita la cosa, sin poder ir más aprisa para no pisar las manos de los de atrás, quienes a su vez recibían garrotazos

---

reproducir en el interior de la cárcel un sistema de corrupción y venta de servicios, ya fuera protección, el relevo de estas actividades, una celda, un colchón, una cobija o bien otra serie de 'comodidades' o servicios.

en la espalda para que no se adelantaran al cejar; trabados en un enredijo surreal de movimientos, quejidos y gritos enloquecedores, agitando rápidos residuos de jergas ahogadas al tratar de absorber toda el agua, en una competencia casi diabólica e interminable a punta de golpes. El piso empedrado de basalto guardaba el agua entre los poros de la roca como si fuera una esponja petrificada que destrozaba todo con mucha facilidad, hasta hacer sangrar las manos. —¡Hoyos y rayas, hijos de puta! (31-32)

Como en todos los capítulos, la narración comienza en el momento de la salida, asociando el presente con alguna anécdota o historia del pasado, como en una especie de cajas chinas. Llama la atención, sin embargo, que este fragmento está reconstruido o es rememorado desde el apando o la celda de castigo, y aunque se describen las actividades, el trato cruel y encarnizado contra los presos recién llegados, estas escenas contrastan con la soledad del apando. La narración elabora imágenes que a partir de la asociación contigua capturan el lento transcurrir del tiempo en contraposición con las escenas de violencia, castigo y persecución, y el horror y el asedio psicológico del confinamiento carcelario.

Había un lavabo como recogido de un muladar. Bajo él, una jerga repugnante ahogada en el agua que dejaba escapar por su *despedazada garganta*. Al igual que si respirara, [el agua] se derramaba sobre la pared donde se movían pasmosos, retrocediendo en vez de avanzar, un par de caracoles confabulados con el tiempo de la cárcel que parecía esconderse interminable a lo largo del espiral oscuro. Sin salir de ese espacio perdido en la pared, se agitaban ingrávidos, con los cuernecillos pegajosos que mueven para ver. Al mirarlos sentía un calosfrío y los imaginaba en su espalda, jalándose para avanzar dejando algo pegadizo [sic] untado en la piel. (31; énfasis mío)

La jerga que intenta contener la fuga de agua resulta una imagen poderosa que describe la reducción del sujeto a cuerpo biológico, a su vez, los residuos de la jerga, como hilachos o jirones están asociados a la ausencia de voz y a la anulación del sujeto, al describirla con atribuciones humanas: la garganta despedazada. Si bien la jerga, como objeto inanimado y herramienta de limpieza que se restriega por el piso está asociada con el castigo y el dolor infligidos a los presos, los caracoles que se deslizan por la superficie se transforman en una imagen de lo amenazante y lo siniestro. En este sentido, la contigüidad tiene una función esencial en la novela, ya que precisamente el uso de la metonimia logra plasmar aquello que no se puede nombrar. El lento transcurrir de la percepción del tiempo en la cárcel, asociado con la secreción de los caracoles, resulta en una imagen mucho más sugestiva que contrasta con las descripciones del *chocho* y la *fajina*. A su vez, la trasposición del piso o la pared de la celda por la espalda del preso aluden de nuevo oblicuamente al castigo corporal y al quiebre del sujeto.

Cabe destacar, sin embargo, que a pesar de que en la narración predomina la violencia carcelaria y de la policía política, la tortura y el sometimiento del preso político y el preso común, la novela elabora estrategias narrativas que operan una retorsión tanto al poder carcelario como a la policía política. Esto se aprecia particularmente en la inversión del foco de narración, destacando que tanto presos como guardias se encuentran tras las rejas durante el traslado de Lecumberri al Reclusorio Norte.

> Ellos también, desde su pequeño mundo que los aprisionaba, veían a los presos como si fueran animales, sin poderse explicar quiénes eran, en ese momento, los verdaderos prisioneros; cada uno aferrado a sus pertenencias, unos con macanas que les alargaban los brazos y otros con hilachos envolviendo hilachos, sin poderse mover, metidos en su jaula que estaba frente a las de los guardias. En realidad eran dos jaulas, sólo que una estaba dentro de la otra, en una aparente contradicción con una de las propiedades de la materia: su impenetrabilidad. (38)

Cabe recordar que el recurso de inversión del foco narrador es utilizado anteriormente por Revueltas en *El apando* al describir a los «monos» paseándose detrás de las rejas que dividen a la crujía de la torre central. Tanto en Revueltas, describiéndolos como una «malla de ojos», como en Castañeda, equiparando a presos y guardias, «cada uno aferrado a sus pertenencias», ya fueran macanas o hilachos, se aprovechan pequeños espacios o grietas en donde la narrativa subvierte el poder del carcelero, al enfatizar que éste igualmente está atravesado por el «archipiélago de lo carcelario», como lo define Foucault. Asimismo, Castañeda reitera a lo largo de la novela esta confrontación con el poder, ya que las descripciones de los guardias siempre incorporan el hecho de estar igualmente presos:

> Algunos tienen hasta treinta [años] de servicio, de los que más de diez los han pasado tras las rejas. Son presos lo mismo que nosotros, piensa Jaime, que ha reconocido ya a uno de ellos. (35)
>
> Los guardias, prisioneros de sus uniformes azules. (15)
>
> El miedo se les amontona en la mano que se aferra con mayor fuerza al portafusil. (16)
>
> Un guardia prisionero cuida la libertad perdida de los demás. (31)

Obviamente, las condiciones de la cárcel no son las mismas para los presos que para los guardias, sin embargo, la resolución simbólica que da la novela sostiene una postura de resistencia, a la vez que elabora líneas de fuga a partir de las coyunturas o puntos débiles del aparato carcelario. Estas tácticas o tretas del débil se pueden percibir en los duelos de miradas entre guardias y presos políticos —los cuales denotan miedo mutuo—, en los enfrentamientos durante la *fajina*, en insultos, albures y trifulcas entre presos comunes y guardias durante el traslado de Lecumberri al Reclusorio Norte, al esconder la marihuana entre los genitales y manipularse para lograr una erección y evitar el registro.

> Todas las mañanas de cada día llegarán *los salvajes* en manada hasta el *cuartel*. Desde lejos se les verá como una mancha azul arrastrándose lenta, sin dirección aparente; distinguirlos entre sí resulta difícil pues todos tienen una misma cara de una lámina metálica que ha sido doblada despacio para darle forma, forrados con la misma piel sofocante. (107)

> Los salvajes son ejemplares de una especie singular; azules, que gozosos brincan como si danzaran sin zapatos sobre piedras calientes, armados con palos deformes que se les acomodan justos entre las manos de antropoideo al igual que macanas en manos de policías. (109)

Pese al miedo y la incertidumbre que tienen los presos políticos por los constantes registros y la tortura de la policía política, la narración no solo presenta un devenir animal de los guardias, sino que también devela el miedo que esconden los agentes tras la brutalidad y la violencia, enfatizando así la marca que imprime la tortura también en el torturador:

> Comenzaron a subir a uno por uno a la camioneta en cuyo interior se oían pujidos y gritos, luego salían con el terror dibujado en el rostro y una expresión de paranoia irreversible. (47)

> Los del grupo especial de contraguerrilla tenían el rostro blanco, de pan poco cocido, a causa del miedo. Siempre tienen miedo y una inseguridad del mismo tamaño de su miedo, como si presintieran que la tienen perdida. (137)

Al mismo tiempo, las descripciones de los agentes denotan la prepotencia, los vicios, los lujos y la corrupción de que gozó el poder ilimitado que se concedió a la DFS, los mismos que son ridiculizados al contrastarlos con la desorganización, la brutalidad, la falta de entrenamiento y la paranoia[13].

---

13 Cabe mencionar que, finalmente, la policía política logró medrar y desmantelar cerca de cuarenta organizaciones armadas durante la década de los años setenta y logró, bajo la perspectiva de Sergio Aguayo, infiltrar a

Siempre que llegan con los políticos parece que no durmieran o que se drogaran, y siempre apestando a alcohol. (…) Tenían las manos ataviadas con enormes anillos rematados con piedras rojas o azules; relojes de oro [,] uñas femeninamente esmaltadas y sin cutícula; esclavas gruesas de oro, zapatos bostonianos y bañado todo el cuerpo en Brut 33. Así se equipaban para luchar contra la revolución. (138-139)

No a todos les salían bien las patadas, por lo que caían sobre la tierra suelta; para evitarlo se agarraban desesperadamente de los brazos, desgarrando la ropa de aquella especie de hombres de piedra… Más humillante para los agentes resultaba que cuando éstos caían, sus víctimas los ayudaran a incorporarse y seguir golpeando. (48)

Siempre que hay un secuestro, dondequiera que sea, sucede lo mismo: van sobre los *activistas* y lo hacen porque no saben por dónde empezar, o a dónde ir, ni tienen nada. De pronto se quedan como gallinas descabezadas, así que llegan a la cárcel con la esperanza de encontrar entre los políticos algo que les dé algún indicio para organizar la cacería, movilizando fuerzas paramilitares y militares. (…) Ven guerrilleros en toda la gente y, con los nervios de punta, gritan desesperados por no encontrar lo que resulta imposible. (130)

---

la mayoría de las organizaciones. Pese a su capacidad policíaca, Aguayo señala un vacío en su capacidad analítica, ya que la lucha armada, si bien fue irritante para el gobierno, nunca representó una amenaza para la seguridad nacional. Esto sugiere un deliberado uso de la paranoia anticomunista del régimen priísta para explotar el problema de la guerrilla e inflar el poder político y económico de la DFS, lo cual aceleró su corrupción y sus vínculos con el crimen organizado y provocó su desaparición en 1985. Véase de Aguayo, «El impacto de la guerrilla mexicana» (91-96). No obstante, la narrativa que sostienen los exmilitantes es que no hubo infiltración sino que la cadena de detenciones fueron el producto de la casualidad y la relajación de medidas de seguridad.

La novela reproduce tanto la violencia carcelaria como la del Estado contra la disidencia política que, a la par de la pauperización del sujeto y la enunciación desde la perspectiva del preso, expone las contradicciones y confronta al aparato carcelario, anclándose de este modo como un rejón de doble filo en el que el preso político y el común, viviendo en carne propia los efectos del poder son capaces de responderle[14]. Este hecho lo corrobora el propio relato al demarcar claramente una relación dialéctica de opuestos entre «ellos», refiriéndose a la policía política, y «nosotros», los guerrilleros: «el agente garabateaba símbolos válidos para *ellos* y *nosotros*; una especie de unidad dialéctica convencional entre los dos» (123; énfasis mío). El hecho de que El Niñodios reconozca en la cárcel clandestina a su torturador como uno de los halcones del Jueves de Corpus, así como un guardia reconoce a Joaquín/Jaime como reincidente, reitera la relación agente/guerrillero, torturador/torturado, si bien no en términos simétricos, pero logra dislocar una narrativa de victimización.

Si la crítica a la brutalidad y la violencia de los guardias y agentes de la policía política es una constante en la narración a través de su ridiculización y animalización, las divisiones en el interior del grupo armado, el dogmatismo y el autoritarismo de los líderes también son criticados a través del devenir animal. En el capítulo «Involución», Castañeda ficcionaliza las divisiones en el interior del grupo armado y los efectos de la violencia a través del castigo a la delación. Así, tras las sesiones de tortura en la

---

14 La imagen de un rejón de doble filo está tomada del análisis sobre las formas en que las contraculturas en México responden de manera creativa y dinámica al poder de las instituciones: «Las contraculturas son un revelador: mientras más hondo se las quiera enterrar, más se le dificultará la salida al enterrador; son un rejón clavado en el sistema; mientas más esfuerzos hace por librarse de él, más le duele» (Lloreda «Reflexiones en torno a La contracultura en México» 19).

cárcel clandestina, El Niñodios debe enfrentar la constante intimidación y golpiza por parte de sus compañeros.

> Al caer, todos se echaron instintivamente sobre él como animales hambrientos, destrozando a su víctima en una confusión irreal y primitiva de golpes que sonaban fofos, desgarrando tejidos gelatinosos de las vísceras. (...) Después de cada golpe o mordida, *levantaban la cabeza como sacándola de la oscuridad de algún vientre destrozado,* viendo hacia todas partes, moviendo los ojos sin control alguno, fuera de sus depósitos; como si esos movimientos alternados fueran alguna reminiscencia del pasado desconocido del hombre, cuando éste se sentía acosado por todos los demás animales en una lucha permanente por sobrevivir. (55-56; énfasis mío)

Como se ha señalado, la novela incorpora constantemente las imágenes de la matriz/cárcel, del nacimiento o de la posición fetal, siempre relacionadas, más que con el nacimiento o umbral de transformación, con un proceso truncado o bien de involución en este caso. La transformación de los camaradas en predadores, levantando las cabezas como si salieran de un vientre, agudiza tanto la internalización de la violencia, como las pulsiones primarias de la condición humana, que si bien en la novela son criticadas precisamente como un punto de involución, al mismo tiempo desterritorializan al sujeto de un flujo de contención.

Siguiendo una lectura deleuziana, mientras en *El apando* El Carajo se desterritorializa, logra autoparirse, transgrediendo el lazo materno al delatar a su madre como portadora de la droga, en *¿Por qué no dijiste todo?* los guerrilleros transgreden la solidaridad del grupo, ya rota durante la tortura, y replican la violencia, esta vez descargándola sobre el compañero delator. En ambos casos, la transgresión aparece como la explosión de una pulsión primaria, en la que el devenir animal desterritorializa al sujeto de su anclaje, ya sea la madre, la matriz/ prisión, la solidaridad o bien su humanidad.

Una de las encrucijadas de los textos que abordan la violencia de Estado y la tortura es la tensión entre trauma y narración. Como señala Elaine Scarry, uno de los efectos de la tortura es la destrucción del sujeto y la imposición de la voz del torturador sobre la del torturado, paradójicamente haciéndolo hablar durante el interrogatorio, pero sellando su boca, porque la marca de la delación asegura el silencio posterior. Para Scarry, la experiencia del dolor queda inarticulada o bien es articulada en un lenguaje que silencia todo lo demás:

> [E]n el momento en que el lenguaje encarna la realidad del dolor, hace que toda enunciación e interpretación posterior parezca absurda e inapropiada, vaciando el contenido del mundo que desaparece en la mente de la persona sufriente[15].

Esto plantea una problemática entre lenguaje y tortura que ha sido abordada por varios académicos en el periodo de las postdictaduras en el Cono Sur, como señala Idelber Avelar: «Los testimonios de presos políticos sometidos a la tortura, al enfrentarse con el problema de traducción de su experiencia al lenguaje, inevitablemente dejan de manifiesto los límites de toda representabilidad» («La práctica de la tortura y la historia de la verdad» 176)[16]. En la labor del duelo, la experiencia del trauma se encuentra en una encrucijada, porque parte del proceso psicoanalítico de curación, que en el fondo su objetivo sería la integración de la experiencia y, en cierto modo, su olvido, implica el traslado de la experiencia a la narración, la cual es vista con reticencia, porque las palabras no son capaces de describirla. Ello también plantea problemáticas de legitimidad y mediación,

---

15 Cita original: «the moment the language bodies forth the reality of pain, it males all further statements and interpretations seem ludicrous and inappropriate, as hollow as the world content that disappears in the head of the person suffering» (*The Body in Pain* 60).

16 Sobre la práctica de la tortura como mecanismo de represión, véase el capítulo 7.

y, particularmente, la crisis del aparato representacional en la relación tortura/ narración llevándose a cabo una guerra en el interior del lenguaje; como señala Avelar, en el sujeto torturado hay resistencia a la naturaleza gregaria del signo —Barthes— que amenaza a la experiencia con la disolución de la singularidad e inefabilidad de la experiencia traumática (179-180).

> El sujeto torturado percibe que la experiencia ha ocasionado una implosión en el lenguaje, lo ha manchado irreversiblemente. (…) Uno de los efectos calculados de la tortura es hacer de la experiencia una no experiencia —negarle a ella una morada en el lenguaje. (184)

Por otro lado, retomando a Žižek, Avelar advierte de los peligros de producir una narrativa diegética que en su afán por organizar de manera coherente el discurso, disuelva las contradicciones y suture antagonismos inherentes de la experiencia traumática, al «obnubilar la verdad traumática, al organizar un relato que la mantenga innombrable» (184-85). Es decir, que la construcción de una narrativa, en cambio de enfocarse en la secuencia diegética de los eventos en el pasado, debería ser entendida como la posibilidad de reconstruir el lugar del testigo y recuperar un espacio de narrabilidad «en el que incluso el desenmascaramiento de la narrativización pueda tener lugar; la conquista de ese espacio depende de una operación permanente, colectiva sobre el lenguaje» (186)[17].

---

17   Para el caso de las dictaduras en el Cono Sur, la presentación de testimonios ha sido crucial en el registro y en el proceso de la práctica de la tortura y excesos del régimen, sin embargo, como varios críticos apuntan, la imposición de un discurso oficial que denominó al periodo de la posdictadura como «proceso» o «transición» operó una borradura y clausuró la posibilidad de asumir los conflictos y tensiones al interior de los relatos del pasado. Como Nelly Richard señala, inclusive el discurso científico de las ciencias sociales «ordenó los síntomas de la crisis mediante una lengua reconstituyente de procesos y sujetos [incompatible] con lo roto, lo disgregado, lo escindido de subjetividades sociales y culturales en trance de

Esto lleva a plantear una serie de problemáticas sobre la representación de la violencia, la construcción de una narrativa que no reproduzca una narrativa hegemónica que suture o lime aristas y concilie el pasado imponiendo un discurso armonioso y de la desmemoria. En este sentido, la novela de Castañeda logra zanjar tanto el problema de la censura como el de la representación de la violencia, al situarse en un «lugar de entre medio» (Bhabha) que, teniendo una matriz testimonial, abandona una narrativa diegética afianzada en la transparencia del lenguaje, para elaborar a través de la ficcionalización los efectos de lo carcelario —castigo, amenaza, incertidumbre, circularidad del tiempo y la memoria—, así como los de la violencia de Estado a través de la forma en que asocia lo corporal con el castigo y la tortura.

Como toda narrativa carcelaria, esta novela captura la vulnerabilidad del cuerpo y magnifica las necesidades biológicas, ya que el sujeto se encuentra en una situación límite de castigo corporal y psicológico. De este modo, la narración está plagada de referencias a los fluidos del cuerpo, deyecciones, somatización y deterioro del cuerpo, obviamente vinculadas al encierro, pero particularmente a la violencia, ya sea que provenga de los guardias, de los mayores encargados de las crujías o bien de parte de otros presos, incluyendo a los políticos.

> Las situaciones de inseguridad, ambiguas y desesperantes del encierro, encontraban salida por la piel, que se llenaba de roña, alergias, comezones por todos lados; o salían del estómago por la boca o por abajo, con diarreas interminables que tenían que parar atragantándose con migajón. (170)

---

pertenencia e identidad» (*Residuos y metáforas* 49). En el caso mexicano, a pesar de que la tortura sigue siendo una práctica común, hay pocos estudios que analizan la práctica de la tortura durante el periodo de la mal llamada 'guerra sucia'. Para desaparición forzada véanse los trabajos de Claudia Rangel y Evangelina Sánchez, así como la tesis doctoral de Camilo Vicente Ovalle.

Los fluidos corporales y la deyección a su vez están ligados a una reacción o forma de defensa del cuerpo cuando es sometido a la constante amenaza, golpizas —por ejemplo, el castigo por delación infligido a El Niñodios, así como las sesiones de tortura aplicadas a él y a El Cananeo.

> Le vendaron los ojos con algo que no supo qué era, y también le ataron las manos. Al terminar esto último, repentinamente fue asaltado por un temblor desconocido que lo cimbró de pies a cabeza, lo mismo que en un ataque de epilepsia, sin poder controlar nada y con los músculos extrañamente endurecidos, como los de un muerto, con un dolor en la cintura que le dividía el cuerpo en dos, al igual que si acabara de masturbarse en la litera o en medio de las paredes frías del baño. (140-141)

Llama la atención que en la novela, la tortura aparece siempre ligada con su contraparte corporal, siendo dolor y placer experiencias corporales límite. El orgasmo y la eyaculación se presenta como una reacción frente a la amenaza de muerte durante las torturas, las falsas ejecuciones y el enterramiento en vida. En el capítulo «Y si el viejo no aparece» que remite al secuestro de José Guadalupe Zuno, suegro del entonces presidente Luis Echeverría, la policía política tortura encarnizadamente a El Cananeo. Durante un receso del interrogatorio, la narración describe un momento de disociación que evoca un encuentro sexual, sin embargo, el lenguaje cobra un matiz ambiguo en el que la penetración sexual se entreteje con la violencia, infligir el dolor y aniquilación.

> Fue entonces que tuvo una evocación de ella: si pudiera materializarla ahora, en este momento. Recorrer su topografía; las elevaciones, las depresiones suaves, la esfericidad casi perfecta de las montañas perdidas en la llanura de su piel. La temperatura quemante de la superficie. La *perforación con barreno de diamante* en una clase de exploración eterna. La mano paralela a todos los recovecos superficiales explorando lentamente

como *preludio del ataque violento* y sin piedad; hasta la *aniquilación extenuante*. (142; énfasis mío)

La resolución narrativa de ligar estos puntos antitéticos enfatiza los límites de lo corporal, la pérdida de la conciencia y el control sobre el cuerpo, precisamente en la búsqueda por nombrar la experiencia de la tortura. Este recurso no solamente desestabiliza las expectativas de una narrativa del dolor, sino que agudiza el despojo, la pauperización y la reducción del sujeto a cuerpo biológico y acentúa que, a pesar de todo, todavía hay un remanente de vida latente. Como contraparte de la tortura, en el capítulo «Por qué no dijiste todo» hay un pasaje en el que los presos organizan un concurso de masculinidad, en el que compiten por lograr la eyaculación arrojada a mayor distancia.

> Cuando la eyaculación estaba cerca comenzaban a alargar el ritmo de la respiración, deformándose tanto al contraer el cuerpo, que adquirían una imagen monstruosa, como alguien que quisiera concentrar la esencia de su ser en el punto central de su cuerpo para arrojarla con violencia al vacío, a la nada. (175)

Sin lugar a dudas, hay una sátira contra las posturas políticas a través de la competencia entre El Zurdo y El Derecho; el primero gana por el tacto rectal que ejerce Joaquín/Jaime a El Zurdo. Este pasaje puede leerse como una crítica implícita a la reforma política de 1977 que benefició a los partidos de izquierda a costa de la represión a los grupos armados; sin embargo, el hecho de que los fluidos aparezcan asociados con la tortura y con el concurso de masculinidad sugiere también que la deyección arrojada al vacío es como una pulsión de vida derrochada que, paradójicamente, devuelve a la vida el cuerpo del prisionero.

Este pasaje, como muchos otros en la novela, está saturado de violencia en el lenguaje a través del albur, el escarnio, la constante alusión a la fisiología de las partes bajas, enfatizando la recuperación del sujeto por medio de su cuerpo, en la que indudablemente se apela a una masculinidad centrada en el falo.

Para Cabrera y Estrada este pasaje es prescindible y desajusta con la lógica de la narración, que en todo caso destaca el proceso de lumpenización del exmilitante (*Con las armas de la ficción* 212). No descarto la interpretación de Cabrera y Estrada, sin embargo, precisamente la narrativa insiste en presentar un entorno de violencia y sordidez, en el cuál el escarnio y la burla coexiste también la posibilidad de recuperación del sujeto a través de lo corporal en situaciones de precariedad[18].

Por último, es necesario destacar que el recurso de la imagen de la rata, ya sea que aparezca sola o en manada, es recurrente en la narración y está relacionada con la marginalidad y la violencia, sin embargo, es una imagen inestable y se resiste a ser asimilada como metáfora. Es decir, en diferentes pasajes la rata aparece como comestible, cuando los presos preparan un guisado llamado irónicamente «pollo fino», como manada nomádica que se escabulle entre las celdas de la prisión, lo cual detona en Joaquín/Jaime una pulsión deseante en devenir rata para escapar del encierro, como ejecutora de violencia cuando atacan en manada a El Cananeo mientras yace en el piso de los separos, e inclusive guardias y jueces adquieren características roedoras en ciertos pasajes.

En el capítulo «Alguien que tú no conoces, pero que te conoce», el relato entrelaza a través de la imagen de la rata diferentes escenas del mercado de La Merced y sus alrededores destacando la marginalidad urbana y el operativo policíaco contra los vendedores ambulantes, por el cual El Cananeo es detenido, golpeado y sentenciado. Estas escenas a su vez se funden con la memoria del entrenamiento en Corea del Sur y las incursiones guerrilleras en la sierra. Como se ha señalado anteriormente, la narración está reconstruida desde los separos, tejiendo analogías entre la violencia de las ratas y la policía, así como el aislamiento y la neutralización de El Cananeo por parte del grupo armado.

---

18 Véase *¿Por qué no dijiste todo?* (154-55).

Estas analogías están establecidas de manera contigua y la actividad humana, del mercado, del operativo policiaco y del juzgado, es descrita de un modo que alude al desplazamiento y al comportamiento de las ratas.

> La gente, lo mismo que si temiera algo, no va más allá de ciertos límites impuestos por la necesidad diaria de subsistencia. Moviéndose en todas direcciones se cuidan de no rebasar los linderos del lugar (...) como si obedecieran el mandato de una fuerza superior a sus voluntades. Se comunican con un lenguaje extraño, (...) acompañadas de movimientos bucales sordos y tratando de reforzar lo que se quiere decir mediante un idioma de mudos. Van y vienen sin saber a dónde. (89)

El devenir animal de la actividad humana en la narración está ligada a la negación del hombre, ya sea como una involución de los guerrilleros o bien con la ridiculización de los guardias y la policía política; asimismo, las incursiones de las ratas y el ataque son descritos con un lenguaje militar que alude al operativo policiaco y a la organización armada.

> Con su cuerpo de piedra [la rata] avanzaba cuidadosa, igual que si pensara bien antes de dar el siguiente paso. (...) Parecía saber que así era más seguro su avance al cubrirle la pared el flanco izquierdo de ida y el flanco derecho de regreso. (...) Se asomó una vez más pero ya no sola, sino con otras que se le sumaron y parecían muy decididas. (...) No quería dormir pero lo hizo, y cuando las ratas advirtieron que finalmente cerraba los ojos, entonces triunfantes avanzaron un despliegue táctico; llegaron por la retaguardia. Sintió las mordidas en las piernas y sobre los pómulos, sobre la sangre seca. (...) Sintió pisadas de muchas patas al subir y bajar en tropel a lo largo de la espalda, que le producían un estremecimiento inmóvil. 'Tienes que esperar siempre en Santa Escuela, pase lo que pase'. (92-96)

Este intercambio entre devenir animal y devenir humano en la obra revueltiana, más que una imagen degradada de lo humano o parte de un estilo literario, Escalante lo considera como un proceso que se resiste la interpretación: «los animales como presencias puras, como construcciones que se autonomizan y adquieren movimientos propios, al grado de ser ya no una técnica o recurso, sino la manifestación de una fuerza que dispara significados resistentes a la interpretación» (*José Revueltas una literatura del lado moridor* 81). El devenir animal y el devenir hombre en Castañeda enfatizan claramente el estancamiento de un proceso dialéctico que se puede observar en la recurrencia en la novela a términos como lo antidialéctico, la negación del hombre, la involución, cuestión que Revueltas destaca en su obra no como involución sino como un proceso dialéctico que opera por el reverso, como se señaló por el «lado moridor» de la realidad. En este sentido hay un distanciamiento conceptual entre Revueltas y Castañeda. Sin embargo, el hecho de que la rata sea una presencia persistente a lo largo de la novela y, particularmente, que cobre diferentes funciones, apunta a desestabilizar la asimilación de la imagen a una significación unívoca que resiste a la interpretación[19].

---

19 En *Los días terrenales* de Revueltas aparece el ataque de las ratas ligado a la memoria y a la dificultad para nombrar la experiencia traumática. Emilio Padilla pregunta a Olegario Chávez sobre la experiencia de pasar varios días en el drenaje profundo, durante la fuga de la cárcel. Frente a la resistencia de Olegario para narrar la experiencia, Emilio afirma que lo imagina todo porque también lo ha vivido: «Se trata de un tiempo subjetivo» (108). No obstante que Emilio establece un lazo de comunicación, la narración destaca un vacío que no puede ser llenado o articulado. Describe la experiencia como nebulosa e imprecisa: «No existía nada sino el presente, un presente perpetuo, constante por todos sus lados, una materia concreta y sólida para siempre, sin memoria» (103), mientras Olegario solamente puede contestar a la insistencia de Emilio: «Había algo más, para lo que no tengo palabras: una especie ya no humana de la sensación de estar vivo, sentirse vivo era lo peor de todo» (108).

Más aún, la rata también se transforma en un objeto en el que se descarga la violencia durante la escena que describe el «ratódromo». Esta escena ficticia, que de hecho es una de las más sórdidas en la novela, incorpora la violencia que no ha sido capaz de ser narrada en la reconstrucción de las sesiones de tortura. Si bien la descripción de las escenas de tortura relacionan sensaciones corporales antagónicas o bien simple y llanamente enumeran los métodos de tortura «el pocito», «el tehuacanazo», «la horca», «las descargas eléctricas» —de cualquier forma, ambos recursos exponen la crisis para contener con palabras la experiencia de la tortura—, la transformación de la rata en víctima expone por contigüidad y en toda su crudeza la violencia ejercida por las distintas instancias del aparato de Estado. La mutilación, el canibalismo y la aplicación del dolor a que somete un preso común a las ratas con el fin de entrenarlas para el ratódromo, alude a la brutalidad ejercida en el cuerpo del sujeto torturado, pero no de manera metafórica sino por su contigüidad o liminalidad.

> Las ratas eran colocadas en carriles separados y cubiertos para que no se vieran entre sí, y sólo se les dejaba la salida al final. En la meta colocaba, subrepticiamente, bajo las tablas del canal, un trozo de carne. Al ponerlas en el partidero, con una sorprendente habilidad en las manos —que le envidiaría el mejor de los ilusionistas— se humedecía con la lengua la punta del dedo índice de la derecha, la metía en el bolsillo del pantalón y acto seguido, una vez que lo había untado de chile, lo restregaba en el ano de la rata y la dejaba revolcándose. En tanto abría las puertas, él corría también hasta la meta y, tomándola de la cola, la golpeaba contra el piso y la remataba de un pisotón en la cabeza. No dejaba una con vida; sabía que sin dientes morirían al poco tiempo. A Agustín le decían *El Gato*, por eso de las ratas. (102)

Sin duda, la novela de Castañeda se incrusta en la narrativa mexicana como una contranarrativa que incorpora la memoria soslayada de un pasado reciente. Sin embargo, no lo hace como una forma de rescatar el pasado, ni con una narrativa organizada e higienizada que exponga el heroísmo o la lucidez de sus protagonistas. Tampoco lo hace bajo una mirada conciliadora de democratización, sino por el reverso, emergiendo confusa, inestable, contradictoria desde las márgenes del confinamiento carcelario, en donde desde el umbral de salida, la memoria, como marca en el cuerpo, no puede ser traducida en un relato mesurado, sino quizás solamente como la multiplicación de historias, la aproximación y la lucha al interior del lenguaje por producir los efectos de la violencia de Estado, los mismos que, no obstante, tampoco pueden decirlo todo.

Si la antología de poesía *Sobreviviremos al hielo* plantea una forma no dominante para abordar el pasado al centrarse en el mundo afectivo, el diario *Los diques del tiempo* se asemeja más a un testimonio escrito desde los sótanos de la represión. Ambos textos indudablemente destacan la práctica de la escritura como forma de sobrevivencia. Por su parte, la novela *¿Por qué no dijiste todo?* echa mano de las experiencias y referencias autobiográficas del autor para plasmar la brutalidad de la violencia de Estado mediante un tratamiento literario o de ficcionalización que logró colocarla en mayor circulación en comparación con los otros textos literarios y los testimonios del movimiento armado. Desde una mirada panorámica, se puede observar entonces, que a pesar de la existencia de una pequeña comunidad de memoria de los exmilitantes y la producción escrituraria, solamente el género novelesco logró una mayor audiencia y ganó relativamente una batalla en las disputas por la memoria. No obstante, aunque la novela ganó cierto reconocimiento a su vez ha sido un texto soslayado en comparación con la producción literaria y testimonial sobre el 68 que se transformó a lo largo de los años en una memoria emblemática.

Ahora bien, como se señaló anteriormente, los textos testimoniales de los exmilitantes surgieron por la inmediatez de debatir la reforma política y rearticular la lucha armada por la vía partidista o bien para afirmar la viabilidad de la lucha armada; sin embargo, escasamente se prestó atención a la denuncia explícita de la violencia del Estado y las prácticas de tortura y desaparición forzada, quizás con excepción del texto de Campos. ¿Cómo se forma una memoria de denuncia de las violaciones a los derechos humanos?, ¿de qué modo se articula la denuncia de la práctica de la tortura y con qué estrategias de narración?, ¿se podría establecer una genealogía de la denuncia de la tortura? Estas preguntas guían el siguiente capítulo.

Capítulo 7. Para una genealogía de la violencia: tortura, maquinaria represiva y narración

> Oculté durante mucho tiempo que me habían torturado
> e, incluso, ni a mis padres les dije nada de esto.
> Pedro Periquito
>
> Son momentos terribles que quisiera borrar de mi memoria
> pero también es preciso describir
> para tratar de que no se repita con otra persona.
> Bertha Alicia López
>
> Transmitir las experiencias es contribuir
> al fortalecimiento de la organización
> y evitar la caída de otros compañeros
> por la experiencia que ya debíamos haber asimilado.
> (…) Compitas, los tiras buscan las debilidades
> de cada revolucionario.
> Irineo García Valenzuela

La memoria de un pasado violento ha transitado en los textos testimoniales por diferentes momentos que, respondiendo a preocupaciones individuales y grupales, están enmarcados en un marco social y político de producción y recepción. En la práctica de la memoria y el proceso de la escritura juega un papel determinante la necesidad de transmitir la experiencia carcelaria, del movimiento armado y de la represión del Estado, pero también un trasfondo político que en gran medida interviene en los modos sociales de recepción, desencadenando que en determinado momento ciertas agencias sean una tendencia dominante sobre otras. Este capítulo analiza la gestación de la denuncia de la práctica de la desaparición forzada y la tortura en los textos testimoniales de finales de los setenta a 2006 cuando, tras el cierre de la FEMOSPP, emergió con mayor fuerza esta agencia que no fue dominante en los testimonios de las décadas pasadas.

La narración de Pedro Periquito, tomada del testimonio novelado *Lucio Cabañas y el PDLP, una experiencia guerrillera* (1987) de Eleazar Campos, destaca el silenciamiento y estigma como efectos de la tortura, mientras el testimonio de Bertha Alicia López describe la batalla interna de una memoria dolorosa pero vital de denunciar al presenciar la tortura de su hija de año y medio. Asimismo, el testimonio de Irineo García Valenzuela no sucumbe en un discurso de victimización, sino que siendo él mismo desaparecido-liberado y desaparecido por segunda vez, plantea la necesidad de asimilar los métodos de tortura usados por el Estado como un aprendizaje para las organizaciones disidentes. Mientras el primer epígrafe proviene de la ficcionalización de la experiencia armada del PDLP —basada en fuentes orales—, los otros dos son testimonios de exmilitantes de la LC23S compilados en *Testimonios de la guerra sucia* (2006). Sin embargo, estos testimonios no vieron la luz de manera inmediata, para ello tendrían que recorrer un largo camino en el que los marcos sociales y políticos jugaron un papel determinante en guardar silencio y para que emergieran en determinada coyuntura política.

La desaparición forzada y la tortura son parte esencial de una maquinaria de poder para inocular el terror a nivel individual y colectivo, y así asegurar el sometimiento de los cuerpos y el silencio, por ello es relevante analizar los testimonios, así como los modos y estrategias de narración en que articulan la tortura, ya que la escritura no solamente sirve como una forma de catarsis y eventual reparación de la experiencia traumática, sino que en ésta se libra otra batalla para enunciarla y para que esta memoria se abra espacio en el ámbito público.

Dado que las operaciones contrainsurgentes formaron parte de un Estado formalmente democrático en México, la desaparición forzada y tortura fueron focalizadas y encubiertas, por lo cual la denuncia de los sobrevivientes formó parte de una memoria silenciada que emergió en la escritura de manera tangencial durante las décadas de los años setenta a noventa y no es sino hasta la década del 2000, durante la coyuntura de alternancia partidista y la creación de la FEMOSPP, que fue más visible la conformación de una memoria resiliente y de denuncia explícita por parte de los sobrevivientes. Si bien las movilizaciones de familiares de desaparecidos comenzaron tempranamente y formaron organizaciones a nivel local y nacional, logrando la suficiente presión política para liberar a algunos detenidos-desaparecidos a finales de los setenta, la agencia de denuncia de violaciones a los derechos humanos y crímenes de lesa humanidad se configura relativamente de manera tardía en los testimonios escritos por los sobrevivientes[1].

Señalar que tiene una aparición tardía se entiende no como una ausencia, sino como una tendencia que no fue dominante en la publicación de testimonios en las décadas anteriores. Como se ha analizado, la impronta fue la discusión teórica de

---

1 Entre las organizaciones de familiares de desaparecidos se encuentra el Comité pro Defensa de Presos, Perseguidos, Desaparecidos y Exiliados Políticos de México (1977), fundado por Rosario Ibarra de Piedra, actualmente el Comité Eureka; el Comité Nacional Independiente pro Defensa de los Presos, Perseguidos, Desaparecidos y Exiliados Políticos (1978) que, encabezado por el ex rector de la Universidad de Oaxaca, Felipe Martínez Soriano, surgió de la ruptura con Rosario Ibarra; y la Asociación de Familiares de Detenidos, Desaparecidos y Víctimas de Violaciones a Derechos Humanos en México (1978), conocido actualmente como AFADEM. En 1979, tras la marcha convocada por el comité conocido actualmente como Comité Eureka a la que asistieron 20,000 personas, nace el Frente Nacional contra la Represión por las Libertades Democráticas y la Solidaridad integrado por 54 asociaciones magisteriales, estudiantiles, campesinas, culturales, feministas y de partidos políticos (Castellanos 284-308). Para un recuento de la huelga de hambre de los familiares de desaparecidos en 1978, véase «Diario de una huelga de hambre» en *Fuerte es el silencio* de Elena Poniatowska.

los movimientos armados en el contexto de la rectificación y la respuesta, en la década de los años ochenta, de los movimientos armados que no se unieron a la LC23S, abrevaron de la tradición de la Revolución mexicana y se asentaron mayoritariamente en las áreas rurales.

La multiplicidad de la memoria y sus disputas, como se ha observado, se dan no solo en la formación de una memoria social dominante *versus* memorias individuales o comunidades de memoria, sino que a su vez dentro de las memorias subterráneas o memorias que no tuvieron suficiente eco para ser incorporadas en lo social o como memorias emblemáticas, también se dieron tensiones, contradicciones y disputas para fijar una memoria dominante con suficiente fuerza para colocarla en el dominio público o semipúblico. En el caso de los textos testimoniales de los exmilitantes se puede observar que la tendencia dominante fue la discusión teórico-política para legitimar o no la vía armada, dejando de lado, por ejemplo, la afirmación y continuidad de ésta por parte de otros grupos, la experiencia carcelaria y la del sobreviviente, en gran medida, por la inmediatez de rearticular el proyecto revolucionario en el marco de la apertura política de finales de la década de los años setenta, pero también en gran parte porque el ser víctima y denunciarlo no formaba parte del imaginario guerrillero.

Asimismo, los efectos de la tortura confeccionaron el silencio en este rubro y, en todo caso, las denuncias y movilización social corrieron a cargo de los familiares de los desaparecidos. En este sentido, analizar los textos testimoniales permite trazar una genealogía de la denuncia y la compleja relación entre tortura, memoria y narración observando las estrategias narrativas, quiebres, silencios y soslayos para nombrar la propia tortura. Pero antes de entrar en el análisis de los textos es necesario hacer algunos apuntalamientos en torno a la funcionalidad de la tortura y la desaparición forzada como engranaje de un mecanismo de terror y disciplinamiento de los cuerpos, fundamental para el sostenimiento del poder.

I. La práctica de la tortura como engranaje del Estado

El informe final de la FEMOSPP en 2006 señaló que los operativos policiacos y militares contra la población civil sospechosa de fungir como bases de apoyo durante la mal llamada «guerra sucia» fueron un ejercicio excesivo y de abuso del poder de algunas autoridades. Esta declaración y el cierre de la polémica Fiscalía Especial suturó en la superficie una herida del pasado para dar paso a una justicia transicional pírrica que rasuró los reportes realizados por el área histórica, escamoteó términos concisos del derecho internacional bajo pretexto de no corresponder al código penal mexicano, encubriendo así las responsabilidades de la policía, la policía política y el ejército. Asimismo, el gobierno mexicano ha negado que la violencia del Estado haya sido y sea a la fecha sistemática. En el caso de Guerrero, el más estudiado a la fecha, pero no el único, podría considerarse como una práctica de terrorismo de Estado focalizado. Si bien en el pasado se utilizó el discurso anticomunista y de seguridad interna para legitimar el uso del ejército y grupos paramilitares, actualmente este discurso se recicla bajo la argumentación de la lucha contra el crimen organizado que ha encubierto a su vez ejecuciones y desaparición, como la de los 43 normalistas de Ayotzinapa entre más de 40,000 desaparecidos desde 2006.

No obstante, estas 'anomalías' forman parte constitutiva del Estado como una forma de ilegalidad dentro de la 'legalidad'. En este sentido, la tortura y la desaparición forzada deben analizarse, no bajo un marco de excepcionalidad, o como el abuso de poder de las autoridades, sino como un engranaje de la propia maquinaria de poder del Estado. Asimismo, es importante destacar que la experiencia de la tortura no genera un trauma individual, sino colectivo que ha afectado profundamente el tejido social.

Un primer apuntalamiento necesario es dilucidar los objetivos, mecanismos y efectos de la tortura, que es una práctica mucho más común de lo que ha querido aceptarse y es utilizada de manera generalizada en todo el mundo a pesar de que «la prohibición de la tortura ha sido un principio básico e indiscutible desde hace al menos sesenta años, tanto en el derecho internacional como en los ordenamientos jurídicos nacionales» (Castresana 73). Su uso no solo ha sido regular como parte de un aparato estatal ilegal que en las dictaduras del Cono Sur formaban parte de un estado de excepción. Como señala Pilar Calveiro, esta práctica ilegal se integró a una estructura clandestina paralela a la red de seguridad legal y, a su vez, esta red clandestina «legal/ilegal» se convirtió en regional; un ejemplo de ello fue el Operación Cóndor, bajo el cual la tortura fue utilizada de manera sistemática tanto en redes ilegales como legales y de manera ilimitada («La decisión política de torturar» 21-22).

En el caso mexicano, si bien no hubo una dictadura militar ni fue declarado el Estado de excepción, se llevaron a cabo operaciones contrainsurgentes y de terrorismo de Estado similares, aunque de manera más selectiva que solo pueden explicarse por el grado de autoritarismo del gobierno, pero particularmente por una geopolítica anticomunista en el contexto de la Guerra Fría. En ambos casos, bajo el relato de la seguridad nacional, el uso de la tortura encontró su justificación en la despersonalización del sujeto, transformándolo en un *otro* bajo el estigma de 'subversivo', 'terrorista', 'disidente' o 'antipatriótico' que perdía sus derechos como ciudadano y como persona, constituyendo una población residual, prescindible e inclusive como un «enemigo interno» que era indispensable aniquilar. En este sentido, la práctica de la tortura no se limita a arrancar la información que, dentro de un plan de inteligencia de Estado, tendría como objetivo extirpar el mal disidente, sino que tiene efectos directos en el cuerpo social para desarticular cualquier movilización y forma de participación social como sucedió en el Cono Sur.

Por ejemplo, en el caso chileno, Peris Blanes destaca que «la violencia represiva no fue una barbarie incomprensible, un delirio o un exceso justificable, sino que constituyó una pieza clave y necesaria al modelo de desarrollo que se puso en marcha en Chile tras el golpe de Estado del 73» (*Historia del testimonio* 36). De este modo, junto con la implementación de reformas políticas y económicas, la violencia extrema fue fundamental para la construcción de cuerpos dóciles y maleables, una «fábrica de supervivientes» modulados por el poder militar y en la que la participación social fuera vinculada irremediablemente con el dolor, la muerte y la tortura; sobre esto subraya lo siguiente Peris Blanes:

> En la lógica de la revolución capitalista chilena, que quiso otorgar a los tecnócratas de la escuela de Chicago el funcionamiento de la economía y desvincularla del debate y la negociación política, el disciplinamiento y la despolitización generada por la violencia daban al proyecto capitalista una perspectiva de futuro, ya que creaban las condiciones para un nuevo tipo de sociedad, ya despojada de la politización y capacidad organizativa que habían caracterizado a Chile de los primeros setenta. (38)

En el caso argentino, Diana Taylor señala que en el escenario de la tortura, el torturador, y por extensión la Junta Militar, aseguró un control total del cuerpo social, y esta funciona como un doble acto de inscripción de la escritura: la primera en el sentido de escribir- inscribir (*writing*) el cuerpo dentro de una narrativa nacional, y en segundo lugar, como una escritura en el cuerpo, transformándolo en un texto que lleva un mensaje de advertencia, yo añadiría que de castigo y aleccionamiento al resto de la población.

Escribir el cuerpo montó una formulación triangular: estableció un(a) autor(idad) (de los líderes militares que manipularon el discurso), dio un papel a los torturadores para ser la pluma o el instrumento de inscripción o de escritura (como las comadronas en la creación de un nuevo ser nacional), y transformó a la víctima vulnerable en cuerpo textual producible y expandible[2].

Más aún, en su análisis sobre la práctica de la tortura en las prisiones de Guantánamo y Abu Ghraib, así como la práctica de la desaparición forzada a nivel global tras el 11 de septiembre de 2001, Pilar Calveiro señala que la búsqueda de información es solo el primer objetivo de la tortura, aunándose a este el castigo al infractor, la función pedagógica para el resto de la sociedad, así como

> la autoconfirmación del dispositivo desaparecedor y de su «sentido» (...) igualmente importantes para el afianzamiento del nuevo orden global y de sus mecanismos represivos. («La decisión política de torturar» 64)

En el caso mexicano, solo hasta el 2006 aparece en los testimonios la denuncia de la violación masiva y sistemática de las garantías constitucionales a través de la represión a movilizaciones de trabajadores, mineros, campesinos, médicos y ferrocarrileros, así como el asesinato selectivo de sus dirigentes y las masacres colectivas. Como señalan David Cilia y Enrique González Ruiz, compiladores de testimonios de la LC23S, la responsabilidad por las muertes, la tortura y las desapariciones no solo recae en los agentes y militares que las ejecutaron, sino también en los poderes judiciales y legislativos que fungieron como cómplices y en ningún momento acotaron al poder ejecutivo. Inclusive destacan que muchos de los altos y medios mandos de

---

[2] Cita original: «*Writing the body* set up a triangular formulation: it established autor-ity (of the military leaders who manipulated the discourse), it cast the torturers as the pen or instrument of inscription (as the midwives in the creation of the new national being), and it turned the victim into the producible/ expandable body-text» (énfasis de Taylor, *Disappearing Acts. Spectacles of Gender and Nationalism in Argentina's Dirty War* 152).

la DFS formaron parte del gabinete presidencial de Vicente Fox e inclusive del poder legislativo[3].

Cierto es que la terquedad de Nazar Haro en irse a la tumba o a la cárcel con la información que posee sobre actos inhumanos contra seres indefensos, es prueba de una patología severa, quien no tiene remordimiento y mucho menos arrepentimiento por actos tan perversos, debe ser un desquiciado, pero *no se trata de un sujeto aislado, que cometió locuras al por mayor, sino de un engrane de la maquinaria del poder* que se echó a andar por fuera del camino legal y humano, para exterminar a quienes considera peligrosos para su dominación. (*Testimonios de la guerra sucia* 7; énfasis mío)

Bajo la misma lógica de las dictaduras del Cono Sur, la sistematización de la desaparición forzada, la tortura y el asesinato político —aunque en menor escala numérica— no fue la acción de un individuo o un grupo en particular, sino parte integral de una maquinaria de poder en la que las patologías del torturador tienen una funcionalidad específica y de performatividad para el poder. Las agrupaciones paramilitares y policías políticas, al tener un amplio margen de acción e impunidad, utilizaron el relato de la seguridad nacional para lucrar y obtener también un mayor poder político. Como señala Sergio Aguayo, la DFS si bien tuvo una gran capacidad de infiltración de los grupos armados, en el área de inteligencia de Estado fue bastante limitada, no solo por establecer vínculos falsos entre los grupos armados y el bloque soviético, sino por una notable ausencia para valorar las acciones de los grupos. Esto lo lleva a plantear la

---

3   Algunos de los nombres que Cilia y González señalan como torturadores y autoridades responsables bajo las cuales se ejerció la tortura son: José Luis Valles, Javier Vega Memije, Rafael Macedo de la Concha, Manlio Fabio Beltrones y otros que formaron parte de la Brigada Blanca, el grupo Jaguar y el grupo Zorba de la DFS, así como la participación del ejército mexicano (Cilia 8).

hipótesis de que la DFS exageró la amenaza que representaban, ya que en términos generales, se estima que los grupos armados tuvieron alrededor de 2,000 militantes, estuvieron fragmentados, solo actuaron de manera conjunta por tiempos breves y tenían bases de apoyo relativamente frágiles, así como una formación ideológica y militar desigual («El impacto de la guerrilla» 92).

> [E]l principal servicio de inteligencia mexicano era extraordinariamente capaz para infiltrar organizaciones opositoras, e incomprensiblemente incapaz de un análisis sobre la magnitud de la amenaza. ¿Qué tan deliberada era la pobreza analítica? (...) Hay, por otro lado, un hecho evidente: en los métodos que aplicó la DFS para combatir la guerrilla, tuvo un enorme margen de impunidad concedido por los tres presidentes mexicanos [Díaz Ordaz, Echeverría Álvarez y López Portillo]. Eso incrementó la corrupción y degradación del mismo aparato de seguridad, aceleró la llegada del narcotráfico a diferentes estados del país y llevó a la desaparición en 1985 de este organismo. Sin buscarlo, la guerrilla influyó en una modificación importante del esquema institucional de la seguridad nacional. (95)

La hipótesis de Aguayo, basada entre otros documentos en el manuscrito «El movimiento subversivo en México» del general Mario Arturo Acosta Chaparro, implícitamente disminuye la capacidad de acción de los movimientos armados y muchos exmilitantes no están de acuerdo con su análisis porque la información recabada, proveniente de los archivos de la DFS, fue arrancada bajo tortura. Asimismo, cabe destacar que la práctica de la tortura antes, durante y después de la mal llamada «guerra sucia», e inclusive sin tener motivaciones políticas, ha funcionado como un sustituto del trabajo de investigación policial, fabricando pruebas y culpables en casos paradigmáticos para crear un efecto performativo de eficiencia.

Independientemente del grado de peligrosidad que representaran los movimientos sociales y armados en México, el nivel y la sistematicidad de las operaciones contrainsurgentes a través de la desaparición forzada, la tortura, la ejecución extrajudicial, el desecho de cuerpos en los vuelos de la muerte, así como los operativos militares, en particular pero no exclusivamente en el estado de Guerrero, señalan una gravísima violación a los derechos humanos en la que salta a la vista la manera desproporcionada con la que se 'combatió' la disidencia política[4].

Mientras la práctica de la desaparición forzada y la tortura en el Cono Sur se extendió a lo largo del cuerpo social para desarticular las movilizaciones de oposición y participación social, así como un modo de legitimar a los regímenes militares, en el caso mexicano es todavía una práctica sostenida, selectiva y encubierta que a su vez ha sufrido transformaciones. En términos generales, la desaparición forzada y tortura en las décadas de los sesenta a ochenta tuvo un carácter político, focalizado y encubierto, aunque en ciertas zonas fue de carácter masivo e indiscriminado, como en el caso de Guerrero y el cuadrilátero dorado. En las décadas posteriores se observa un cambio en el *modus operandi* siendo masivo, indiscriminado, exhibido y cuyo carácter político es diluido por la colusión de autoridades con el crimen organizado, particularmente tras la guerra contra las drogas consolidada en el sexenio de Felipe Calderón (2006-2012) y continuada en el de Enrique Peña Nieto (2012-2018)[5].

Como una serie de capas superpuestas, la acumulación de violencia de Estado, del crimen organizado y la reemergencia de agrupaciones armadas —ya sean grupos armados, de autodefensa o policías comunitarias que a su vez atienden a diferentes

---

4   Para revisar los operativos militares en Guerrero véase el capítulo 1 y Anexo 1; para desaparición forzada véase la tesis doctoral de Camilo Vicente Ovalle *Estado y represión en México, una historia de la desaparición forzada 1950-1980* y los trabajos de Claudia Rangel y Evangelina Sánchez.

5   Para una periodización de la desaparición forzada, véase Claudia Rangel y Evangelina Sánchez Serrano, «La desaparición forzada en México como política de Estado, soterrada y continua (1965-2014)».

agencias y modos organizativos—, en gran parte son el resultado de los altos niveles de corrupción e impunidad en los gobiernos a niveles local y federal, así como de la infiltración del narcotráfico en las fuerzas armadas y diferentes corporaciones policiacas, cuya descomposición podría decirse que se agudiza tras las desapariciones de la DFS y la DIPD, que combatieron a la disidencia política en la década de los años setenta.

Evidentemente entre los efectos de esta violencia de Estado destacan la impunidad, la continuidad, la falta de reconocimiento de estas prácticas y su erradicación, así como el silencio impuesto y la ausencia de un escucha tanto en el aparato gubernamental como en la sociedad civil.

II. Tortura, trauma y narración

La serie de funciones que tiene la práctica de la tortura dentro del engranaje del poder político en México van desde la sustitución del trabajo de investigación policial y de inteligencia de Estado, el castigo a la disidencia política, aprovechando una función pedagógica para enviar un claro mensaje de amedrentamiento y terror a la población en general, la producción de cuerpos disciplinados y moldeables que no opongan resistencias al régimen y asocien la movilización social con el dolor y la muerte, la desarticulación y el exterminio de la disidencia política, el salvaguardar los intereses de la oligarquía local y nacional, la legitimación del régimen político bajo un discurso patriótico que se construye a partir de la articulación del *otro* como el enemigo interno, hasta la legitimación, corrupción y lucro económico que benefició a la cúpula militar y a las policías políticas. Todo ello denota en el fondo una ausencia de legitimidad del poder político y, como lo han señalado Hernán Vidal y Elaine Scarry, entre otros críticos, la tortura también funciona como una forma de teatralización, ritual o performance en el sentido de crear, precisamente, un efecto de legitimidad.

El dolor físico es tan incuestionablemente real que parece conferirle su cualidad de 'incuestionable realidad' a ese poder que lo ha producido. Precisamente porque la realidad de ese poder es tan cuestionable, el régimen tan inestable, que se apela al ejercicio de la tortura[6].

Esto lleva a un segundo apuntalamiento, sobre el proceso de la tortura en relación con los efectos y las problemáticas que enfrenta la transformación de una experiencia límite a una narrativa oral o escrita; es decir, la producción del testimonio y la denuncia de la tortura. Un primer aspecto a contemplar es que, como señala Elaine Scarry, la relación entre el torturador y su prisionero está ligada a un acto performativo de poder, que al infligir el dolor destruye el concepto del mundo, del yo, de la palabra y en conjunto de la civilización. Aunque el planteamiento de Scarry es cuestionable —habría que matizar ya que la construcción de una civilización se basa también en el exterminio de otra: «Jamás se da un documento de cultura sin que lo sea a la vez de barbarie» (Benjamin 182)—, es importante destacar sus planteamientos sobre la reproducción del lenguaje del torturador, al arrancar la confesión e imprimir en el prisionero la marca de la delación. El acto performativo, para Scarry, radica en que el interrogatorio es falsamente tomado como motivo y justificación de la tortura.

Es decir, si en un comienzo su objetivo es obtener información, la práctica de la tortura se convierte en un modo de aniquilamiento del sujeto y la imposición del poder del Estado sobre un cuerpo vulnerable y sometido. En suma, para Scarry este acto performativo cambia completamente la percepción de la tortura, transforma el sufrimiento y el dolor en algo comple-

---

6   Cita original: «The physical pain is so incontestably real that it seems to confer its quality of «incontestable reality», on that power that has brought it into being. It is, of course, precisely because the reality of that power is so highly contestable, the regime so unstable, that the torture is being used» (*The Body in Pain* 27).

tamente ilusorio, en su negación y falsificación, pero que para el régimen representa completamente un espectáculo de poder (*The Body in Pain* 27, 35-36). Durante el proceso de tortura, el dolor impuesto sobre el prisionero lleva a la gradual disolución de la conciencia y a la reducción del sujeto torturado en proporción con la expansión, la conciencia y el lenguaje del torturador (57). Asimismo, agregaría que la confesión arrancada bajo tortura es distorsionada y transformada en traición, absolviendo de responsabilidad al régimen que la practica y desplazándola a la persona torturada en la forma de delación, como se observa en gran parte de los testimonios.

La tortura entonces tiene un doble efecto sobre el lenguaje; por un lado, somete el habla del prisionero para reproducir el lenguaje del torturador, ya que durante el proceso de tortura el prisionero no tiene tregua para contestar el interrogatorio al que es sujeto. Es decir, el primer objetivo es amedrentar, someter y quebrar su resistencia para posteriormente arrancar la confesión. Cabe destacar también que en muchas ocasiones el objetivo del interrogatorio es confirmar una información previa. Por otro lado, la tortura crea el efecto de silenciamiento, puesto que el lenguaje y el acto de hablar han sido marcados con la delación, y la intensa experiencia corporal del dolor ha quedado irremediablemente asociada con la disidencia política, como señala Idelber Avelar:

> La producción forzada de lenguaje durante el acto de tortura prepara uno de sus efectos más odiosos, la prevención de un lenguaje postraumático, la producción en el sujeto de una imposibilidad básica de articular la experiencia en el lenguaje. Hacer hablar para que no pueda hablar, producir lenguaje para manufacturar el silencio. (…) El sujeto torturado percibe que la experiencia ha ocasionado una implosión en el lenguaje, lo ha manchado irreversiblemente. De ahí la sensación de impotencia recurrente en las memorias sobrevivientes: la suciedad impuesta al lenguaje por la experiencia le impide

convertirse en materia narrable, es decir le impide constituirse en cuanto tal. Uno de los efectos calculados de la tortura es hacer de la experiencia una no experiencia —negarle a ella una morada en el lenguaje. («La práctica de la tortura» 183-84)

Un segundo aspecto serían los efectos de la tortura que, como experiencia traumática, se presentan de manera recurrente afectando la vida del sobreviviente y plantean una serie de dificultades para asimilar y verbalizar esta experiencia. Los estudios sobre el trauma han subrayado que en la relación entre trauma y memoria, el evento traumático, sin ser convocado, retorna en la forma de espectro que irrumpe en la realidad del sujeto. Esta irrupción sintomática, que por lo general aparece de manera retardataria, señala la existencia latente del evento traumático en el inconsciente como una experiencia no asimilada e ininteligible. Como señala Cathy Caruth:

> Central a la inmediatez de esta experiencia se encuentra un desfase o vacío que porta en sí mismo la fuerza del evento y lo hace precisamente a expensas de la inteligibilidad y la memoria. La fuerza de esta experiencia parecería surgir precisamente, en otras palabras, en el colapso de su entendimiento. (…) El debate relacionado a la localización externa o interna a la psique sobre los orígenes de la experiencia traumática podría perder de vista la aportación freudiana sobre el trauma, que el impacto del evento yace precisamente en su aparición tardía, en su resistencia a ser localizado, en su insistente aparición fuera de los límites de un espacio o tiempo concreto[7].

---

7   Cita original: «Central to the very immediacy of this experience, that is, is a gap that carries the force of the event and does so precisely at the expense of simple knowledge and memory. The force of this experience would appear to arise precisely, in other words, in the collapse of its understanding. (…) The debate concerning the location of the origins of traumatic experience as inside or outside the psyche may also miss the central Freudian insight into trauma, that the impact of the traumatic

De este modo, la manifestación del trauma surge en los intersticios del pasado y el presente, y uno de los efectos es la fragmentación del recuerdo y la incapacidad para reconstruir los eventos y comprenderlos en su totalidad. Verbalizar o producir una narrativa de la experiencia traumática implica asimilarla, volverla inteligible y, con ello, posibilitar su comunicación. Sin embargo, como han analizado algunos críticos en el proceso de verbalización, de escritura y, por lo tanto, de la cura o recuperación del trauma, se encuentra una serie de problemáticas en torno a la construcción del lugar del testigo, así como resistencias para elaborar y distanciarse de ese pasado.

Desde un panorama general, Dori Laub ha señalado que el Holocausto fue un hecho histórico que no produjo el lugar del testigo, no solo por la falta de respuesta de la comunidad internacional, sino porque por la magnitud del horror perpetrado y

> la circunstancia de *estar dentro del evento* hizo impensable la sola noción de que pudiera existir un testigo, que es alguien que pudiera salirse del marco coercitivo, totalitario y deshumanizante dentro del cual el evento estaba sucediendo y proveer un marco de referencia mediante el cual el evento fuera observado»[8].

Este vacío histórico y «colapso del testigo» provienen no solo del hecho de no poder soportar ser testigo de uno mismo, sino de la ausencia de un interlocutor y la negación de la víctima

---

event lies precisely in its belatedness, in its refusal to be simply located, in its insistent appearance outside of boundaries of any single place or time» (Caruth 7-8).

8   Énfasis en cita original: «the very circumstance of *being inside of the event* that made unthinkable the very notion that a witness could exist, that is, someone who could step outside of the coercively totalitarian and dehumanizing frame of reference through in which the event was taking place, and provide an independent frame of reference through which the event could be observed» (Laub 66).

como un testigo potencial que dentro del régimen fascista carecía de carácter humano.

Cathy Caruth observa la resistencia del sujeto para elaborar el trauma, ya que para la producción del testimonio y para la cura psicológica requeriría ser integrado y, en dicho proceso, que permita la verbalización y la comunicación del relato, «el conocimiento del otro sobre el pasado puede perder ambas, la precisión y la fuerza que caracteriza el recuerdo traumático»[9]. Pero no solo eso, el sobreviviente también presenta resistencias para abandonar el pasado, ya que ha establecido un lazo con los seres queridos que murieron y revivir este evento, aunque sea doloroso, es necesario para honrar su memoria. La cura, entonces, significaría también una ruptura con ese lazo que une al sujeto con sus muertos y que de algún modo ha permitido su propia sobrevivencia.

Dominick LaCapra señala esto como un deseo consciente o inconsciente del sujeto para mantenerse en el trauma (*Writing History, Writing Trauma* 22-23); sin embargo, el proceso es mucho más complejo, como lo aborda el análisis de Dori Laub, en el que a partir de varios testimonios subraya los modos en que el sobreviviente establece un vínculo y un interlocutor en su interior, una segunda persona, a través del recuerdo, y cómo al sustituir al interlocutor interno por uno externo, que sería el entrevistador o escucha en el momento de dar testimonio, es posible reconstruir el lugar del testigo que el régimen fascista le ha negado. A su vez, Laub destaca que lo más importante no es la reconstrucción de los eventos, sino de la propia experiencia, ya sea de manera fragmentada o continua, consciente o inconsciente, que se encuentra en el centro del simple hecho de dar testimonio:

---

9   Cita original: «other's, knowledge of the past, may lose both the precision and the force that characterizes traumatic recall» (Caruth 153).

> El testimonio es, pues, el proceso mediante el cual el narrador (el sobreviviente) reclama su lugar como testigo: reconstituye internamente el «tú» [es decir un interlocutor] y de este modo la posibilidad de un testigo o escucha dentro de él mismo[10].

No obstante, el proceso de construcción narrativa de la experiencia traumática, en este caso concreto de la tortura, plantea también una serie de cuestionamientos al concepto de representación. Con ello me refiero no tanto a la controversia entre la disciplina histórica y los estudios culturales sobre la veracidad del testimonio, sino más bien a la construcción de un relato que, en el intento de volver inteligible la experiencia, la someta a una interpretación única que desdibuje precisamente los quiebres, contradicciones y fisuras que forman parte integral de la experiencia traumática y de una cartografía del quiebre de los relatos del Estado.

Si bien uno de los efectos de la tortura es la resistencia a verbalizar la experiencia traumática y la imposibilidad de contenerla en el lenguaje, ya sea por la internalización de la marca de la delación (Scarry), por miedo a represalias o porque el trabajo de duelo o sutura en la terapia psicológica tendría como objetivo producir el olvido y el abandono de la experiencia, en la construcción narrativa se libra una nueva batalla campal en el interior del lenguaje. Retomando a Žižek, Idelber Avelar destaca que, en el trabajo de sutura, emerge la narratividad como síntoma que no solamente organiza la experiencia en una narrativa coherente, sino que obnubila la verdad traumática y organiza una narrativa que la mantenga como innombrable. Es decir, genera un espacio oscuro, un agujero negro, que a su vez es un lugar de enfrentamiento.

---

10 Cita original: «The testimony is, therefore, the process by which the narrator (the survivor) reclaims his position as a witness: reconstitutes the internal «thou», and thus the possibility of a witness or a listener inside himself» (Laub70).

La tarea de construcción de una narrabilidad debe ser entendida, entonces, menos como la elaboración de una secuencia diegética coherente y enunciable sobre el pasado (la narrativización contra cuyos efectos ideológicos nos advierte Žižek), y más como la postulación de la narrativa como una posibilidad, es decir, en otras palabras, la postulación de un virtual *lugar de testigo* (…) La manufacturación de una narrativa no cómplice de la perpetuación del trauma incluye como uno de sus momentos, de nuevo, una guerra al interior del lenguaje. (185)

Por su parte, Pilar Calveiro cuestiona el énfasis que se ha dado a la idea de que una experiencia límite como la de la tortura constituye una experiencia inenarrable, ya que si bien cualquier experiencia es única e intransferible, la idea de que es incomunicable, lejos de reconocer que la tortura es una práctica común en nuestros días, la confina a un espacio de silencio.

Esta idea [de incomunicabilidad], lejos de representar cierta «consideración» a las víctimas, las aísla; convierte lo vivido por ellas en algo irrecuperable, por un lado, a la vez que establece una distancia relativamente «cómoda» en relación con el problema. Es decir, se lo califica se lo coloca en el espacio de lo atroz incomprensible e irrepresentable y con eso se cancela el asunto, permaneciendo moralmente a salvo. («La decisión política de torturar» 16)

Asimismo, plantea la necesidad de analizar a través de los testimonios el sentido y las formas que asume la tortura en su funcionalidad al poder, y cartografiar las transformaciones del poder político, no solamente en el pasado, como en el caso del nazismo y las 'guerras sucias', sino también en la actualidad, cuestión que precisamente aborda de manera preliminar en su ensayo.

La violencia estatal en México ha sido estudiada particularmente desde el trabajo de archivo bajo el enfoque de seguridad nacional que legitimó las operaciones contrainsurgentes y bajo la reconstrucción formal de los grupos armados; pero poco se ha analizado desde la perspectiva de los sobrevivientes, sus testimonios y los efectos a nivel psicológico, afectivo y social. La construcción de una narrativa escrita de denuncia de los exmilitantes ha sido sumamente difícil a consecuencia de la imposición de un silencio oficial, los efectos traumáticos a nivel individual y colectivo, la desconfianza en las autoridades e instituciones –no sin motivos válidos–, la falta de reconocimiento de una comunidad de memoria, la ausencia de un escucha o interlocutor, así como las agencias dominantes sobre el balance interno y el giro a la vía democrática.

La aparición 'tardía' de la denuncia en los textos testimoniales podría traducirse como silencio u olvido, sin embargo, cabe señalar que la práctica de la escritura no es la única forma de práctica de la memoria, y habría que reconocer que a la par del silencio impuesto por los efectos de la represión y la tortura, también ha habido prácticas de memoria, ya sea en pequeños circuitos de memoria a nivel familiar o comunitario que no pasan por la escritura. Desde una visión panorámica, los efectos de la tortura son tangibles en el cuerpo social, como por ejemplo, el carácter aleccionador que transmite mediante el sometimiento de los cuerpos y el habla a un disciplinamiento en que el dolor sea asociado con la participación social, así como la transformación del habla del sujeto torturado por delación, para crear rupturas con su entorno social y familiar. De este modo, puede hablarse de un silencio social impuesto por el carácter focalizado de la desaparición forzada y la tortura, particularmente en zonas rurales, y del estigma que portan víctimas, sobrevivientes y familiares; puede hablarse de un soslayo deliberado en la memoria oficial, pero no de olvido.

A pesar de que la denuncia de la tortura y la desaparición forzada no fue una tendencia dominante en los textos testimoniales, es posible analizar la emergencia de la denuncia a través de las estrategias narrativas y los modos de abordar la tortura. Como se señaló anteriormente, en los textos aparecen de manera simultánea la configuración de una memoria dominante y elementos residuales que anuncian rupturas y nuevas agencias.

Trazar, así una suerte de genealogía permite analizar los mecanismos de represión del Estado, pero también la forma en que se va perfilando la construcción de la denuncia, así como la construcción, cambios, nudos y silencios existentes en los discursos de la memoria.

III. Representación de la tortura, silencios, soslayos y nudos narrativos

Como se ha señalado, la relación entre tortura, memoria, trauma y narración es sumamente compleja ya que en el lenguaje se libra una batalla por enunciar una experiencia límite, reconstruir la figura del sobreviviente como testigo o confrontar la pérdida y el duelo al transformar la experiencia en narración. A su vez, escritura y memoria plantean un problema de representación, ya que se trata en ambos casos de construcciones del pasado en las que intervienen la rearticulación de la experiencia individual, las coyunturas políticas y un horizonte de recepción regidos por los marcos interpretativos o la distribución de lo sensible (Rancière), que en gran medida regulan tanto los modos en que se articulan las agencias en la escritura como los silencios y soslayos. Por ello, es primordial leer a contrapelo, ya que asumir la transparencia del lenguaje en los textos testimoniales implicaría sostener una argumentación circunscrita a los debates sobre verdad y legitimidad basada en el supuesto carácter objetivo de la historia y la subjetividad de la memoria; cuestión discutida ampliamente en el capítulo dos.

Más que la veracidad o la documentación de la denuncia de la tortura, este análisis se centra en la construcción escrituraria de esta experiencia y la conformación de una memoria individual y social, considerando que la construcción de una memoria escrita no significa la ausencia de otras prácticas de memoria o la denuncia política y legal. Este rastreo se basa en los modos en que se construyó la experiencia límite, considerando el contexto social y político bajo el cual emergieron los textos, sus estrategias narrativas, lenguaje, agencias, silencios, nudos y soslayos.

Destaca así, que para la mayoría de los exmilitantes la tortura y la necesidad de denuncia no fue un eje central en las discusiones al llegar a la cárcel, en todo caso se abordó en la forma de delación; a pesar de que muchos de los desaparecidos liberados que participaron en el movimiento armado se unieron a las organizaciones de familiares de desaparecidos. Como señala José Luis Moreno Borbolla, exmilitante de la LC23S:

> La tortura como tema de discusión no tenía relevancia en este marco; fueron la lucha de los familiares y organizaciones de izquierda las que fueron poniendo, tangencialmente, este tema, porque para ellos lo fundamental era la liberación de los presos políticos y posteriormente la presentación de los desaparecidos. Te puedo señalar que al llegar a la cárcel, si venias en grupo, la discusión estaba centrada en la responsabilidad que cada uno tenía por lo revelado a los órganos policiacos. Nunca estuvo centrado en el papel de la tortura, para todos era el instrumento que el Estado tenía para arrancar la información que cada quien portaba. (...) [N]o se discutía el papel de la tortura sino cómo enfrentarla, se daba por hecho la existencia de la misma, como algo taxativo al Estado mexicano. Lo que se ponía, en algunos casos, al centro era la «delación», sobre todo cuando ésta había ocasionado graves bajas, pero eso era muy relativo, no se juzgaba a todos con el mismo rasero; en particular los presos y la gente de afuera que seguían sosteniendo la vía armada[11].

El movimiento armado asumió la discusión de la tortura como parte de la lógica de guerra contra el Estado y los modos de combatir el desmantelamiento de los grupos armados. Pero, dejó de lado la reflexión sobre los efectos de la tortura y la

---

11   Entrevista a José Luis Moreno Borbolla, 9 de julio de 2014.

denuncia en los términos en que se hace hoy en día, asumiéndola como parte de los riesgos que se corrían con la decisión de incorporarse a la lucha armada. Es entendible que debido a la lógica del movimiento armado no se consideró prioritaria la denuncia, además de sufrir el asedio que obligó a los militantes literalmente a vivir a salto de mata. Sin embargo, este vacío o silencio en cierto modo reproduce la estigmatización de la persona torturada al abordarla en la forma de delación. Asimismo, el asedio, la caída de cuadros dirigentes, la infiltración y la paranoia generada agudizaron las tensiones en los grupos y en ocasiones llegaron a la ejecución de compañeros sospechosos de ser infiltrados, tema bastante controversial que se mantiene en silencio a la fecha. Los mecanismos del Estado finalmente lograron agudizar la división y sospecha en los grupos armados y el hecho de que la discusión sobre la tortura girara en torno a la delación, que precisamente es uno de los objetivos de la tortura e implícitamente soslaya la responsabilidad del Estado en el uso de esta práctica. Este hecho aunado a la campaña mediática del gobierno y la intimidación de la población sospechosa de ser simpatizante o colaboradora, normalizan esta práctica bajo la idea de que si alguien ha sido detenido y torturado, «por algo será».

Ahora bien, es necesario contextualizar desde qué escenarios o marcos de pensamiento se elaboran y se dan prioridad a ciertas agencias en determinado momento, ya que mientras para el pensamiento de la lucha armada incluso se consideró un error de estrategia el desviar el objetivo de la lucha revolucionaria a las demandas de liberación de los presos políticos —una de las críticas lanzadas a Cabañas durante las negociaciones del secuestro de Figueroa—, actualmente la tendencia dominante en la construcción de la memoria gira en torno a la lucha contra la violación de los derechos humanos y poner fin a la impunidad. Este cambio indica también un giro en el horizonte de recepción, en el que parecería que hay mejores condiciones o espacios en la sociedad civil para ser escuchado y movilizarse contra los crímenes de Estado, muy probablemente generado por el incremento de la violencia sucedida en las últimas décadas. Se puede observar, así, que en la formación de la memoria y los discursos testimoniales juega un papel importante la construcción de un interlocutor, escucha o lector ideal al cual los textos apelan, y que si bien en un comienzo este lector o escucha fue el propio participante para discutir y legitimar la rectificación, en la actualidad poco a poco el circuito de producción y recepción se abre a círculos más amplios, particularmente entre las generaciones jóvenes y en el marco del recrudecimiento de la represión del Estado contra la movilización y la protesta social en la actualidad.

La serie de textos testimoniales que se analizan a continuación abordan la práctica de la tortura usando diferentes estrategias narrativas en las que aparece como una constante la dificultad de nombrar la propia tortura vinculada con la participación en los grupos armados. Aunque la mayor parte de los textos fue escrita por militantes de la lucha armada, se han incluido otros autores que no están vinculados con ella, que su papel de militancia queda expuesto de manera ambigua o bien se retractan abiertamente de su militancia, ya que todos ellos presentan un panorama general de los modos y los recursos de narración de la tortura, arrojando luz en el trazado de los mecanismos de represión del Estado y en los modos en que se construye la memoria.

Campo Militar Número Uno (1976), del periodista Horacio Espinosa Altamirano, recopila textos de crónica periodística en los que denuncia su detención ilegal y tortura en el Campo Militar Número Uno (CMN1) por su colaboración en la revista *¿Por qué?*[12] Como el texto lo señala, su desaparición del 9 al 21 de

---

12 La revista *¿Por qué?*, bajo la dirección de Mario Menéndez, fue uno de los pocos medios independientes de izquierda que publicaron sobre la masacre de Tlatelolco, las represiones del Estado, los movimientos sociales y armados. No obstante, Menéndez fue considerado una figura intrigante ya que desde los grupos armados se le responsabilizó de la caída de Camilo Torres en Colombia y Genaro Vázquez en Guerrero, mientras que el

septiembre de 1974 formó parte de una red tendida por el secretario de Gobernación, Mario Moya Palencia, durante el sexenio de Echeverría, para irrumpir en los talleres y oficinas de la revista destruyendo el equipo de impresión y sustrayendo archivos fotográficos, correspondencia, dinero y equipo de fotografía. La narrativa combina la crónica periodística, reflexiones sobre la falta de libertad de expresión en México, con la reconstrucción del periodo en el que estuvo confinado en el CMN1 junto con otros once colaboradores y trabajadores de la revista. Aunque de manera implícita el texto señala que el autor también fue torturado, llama la atención que al narrar la tortura utiliza un narrador en tercera persona que se centra en la descripción y los efectos de tener que presenciar la tortura de los compañeros.

> Voces amortiguadas, como si fueran pronunciadas atrás de la bufanda, enmarcan el abrir de los cerrojos… Se llevan a uno… Y la solidaridad ideológica y corporal, la humana solidaridad, nos hace copartícipes del calvario y el río de dolor que surge de las tenazas y los toques eléctricos en el recto… Los toques en los huevos… Y la negra leyenda y realidad que envuelve al Campo Militar Número Uno, me arrincona en la celda… Otra vez los pasos pero ahora parece que traen un cuerpo desgajado, desarticulado… Y los sonidos de los cerrojos que se cierran y se abren… Y otro secuestrado que marcha a los interrogatorios, al pozo de agua helada, si bien le va… A los puñetazos en el estómago, si bien le va (…) Son los segundos incisivos, el tiempo de los ofidios, la hora de la sangre desvelada en suspenso de gangrena… Sueño de sobresaltos y púas y taladros… Anestesia, mascarilla de cloroformo… (Espinosa 30)

Estado consideró que financiaba a la ACNR. Tras su detención, fue liberado y exiliado en Cuba producto del secuestro del rector de la Universidad de Guerrero Jaime Castrejón Díez. Véase *La otra guerra secreta* de Jacinto Rodríguez Munguía (207-220).

Aunque se observa un distanciamiento narrativo que elide la enunciación de la propia tortura, a través de la descripción de las voces de los guardias, los sonidos de los cerrojos, la extracción de un compañero y el retorno de un cuerpo desgajado plasma el entorno de terror y la amenaza que se cierne sobre el narrador. A la vez que esboza un escenario inhumano, la narración recupera un lazo entre los desaparecidos que transforma la solidaridad ideológica en solidaridad corporal que, a raíz de la tortura, lo hace copartícipe del dolor de los otros. Así, Espinosa elige narrar desde la posición del testigo de la tortura de los otros y fundir la experiencia individual con la experiencia colectiva; al final de la escena de tortura, lo único posible de describir son el tiempo, la angustia y los instrumentos de tortura que irrumpen el sueño y se transforma en delirio. Pese al objetivo de denuncia, el modo de abordar la tortura está mediado y todavía no aparecen las voces de denuncia de los militantes del movimiento armado, por lo menos en la forma de un texto testimonial publicado.

De albañil a preso político (1978) de Simón Hipólito Castro, campesino originario de Atoyac y periodista autodidacta, narra la desaparición forzada y la tortura a las que fue sometido por quince días en una casa de seguridad que funcionó como cárcel clandestina en el estado de Morelos. El motivo de su detención se basa en la delación de un compañero de trabajo que lo vincula con una expropiación, un asalto bancario, hecha por Carmelo Cortés, miembro de las FAR. Sin embargo, su vinculación con el grupo armado se mantiene ambigua, ya que si bien él sostiene no ser parte del grupo, durante la tortura da pistas falsas a los torturadores sobre el hermano de Carmelo Cortés. Aunque la narración de la tortura está en primera persona y relata en detalle el proceso de tortura aplicado a él y a otros detenidos —el cual incluye golpizas, quemaduras y descargas eléctricas—, la mayor parte de su testimonio se centra en las condiciones carcelarias, la movilización y la protesta de los presos para exigir sus derechos, e incluso desarrolla un diagnóstico sobre los motivos y el tratamiento del problema de la delincuencia juvenil. Es decir, el objetivo de denuncia, incluyendo la tortura, está sujeto a la lucha por los derechos de los presos comunes y políticos, eludiendo el tema de los desaparecidos militantes de la lucha armada. De hecho, el tema del grupo armado y la tortura solamente aparece al comienzo del testimonio. La descripción de la tortura es detallada minuciosamente a través de la reconstrucción de escenas y diálogos con sus torturadores subrayando su inocencia y contraponiendo su masculinidad y superioridad ética con la emasculación ejercida durante la tortura.

La publicación de su testimonio tiene un gran mérito, ya que como él señala:

> No soy escritor, soy un presidiario que mascullo en esta obra un grito de protesta, para que la civilización —si así podemos llamarla— enmiende las causas que producen el delito o sus efectos. (Hipólito 12)

No obstante, la inmediatez por dar a conocer su denuncia y a pesar del recuento minucioso, como una suerte de bitácora, quedan desvinculados de la lucha armada al concentrarse en el análisis de las causas de la delincuencia juvenil. Posteriormente, tras su excarcelación en 1978, otorgada bajo amnistía, realizó una serie de entrevistas en Atoyac, su lugar de origen, para levantar la primera lista de los desaparecidos recopilada en *Guerrero, amnistía y represión* (1982).

En este sentido, el primer texto escrito por un exmilitante de la lucha armada que aborda el infierno carcelario para los presos políticos del movimiento armado es la novela *¿Por qué no dijiste todo?* (1980) de Salvador Castañeda. Como se analizó ampliamente en el capítulo seis, a pesar de contener datos autobiográficos y episodios de la formación y entrenamiento del MAR, el tratamiento de la tortura y la violencia de Estado están mediados por la ficción, particularmente a través de la imagen de las ratas que tiene diferentes significaciones asociadas por contigüidad con la violencia. Por ejemplo, las ratas aparecen como comestible, como figura que desterritorializa el confinamiento carcelario, como receptor de tortura o como cuadro militar que ataca en manada. La novela reproduce las condiciones de la cárcel clandestina y la tortura practicada en la cárcel de Lecumberri, asociando la experiencia límite del dolor con los fluidos corporales y el orgasmo. Asimismo, a la par de la tortura, la novela aborda el castigo a la delación que, de forma ficcionalizada, plantea un contrapunteo entre la violencia estatal y las divisiones del grupo armado como efecto de la tortura. Aunque Castañeda está más interesado en la escritura de creación se puede observar cierto sigilo, ya que no es sino hasta los años noventa que publica su diario de cárcel *Los diques del tiempo* (1991) que se acercaría más al género testimonial[13]. Esto señala en gran medida el grado de censura para abordar abiertamente la denuncia de la tortura entre quienes participaron en la lucha armada, ya que hasta el momento, o bien se niega su participación o se recurre a la ficción literaria para decir aquello que no se puede nombrar.

Un caso similar es *Las causas: memorias de un desaparecido político* (1985) de Alberto Núñez Jara, que es presentado en la cuarta de forros como una novela, destacando sus técnicas narrativas y evitando señalar los elementos autobiográficos que asocien al personaje Raudelo como *alter ego* de Núñez Jara. Esto es significativo, ya que si bien anteriormente se publicó *¿Por qué no dijiste todo?* de Castañeda, como una ficcionalización de la experiencia del propio autor, obviar algún referente biográfico en el caso de Núñez Jara indica el grado de censura y las marcas que dejó la tortura en el autor. Núñez Jara aborda las brutales sesiones de tortura a las que el personaje Raudelo fue sometido, sin embargo, no solamente niega su participación en la lucha armada, sino que critica y rechaza esa vía como forma de cambio revolucionario.

---

[13] No se entra en este capítulo en un mayor detalle de los textos de Castañeda, ya que anteriormente se analizaron ampliamente en relación con la producción escrituraria en la cárcel.

El texto combina de manera intercalada un narrador en tercera persona que desarrolla la historia de su origen, detención y tortura, con un narrador en primera persona que a modo de monólogo interno explica su visión de mundo, su involucramiento como simpatizante del grupo, así como una serie de críticas al gobierno. Cabe señalar que los pasajes de tortura están narrados en tercera persona, lo cual asegura un espacio a salvo que evite establecer una relación entre personaje-autor. El narrador en tercera persona crea un efecto de distanciamiento y enajenación en la que cae el personaje, desconectándolo de lo que sucede a su alrededor durante el careo y tortura con otros compañeros, y particularmente al contrastar la realidad atroz que vive con la indiferencia y el desconocimiento de la sociedad, lo cual crea un efecto de mayor aislamiento y soledad.

> Lo obligaron a que narrara todo lo que de su vida se acordara y, desde luego, su historia como simpatizante de la organización. De esto fue poco lo que tuvo que decir, pues su relación fue mínima. Las torturas para sus compañeros continuaban, las escenas espeluznantes que se sucedían en torno suyo, repercutían de tal manera en su mente que después de dos horas de interrogatorio, momentáneamente perdió el habla y sintió que su mente quedaba vacía totalmente. Mudo testigo de lo que ahí pasaba era el amarillento sol que dejaba caer sus rayos verticalmente. El ensordecedor tráfico, ahogaba los lastimeros alaridos de los torturados. Allá abajo, los transeúntes que caminaban aglomeradamente, ignoraban lo que a pocos metros de ellos estaba pasando. (Núñez Jara 80)

En relación con la participación en la lucha armada, el personaje se sitúa en una postura ambigua, en el sentido de que si bien simpatiza con la organización, niega estar involucrado, desconociendo las actividades del grupo. Desde el comienzo, la narración subraya las dudas que tiene el personaje sobre el éxito de la lucha armada, las mismas que reitera en un claro deslinde, en el párrafo final de la «novela»:

> En la comprensión de los problemas sociales, Raudelo solo dio un paso al frente de la sociedad y no fue consecuente con sus ideas, no tenía nada de que claudicar, no estaba comprometido. Pero otros dieron dos pasos al frente de esa sociedad y fueron consecuentes con sus ideas, sí tenían mucho de qué claudicar y no lo hicieron. Ese paso más que dieron les significó la muerte o la desaparición indefinida. Prefirieron esto, antes que reconocer como un error su actividad revolucionaria. (144)

Si bien parece asomarse cierto sentido de culpa por ser inconsecuente y no arriesgar más, como sus propios compañeros lo presionaban llamándolo 'pequeño burgués', la legitimidad de su relato de sobrevivencia parece replicar los discursos oficiales, en donde la vía armada lleva al dolor, la tortura y la muerte. De este modo, el texto de Núñez Jara se encuentra en un espacio intermedio entre la denuncia de las atrocidades cometidas por el gobierno de Echeverría, el dolor causado a miles de familias de desaparecidos, el cuestionamiento tanto a los medios de comunicación como a los ideólogos e intelectuales de izquierda que desde una posición cómoda utilizan una terminología incomprensible para el pueblo e incluso ofrece una reflexión sobre el perfil psicológico de los torturadores. Si bien en el texto se perfila una matriz de denuncia, la narrativa elude crear un lazo de solidaridad entre los compañeros para centrarse en una narrativa individual de la experiencia de horror que representó su desaparición y tortura. No obstante, *Las causas* es relevante ya que se trata de uno de los primeros textos que abordan la tortura de presos políticos del estado de Jalisco.

En el caso de Guerrero, como se ha señalado antes, la represión y los operativos militares contrainsurgentes fueron tan desproporcionados que, se puede decir, constituyó un estado de excepción *de facto* donde las garantías fueron suspendidas y se llevó a cabo una cacería no solamente contra la insurgencia sino contra la población en general. A través de consecutivos operativos, la estrategia de desgaste afectó de manera terrible, aunque no exclusivamente, al municipio de Atoyac, ejerciendo claramente un terrorismo de Estado equiparable al ejercido por las juntas militares en el Cono Sur[14]. Pese a la negativa del gobierno de aceptar que la presencia militar tuvo como objetivo liquidar la lucha armada, tempranamente varios textos entre periodismo e historia abordaron la denuncia de la tortura, aunque la mayoría de ellos se concentra en la reconstrucción de los movimientos armados de la ACNR y del PDLP, y particularmente en los liderazgos de Genaro Vázquez y Lucio Cabañas[15].

Guerrero, amnistía y represión (1982), de Simón Hipólito Castro, es uno de los primeros textos que recaba información y una lista de los desaparecidos en el municipio de Atoyac a partir de entrevistas que realizó tras su excarcelación. Este segundo testimonio surge a raíz de las limitaciones de la Ley de Amnistía promulgada en 1978, que si bien fungía en el papel, los reportes

---

14   Como señala Claudia Rangel según los datos de AFADEM, Guerrero es el estado que registra el mayor número de desapariciones forzadas: 650, de las cuales 473 corresponden al municipio de Atoyac, zona en que operó el PDLP («La recuperación de la memoria mediante testimonios orales» 85). Esto indica que las operaciones de terrorismo de Estado fueron focalizadas, y que si bien el número de desaparecidos es menor al de las dictaduras del Cono Sur, sí es equiparable en cuanto a los mecanismos de contrainsurgencia y desproporción del uso de las fuerzas militares. Quizás la diferencia radica en que a la par del despliegue militar se desarrolló una estrategia de apoyo a las comunidades (luz, carreteras, créditos del banco rural, asistencia médica), con el fin de desarticular al movimiento armado. Para un análisis de los operativos militares ejecutados en Guerrero, véase de Evangelina Sánchez, «Terrorismo de Estado y represión en Atoyac, Guerrero, durante la guerra sucia».

15   Ejemplo de ello son *Diez años de guerrilla* (1974) de Jaime López; *Las guerrillas en México y Jenaro Vázquez* (1972) y *Lucio Cabañas, su vida, su muerte* (1975) de Juan Miguel de Mora; *Quién es Lucio Cabañas* (1974) de José Natividad Rosales; *Lucio Cabañas. El guerrillero sin esperanza* (1976) de Luis Suárez, y *Ejercicio de guerrillero* (1981) de Carlos Bonilla Machorro.

del gobierno negaban la existencia de los desaparecidos, explicando a los familiares que éstos habían muerto en enfrentamientos con el ejército. De este modo, el texto tiene por objetivo desmontar las versiones oficiales que absolvieron la responsabilidad del gobierno parapetadas en una amnistía que se pretendía generosa con los presos políticos, pero que escondía los crímenes de lesa humanidad[16]. El segundo texto de Hipólito Castro denuncia la desaparición forzada, al proveer una lista que detalla las fechas, lugares y circunstancias en que las personas fueron detenidas-desaparecidas. La información recabada es invaluable, sin embargo, se destaca que la incorporación de las entrevistas a la narrativa se realiza a través de una segunda o tercera fuente bajo las fórmulas del rumor, bajo un «se dice» o «me contaron», lo cual diluye la fuerza de un testimonio de primera mano, indicando que si bien la memoria de la represión está latente, también lo están los efectos de ésta.

En este sentido, uno de los primeros textos testimoniales que aborda el proceso de tortura y las operaciones contrainsurgentes en el estado de Guerrero es *Lucio Cabañas y el PDLP. Una experiencia guerrillera en México* (1987), elaborado colectivamente y firmado bajo el pseudónimo del Comandante Eleazar Campos. Aunque este texto testimonial —un testimonio 'novelado', como lo sugiere el prólogo— recurre, igual que Castañeda y Núñez Jara, a la ficcionalización, se diferencia de los testimonios anteriores por la incorporación de la narración de la tortura en primera persona y el objetivo de afirmar los objetivos de la lucha revolucionaria. Seguramente basado en experiencias transmitidas oralmente, aparece un pasaje en el que Pedro Periquito

---

16 Para una revisión de las diferentes propuestas de la Ley de Amnistía General y el cotejo con la Ley de Amnistía promulgada por Luis Echeverría (1976) y por José López Portillo (1978) véase *El tema de la amnistía* (1978) de Arturo Martínez Nateras. *Grosso modo* la Ley de Amnistía funcionó como un olvido bajo el mandato de «conciliación nacional», dejando irresuelto el problema de las desapariciones forzadas.

narra su experiencia en los cuarteles del ejército al ser detenido el 15 de agosto de 1974, cuando bajó a su poblado tras abandonar la Brigada 18 de mayo para restablecer contacto con la BCA.

Como se analizó anteriormente, este testimonio elaborado colectivamente da un giro a los textos testimoniales hasta entonces publicados, al dejar de lado la discusión teórica de la rectificación, priorizar la narración como forma de transmisión de la experiencia de la lucha armada en particular incorporando y reproduciendo prácticas colectivas orales. La trama central del testimonio ficcionalizado es el encuentro entre varios militantes del PDLP que buscan romper un cerco militar entre octubre de 1974 y marzo de 1975. Recuérdese que el cerco formó parte de los operativos para arrasar al grupo armado tras el secuestro del candidato a gobernador Rubén Figueroa. La narración se sostiene a través de varios narradores que durante las noches comparten sus experiencias. Obviamente, los relatos de los personajes, incluyendo este pasaje que se analiza a continuación, se incorporan a una agenda del PROCUP-PDLP sobre la continuidad de la lucha revolucionaria. Es decir, el objetivo del texto de Campos no es estrictamente la denuncia de la tortura, sino legitimar la pertinencia y rearticulación del PROCUP-PDLP, sostenidas bajo el principio de la guerra popular prolongada y en las prácticas colectivas de memoria. La narración de Pedro Periquito está distribuida de manera episódica en los capítulos X y XI del testimonio que abren con epígrafes de Genaro Vázquez y Arturo Gámiz, los cuales enmarcan el relato de tortura como parte de los sacrificios necesarios que debe hacer el revolucionario: «Lograr la liberación de México y una patria nueva o morir por ella» (GV en Campos 299), «La lucha (…) requiere de grandes sacrificios. Las represalias por cada acción son inevitables, porque la burguesía jamás entregará el poder por las buenas» (AG en Campos 337). Se trata entonces de una narración de denuncia, pero subordinada a la resistencia y convicción del sujeto revolucionario.

No obstante que el texto apela a la ficcionalización, es relevante que la narración de la tortura aparezca en primera persona, ya que permite establecer un efecto de verosimilitud, a la vez que realiza un recorrido por las diferentes formas de amedrentamiento de la población por parte del ejército y la policía federal, sin abjurar de la lucha armada. De este modo, el relato del personaje sobreviviente plasma los operativos contrainsurgentes y el terrible impacto que tuvieron en las comunidades de Guerrero. Este pasaje de horror, si bien está inscripto en una narrativa que relata las diferentes experiencias de los sobrevivientes del PDLP, se sostiene por sí mismo al ser el primero en abordar detalladamente el proceso del cerco y arrasamiento de las comunidades, la detención-desaparición, el funcionamiento de los campos de concentración, la tortura, los vuelos de la muerte y la transformación de los detenidos en colaboradores del ejército.

Al llegar a su comunidad, el narrador Pedro Periquito encuentra que los habitantes habían sido evacuados, y la siembra y la mayoría de las casas quemadas. La narración establece que la detención y tortura en el cuartel de Atoyac sucede del 15 al 28 de agosto de 1974 y las descripciones corresponden al periodo en que se practica la estrategia «aldea vietnamita» en Guerrero, la cual consiste en el desplazamiento forzado de las comunidades hacia un área controlada por el ejército, constituyendo un estado de sitio, al impedir la movilización e interferir en las actividades cotidianas de la comunidad. Estos operativos, si bien comenzaron inmediatamente después del Operativo Amistad, ejecutado entre septiembre y octubre de 1970, como señalan Rangel y Sánchez, a partir de 1973 los operativos de contrainsurgencia se incrementaron transformándose en una violencia dirigida contra las comunidades acusadas de abastecer al grupo armado[17].

---

17 «La desaparición forzada como una estrategia» (14-23). Entre estos operativos se encuentra el Plan Operativo 21 y Luciérnaga, de 1973; para conocer un organigrama de los operativos contrainsurgentes y las instituciones del Estado involucradas, véase el capítulo 1 y el anexo 1.

> [C]uando entré al barrio y llegué a la casa no había nada, solamente huellas de guachos que también tenían como unos tres días que habían pasado por ahí. De ahí lo primero que vi fue que mi casa ya no estaba, pues la habían quemado, la casa de mi padre estaba semidestruida, los árboles que estaban alrededor todos los habían tirado haciendo un campo de aterrizaje para los helicópteros, mi familia no estaba, o sea que el barrio que estaba cuando me fui ahora no existía, sus moradores quién sabe dónde andarían, yo sentí que me hundía, que hasta loco me quería volver pues al pensar que toda mi familia la habían desaparecido yo me sentía culpable de esta tragedia. (Campos 319)

La devastación del lugar y la desolación descrita por Pedro Periquito demuestran los estragos realizados a la comunidad, lo cual en sí mismo constituye una forma de castigo y tortura a los pobladores. En el relato, Pedro Periquito decide buscar a algunos vecinos en vez de remontarse, cosa de la cual se arrepiente y considera haber sido un grave error. No obstante, la preocupación por su familia lo lleva a caminar por el poblado, en donde es detenido en un retén militar. Posteriormente, su familia lo localiza y hace todo lo posible por lograr su liberación. Las autoridades del ejército interrogan a la familia para cotejar su historia con la de Pedro Periquito, y el teniente se excusa de no poder soltarlo porque ya ha sido reportado al cuartel:

> Miren, yo ya no puedo dejarlo libre pues ya lo reporté al cuartel y me contestaron que van a venir por él, pero no se preocupen pues si es inocente como dicen luego va a salir libre, nada más se lo llevan para hacerle unas preguntas y luego lo traen. (Campos 322)

Asimismo, el teniente les pide que lleven un comprobante de trabajo y una carta de buena conducta firmada por el presidente municipal, papeles que si bien no van a poder conseguir, muestran el nivel de complacencia, paternalismo y crueldad esgrimidos para hacerles perder el tiempo. De este modo, la narración plasma la intervención del ejército desplazando y rompiendo los lazos comunitarios, como parte de una estrategia para implantar el terror en la población.

También aparecen en la narración las tensiones internas en la jerarquía militar, por ejemplo, el sargento que aconseja a Pedro Periquito a negarlo todo en los interrogatorios y resistir la tortura sin delatar, aprovechando que a raíz de la tortura, muchos detenidos están acusando a gente inocente: «si te van a matar porque te rajes es mejor que te maten por no rajarte y sobre todo lo que te diga en teniente son mentiras, lo hace para sacarte la verdad» (Campos 321). Si bien la advertencia del sargento desplaza la responsabilidad de la tortura a los sujetos torturados transformados en delatores, también destaca las fisuras del poder militar, que obviamente son aprovechadas en el texto para enfatizar que incluso algunos miembros del ejército desaprobaron los operativos de represión.

Después de 1971, con la implementación del Plan Telaraña, los detenidos en el estado de Guerrero eran trasladados al cuartel militar en Atoyac, que funcionó como campo de concentración, en donde eran seleccionados y enviados posteriormente al CMN1 de la Ciudad de México. La narración aborda el traslado de Pedro Periquito a Atoyac en helicóptero, reproduciendo los vuelos de la muerte y las amenazas que recibían los detenidos con ser arrojados al mar si no decían la verdad, esto ya como parte del proceso de tortura:

> [Y] seguido me agarraban entre los cuatro y abrían la portezuela adónde iba a caer [sic], pues no te vas a lastimar, vas a caer en el agua, únicamente vas a servir de botana a los tiburones (Campos 325)

Ya en el cuartel militar, Pedro Periquito es torturado durante varios días con procedimientos como golpizas, asfixia, ya sea a través del pocito, ahorcamiento, asfixia al verterle agua mineral en las fosas nasales o a través de una bolsa de plástico, descargas eléctricas, amenazas, intimidación y tortura psicológica, entre otros métodos. Otra forma de tortura era dejarlos hacinados y sin alimento por varios días. La narración describe, entre otros efectos de la tortura, el dolor físico y la fiebre, el estado de crisis nerviosa, el delirio y el terror a ser llevado de nuevo a otra sesión.

> Yo ya empezaba también a delirar, pues no podía dormir ni un instante, pues también sentía que a veces quería volverme loco (…) por más que quería concentrarme no podía (…) y empezaba a ver imágenes desconocidas y si no empezaba a rebelárseme todo cuanto me torturaban y cuando menos pensaba ya estaba gritando y me bañaba de sudor (…) también sentía que cada momento que pasaba un terror se apoderaba de mí al pensar que de un momento a otro me sacarían de nuevo a torturar y este momento era el que me aterrorizaba, pues cada vez que oía pasos cerca de mí sentía que ya venían por mí. (Campos 331)

A pesar de la desmoralización que sufre por la cantidad de detenidos-desaparecidos y por las lamentables condiciones en que se encontraban, el recuerdo de la convivencia con los compañeros y con Lucio Cabañas funciona como un modo de reconfortarse y reunir fuerza para no claudicar de sus convicciones:

> [R]ecordando mi imprudencia pensé que tenía bien merecido que me mataran, pero en ningún momento renegué de haberme metido a la lucha, pues me sentía satisfecho con lo poco que pude colaborar y estaba decidido a morir y no a que me convirtieran en delator o traidor. (Campos 328)

Asimismo, aparecen en la narración mecanismos de resistencia para evitar la delación, memorizando lo que se ha dicho o creando una versión alterna para dar información falsa y, como en otros testimonios, los torturadores son representados como una figura menor que es fácil de engañar:

> [T]odo lo llevaba ya planeado o sea me preparaba para enfrentar la tortura y los interrogatorios, pues me basaba siem-

pre en lo que me hacían anteriormente pues veía que no eran personas capacitadas para interrogar y que era fácil engañarlas. (Campos 333)

No obstante, los efectos de la tortura física son despiadados, al grado de ocasionar pérdida de sensibilidad, depresión, aletargamiento y desmayo. De este modo, el relato de la tortura no solamente está sujeto a la descripción de los métodos para infligir dolor y sus efectos físicos, sino también es un relato de lucha interna que, a través del contrapunteo entre el quiebre y la resistencia del sujeto, está centrada en los modos de enfrentar, resistir y burlar el objetivo de transformar al sujeto torturado en delator e informante; espectro que precisamente el relato tiene como objetivo conjurar. Por ejemplo, en la narración destaca el contraste entre El Pingüino, exmilitante de la bca y ahora informante en el cuartel, y Pedro Periquito, que se mantiene leal a la causa revolucionaria formando un contrapunteo moral o ejemplificador del traidor y del buen revolucionario. Durante los careos y ante el temor de ser delatado, Pedro Periquito amenaza a El Pingüino de hablar sobre los soldados que acribilló antes de convertirse en colaborador del ejército, evitando así ser denunciado por El Pingüino como correo de la bca. Si bien la estrategia de Pedro Periquito es poco verosímil, ya que él mismo da los nombres de su familia y otras personas durante las sesiones de tortura, la narración enfatiza las «tretas del débil» mediante las cuales el personaje logra zanjar los obstáculos y da prueba de su lealtad a la causa.

La exposición de los diferentes métodos de tortura y cooptación funcionan en la narrativa como una serie de difíciles pruebas que el sujeto revolucionario debe superar. Sin embargo, a la par de este objetivo del texto, la narración permite vislumbrar la crueldad y la brutalidad de los torturadores y el despliegue de poder del Estado y sus mecanismos para implantar el terror. Tras la tortura física, la presión psicológica forma parte también del proceso de intimidación y tortura que, en el relato, toma la forma aparentemente bondadosa de la atención médica. Así, entre la amenaza de careo con otros detenidos y la falsa empatía del médico con Pedro Periquito, se desarrolla una segunda estrategia para obtener la información:

> ¿Qué se siente ser guerrillero?, ¿A poco anduviste con Lucio?, dímelo aquí en confianza, que al cabo yo no voy a decir nada, además yo también simpatizo con sus ideas (...) yo no estoy de acuerdo con este gobierno, mira nada más cómo tortura (...) dime si sabes algo de Lucio y así nos vamos los dos con él. (Campos 340)

Otra forma de ganar la confianza y romper la voluntad del sujeto es la contradicción entre las amenazas de ejecución y la disuasión de colaborar como informante para obtener alimento e incluso un sueldo y una credencial de agente federal con el objetivo de salvar del sufrimiento a mucha gente inocente, como ofrece un capitán del ejército:

> [L]uego me preguntó que si me habían dado de comer y le dije que no, luego refunfuñó diciéndome «qué cabrones son estos cuates, pero todo esto que te pasó se lo debes a Lucio (...) por eso cuando salgas libre tu compromiso va a ser que te aboques a buscarlo para que luego que yo sepa en donde está lo acabemos de inmediato y así logremos evitar el sufrimiento de mucha gente como tú que, sin deber nada, vienen a sufrir con nosotros unos días. (Campos 335)

La reconstrucción de este diálogo evidentemente tiene en el texto la función didáctica de advertir sobre las amenazas y formas de cooptación, pero a la vez, aunque se trate de una ficcionalización, muestra el despliegue de poder del Estado, que en esencia es performativo, para escamotear la práctica de la tortura y deslindar la responsabilidad del ejército y el Estado como actores de violencia. Así no solamente el sujeto torturado es transformado en delator para dividir el lazo de solidaridad con el grupo armado, sino que la transformación del sujeto en informante otorga aparentemente un *estatus* legal y de colaboración, a la vez que desvanece el uso de la violencia y la tortura por parte del Estado. Como señala Scarry, al transformar al sujeto torturado en «traidor» y responsable de su propia destrucción:

> La tortura sistemática previene al prisionero de tener agencia y simultáneamente pretende que sea agente de algo. (...) Al forzarlo a confesar o, como sucede frecuentemente, al firmar una confesión sin leerla, los torturadores están produciendo una farsa en la cual el aniquilado se convierte en agente de su propia aniquilación[18].

A pesar de sus resistencias, Pedro Periquito identifica a dos de sus primas y sale a «pasear» para identificar domicilios y familias en la zona de Atoyac. Implícitamente se entiende que ha sido parte del grupo de colaboradores del ejército; sin embargo, no entra en detalles sobre la delación, como sucede en la mayor parte de los testimonios que elaboran la tortura, con excepción del testimonio de Alberto Ulloa Bonerman que acepta la delación. Es impensable pasar por el infierno sin dar información, pero éste ha sido un tema autocensurado en los testimonios. El relato de Pedro Periquito no es la excepción omitiendo y dejando un hueco narrativo; es decir, no la enuncia directamente, por el contrario, la narración demuestra constantemente su lealtad a la lucha armada. Si bien tampoco hay una negación de la delación, la narración privilegia el proceso en conjunto desde la detención ilegal, los vuelos de la muerte, los mecanismos de tortura y la transformación del sujeto en colaborador, hasta la liberación. Asimismo, la narración plasma los efectos de la tortura, la inocu-

---

[18] Cita original: «Torture systematically prevents the prisoner from being the agent and simultaneously pretends that he is the agent of something. (...) In forcing him to confess or, as often happens, to sign an unread confession, the torturers are producing a mime in which the one annihilated shifts to being agent of his own annihilation» (*The Body in Pain* 47).

lación del silencio y lo difícil de poder incorporarse de nuevo a la vida «civil». Por ejemplo, cuando Pedro Periquito deja el campo militar y regresa a su pueblo, algunos vecinos le preguntaron si había visto a algunos familiares desaparecidos, pero Pedro Periquito se niega a contestar y oculta la propia tortura a su familia por mucho tiempo: «yo le tenía desconfianza a este vecino, además de que temía decir la verdad, pues pensaba que me podían agarrar de nuevo, (Oculté durante mucho tiempo que me habían torturado e, incluso, ni a mis padres les dije nada de esto)» (Campos 388). Solo hasta el momento de narración, cuando los sobrevivientes de la BCA intentan romper el cerco militar, es que Pedro Periquito relata por primera vez su experiencia de tortura en el cuartel militar.

Posteriormente se publican *El otro rostro de la guerrilla* (1996) de Arturo Miranda Ramírez; *La guerrilla en Guerrero: testimonios sobre el* PDLP *y las* FAR (2004) y *A merced del enemigo* (2009) de Arturo Gallegos Nájera, ambos militantes de la ACNR y del PDLP/FAR, respectivamente. Miranda Ramírez arroja luz sobre la ACNR procurando un balance entre el análisis y su experiencia personal, mientras que Gallegos Nájera se centra más en las FAR, cautivado por la figura de Carmelo Cortés. Si bien el tratamiento de la tortura es más detallado en *A merced del enemigo*, la reconstrucción del escenario se enfoca en una narrativa más personal que colectiva, legitimando su participación en la lucha armada y deslindándose de la delación. En este sentido, el texto de Campos, a pesar de estar ficcionalizado y subordinado a una agenda de continuidad de la lucha armada, provee una perspectiva más amplia del proceso de tortura y de los operativos militares en Guerrero.

En la década de los años noventa aparece *Memoria de la guerra de los justos* (1996) de Gustavo Hirales Morán, texto que al igual que los de Castañeda, Núñez Jara y Campos se encuentra ente el testimonio y la ficción. Aunque su autor la considera una novela, hay muchos referentes autobiográficos incorporados a una narrativa ágil, desenfadada y con gran sentido del humor que utiliza anglicismos, coloquialismos y jerga juvenil de la época. Aunque el testimonio-novela aborda su detención, interrogatorio y periodo de encarcelamiento por su participación en la LC23S, la narrativa subraya su periodo de formación, en el que se combina el marxismo y la cultura juvenil, así como una serie de críticas a diferentes facciones de la LC23S, incluyendo a Ignacio Salas Obregón, quien tomó el liderazgo a la caída de Raúl Ramos Zavala. Estas diferencias y su argumento a favor de la rectificación, expuestas ya anteriormente en *La Liga Comunista 23 de Septiembre. Orígenes y naufragio* (1977) y *El radicalismo pequeño burgués* (1978), se expanden ahora en la forma de una narrativa anecdótica en la que da su versión sobre los deslindes entre el grupo, el radicalismo de los Enfermos en Sinaloa y la falta de preparación de Lucio Cabañas y la BCA. A través del contrapunteo entre los otros grupos armados y la LC23S Hirales Morán señala que, con todo y los errores cometidos, la LC23S fue el único grupo que «intentó ir más allá del militarismo vulgar de la mayoría de los grupos y del provincialismo ladino de Lucio» (*Memoria de la guerra* 327).

Es decir, que en esencia el texto es una extensión y una afirmación del debate de rectificación de la década anterior, en donde de nuevo las pugnas internas y la necesidad de vindicar su postura por encima de las de las otras facciones tienen mayor peso que la necesidad de la denuncia. Ahora bien, en relación con la narración de la tortura, esta aparece minimizada al integrarse a una narrativa más amplia que desarrolla con gran ironía y sentido del humor las aventuras y desventuras del joven guerrillero.

La madriza fue regular. Lo novedoso fue, en todo caso, el uso de la sedicente, de la autoparlante picana eléctrica. El *Brother* Paul no la conocía («mucho gusto, hija de tu tiznada máuser»); demás está decir que la hubo de conocer: trompos y picana todo el tiempo, como arroz, pero a diferencia de otras sesiones, ahora no aparecía el sentido concreto de la tortura;

no preguntaban nada en especial o, mejor dicho, le hacían preguntas pendejas, cosas que la Gestapo ya sabía, con ganas de remitirlos a los archivos de la Federal de Seguridad, y de repente: —¿Quién dirigió el secuestro de Aranguren en Guadalajara? Ah cabrón, cuál secuestro, él ni siquiera sabía que hubiera ocurrido. (...) Dejó más pelo regado en la habilitada sala del tormento que un pollo plumas en el desplumadero. Quedó nuestro héroe en tan lamentable estado que los del penal no quisieron mandarlo de regreso a su ambulatorio, sino que lo llevaron a dormir, paradójicamente, a una de las suites de la «conyugal», conyugado sólo con la ardiente madriza. (*Memoria de la guerra 44-45*)

La desdramatización que opera al presentar al instrumento de tortura, así como las condiciones en que queda tras el interrogatorio, restan poder a la figura del torturador y su capacidad para llevar a cabo el interrogatorio, rasgos que también aparecen en otros textos, aunque con un tratamiento narrativo lúdico. Cierto es que el objetivo del texto no es la victimización, por el contrario, se trata de un relato escéptico y, en cierta medida, satírico que desmitifica la solemnidad signada en la mayoría de los testimonios. Sin embargo, el narrador, al establecer cierta superioridad y distancia sobre la experiencia de tortura, diluye también la posibilidad de denuncia y la dimensión del aparato represivo contrainsurgente.

A partir del año 2000, los textos testimoniales publicados, como se mencionó anteriormente, integran pasajes de tortura que en su mayoría están supeditados al género memorístico, en función, ya sea de reconstruir un periodo determinado, criticar las diferentes posturas o facciones del grupo, o bien de justificar y destacar su participación. La tortura aparece en estos textos como un referente, es decir, se nombra, se asume como parte del recuento memorístico, en ocasiones entra en detalles o recrea la escena, pero en términos generales todavía no se articula en una narrativa de denuncia, ya que en los textos cobran mayor peso otras agencias y objetivos. Este hueco o pliegue en el relato, generado ya sea por omisión o proliferación de las anécdotas, señalan que los efectos de la tortura han sido devastadores y que el relato ha quedado anclado a la reconstrucción de los hechos, más que a una práctica de memoria que logre desmontar los discursos oficiales y los efectos de un mecanismo represor. Un ejemplo del primer caso es el elocuente soslayo de *Morir de sed junto a la fuente* (2001) de Minerva Armendáriz al priorizar el homenaje a su hermano y la reconstrucción del GPGAG sobre su propia experiencia y las terribles secuelas de la tortura; mientras que un ejemplo del segundo caso podrían ser *Guerras secretas* (2001) de López de la Torre o *A merced del enemigo* (2009) de Gallegos Nájera.

Bajo la estructura de un libro de memorias, *Sendero en tinieblas* (2004) de Alberto Ulloa Borneman aborda detalladamente su detención, tortura y periodo carcelario entre 1974 y 1978. A diferencia de otros libros de memorias, por ejemplo, el de López de la Torre, el relato se centra en el periodo de prisión, más que en un recorrido biográfico hasta el presente de la escritura. No obstante, la narración en primera persona constantemente es interrumpida por una serie de reflexiones sobre la reproducción de los hechos y el ambiente que vivió en la cárcel, así como por comentarios que elaboran una justificación y explicación de sus actos[19]. La narrativa, marcada como una suerte de segunda confesión, destaca más por la experiencia individual

---

19   Ulloa Borneman fue militante de la Liga Comunista Espartaco e integrante de una organización clandestina en Morelos que estableció algunos lazos con el PDLP, en varias ocasiones fue chofer de Lucio Cabañas y le dio alojamiento en la Ciudad de México. Sin embargo, su grado de militancia se limitó a la colaboración y, como señala en sus memorias, no compartió la vía armada. Como tantos otros, Ulloa estuvo detenido en el Campo Militar Número Uno, Lecumberri, Reclusorio Norte y Santa Martha Acatitla. Sus memorias fueron traducidas al inglés por Aurora Camacho de Schmidt y Arthur Schmidt bajo el título *Surviving Mexico's Dirty War. A Political Prisoner's Memoir* (2007).

del horror que vivió en el CMN1 y en las diferentes cárceles, así como el lado oscuro de los grupos armados, los desencuentros ideológicos, los problemas operativos y de liderazgo, que por una denuncia colectiva sobre la práctica de la tortura que el Estado ejerció de manera sistemática.

Aunque hay momentos en que la narrativa intenta establecer un lazo solidario con otros detenidos, los prejuicios o marcas de clase, raza, educación y roles de género tradicionales funcionan como un modo de singularizar su experiencia, crisis personal y familiar sobre la de los otros.

> Digresiones aparte, el comandante se mostró intrigado por entender la motivación de que alguien como yo, educado en una universidad católica, que hace a un lado las oportunidades que su origen familiar y su educación le ofrecen en la vida y decide meterse en una enorme bronca como esa. (Ulloa 42)

Llama la atención que la narración de las escenas de tortura están interrumpidas no solo por reflexiones sobre los planes para soltar información falsa en el interrogatorio, como sucede en la mayoría de los testimonios, sino que la escena se queda suspendida para desarrollar una serie de críticas a Lucio Cabañas que funciona como un contrapunteo para reconstruir el yo del narrador. Sin embargo, esta manera de controlar narrativamente las escenas de tortura se derrumba al reconocer la delación que llevó a la captura de sus compañeros.

> Cada grito o cada quejido que la tortura le arrancaba a Dionisio, me producía dolor en el corazón y la boca del estómago. (…) Sé que ninguno de estos sucesos que narro me honra; el miedo al dolor y a morir sin el conocimiento de mis familiares fue más fuerte que mi voluntad de resistencia. (…) Verla pasar por el pasillo frente a mi celda, vendada de los ojos y conducida por un halcón rumbo al cuarto del interrogatorio, me dolía incluso más que lo que padecía Dionisio, y el sentimiento de culpa y vergüenza era mayor. Compelido por ello, le pedí al halcón que me llevó de comer ese mediodía, que

le entregara a Olivia la colchoneta —único y muy apreciado bien mío en ese lugar. (Ulloa 168, 169, 173)

De este modo, la narrativa funciona como un modo de sanear y suturar los espectros del pasado que, a través de la reelaboración de la culpa a lo largo del texto, transforman el dolor y el terror ejercidos en el sujeto en una marca de delación que escamotea precisamente toda la violencia del Estado descargada en la práctica de la tortura. Más aún, el narrador, en una necesidad de explicar sus acciones a sí mismo y al lector, construye un relato que intenta conciliar la delación como medio de sobrevivencia y su posterior incorporación al *estatus quo* como el producto de una confrontación, no con el Estado, sino con la realidad.

> En aquella época de sueños heroicos, llegué a vislumbrarme, invariablemente, como un luchador social valiente, dispuesto a enfrentar el dolor de la tortura y la muerte misma, antes que doblegarme ante el poder del imperialismo y la burguesía. En la confrontación real con la feroz represión política del Estado (y conmigo mismo), el instinto de conservación hizo a un lado cualquier otra consideración. (Ulloa 170)

> [M]ás que el Estado o el gobierno priísta en turno, fue la realidad misma la que me convenció y mediatizó. Y estoy seguro de que ese contacto con la realidad me sucedió por primera vez en la vida. (Ulloa 269)

Si bien la marca de la delación fue una situación común y forma parte de los efectos calculados de la tortura, ya que aceptarlo pone automáticamente al sujeto en un espacio estigmatizado por la traición y, a su vez, desintegra su legitimidad y el concepto de masculinidad dentro del imaginario guerrillero por haberse «quebrado», cabe destacar que este es uno de los pocos textos en que abiertamente el autor acepta haber dado información. En este sentido, el relato de Ulloa es honesto y se puede observar a lo largo de la narrativa su intento por compensar y, en cierto sentido, purgar la culpa, de ahí que el testimonio funcione como una segunda confesión. La narrativa es coherente con las preocupaciones del narrador, ya que el objetivo es suturar las fallas cometidas en el pasado; no obstante, más en su rol de pareja, padre e hijo, que con el propio movimiento armado, confinando su participación a un error de juventud o a una «lamentable ingenuidad política» (Ulloa 270). De este modo, la sustitución de una confrontación con el Estado por una confrontación con la realidad socava el ejercicio represor del Estado, no solo representándolo como un poder inapelable, sino también disimulando la incorporación del narrador al *estatus quo* bajo una postura racional de reconciliación:

> A mi modesto modo de apreciar la situación actual, a los mexicanos de centro, izquierda o derecha nos urge aprender a ejercer la tolerancia y a respetar nuestras diferencias, a abandonar los estrechos causes personales, partidarios o de clase, a actuar y pensar racionalmente en lo que necesita de veras el país para desarrollar su economía y poder así empezar a resolver en serio los añejos problemas sociales que arrastramos desde siempre. Los atajos revolucionarios o los contragolpes reaccionarios, como lo prueba la reciente historia mundial, no solucionan para nada los problemas económicos, sociales y políticos de los pueblos, más bien los complican y empeoran. (Ulloa 274)

La representación de la tortura en el texto está desligada de las condiciones que generaron la emergencia de la lucha armada y, como el propio título alude, se inscribe en la estigmatización de la lucha armada, aludiendo en el propio título *Sendero en tinieblas* al grupo armado peruano Sendero Luminoso. Al subrayar el horror que el narrador vivió, forma parte más de un relato individual de sobrevivencia que reconstruye el yo del narrador y justifica sus acciones del pasado a la luz de la alternancia partidista después del 2000, que de una denuncia colectiva de la práctica de la tortura del Estado.

Hasta ahora se ha podido observar que la incorporación de la tortura en la narrativa ha estado en su mayor parte mediada por recursos de ficcionalización, por el uso de un narrador en tercera persona que marque cierto distanciamiento o, en las ocasiones en las que se utiliza un narrador en primera persona, también aparece la disociación o el deslinde de la participación en el grupo armado. *Campo Militar Número Uno* de Horacio Espinosa Altamirano, sin ser participante de la lucha armada, elude nombrar la propia tortura, sin embargo, establece lazos solidarios con otros detenidos a través de un narrador en tercera persona, plasmando el entorno de terror donde los sonidos y efectos de tortura funden el dolor individual en un dolor colectivo. En contraste con Espinosa, a pesar del uso de la primera persona en *De albañil a preso político* de Simón Hipólito Castro, el recuento de detalles en la narración no logra establecer una solidaridad con otros detenidos, a la vez que mantiene en la ambigüedad su postura y participación en la lucha armada.

Mientras *Las causas: memorias de un desaparecido político* de Alberto Núñez Jara utiliza el recurso de la ficcionalización para narrar en tercera persona el grado encarnizado de la tortura, incluso por gusto o placer de los torturadores, su testimonio se deslinda de la participación en la lucha armada y se convierte en una denuncia individual; cabe destacar que la parte del deslinde la narra en primera persona. Por su lado, Hirales Morán en *Memoria de la guerra de los justos* afirma su participación y la relevancia de la LC23S, pero a pesar del uso de la ironía que minimiza el poder del torturador, la voz narrativa sostiene el imaginario del guerrillero que no se considera víctima, soslayando con ello las posibilidades de denuncia. Por su parte, el libro de memorias de Ulloa Borneman presenta una narrativa no ficcional que arroja luz sobre los efectos de la tortura y la marca de la delación, pero desdibuja la responsabilidad del Estado. Por el contrario, Campos, traza claramente la secuencia y mecanismo de la tortura, así como los operativos represivos ejecutados en Guerrero a través de la ficción y un narrador en primera persona que va rotando entre diferentes personajes. Puesto que el objetivo de Campos es sostener la continuidad de la lucha armada, la delación es articulada de manera exógena a través del contrapunteo entre el militante y el informante, dejando un hueco narrativo cuando Pedro Periquito comienza a identificar a varios vecinos y familiares de la zona de Atoyac. Si bien el relato de Pedro Periquito es implícitamente una denuncia de la brutalidad del aparto del Estado, éste no se articula en la forma de denuncia de violaciones de los derechos humanos, sino que se articula como uno de los motivos para la continuidad de la lucha y un aprendizaje para enfrentar la tortura.

Si bien estos textos exponen la sistematicidad de las operaciones contrainsurgentes y la práctica de la tortura como un método normativizado, claramente se puede observar en ellos que la relación entre recursos de narración y agencias en el texto no se da de manera mecánica. Esto apunta a una serie de nudos narrativos en la construcción de un discurso de denuncia, en el que la reconstrucción del pasado y la configuración de la memoria varían dependiendo del propósito general de los textos, aunque todos ellos graviten de forma liminal alrededor de un discurso de denuncia. Estos nudos narrativos, como se ha observado, giran en torno al tratamiento de la delación y, en particular, a la participación en la lucha armada, lo cual sugiere que hasta ese momento todavía predominaba el estigma de la vía armada inoculado por los discursos oficiales y por los mecanismos de represión.

IV. *La postergada denuncia de la tortura*

Testimonios de la guerra sucia (2006), editado por David Cilia Olmos y Enrique González Ruiz, sin suda marca un parteaguas al compilar cinco testimonios cortos de integrantes de la LC23S que denuncian su detención ilegal, desaparición forzada y tortura en cárceles clandestinas y en cuarteles militares de diferentes estados[20]. La compilación y publicación de estos textos responde a una coyuntura política que estaba perdiendo *momentum*, ya que la FEMOSPP daba muestras de tener serias limitaciones en los resultados de su investigación y un nulo alcance jurídico. La alternancia partidista de Vicente Fox había probado ser una continuación de los gobiernos priístas, las represiones del Estado seguían siendo prácticas comunes por ejemplo contra la APPO en Oaxaca, así como contra la FPDT y adherentes a la Otra campaña en Atenco; el crimen organizado se salía de control y repuntaban los feminicidios en Ciudad Juárez y en otros estados. Aunado a este entorno de violencia e impunidad, el fraude electoral del 2006 desencadenó la revitalización de manifestaciones sociales y políticas, y la publicación de testimonios. Se pude observar así el giro que tienen los textos testimoniales que abordan la tortura, adquiriendo la forma de una agenda abiertamente de denuncia.

Aunque algunos textos fueron escritos inmediatamente tras la liberación de los detenidos-desaparecidos —como los de Bertha Alicia López García (1979) e Irineo García Valenzuela (1981)—, la mayoría fue escrito varias décadas después, llenando un vacío en el que la denuncia explícita por parte de las víctimas se había mantenido en relativo silencio. En este sentido, la compilación y publicación de estos textos notoriamente es una respuesta a los escasos resultados de la FEMOSPP y al hecho de haber diluido las denuncias de los sobrevivientes que dieron tes-

---

20 *Testimonios de la guerra sucia* recopila los testimonios de José Luis Moreno Borbolla detenido en mayo de 1975, Mario Álvaro Cartagena López «El Guaymas» detenido por segunda ocasión en abril de 1978, Bertha Alicia López García detenida en abril de 1979, Eladio Torres Flores detenido en abril de 1980 e Irineo García Valenzuela detenido en abril de 1981, liberado en octubre, detenido por segunda ocasión en noviembre y actualmente desaparecido.

timonio, privilegiando los archivos policíacos y militares como fuente de investigación[21].

Este hecho marcó profundamente un cambio en el modo y la estructura narrativa con que se había abordado anteriormente la tortura, ya que los textos compilados no forman parte de una narrativa autobiográfica a la manera de las memorias, no reconstruyen las acciones de algún grupo armado, no se focalizan en algún episodio específico, tampoco recurren a un análisis de las condiciones que motivaron el levantamiento, no se enfrascan en la discusión teórica sobre la rectificación de la vía armada, ni se retractan de ella. Los textos compilados son breves y se concentran específicamente en el proceso de detención ilegal, la desaparición forzada, los interrogatorios a través de la

---

21 Cabe destacar que David Cilia, entre algunos exmilitantes, estaba a favor de la creación de una Comisión de la Verdad; sin embargo, cuando algunos exmilitantes fueron criticados por su incorporación al área de investigación histórica de la FEMOSPP, Cilia salió en su defensa (Entrevista JLMB 9 de julio 2014). Por otro lado, si bien la FEMOSPP recibió denuncias de las víctimas y de familiares de desaparecidos que ayudaron a la elaboración del informe, en particular sobre la sección de Guerrero, la narrativa del informe está basada principalmente en los documentos y reportes militares y policiales. A diferencia del caso argentino, en donde el informe *Nunca más* (1984) de la CONADEP se basó principalmente en los testimonios de las víctimas, visibilizando los crímenes a la sociedad civil y, con ello, facilitando el posterior proceso a los responsables de las desapariciones forzadas, el informe de la FEMOSPP soslayó el derecho y la legitimidad de la palabra de la víctima. Esto se debe quizás a la excepcionalidad del caso mexicano de abrir los archivos militares y policiacos, sin embargo, son notables, a pesar del trabajo de investigación, las contradicciones, deficiencias y poco alcance jurídico del informe. Aunque el informe de la FEMOSPP confirmó la magnitud de las operaciones sistemáticas de aniquilamiento contra la disidencia política y las comunidades, anteriormente señaladas por periodistas, historiadores e intelectuales, los testimonios recabados quedaron al resguardo de la PGR, siendo un solo caso la excepción de llevar a proceso judicial a un ex agente de la DFS en 2009 (Yankelevich).

tortura, así como los diferentes traslados entre cárceles clandestinas y cuarteles militares. Estos relatos por lo general terminan en la liberación del detenido o en su traslado a las cárceles oficiales; entrando al sistema legal, lo cual significaba haber sobrevivido a la tortura o a la ejecución extrajudicial.

Los textos fueron escritos en distintos momentos y no pensados como un proyecto conjunto; sin embargo, el trabajo de compilación incorpora estos relatos —uno de ellos grabado en audio antes de que el testigo fuera desaparecido por segunda ocasión— a partir de la organización cronológica, en la que se puede observar que entre 1975 y 1981 se incrementó significativamente la práctica de la tortura y desaparición forzada durante los gobiernos de Luis Echeverría y José López Portillo. A su vez, el prólogo cohesiona los testimonios de manera contundente al plantear una suerte de declaración de principios que condena la tortura y la denuncian como una práctica que forma parte de un mecanismo de poder en el que prevalece la impunidad, ya que los poderes ejecutivo, legislativo y judicial fueron y siguen involucrados en muchos sentidos[22].

Las cámaras de Diputados y Senadores se convirtieron en catervas de ejecutores incondicionales a las órdenes del «Señor

---

22 Bajo el modelo de Todorov sobre la memoria literal y la memoria ejemplar, Alejandro Peñaloza señala sobre *Testimonios de la guerra sucia* la ausencia de reflexión en los testimonios que supere el nivel de recolección de anécdotas para transformar los relatos en una historia ejemplar, en los términos de Todorov. Cierto es que, como se ha analizado anteriormente, la tendencia dominante ha sido la reconstrucción específica de los hechos del pasado; sin embargo, difiero de la crítica de Peñaloza al subrayar la ausencia de una explicación y contextualización histórica de *Testimonios de la guerra sucia* que se limita a la enumeración de las vejaciones. Precisamente, la virtud del texto reside en abordar de manera directa la denuncia, sin soslayar la militancia política de las víctimas, e incorporar los testimonios en una cronología que permite establecer el incremento y sistematicidad de la práctica de la tortura en un momento de coyuntura política (Peñaloza 43 y 67).

Presidente». Diputados y senadores hicieron de las cámaras un trampolín político para colocarse en puestos importantes dentro de la estructura facciosa que había usurpado el poder. (…) Los poderes judicial y legislativo no acotaron en su momento al «poder ejecutivo» sino que fueron cómplices e incluso ahora, con un régimen supuestamente distinto al del PRI-Gobierno, asesinos y torturadores como José Luis Valles, Javier Vega Memije, Rafael Macedo de la Concha, Manlio Fabio Beltrones y otros torturadores y asesinos que formaron de la Brigada Blanca, Dirección Federal de Seguridad, grupo Jaguar, grupo Zorba y Ejército Mexicano u otros, ocupan —u ocuparon— prominentes puestos dentro del gabinete de Vicente Fox Quesada, o dentro de los «poderes» de la Unión. El régimen panista encubre al PRI-Gobierno. Los viejos capos de la guerra sucia, se convierten en los capos de la droga y en los capos de las instituciones panistas de «seguridad de Estado», mientras, para burla de la sociedad, la llamada Fiscalía Especial, sigue sin encontrar y sin poder fincar responsabilidades a ninguno de los grandes criminales. (Cilia 4, 8)

De este modo, *Testimonios de la guerra sucia*, al priorizar la denuncia de la represión sistemática y la violencia de Estado del pasado —reactivada precisamente por un 'retroceso' democrático y la 'reaparición' de acciones represivas contra las manifestaciones disidentes, citando concretamente el caso de Atenco en 2006— opera un cambio estratégico en los discursos de la memoria, que se concentraron en la reconstrucción de los eventos, en el deslinde teórico de la vía armada o en la justificación de las acciones individuales. Los testimonios de la compilación priorizan la identificación de procedimientos, lugares e instituciones involucrados en la desaparición forzada, así como los nombres de los torturadores de alto y medio mando del ejército y de la policía política que si anteriormente ya aparecían en los textos, era de manera fragmentada[23].

La identificación y registro de lugares, procedimientos e identidad de los torturadores subvierte los efectos de la tortura, entre los cuales el más común ha sido articular la tortura como delación, replicando así el discurso del Estado. Por ello, los testimonios al cartografiar el mecanismo de tortura funcionan como pieza clave en los casos de los desaparecidos y construyen una narrativa no cómplice que restituye el lugar del testigo de su propia tortura y la de otros. Aún más, aunque desarrollan la experiencia personal, los textos manifiestan un sentido colectivo que, lejos de la victimización, son una muestra de la magnitud, la desproporción y la sistematización de la violencia de Estado, incluso en personas que no estuvieron involucradas con el movimiento armado.

> La mayor parte de las muertes o desapariciones que datan de ese periodo, fueron cometidas fuera de combate, por agentes gubernamentales, contra personas desarmadas, inmovilizadas, en cautiverio, y que muchas veces no tenían nada que ver, ni con los combatientes, sino que fueron afectadas en su vida o propiedad por ser familiares o vecinos de los combatientes, o simplemente «por estar en el lugar equivocado». (Cilia 6)

---

23 Entre los lugares mencionados, además de las cárceles clandestinas, están la Dirección General de Policía y Tránsito (Tlaxcoaque), el Cuartel de Granaderos (Tlatelolco), el Campo Militar Número Uno, así como otros campos militares y direcciones de policía y tránsito en diferentes estados. También las instituciones involucradas van desde el ejército mexicano, hasta las diferentes policías, agrupaciones paramilitares (Brigada Blanca, grupo Jaguar, grupo Zorba) e instituciones de inteligencia como la DFS y la DIPD. Entre los torturadores mencionados se encuentran: el mayor Salomón Tanús, el general Gutiérrez Santos, el policía Florentino Ventura, Miguel Nazar Haro (de la Brigada Blanca y DFS), Francisco Sahagún Baca (DIPD) y Arturo Moreno «El negro» Durazo, agente de la DFS y posteriormente director de la Dirección General de Policía y Tránsito bastante conocido por el alto nivel de corrupción de la policía durante su cargo.

De este modo, el objetivo de publicar estos testimonios, como señala el prólogo, es alertar de los peligros que representa un gobierno que no se responsabiliza ética, jurídica e históricamente de la violación masiva de las garantías constitucionales y, yo añadiría, del derecho internacional. Sobresale así, más que la victimización o legitimación de los exmilitantes, la denuncia de una práctica de violencia que no fue ejercida por un grupúsculo o, como señala el informe de la FEMOSPP, por un grupo «de agentes del régimen autoritario» que «excedieron el marco legal establecido», sino que formó parte de una maquinaria de poder mucho más amplia y presente en la actualidad.

> El propósito de dar a conocer estos documentos no es el de abrir heridas para relamerlas, sino desenmascarar a un sistema que se hace pasar como democrático y respetuoso de las leyes. Al hacerlo estamos contribuyendo a evitar su repetición. (Cilia 9)

Ahora bien, a partir de la organización cronológica de los cinco testimonios (1975-1981) es posible trazar el procedimiento de detención- desaparición y tortura, los cambios, sistematización, profesionalización y coordinación entre las policías, así como de los cuarteles del ejército de diferentes estados. La cacería contra los disidentes o sospechosos de tener vínculos con la lucha armada se recrudeció a partir de 1976 bajo la consigna de no dejarlos vivos, como señalan varios testimonios[24].

---

24 A pesar de que 1973 y 1974 fueron sumamente turbulentos por los secuestros de los cónsules Terrance George Leonhardy y Anthony Duncan Williams, del empresario Fernando Aranguren, del candidato a gobernador Rubén Figueroa y de José Guadalupe Zuno, suegro del expresidente Luis Echeverría, así como los operativos militares para acabar con el PDLP en Guerrero, se puede observar una agudización de la violencia de Estado a partir de 1976 con la creación de la División de Investigaciones para la Prevención de la Delincuencia (DIPD).

> Las detenciones y enfrentamientos se continuaron dando a lo largo de los siguientes meses, la organización se desangraba a lo largo y ancho del país. Pero ahora los compas ya no llegaban a la cárcel, sólo era noticia de la nota roja de los periódicos, quedaban tirados en el asfalto de las ciudades y la tierra del campo o en los sótanos de los campos militares. (José Luis Moreno Borbolla 20)[25]

> [D]e la etapa que viví, de 74 a 78, no he conocido a un compañero vivo que haya alcanzado un nivel superior en la Liga, ya sea en el buró militar o en el órgano central. A todos los mataron, los desaparecieron o cayeron en enfrentamientos. (Mario Álvaro Cartagena López 21)

El proceso de tortura descrito en los testimonios destaca la sistematicidad, por ejemplo, las primeras sesiones estaban enfocadas en arrancar información sobre nombres y citas programadas, para continuar la cadena de detenciones, y las subsecuentes sesiones se concentraban en calcular las acciones futuras del grupo armado, a través de la obtención de información logística, de armas, sobre acciones en las que participó la persona torturada, la confirmación de información previa, así como la identificación de militantes a través de fotografías, el careo con otros militantes, la identificación de cuerpos en el servicio médico forense —que en sí mismo constituye una tortura—, o salir a las calles para «ir de caza» o «ponerlos a trabajar»[26]. A pesar de que la tortura física es salvaje y brutal, los testimonios señalan que por lo general la tortura psicológica es mucho más lacerante y profunda:

---

25 En adelante se citará solamente a la persona que da testimonio y la página de *Testimonios de la guerra sucia*.

26 Moreno Borbolla tuvo que identificar los cuerpos de María Teresa Hernández Antonio —«Alejandra»— y de Adolfo Lozano Pérez —«Mariano»—, miembros de la LC23S acribillados en la Ciudad Universitaria en 1975.

De ahí en adelante la tortura física disminuyó; sabían dónde vivía y quién era. Se inició la tortura psicológica, el quebrantamiento de mis convicciones, de herir, de aplastar cualquier tipo de resistencia, de matar en vida, de desmoronar la inteligencia, la integridad, la dignidad humana. (Eladio Torres Flores 44)

No obstante que estos mecanismos se repiten a lo largo de los testimonios, se puede observar un cambio en la coordinación en diferentes estados entre la DFS y la DIPD, y en la perversidad y sadismo de los tormentos. Por ejemplo, si bien el testimonio de José Luis Moreno Borbolla destaca las tensiones entre el ejército y la DFS para sacarlo del campo militar con el fin de identificar los cuerpos de unos compañeros, también menciona la intervención de una nueva generación de agentes que «eran diferentes de los gordos y torpes agentes que nos vigilaban, una nueva generación de policías políticos» (19). La descripción de los diferentes traslados presentada en los testimonios, cuyo objetivo era identificar militantes y domicilios de casas de seguridad, muestra un desarrollo coordinado entre las diferentes policías y cuarteles militares de los estados (Sonora, Coahuila, Jalisco y DF). En estos traslados a cargo de agentes de la DFS o la DIPD, que en su mayoría estaban vestidos de civil, se observa un mayor ensañamiento durante los «interrogatorios», ya que en cada traslado los agentes realizaban un nuevo interrogatorio siguiendo procedimientos de tortura bastante similares[27]. También los testimonios destacan la coordinación entre la DFS, la DIPD y los cuarteles militares, e incluso la identificación de un expiloto de Gustavo Díaz Ordaz, que realizaba los traslados aéreos (46). Por ejemplo, uno de los testimonios describe la forma en que

---

27 A la par de este cambio se observa también otro en el grupo armado, ya que si anteriormente los militantes preferían no ir armados a las citas, pero posteriormente iban armados, prefiriendo morir en un enfrentamiento que ser detenidos. JLMB considera que lo salvó no ir armado.

operó el grupo Jaguar de la DIPD lanzando redes que recabaran información como la suscripción a periódicos, con la finalidad de establecer quiénes vivían en determinadas colonias, así cómo coordinaban con empresas y bancos para intercambiar datos o fotografías de los empleados[28].

> Gerentes de empresas, supermercados, bancos, etc., facilitaban toda clase de información, archivos laborales, fotos del personal que laboraba con ellos. El grado de sistematización de la información del movimiento llegaba a niveles increíbles que recuerdan a la Ojrana zarista y a la Gestapo nazi. (ETF 47)

El cambio y sofisticación en la coordinación y los procedimientos trajo consigo la agudización de la violencia a niveles de sadismo impensables que, como consecuencia del gran margen de impunidad otorgado a los agentes, se aunaron a la indolencia, la prepotencia y la corrupción en el interior de las policías políticas. Un ejemplo de ello es detener a personas que se asemejaban físicamente con algún militante, e incluso acribillar a cualquier sospechoso sin mayor remordimiento, indicando no solo la desorganización de los operativos, sino la omnipotencia que otorgaba la impunidad: «De regreso a la oficina, quien disparó diría: 'su actitud fue sospechosa y por eso le disparé'. El cadáver, por supuesto, lo desaparecieron. Así actuaba la Brigada Blanca» (ETF 47).

Asimismo, el margen de impunidad generó un alto grado de corrupción. Como señala uno de los testimonios, en este segundo periodo los agentes están más interesados en localizar el dinero de las expropiaciones o incluso en pedir dinero a los detenidos a cambio de su libertad:

> Este trabajo lo hacen a diario, ¿cómo no lo van a hacer si obtienen fabulosas ganancias? ¿Cómo las obtienen? Deteniendo

---

28 El Grupo Jaguar fue organizado por la DFS con elementos de la DFS, la policía militar, la policía judicial federal y la DIPD.

y despojando de sus pertenencias a pasajeros, utilizando cualquier pretexto, como haciéndolo culpable de algún delito que se llama tal y que no lo niegue porque le va peor (…) «Bueno, te vamos a pedir una feria y te soltamos, al fin el jefe no va a saber que te habíamos capturado», les dicen. (Irineo García Valenzuela 66)

Si bien los procedimientos de tortura como golpes, el pocito, asfixia, agua mineral con chile, colgar al sujeto de alguna extremidad por periodos largos, aplicar toques eléctricos en tejido sensible, el falso fusilamiento, la tortura sexual y psicológica o bien mantener a la persona en posiciones incómodas son actos de profunda crueldad, en este segundo período se puede observar el encarnizamiento; ya que los torturadores jugaban con sus víctimas, las torturaban sexualmente, obligando a presenciar la tortura a otras personas detenidas, incluyendo a menores de edad que inclusive fueron sujetos a ésta. Por ejemplo, el texto de Núñez Jara —detenido y liberado en 1978— señala ya la tendencia de los agentes de «salirse del guión» al aplicarle toques eléctricos por propia iniciativa. Asimismo, Bertha Alicia López García denuncia la violación de su hija de año y medio, e Irineo García Valenzuela denuncia haber sido prendido en fuego (32 y 67).

El modo en que se narra el escenario de la tortura es directo en comparación con los textos analizados anteriormente, ya que la extensión de estos testimonios no da margen a la digresión y se puede observar una constante en las descripciones concisas sobre la detención-desaparición, la llegada a las cárceles clandestinas y el proceso de tortura. A la par de una descripción puntual de los hechos, los testimonios narran las sensaciones físicas y el mundo afectivo, elemento que fue eliminado tanto en los textos testimoniales que discutieron la rectificación como en el testimonio jurídico y los archivos. Es muy posible, como se deduce del testimonio de Bertha Alicia López García y de Irineo García Valenzuela, que este tipo de testimonio existió tempranamente por lo menos de forma oral; sin embargo, tuvo escasa atención tanto por los efectos de la tortura, su articulación en la forma de delación por parte de los grupos armados, así como por las agendas dominantes en el debate sobre la rectificación. Por ello, la relevancia de estos testimonios compilados es que precisamente traen a la luz elementos residuales que configuran una memoria de denuncia y enfatizan su significación a nivel afectivo.

> Las primeras veces que me sacaban con los ojos vendados para interrogarme sentía que me tocaban todo el cuerpo al pasar por un pasillo repleto de gentes [sic], todos me manoseaban, decían groserías y se reían a carcajadas lo que me hacía sentir humillada y llena de indignación y de impotencia. (Bertha Alicia López García 31-32)[29]

La rememoración afectiva del pasado aparece de la mano con la reflexión sobre los mecanismos que se desarrollan para mitigar la tortura y la reelaboración del significado de la tortura obviamente narrada desde el presente de la escritura:

> [U]na forma de eludir el dolor acumulado era repasar las preguntas que me habían hecho, tratando de averiguar cuánto sabían y hasta dónde podía «soltar» sin afectar a la organización (…) era como una partida de ajedrez, donde el tiempo era lo fundamental, ganar tiempo (…). Lo del tiempo fue relativo, en un tiempo inmediato uno ganó pero en el largo plazo ellos nos derrotaron o nos derrotamos o ambos combinados. (JLMB 14)

La mayor parte de los textos utiliza un narrador en primera persona y la narración se sostiene en el pasado. Sin embar-

---

29 El testimonio de Bertha Alicia López García es el único escrito por una mujer en la compilación; esto obviamente exige un análisis de género sobre la participación de las mujeres en la lucha armada, así como la escritura y denuncia de la tortura.

go, se puede observar que las descripciones contienen también reflexiones sobre el pasado que están elaboradas desde el presente, y que en ocasiones la narración cambia del pasado al presente en una suerte de *lapsus*.

> Las primeras «sesiones» fueron apabullantes con la intención de quebrar el ánimo de uno, como si no fuera suficiente el haber sido detenido, tal eventualidad estaba dentro de los riesgos, pero qué diferente es su concreción, *nunca está uno lo suficientemente preparado*; la intensidad de la tortura era directamente proporcional a la urgencia, por parte de ellos, de obtener la información para continuar con la cadena de detenciones. (JLMB 14)[30]

> [L]a sensación de asfixia y el ardor en las vías respiratorias y en el pecho eran insoportables. (…) Me dolía todo el cuerpo y no podía hablar. Entonces me sentaron y ataron en una silla para comenzar con los toques eléctricos, especialmente en las partes nobles. *La desesperación es indescriptible.* (ETF 37)

Mientras la reflexión sobre el pasado crea un efecto de distanciamiento del narrador para abordar de manera clara y asimilada la tortura en el pasado —es decir, el presente interviene en la elaboración y reconstrucción del pasado—, el *lapsus* indica la latencia de la experiencia traumática, así como la irrupción del pasado en el presente de la narración. Otro de los rasgos de la reconstrucción del pasado es la recreación de los diálogos y amenazas de los torturadores, que si bien es una reelaboración, provee dramatismo y verosimilitud al relato:

> Salomón Tanús me advierte: «Adolfo, ya te salvaste, por esta vez, no esperes que exista otra, nos la debes, recuérdalo». (JLMB 20)

> [Y]o soy Salomón Tanús, el que te puede dar o quitar la vida, si quieres vivir vas a hablar. (MACL 25)

---

30 En adelante, el énfasis en las citas es mío.

> Me introdujeron un trapo en la boca y empezaron a echarme agua por la nariz y la boca; sentía que los pulmones me iban a estallar y la respiración se me cortaba. Esto *es muy desesperante*, mientras ellos se mofaban diciendo «es mucha el agua de la presa, no te la vas a acabar, si te la acabas, tú la vas a pagar, ¿no ves que te la estás tomando?» (IGV 56)

La descripción de la agudización de los sentidos del olfato y el oído es otro de los recursos que aparece con frecuencia en los relatos de cautiverio, lo cual sucede como un modo de contrarrestar la alteración en la percepción del espacio por encontrarse vendados, o bien por el transcurrir del tiempo y por la pérdida del sentido durante las sesiones de tortura: «El tiempo *parece* no transcurrir»; «En ese lugar duré cerca de una semana sin tener noción del tiempo» (IGV 38 y 65).

Al lado de la descripción de la pérdida de la conciencia aparece también la reelaboración desde el presente de la narración como un modo de restituir el vacío narrativo del colapso. Se observa, así, la descripción de la disociación en el narrador, como una forma de fuga que permite a la persona torturada sobreponerse a una realidad terrible. No obstante, la narración enfatiza la brevedad de ese momento al contrastarla con la reanudación de la tortura.

> En tres ocasiones más di domicilios falsos causando allanamientos; en dos casos los moradores también fueron objetos [sic] de golpes. Por mi mente pasaban imágenes de todo tipo, imaginaba que rodeábamos por una carretera, yo conducía el automóvil, y en la contemplación del paisaje del campo me refugiaba. Otra vez en una silla y sin venda en los ojos, me rodearon varios agentes. (ETF 39)

Destaca en uno de los testimonios la asociación del olor con el cautiverio al cubrirle la cabeza tras la detención, anunciando el horror que le espera y deslizando en la narrativa una poderosa imagen de lo siniestro: «El olor a sudor impregnado en la prenda fue la primera impresión de la pérdida de libertad» (JLMB 12-13).

Si bien en estas narraciones no se nota una interrupción o fragmentación significativa del relato, se pueden observar los efectos de la tortura en la descripción de las sensaciones, pero particularmente en la descripción de un cuerpo dislocado, en la que los órganos lastimados y alterados son descritos de manera independiente, como si no formaran parte del sujeto:

> Las calentadas eran a diario, sentía los testículos muy grandes, la nariz como que había crecido, el tórax estaba muy flojo, no oía, tenía los oídos reventados y a las 10 de la noche me bañaban con agua fría y se mofaban. (…) Cuando volví en si [sic] me dolía bastante el brazo, lo último que me hicieron fue echarme un líquido en la cara e incendiármela. Ya con cualquier dolorcito que sentía, sobre todo si las torturas eran aplicadas incluso en zonas aún no afectadas, perdía el conocimiento. Estas fueron las últimas torturas que recibí durante mi estancia en las cárceles clandestinas. (IGV 65-67)

Un último recurso a analizar, antes de entrar en la reelaboración del trauma y la construcción de una narrativa de resistencias y denuncia, es la utilización de la forma impersonal para describir los mecanismos y procedimientos de tortura. Si bien la mayor parte de las narraciones están elaboradas en primera persona, como se mencionó anteriormente, el recurso de la forma impersonal de los verbos podría señalar un distanciamiento para eludir enunciar la tortura en primera persona. Puesto que el narrador en primera persona es utilizado frecuentemente, la función de distanciamiento tiene como objetivo dejar de lado la victimización para crear un efecto de «objetividad» y ofrecer un análisis de la tortura enfatizando que se trata de procedimientos sistemáticos que fueron aplicados a todos los detenidos- desaparecidos.

Por ejemplo, en el testimonio de Bertha Alicia López García, la narración hace una pausa en su relato en primera persona para enumerar las condiciones del espacio físico y el tipo de torturas «a las que son sometidas las personas que llegan a ese lugar», entre las cuales incluyen la incomunicación, el uso de radio o música y luz artificial, la intimidación de tipo sexual, los golpes, los toques eléctricos, la aplicación de agua mineral en las fosas nasales, la inmersión, la mutilación, el colgamiento, así como utilizar el propio cuerpo del sujeto para infligir dolor a través de posiciones incómodas que incluso puedan llevar a la castración, en el caso de los hombres (32). Bertha Alicia López hace este recuento impersonal como un modo de proveer información 'objetiva' que sostenga la denuncia, antes de narrar la tortura más dolorosa para ella: la de su hija de año y medio, y cómo la obligaron también a presenciar la tortura de sus padres. A pesar de tratarse de un hecho profundamente lacerante, la narración no se colapsa, por el contrario enfatiza la necesidad de dar a conocerlo para evitar su repetición: «... *son momentos terribles* que quisiera borrar de mi memoria pero también es preciso describir para tratar de que no se repita con otra persona» (33).

Se puede observar que la narración no privilegia el quiebre de la persona torturada, sino que destaca también las resistencias, ya sea a través de confrontaciones directas con el torturador o bien mediante una suerte de «tretas del débil» en la reconstrucción de las escenas de tortura. Cierto es que entre estas resistencias aparece también un elemento de justificación y una especie de segunda confesión en la que los testimonios niegan haber dado información relevante o bien que la información era falsa[31].

---

31   Destaca en el testimonio de Mario Álvaro Cartagena López una especie de culpa, dando una explicación por haber sobrevivido y no ser un desaparecido. Este rasgo, consecuencia del lazo establecido con los seres queridos desaparecidos, es común en los sobrevivientes. Sin embargo, como se señaló anteriormente, la información arrancada bajo tortura es transformada en delación, dejando una marca impresa en el sujeto y cuyos efectos son prolongados, rompiendo con la solidaridad del grupo y

Respondí afirmativamente a todo lo que me preguntaban, pero no delaté compañeros. (MACL 21)

No abrí los labios para delatar a mis hermanos porque sabía perfectamente que era el principio y sólo eran las primeras caricias que me daban las huestes burguesas. (IGV 55)

Pero yo no dije ni pío. Sabía que si decía algo, cualquier cosa, no podría ya después contener el acoso de preguntas. No pensaba entregar ni delatar a ninguno de mis compañeros. Esperaba ganar tiempo para que ellos se dieran cuenta de mi detención y abandonaran sus escondites y punto de reunión y que no frecuentaran los lugares de costumbre. (ETF 37)

Asimismo, se observa un aprendizaje para retardar la obtención de la información, dando información falsa o deformando la información obtenida de otros compañeros, aunque esto signifique prolongar las sesiones de tortura. De este modo, los testimonios arrojan también datos observados para hacer una radiografía o suerte de cartografía de lugares de detención y cárceles clandestinas y procedimientos, que son una advertencia a otros militantes sobre los modos de operar de la policía política. Un ejemplo de ello es la serie de advertencias que hacen algunos testimonios sobre la obtención de información en conversaciones que no forman parte de las sesiones de tortura:

[S]u objetivo: hacerse de un cúmulo de datos, lugares, maneras, hábitos, formas de repartir propaganda; hasta el tipo de zona para vivir, los automóviles, el vestido y dónde se compra la comida. Entre todo lo que «platican» contigo arman toda tu vida y hábitos conspirativos de la actividad revolucionaria. Lo que uno diga resulta de una utilidad incalculable para

---

convirtiéndose en un espectro que los testimonios necesitan conjurar. Así MACL señala que su salida se debió a la movilización del Comité Eureka y a la coyuntura política durante el sexenio de López Portillo para guardar la apariencias en 1978, año internacional de los Derechos Humanos, mas no «por haber aventado compañeros» (*Testimonios* 23-26).

apresar, asesinar o desaparecer a compañeros. Hablar de quien conociste, cómo era su carácter, cuándo fueron apresados o asesinados, qué línea política mantenían, quién era más político, quién era más militarista, etc. Pensar que todo ello en nada sirve a la policía es un grave error. Todos los datos que uno pueda dar les son de utilidad. Es mejor nunca hablar. (ETF 44)

Del mismo modo, el testimonio de Irineo García Valenzuela tras narrar el suplicio al que fue sometido elabora una serie de observaciones sobre el tipo de autos, la descripción de los agentes y recorridos rutinarios en el área de Hermosillo. Su reflexión sobre los motivos, amenazas y condiciones bajo las cuales fue liberado, así como su autorreflexión sobre las marcas físicas y emocionales de la tortura, están elaboradas no desde la victimización, sino como parte de un necesario aprendizaje para continuar con la lucha revolucionaria.

La cárcel es una escuela en la cual se reciben enseñanzas y descanso, nadie está exento de ella. Al salir ponemos en práctica todas aquellas experiencias, tanto de nuestra caída como de nuestro cautiverio, para emprender con más bríos el derrotero revolucionario. Transmitir las experiencias es contribuir al fortalecimiento de la organización y evitar la caída de otros compañeros por la experiencia que ya debíamos haber asimilado. (…) Compitas, los tiras buscan las debilidades de cada revolucionario. (…) Es la forma en que te asustan e intimidan estos perros. Como experiencia compitas, les comunico que los primeros golpes son los más duros, te buscan tus debilidades con los distintos métodos de tortura, si ven que con uno de ellos delataste, más te lo vuelven a aplicar. Por experiencia compitas, si no hablaste con agua, chile y Tehuacán, ya no hablaste, ya que es lo más desesperante. Los golpes sí duelen, así como las demás torturas de que hice mención, pero se soportan más fácilmente que lo del agua. (IGV 71-72)

Se observa así una transformación de agencia, en la cual la denuncia personal está dada en función de una denuncia colectiva o bien la asimilación de la experiencia traumática cobra significación al transformarse en la necesidad de transmitir esa experiencia como un aprendizaje que alerte a otros militantes. En el caso de Bertha Alicia López, la narración de la tortura restaura el lugar del testigo de su propia tortura, al mismo tiempo que es el testigo de otros desaparecidos, convocando a la denuncia general de otras personas que hayan vivido una experiencia similar:

> Espero que esta denuncia sirva para liberar a todos los ciudadanos que están en esas cárceles, entre ellos mi esposo y las personas que mencioné, ellos están vivos. Hago un llamado a todas aquellas personas que puedan decir lo mismo que yo he dicho aquí, que hayan sido víctimas igual que yo, que lo expresen públicamente para respaldar a todo lo que ha afirmado el Comité Nacional Pro Defensa de Presos, Perseguidos, Desaparecidos y Exiliados Políticos en su lucha por la defensa de los derechos humanos. (BALG 34)

En este sentido, la narración de la tortura en todos estos testimonios cobra una significación más amplia que la descripción de las vejaciones sufridas o la crisis personal; está dada en función de proveer información útil sobre los procedimientos y mecanismos, así como la identificación de otros desaparecidos que vieron con vida, más aún convocando a que otras víctimas denuncien públicamente la tortura e incluso elaborando un perfil y modos operativos de la policía política.

Como se ha podido observar, en estos textos la articulación de la memoria no solo funciona como una catarsis o elaboración de la experiencia traumática que se sobrepone a la intimidación y efectos de la tortura, lo cual en sí constituye un acto de valentía y mérito, sino que rebasa la recolección de sucesos del pasado para darles una resignificación. La compilación de estos textos rompe con las tendencias y modelos de textos testimoniales previos, en los que las diferencias en el interior de los grupos, la justificación de acciones del pasado, la narrativa individualista y la reconstrucción episódica son dejadas de lado para cerrar filas frente a un silencio impuesto en los discursos oficiales.

Capítulo 8. Nuevas agencias y prácticas de memoria del movimiento armado

> Presente, ahora y siempre,
> en la lucha combatiente.
>
> Pase de lista
>
> Romper silencios significa el comienzo
> para reconstruir una historia desde abajo,
> desde los portadores del dolor
>
> Andrea Radilla
>
> No soy el guerrillero que abandonó todo por la revolución.
> Soy la mujer que aquí comparece,
> que participó en un proceso revolucionario
> con toda su alegría de vivir
>
> Lourdes Uranga López

Este último capítulo aborda las disputas por la memoria en el marco de la creación y cierre abrupto de la FEMOSPP, periodo en el cuál reemergió una oleada de testimonios, homenajes y recorridos de memoria, producto de las discusiones y encuentros del Movimiento Armado Socialista (MAS). Dichas manifestaciones de memoria estuvieron enfocadas en desmontar el discurso oficial y la memoria histórica de la FEMOSPP, formaron parte de un proyecto de rearticulación identitaria y de visibilidad de la lucha, la demanda de verdad y justicia, así como la articulación del movimiento armado como origen de las conquistas democráticas. En este periodo se observa también la emergencia de nuevas agencias y tendencias que si bien no son dominantes, marcan nuevos giros en la construcción de la memoria como por ejemplo la aparición de testimonios escritos por familiares de desaparecidos o testimonios de las mujeres que participaron en la lucha armada.

Los epígrafes con los que abre este capítulo señalan claramente las transformaciones que ha tenido la memoria del movimiento armado y las nuevas agencias que ahora son visibles, pero fueron soslayadas por mucho tiempo: el duelo y homenaje a los caídos, la desaparición forzada y la perspectiva femenina de la lucha armada. El primer epígrafe es el pase de lista que se realizó en homenajes y recorridos a lo largo del país para honrar a los compañeros ejecutados o desaparecidos, rearticular su identidad como luchadores sociales y no como el gobierno los estigmatizó encubriendo el carácter político y social de los grupos armados. Mientras el epígrafe de Andrea Radilla denuncia la desaparición forzada de su padre Rosendo Radilla Pacheco y enfatiza la necesidad de construir una memoria desde el dolor de los familiares de desaparecidos, Lourdes Uranga marca un giro en la construcción de la memoria al subvertir la experiencia de la lucha armada a una subjetividad femenina, agencia no dominante en los testimonios anteriores.

Aunque en este periodo a su vez emerge el debate de la rectificación, articulado esta vez como origen del cambio democrático, la reconstrucción de los hechos y la proliferación de anécdotas que legitiman la voz del testigo, se observan una serie de cambios profundos como: 1) la entrada al ámbito público a través de la apropiación de lugares de memoria, recorridos, homenajes y coloquios que antes era impensable; 2) los encuentros de exmilitantes para discutir la necesidad de construir una memoria histórica desde su perspectiva; 3) la rearticulación identitaria del exmilitante y de la lucha revolucionaria; así como 4) la demanda del proceso legal a responsables intelectuales y materiales de la violencia del Estado. Se trata entonces de una memoria militante, de un trabajo de memoria, en términos de Jelin; de una práctica política en la arena pública más allá de la rememoración a puerta cerrada en los circuitos familiares o de sobrevivientes. Mucho de ello se volvió visible o emergió a raíz de la alternancia partidista y las limitaciones de la FEMOSPP, no obstante, cabe destacar que a su vez se trata de una larga disputa por la memoria desde décadas anteriores.

I. La actuación de la FEMOSPP y la justicia transicional en México

La alternancia partidista del 2000 y la promesa del expresidente Vicente Fox de abrir los archivos y llevar a cabo una investigación de la represión parecía iniciar un periodo de justicia transicional, no obstante, desde la formación de una fiscalía y su dependencia de las instituciones del Estado surgieron tensiones y visos de su uso político. La implementación de una política de justicia transicional, así como la denuncia de la desaparición forzada y la violación de los derechos humanos de la mal llamada 'guerra sucia' en México tiene varias entradas, en las que actores sociales e instancias gubernamentales se entretejen y llevan a cabo una disputa por la memoria, a pesar de que, por lo menos retóricamente, el discurso gubernamental coincide en la búsqueda de la verdad, la justicia y el fin a la impunidad.

Desde la perspectiva del Estado mexicano, ha habido una transformación y una apertura por los cambios que diferentes gobiernos comenzaron a operar, pero particularmente a partir del sexenio de Salinas de Gortari, al crear instancias en defensa de los derechos humanos[1]. La creación de la CNDH (1990), que adquirió carácter 'autónomo' e instauró el Programa Especial sobre Presuntos Desaparecidos en 1992, sentó las bases para girar

---

1 No obstante, cabe recordar que en un primer momento, durante el sexenio de José López Portillo se implementó la Reforma política electoral LOPPE y la Ley de Amnistía en 1978 que abrió la puerta a la oposición partidista a la vez que protegió al ejército, policía política y operaciones contrainsurgentes que todavía se llevaron a cabo hasta mediados de la década de los ochenta.

la Recomendación 26/2001 que se canalizó en la creación, no de una Comisión de la Verdad, sino de una fiscalía especial (FE-MOSPP). A su vez, los informes de la CNDH y la FEMOSPP arrojaron documentación relevante para que los familiares pudieran llevar el caso de la desaparición de Rosendo Radilla Pacheco a la Corte Interamericana de Derechos Humanos (COIDH). Tras el fallo a favor de la familia Radilla Martínez en 2008, el gobierno mexicano ha tenido que responder a la sentencia con medidas de reparación que han sido relativamente cumplidas, en todo caso como una formalidad.

Desde esta perspectiva, se puede argumentar que el concepto de un Estado monolítico de fines de la década de los años sesenta no puede ser comparado con la apertura de la década de los noventa y particularmente tras la alternancia partidista del 2000. Efectivamente, muchas nuevas variables intervinieron, como el fortalecimiento de los partidos de oposición, cierto margen para la libertad de expresión en la prensa y medios en comparación con las décadas anteriores, pero particularmente destaca la inclusión de los derechos humanos en la agenda nacional para cumplir con las expectativas de organismos internacionales. Si México se relacionaba con una comunidad global de libre mercado e intercambio, tendría también que modernizarse en materia de derechos humanos. Podría decirse entonces que la apertura de estos espacios e instancias para exigir el fin de la impunidad y la investigación de los crímenes del pasado responden a esta coyuntura marcada por la presión internacional, desde el sexenio de Salinas de Gortari; sin embargo, estos espacios también han sido producto del largo trabajo y la práctica de memoria activa por parte de los familiares de los desaparecidos.

Para las familias de los desaparecidos se trata de una larga historia de dolor, pero también de persistencia por un camino sinuoso de obstáculos, laberintos y tecnicismos legales que han tenido que zanjar para tener acceso a la información, recabar pruebas del caso de desaparición forzada —tipificado como delito en 2005, pero no a nivel federal—, llevar a cabo denuncias legales hasta agotar las instancias nacionales y recurrir a las internacionales que, una vez obteniendo el fallo a favor, han tenido que dar seguimiento para el cumplimiento de la sentencia por parte del gobierno mexicano. A pesar de que éste ha manifestado retóricamente la voluntad de implementar las normas internacionales, ha obstaculizado y aplazado su cumplimiento para proteger intereses políticos, económicos a nivel local y federal, así como poderes militares.

De ese modo, la construcción de la memoria tiene un uso político, mientras el Estado se ha enfocado en la construcción retórica de la democracia y fortalecimiento de las instituciones en clave de derechos humanos, para los familiares de desaparecidos y exmilitantes se trata de desmantelar la fachada de un cambio democrático que no ha confrontado los fantasmas del pasado, precisamente porque estos espectros no forman parte del pasado sino del presente. Como señala PJ Brendese:

> Los espectros interrumpen el momento presente y desestabilizan nuestras presunciones de una linealidad progresiva y teleológica entre el pasado y el futuro. La experiencia de ser perseguido por el pasado nos recuerda que nuestras expectativas de un presente imperturbable son con frecuencia la consecuencia de haber rechazado la existencia de los espectros que agitan la supuesta paz. (...) Anunciando su intento de confrontar el pasado del país, Vicente Fox emitió una advertencia pública declarando: «no estamos buscando fantasmas, estamos buscando la verdad». Los partidarios de la democracia estarían satisfechos si las declaraciones de Fox pudieran ser interpretadas como el conocimiento de la verdad sobre dónde fueron sepultados los restos de los desaparecidos. Desgraciadamente la evasión de Fox para confrontar los espectros puede ser traducida en la preferencia por la verdad como una

producción del poder del gobierno, la cual ha dejado la vasta mayoría de las desapariciones irresueltas[2].

Bajo el pretexto de no desatar una cacería de brujas, la renuencia de Fox para formar una Comisión de la Verdad anunciaba ya el uso político del pasado y las serias limitaciones de la FEMOSPP desde el seno de su creación. Entre éstas, algunos académicos han señalado una serie de graves desatinos, por ejemplo: 1) Unir las funciones de una fiscalía con la investigación histórica, cuyo efecto fue una constante tensión entre ambas y subsumir los delitos imputables al código penal mexicano y no al derecho internacional; 2) la ambigüedad entre los delitos atribuibles a un individuo y no a las instituciones, cuyo efecto fue cortar la cadena de mando y presentar estos hechos como abuso de poder de algunas autoridades y no como una estrategia sistemática; 3) la no limitación de la temporalidad histórica, lo cual imposibilitó una investigación profunda que lograra sentar precedente; 4) la elección del fiscal a cargo del procurador general Macedo de la Concha y la dependencia de la fiscalía a la PGR que a su vez se encontraba en investigación; y 5) no emitir recomendaciones al sistema judicial, a las fuerzas armadas, a la policía ni a los servicios de inteligencia, siendo que uno de los mayores

---

[2] Cita original: «Ghosts interrupt the present moment and destabilize our presumption of a progressive, teleological linearity between past and future. The experience of being haunted reminds us that our expectations of an undisturbed present are often the consequence of having disavowed the existence of the very ghosts who agitate its presumed peace. (...) Announcing his intent to confront the country's past, Vicente Fox issued a public disclaimer, declaring, 'We are not looking for ghosts, we are looking for the truth'. Partisans of democracy would be comforted if Fox's statement could be interpreted to mean that they could finally learn the truth about where the remains of the disappeared were buried. Unfortunately, Fox's evasion of ghosts can be translated as a preference for truth as a production of government power, which has left the vast majority of the disappearances unresolved» («Remembering Democratic Time» 6-7).

conflictos había sido el desajuste entre el sistema penal mexicano y el derecho internacional[3].

Las críticas mayores a la FEMOSPP se han centrado en la contradicción fundamental de asumir la doble tarea del historiador y del fiscal, lo cual no solamente limitó las posibilidades de obtener información de las autoridades involucradas —ninguna autoridad se inculparía—, sino que generó tensiones entre el área de investigación histórica y el área jurídico ministerial, que se tradujeron en un informe que claramente se deslinda de los alcances jurídicos que en su momento fueron presentados como uno de los objetivos de la fiscalía en oposición a la creación de una Comisión de la Verdad: «se referirán casos que posiblemente no se reúnan los elementos necesarios para ejercitar la acción penal en contra de los responsables» (*Informe histórico* 33).

A su vez, esta tensión provino de la disparidad y los vacíos entre el sistema jurídico mexicano con las leyes de derecho internacional. De este modo, la llamada «solución mexicana» propuesta por el gobierno de Vicente Fox no contempló la implementación de una serie de medidas conjuntas que lograran dar paso a una justicia transicional y, particularmente, destaca su carácter autoritario por la falta de autonomía de la FEMOSPP, que quedó supeditada a la Procuraduría General de la República (PGR) y la ausencia de una consulta a la sociedad civil en general.

> La estrategia original para implementar la justicia transicional fue reducida a la creación de una Fiscalía Especial que careció de la necesaria autonomía y recursos para realizar su tarea. Con excepción de algunos grupos de sobrevivientes, activistas

---

3   Aguayo y Treviño, «El informe de la vergüenza», *Reforma*, del 31 de diciembre de 2006. Para un análisis del impacto de la FEMOSPP en las iniciativas de memoria no oficial de los exmilitantes y en la Gira por la Verdad, véase Rodolfo Gamiño, *Resistir al olvido. Iniciativas no oficiales de memoria implementadas por exmilitantes del movimiento armado socialista*, capítulo V. Quiero agradecer la gentileza de facilitarme su tesis de doctorado y su posterior publicación de *Memorias fragmentadas de una guerra sucia*.

políticos y exmilitantes de la guerrilla de las décadas de los sesenta y setenta, la sociedad civil organizada en realidad nunca ha sido consultada y no ha sido parte del proceso de diseñar y producir los mecanismos de la justicia transicional que el país necesita[4].

Si bien la sociedad civil no fue consultada, la FEMOSPP también presentó anomalías en la forma en que se condujeron las entrevistas con los familiares de los desaparecidos y en las resistencias que opuso el área ministerial a los reportes del área histórica[5]. Asimismo, se privilegió la documentación extraída de los informes policiales y militares, en su mayoría con información arrancada bajo tortura, sobre el testimonio de las víctimas sobrevivientes y familiares de desaparecidos. Este hecho no es menor, ya que bajo el criterio de producir una verdad histórica

---

4   Cita original: «The original strategy for transitional justice was reduced to the creation of a Special Prosecutor's Office lacking the necessary autonomy and resources to perform its task. Organized civil society —with the exception of a few groups of survivors, political activists and demobilized guerrillas of the 1960's and 70`s— has never really been consulted and has not become part of the process of designing and producing the mechanisms for transitional justice that the country needs» (Acosta 113).

5   Aunque el punto central de Acosta es resaltar la falta de autonomía y consulta ciudadana de la FEMOSPP, cabe destacar algunos matices. La FEMOSPP contó con un presupuesto de 200 millones de pesos, como señalan Aguayo y Treviño Rangel («El informe de la vergüenza»). Julio Pimentel —exmilitante y colaborador del área de investigación histórica de la FEMOSPP— señala que las entrevistas realizadas a los familiares de los desaparecidos por parte del área ministerial tuvieron un tinte judicial y poco humano. Asimismo, cuestiona la metodología utilizada para analizar la documentación, subordinando la construcción de una verdad histórica a una herramienta complementaria de la investigación ministerial (Gamiño *Resistir al olvido* 207). Por su parte, Florencia Ruiz Mendoza, también colaboradora del área de investigación histórica, destaca que el reporte final inventa reuniones con organizaciones de derechos humanos, ya que algunos familiares de los desaparecidos denunciaron en 2005 que el fiscal Ignacio Carrillo tenía un año de no recibirlos (Radilla *Desaparición* 233).

documentada, que eventualmente sirviera para un proceso legal, se dejó por fuera del marco de investigación el derecho a la reconstrucción del pasado a partir de la memoria de las víctimas y familiares, que pudiera dar un significado amplio de los alcances y niveles del daño ejercido en lo individual y a lo largo del cuerpo social. No solo eso, sino que incluir el significado del dolor emocional y psicológico de los sobrevivientes y familiares de las víctimas —que es un duelo continuo por la imposibilidad de cierre en el caso de los familiares de detenidos-desparecidos— habría creado las condiciones para llevar a cabo medidas y actos de reparación significativa.

La divergencia entre una verdad histórica y una verdad jurídica, junto con la discrepancia entre el sistema judicial interno y los estándares de derecho internacional, imposibilitó el proceso jurídico contra los responsables de estos crímenes. Aún más, erróneamente se asumió que la FEMOSPP pondría fin de un periodo de transición, inaugurando por decreto un periodo de justicia transicional y marcando los tiempos y modos de la memoria; cuando en realidad solamente es el comienzo de un largo proceso en el que se deben conjugar investigación histórica, prácticas de memoria, proceso jurídico y transformación del sistema legal, así como medidas de reparación que eventualmente lleven a un proceso de 'reconciliación'[6].

En el caso mexicano, para los exmilitantes y familiares de los desaparecidos la profunda desconfianza en las autoridades gubernamentales, con razones de peso, ha marcado una brecha entre las prácticas de memoria y la denuncia de la desaparición forzada ante instancias oficiales como la CNDH o la FEMOSPP. Como señala Rosario Ibarra de Piedra, madre de Jesús Piedra Ibarra militante desaparecido de la LC23S, la documentación de los casos de desaparición forzada fue aportada durante varias dé-

---

6   Para un estudio comparativo del funcionamiento y la recepción de las CCV por parte de las víctimas, véase *Memoria. Seminario Internacional Comisiones de la Verdad: Tortura, reparación y prevención* (2003).

cadas de investigación a las correspondientes procuradurías, convirtiéndose en archivo muerto. Más aún, los resultados de la FEMOSPP sobre los casos de desaparición forzada no varían mucho de los casos presentados en el informe de la CNDH en 2001, que en su mayor parte provenían de las propias investigaciones que los familiares de las víctimas habían presentado a la PGR. Cabe destacar, como se señaló en el primer capítulo, el reporte de la CNDH difuminó la cadena mando, convalidó el relato oficial de democracia, presentó una versión tendenciosa que ocultó el carácter político del levantamiento armado, la sistematicidad de la desaparición forzada y redujo el número de casos de acreditados de desaparición forzada.

> Y entregamos, en todas las ocasiones, en todos los sexenios, los expedientes de desaparecidos a todas las procuradurías generales de la República, en cada sexenio, y no hicieron absolutamente nada. Preguntamos: ¿Para qué tantas comisiones de la verdad, si la verdad está ahí en las manos de la PGR? (…) Se está buscando una comisión que se va a tardar años. Pero nosotros queremos que actúen las instituciones de este país. Pensamos que las comisiones de verdad, perdonen el escepticismo, son cosas pactadas en esto que llaman transición. El presidente Fox no va a tocar al Ejército. (Ibarra de Piedra 448-47)

Efectivamente, dentro de los puntos más criticados de la iniciativa de Fox y los resultados de la FEMOSPP está precisamente la protección al fuero militar. Ningún militar ha sido procesado por crímenes de lesa humanidad, pese a que en 2011 se aprobó que los militares involucrados en la violación de derechos humanos de civiles sean procesados por una corte civil y no por una militar. Aunque para algunos analistas esta ley ha sido considerada un cambio sin precedentes en el sistema judicial, para otros significa solamente una ligera restricción al fuero militar que podría ser revocada en cualquier momento[7]. Frente a la ineficacia, pero, particularmente, la indolencia de las instancias gubernamentales, las consignas «vivos los llevaron, vivos los queremos» o «ni perdón, ni olvido», demuestran el rotundo rechazo a la complicidad y corrupción del Estado para mantener intactos los intereses políticos de un grupo, generando un entorno de impunidad, descrédito y falta de legitimidad del Estado en su conjunto. Este impasse, dentro de la clase política y sus resistencias para llevar a cabo cambios reales y profundos para poner fin a la impunidad, ha generado una gran desconfianza y ha dificultado que las prácticas de memoria y la demanda política de justicia se transformen en una demanda jurídica.

En el caso de los familiares de los desaparecidos, la demanda política a lo largo de los años ha logrado transformarse en una demanda jurídica que ha estado acompañada por las prácticas de memoria, no sin ciertas tensiones y divisiones entre organizaciones de familiares de desaparecidos[8]. Particularmente, AFADEM ha logrado sentar un precedente fundamental para llevar el caso de la desaparición forzada de Rosendo Radilla Pacheco ante instancias de derechos humanos a nivel internacional, una vez que las vías jurídicas en México fueron agotadas. Aunque el gobierno mexicano todavía está en vías de cumplir con las recomendaciones del fallo de la COIDH y algunas de ellas han sido consideradas por la familia Radilla Martínez como actos de reparación no significativos, sin duda, el hecho de haber lleva-

---

7   Véase Bernardo Bátiz, «Militares y tribunales especiales», *La jornada*, 18 de julio de 2011; Gloria Leticia Díaz, «Criterio de la corte sobre caso Radilla no es definitivo», *Proceso*, 22 de septiembre de 2011; y Elías Huerta, «Revoluciona el caso Radilla el sistema jurídico mexicano», *Milenio*, 18 de julio de 2011.

8   Estas tensiones han sido poco analizadas, por ello es relevante la tesis de maestría de Libertad Argüello Cabrera, «Apertura política y violencia en México (1976-1988). Condiciones de visibilidad y agentes sociopolíticos no convencionales: El caso de Comité ¡Eureka!».

do a un proceso jurídico internacional al gobierno mexicano ha sido un logro decisivo para exigir los derechos a la verdad, a la memoria y a la justicia. Al igual que la falsa creencia de que las comisiones de verdad marcan un cierre del pasado de violencia, este logro debe ser entendido, no como la conclusión de un caso de desaparición, como lo ha asumido el gobierno, sino como el comienzo para exigir en el plano jurídico la rendición de cuentas, la aplicación de la justicia y la implementación de medidas de reparación del tejido social, así como de medidas preventivas del ejercicio de la violencia de Estado.

II. *Encuentros y prácticas de memoria de exmilitantes del* MAS

Aunque muchos exmilitantes han colaborado y participado activamente con las organizaciones de familiares de los desaparecidos, en el contexto de la alternancia partidista se observa un repunte de la actividad de los exmilitantes que puso en la agenda de discusión las deudas no saldadas del Estado con el pasado y la relevancia del ejercicio de la memoria. Entre 2000 y 2004 se llevaron a cabo cuatro reuniones nacionales de exmilitantes, durante las cuales, en términos generales, se discutió el papel del Movimiento Armado Socialista (MAS), la recuperación del pasado, la vigencia de la lucha contra la impunidad y la complicidad del Estado, así como pugnar por la rendición de cuentas a través de la búsqueda de la verdad y la aplicación de la justicia. Estos objetivos se fueron perfilando a lo largo de las reuniones, como resultado de las discusiones; sin embargo, al mismo tiempo se puede observar que durante las cuatro reuniones surgieron diferencias en los modos en que los exmilitantes conciben la reconstrucción de pasado y el ejercicio memorístico, confrontándose, por un lado, con un pasado doloroso por la persecución del Estado a la que fueron sometidos, así como los duelos postergados de los compañeros caídos en combate, ejecutados o desaparecidos y, por otro, con las diferencias que provenientes del debate de la rectificación de la lucha armada se revitalizaron en torno a su posicionamiento actual en relación con los discursos del Estado sobre el pasado y la actuación de la FEMOSPP.

Los encuentros nacionales tuvieron su antecedente en dos reuniones convocadas en 1999 por un sector de la izquierda y el equipo de campaña de Vicente Fox. Estas reuniones, a pesar de estar enmarcadas en una suerte de homenaje —una de ellas estratégicamente realizada el 23 de septiembre en el aniversario del asalto al cuartel Madera de 1965—, buscaban disuadir a los exmilitantes por el voto útil, así como hacer un llamamiento para que las organizaciones armadas depusieran las armas, haciendo circular un documento para ser firmado.[9] Destaca que, a pesar de que las promesas de campaña de Fox giraban en torno a poner fin a la impunidad y la búsqueda de la verdad, esta propuesta sugiere que la moneda de cambio era asegurar la deposición de las armas, específicamente el EZLN y el EPR, incluyendo grupos que ya no estaban en actividad, y buscar el apoyo político de los exmilitantes. A pesar de que las reuniones nacionales de exmilitantes surgieron como respuesta a estas primeras reuniones convocadas por la campaña foxista, poco a poco se perfila su independencia del halo oficialista.

La primera y segunda reunión nacional de exmilitantes, previas a la creación y comienzo de actividades de la FEMOSPP, se llevaron a cabo en febrero de 2001 y 2002, respectivamente, en la Universidad Autónoma de Sinaloa[10]. La Primera Reunión Na-

---

9   Entrevista a JLMB el 11 de agosto de 2014.
10 La Primera Reunión Nacional se llevó a cabo el 5 de febrero de 2000 en las instalaciones de la UAS y fue convocada por exmilitantes que tenían cargos públicos en Sinaloa: Aarón Flores, Eduardo Esquivel Revilla, José Domínguez y Joel Hernández. La Segunda Reunión Nacional se cumplió el 3 y el 4 de febrero de 2001, también en la UAS. Rodolfo Gamiño señala que a partir de la Segunda Reunión hubo una mayor presencia de exmilitantes que no estaban integrados a la vía partidista, transformándose en mayoría durante la tercera y cuarta reunión nacional. Para un análisis de

cional, convocada exclusivamente para exmilitantes de la LC23S, tuvo como objetivo rendir homenaje a Raúl Ramos Zavala con motivo del XXX aniversario luctuoso, así como restablecer el diálogo, el intercambio de experiencias y los lazos de solidaridad entre los exmilitantes. En esta reunión se acordaron crear estrategias y espacios para recuperar la memoria enfocadas en: 1) visibilizar la discusión del movimiento armado a través de foros en los que participaran tanto militantes como investigadores; 2) impulsar el género testimonial para denunciar la violencia de Estado ejercida (detención ilegal, tortura, desaparición forzada y existencia de cárceles clandestinas), 3) contrarrestar la imagen del guerrillero impuesta por los discursos oficiales para resignificarla por la de jóvenes luchadores sociales que tomaron las armas cuando las vías democráticas estaban clausuradas, y 4) pugnar por la investigación y aplicación de la justicia a las autoridades responsables de los crímenes de lesa humanidad cometidos durante la mal llamada 'guerra sucia' (Gamiño 78-91).

No obstante, en la Segunda Reunión Nacional surgieron diferencias en torno a la construcción de la memoria, ya que había sido soslayado el tema de las fracturas internas en los grupos armados a raíz del debate de la rectificación. Particularmente, un grupo de los convocados —que Rodolfo Gamiño denomina como los «no integrados»— cuestionó la postura pacifista de aquellos que se incorporaron a la vía partidista tras la reforma política del 78. Se puede observar así una disputa por la memoria en ambos grupos, en el modo en que se articularía el pasado, y aunque todos coincidieron en la necesidad de construir una memoria alternativa a los discursos oficiales de manera colectiva y homogénea, uno de los primeros desafíos fue precisamente conciliar diferencias de fondo entre quienes se retractaron de la lucha armada y quienes consideraban que había sido la vía

---

las cuatro reuniones nacionales de exmilitantes, véase de Rodolfo Gamiño, *Resistir al olvido. Iniciativas no oficiales de memoria implementadas por exmilitantes del movimiento armado socialista*, especialmente el capítulo II..

correcta en su momento, a la vez que valoraban que la matriz ideológica y política de ésta todavía tenía validez.

> La tensión que de manera interna se generó en torno a las resistencias y el pasado entre los denominados *restos del naufragio o pacifistas* y los *revolucionarios* pusieron de manifiesto que los exmilitantes del movimiento armado tenían que enfrentar y solucionar percepciones en torno al pasado, un pasado colmado de conflictos éticos y políticos, así como cargas emocionales, tanto individuales como colectivas que resultaban ser contradictorias. (Gamiño 88)

A pesar de estas diferencias se llegó al acuerdo de implementar estrategias de resistencia que estuvieran enfocadas en la investigación del pasado y en el proceso legal de los responsables de crímenes de lesa humanidad. Esto se llevaría a cabo a través de la creación de una Comisión de la Verdad, un programa a nivel federal de indemnización de las víctimas y la creación de asociaciones civiles que tuvieran personalidad legal para demandar la implementación de la justicia. También se acordó la creación de un centro de estudios del movimiento armado socialista, que tendría como objetivo la creación de un archivo y la divulgación a la sociedad civil sobre la información recabada.[11] Hasta este momento la FEMOSPP todavía no había entrado en actividades, sin embargo, se puede observar que los objetivos para investigar el pasado y demandar el proceso legal de los responsables coincidía con el discurso del Estado, aunque explícitamente los exmilitantes se distanciaron de la propuesta del Estado al propugnar

---

11 Previamente, a finales de la década de los años ochenta, algunos exmilitantes tuvieron la iniciativa de formar el Centro de Investigaciones Históricas del Movimiento Armado (CIHMA), cuyo objetivo era la recopilación de archivos y la difusión de las actividades a través de la revista *Expediente abierto*. Sin embargo, por problemas financieros y la situación legal del inmueble que alojaba al centro el proyecto se disolvió tras la publicación de tres números de la revista (entrevista a Salvador Castañeda 2008, entrevista a Manuel Anzaldo 2013, Gamiño 118-122).

por una Comisión de la Verdad (CV). Si bien en un comienzo Vicente Fox planteó la creación de una CV, la presión ejercida por los miembros más reaccionarios del PAN y del PRI resultó en la creación de una fiscalía, bajo el argumento de que una CV fungiría como cacería de brujas. Se trataba de proteger a una cúpula política todavía en el poder que daría apoyo a las reformas políticas presentadas por Fox (Acosta 100). Por su parte, organizaciones de derechos humanos, exmilitantes y familiares de los desaparecidos propugnaron por una Comisión de la Verdad independiente de las instituciones gubernamentales.

Durante la Tercera Reunión llevada a cabo en marzo de 2003 en la Universidad Autónoma de Sinaloa, y a un año y meses del comienzo de actividades de la FEMOSPP, la desconfianza en los alcances de la fiscalía se agudizó por la subordinación de ésta a la Procuraduría General de la República a cargo del militar Rafael Macedo de la Concha. Frente a esto, los exmilitantes cerraron filas para establecer estrategias de presión para pugnar por la consolidación de una CV, para ello el trabajo memorístico en la escena pública era crucial así como el desarrollo de proyectos de investigación y la demanda de ciertas reformas que se concretaron en un acuerdo de doce puntos[12].

---

12   Estos puntos incluyeron: 1) la formación de equipos de investigación y de apoyo a los familiares de los desaparecidos, 2) promover la consolidación de una Comisión de la Verdad, tenga o no reconocimiento legal, y presentar diversos proyectos de investigación a la FEMOSPP, 3) fortalecer la participación de las organizaciones a nivel local y procurar formar un frente único del movimiento sobre la «guerra sucia», 4) elaborar una demanda para que la Ley de Derecho a la Información la difundan en todos los Estados, 5) crear una coordinación del movimiento que sirva de enlace entre los miembros del mismo, 6) la elaboración de una cronología del proceso revolucionario en México, 7) fundar una biblioteca de la lucha armada socialista, 8) desarrollar un banco digital cuyos escritos contengan imágenes, 9) considerar el juicio *postmortem* de los culpables de la 'guerra sucia', 10) no delegar la responsabilidad de la investigación de la memoria histórica a agentes externos, aunque sean especialistas, sino que recaiga en

En este acuerdo se puede observar una toma de conciencia del uso político de la memoria, ya que plantea en términos generales el derecho a la construcción de la memoria y posiciona a los exmilitantes como actores sociales y políticos. A nivel organizativo se planteó la formación de un frente único a través de una Coordinación a nivel nacional que facilitara la comunicación con diferentes organizaciones a nivel local, replicando en bastante medida el modelo organizativo de la LC23S. En relación con la reapropiación del pasado y la práctica de la memoria, se acordó tomar en sus manos el trabajo de investigación que planteara una perspectiva alternativa al discurso oficial e incluso de investigadores especializados, ya que la investigación y construcción de la memoria histórica correspondía a los actores del movimiento armado. Esto incluía la creación de una biblioteca, un archivo digitalizado y la elaboración de una cronología del movimiento armado socialista. A su vez, el trabajo de investigación y el ejercicio de la memoria tendría como objetivo ejercer presión política a través de la creación de una Comisión de la Verdad, con o sin el reconocimiento legal, la elaboración de proyectos para presentarlos a la FEMOSPP, el apoyo a los familiares de los desaparecidos, la demanda de una Ley de Derecho a la Información y la exigencia de un juicio *postmortem* a los responsables de la mal llamada 'guerra sucia'.

Hasta aquí se puede observar que, pese a la diferencia de posiciones, hay un consenso en el que la memoria aparece como una herramienta para reconstruir el pasado y la verdad histórica, así como demandar la investigación y proceso legal de las autoridades responsables del terrorismo de Estado y las desapariciones forzadas. Sin embargo, también asoman ciertas tensiones y contradicciones entre un proyecto independiente que desconfía del Estado como juez y partícipe de la fiscalía, pero carente de

---

miembros del movimiento, 11) formalizar el trabajo comprometido con la causa a nivel nacional y 12) considerar el 23 de septiembre como día nacional del movimiento guerrillero (Gamiño 95).

infraestructura y acceso a los archivos, y un proyecto supeditado a formas y tiempos de las instituciones gubernamentales.

La Cuarta Reunión Nacional se llevó a cabo en abril de 2004, esta vez en Zapopan, Jalisco, y tuvo como objetivo revisar los mecanismos de resistencia que se habían acordado en la reunión anterior. Particularmente se destacó la necesidad de hacer un balance crítico sobre los diferentes aspectos de la experiencia guerrillera que se habían vertido en reuniones anteriores a través del testimonio oral[13]. Se cuestionó el sentido que tenía el uso del recuerdo y la memoria en las reuniones anteriores, ya que había una fuerte tendencia al protagonismo y a la visión del pasado con nostalgia destacando los logros o las derrotas; sin embargo, se había soslayado un tema de fondo: la ética revolucionaria. Con esto se refieren los exmilitantes a la necesidad de un ejercicio autocrítico y de balance que necesariamente está vinculado con la construcción y resignificación de una identidad colectiva, como señaló Bertha Lilia Gutiérrez Campos, exmilitante del FER: «¿quiénes éramos? y ¿quiénes somos ahora?».

> Para el grupo de los *no integrados* era imperante cómo se presentarían en el presente, cuando a 30 años de distancia todavía persistían las posiciones de arrepentimiento, las de aquellos que reclamaban deudas sociales, otros que se sumaban a las políticas de corruptelas, otros que participaban en organizaciones civiles y otros más que preferían el anonimato porque consideraban que dar la cara no tenía sentido o podría ser todavía peligroso. (Gamiño 105-106)

---

13 Durante la Cuarta Reunión Nacional también se discutió la posibilidad de crear una organización, y si esta debía ser de carácter civil o político, sin embargo, aunque el debate se inclinó por la organización política, las diferencias en torno al funcionamiento y coordinación imposibilitaron su concreción. A pesar de aprobar la organización como Movimiento 23 de Septiembre y nombrar a Salvador Gaytán como presidente y a Florencio Lugo Hernández como vicepresidente, los acuerdos quedaron en el olvido. Entrevista a José Luis Moreno Borbolla, el 11 de agosto de 2014.

Pese a los acuerdos de las reuniones anteriores, en las que los exmilitantes habían desarrollado una conciencia del papel de la memoria y la necesidad de pugnar por la rendición de cuentas del Estado y la aplicación de la justicia, en gran medida como reacción a las instancias del Estado y a la desconfianza en una fiscalía sujeta a la PGR, aparece de nuevo una cuenta pendiente con el pasado y las dificultades para homologar criterios en la conformación de una memoria a nivel colectivo. Se puede observar así, por un lado, que durante las reuniones los exmilitantes implícitamente están abordando las diferencias entre una memoria que opere solamente como la recolección de recuerdos —una memoria literal en Todorov— y la necesidad de conformar una memoria militante que plantee su uso político. Esto es, como un ejercicio de la memoria que recupere los significados de la experiencia en el pasado, la reapropiación del pasado en el presente y que a la vez abra debate en la escena pública. Es decir, un trabajo de memoria en Jelin o una práctica de memoria en Richard. De este modo, la construcción de una memoria militante está íntimamente ligada a la reelaboración de una identidad grupal que desmantele la figura estigmatizada del guerrillero/a como delincuente común o terrorista que proliferó a partir de la campaña mediática del gobierno, para resignificarla en la imagen de un/a luchador/a social. Efectivamente, para que una memoria suelta se transforme en un nudo de memoria y opere en la esfera pública, en términos de Stern, es necesario que la comunidad de memoria tenga la suficiente presencia pública y política.

> [E]n la Cuarta Reunión Nacional, el recuerdo, los mecanismos de resistencia y el uso político del pasado deberían tener tres funciones: 1) evidenciar que la justicia tenía una cuenta pendiente con el pasado, particularmente con los familiares de los detenidos-desaparecidos y con los sobrevivientes del movimiento armado socialista, 2) los exmilitantes del movimiento armado estaban dispuestos a presionar a través de la memoria a las instancias gubernamentales para que la verdad

> sea conocida y aplicada la justicia transicional, y 3) explicitar a la ciudadanía que el concepto de «guerra sucia» ha convertido un enfrentamiento desigual entre los exmilitantes del movimiento armado socialista contra el Estado en una dicotomía conceptual, en la cual el Estado y las fuerzas del orden se colocan como salvadoras y benevolentes, mientras que la oposición ha sido deslegitimada y minimizada social, política e ideológicamente. Por tanto, una prioridad era manifestar a la sociedad que ellos no fueron delincuentes inconformes, sino revolucionarios vanguardistas que lograron hacer un quiebre a la historia del país, así como importantes transformaciones en materia de derechos políticos y humanos. (Gamiño 111-12)

Las discusiones sobre la construcción de la memoria, si bien señalan la conciencia de su uso político frente a la inmediatez para responder a las instancias del Estado, a su vez mantienen marcas de los modos organizativos anteriores, por su carácter colectivo y unificador, al propugnar por la fijación de una memoria que opere de manera homogénea. El proceso se pensó de manera colectiva, comenzando con recabar las memorias individuales, la homologación de criterios para considerar qué es relevante en la memoria, lo cual daría solidez al proyecto y dejaría de lado protagonismos, posturas mesiánicas, resentimientos y subjetividad, pero también las rupturas internas y las diferencias políticas del pasado y el presente, para evitar la obnubilación de una memoria revolucionaria.

> El pasado tenía que ser ordenado de forma individual y, posteriormente, de forma colectiva. Bajo esta lógica los exmilitantes tenían, principalmente, que identificar cuál había sido su papel en el pasado y cuál su papel en el presente, en otras palabras qué habían sido y qué pretendían ser. Esta auto-auscultación obligaría a que los sujetos replantearan su identidad y se alejaran de posturas del autoelogio, el martirio y la nostalgia y se asumieran en como un conjunto de revolucionarios

vanguardistas que en colectividad rompieran con el pasado y la historia del país. Para adquirir este nivel del recuerdo y poder hacer uso del pasado de forma colectiva los exmilitantes exhortaron a los asistentes a desarrollar un vaciado de recuerdos colectivos y posteriormente homologar criterios para determinar qué recuerdos del pasado se establecerían como memoria. Este ejercicio permitía además que los exmilitantes superaran las concepciones del pasado, esas consideradas como trasladadas, confundidas, aplazadas y renunciadas. (Gamiño 110-11)

La homologación de criterios responde directamente a la necesidad de cerrar filas para desmontar las versiones oficiales del pasado. Es decir, la memoria aparece como instancia desarticuladora de la historia oficial. Pero, si la memoria está vinculada con la experiencia del pasado y a su vez ésta se reconfigura a partir de la experiencia en el presente, no puede hablarse de una memoria homogénea, sino de memorias múltiples que precisamente pongan en tensión los relatos abarcadores que busquen fijar una interpretación unívoca del pasado.

La multiplicidad de experiencias da lugar a muchos *relatos distintos, contradictorios, ambivalentes* que el ejercicio de memoria no trata de estructurar, ordenar ni desbrozar para hacerlos homogéneos o congruentes. Por el contrario, su riqueza reside en permitir que conviva lo contrapuesto para dejar que emerja la complejidad de los fenómenos, pero también para abrir paso a diferentes relatos. (Calveiro «Los usos políticos» 378; énfasis en el original)

En este sentido, las divergencias o contradicciones en el grupo de exmilitantes ponen de manifiesto las disputas por la memoria, aun siendo memorias residuales, pero también demuestran un ejercicio de rememoración y un diálogo con el pasado, una cuenta pendiente que había sido postergada por muchos años. La confrontación de los exmilitantes no fue solamente con un pasado de violencia y terrorismo de Estado, sino con las propias visiones sobre el pasado y las posturas políticas al respecto. Las tensiones registradas durante las reuniones nacionales no solo evidencian la problemática entre una memoria individual y la conformación de una memoria grupal que se posicionara como una memoria emblemática, en términos de Stern, sino que también señalan el carácter heterogéneo del movimiento armado, así como las fracturas internas generadas a partir de la reforma política, pero que bien pueden ser rastreadas desde la propia fundación de la Liga[14].

Aunque los exmilitantes se suman a la demanda de denuncia y justicia para los familiares de los desaparecidos, ya que muchos de ellos además de ser detenidos-liberados y sobrevivientes, perdieron familiares o compañeros, se observa una agencia recurrente por mantener una identidad política revolucionaria que, aunque entendida de distintos modos y de ahí el disenso, es crucial para contrarrestar el gran peso que ha tenido el estigma de la lucha armada generado a partir de la campaña mediática gubernamental. Esta agencia puede observarse claramente en los testimonios publicados a partir del 2000, cuando se lleva a cabo una resignificación del guerrillero como luchador social para desmontar el estigma de 'otredad' que, precisamente, legitimó el uso de la fuerza pública y las operaciones de contrainsurgencia.

Pese a que las discusiones entre los exmilitantes parecieran haberse anquilosado en los modos de construir una memoria colectiva sin lograr la consolidación de un solo frente, cabe destacar que las reuniones nacionales fueron decisivas para abrir el debate de manera interna y llevar a cabo acciones de rememoración que tuvieran mayor visibilidad en la sociedad civil, como un primer paso estratégico en la disputa por la memoria. Finalmente, y a diferencia de las dictaduras del Cono Sur, la violencia

---

14 Recuérdese que la LC23S tenía como objetivo crear un frente de diferentes organizaciones armadas que operaban a nivel regional, por lo cual, a pesar de las fusiones o intercambio entre diferentes organizaciones, en la raíz se trata de un movimiento profundamente heterogéneo.

de Estado, la tortura y las desapariciones se realizaron de manera selectiva, por lo que la memoria de ese pasado se circunscribe a circuitos específicos, quedando gran parte de la población alejada de una comunidad de memoria de la lucha armada, quizás con la excepción del Estado de Guerrero, en donde los operativos militares ejercieron una violencia sin precedentes contra las comunidades rurales.

Haciendo una digresión comparativa, si bien el uso público del testimonio en el Cono Sur marcó profundamente la condena moral a la dictadura y promovió la solidaridad con las víctimas, a su vez quedó circunscrito a los límites de lo que la sociedad quería escuchar, dejando fuera cualquier tinte ideológico o político que recordara los objetivos de la lucha de militantes o simpatizantes de movimientos de oposición[15].

> Esas figuras, despegadas del marco político de las luchas y de la masacre, se acomodaban mejor en el humor colectivo al perfil de víctimas que la sociedad admitía y, en cambio, dejaba fuera los testigos que buscaban reasumir su pasado como militantes revolucionarios. (Vezzetti 27)

De este modo, se puede observar que los horizontes de recepción social del testimonio y de las prácticas de memoria estuvieron signados por la necesidad de articular a las víctimas como sujetos desvinculados de la actividad política e ideológica, como una estrategia que enfatizara la brutalidad de la dictadura al practicar la tortura y la desaparición en individuos «como nosotros», es decir, individuos no estigmatizados como un «otro».

En el caso mexicano, el testimonio producido por los exmilitantes desde la década de los años setenta no evadió su filiación ideológica, por el contrario, fue el modo de colocar en

---

15 Es más, en muchos casos, uno de los primeros rasgos que destacan los testimonios de las víctimas es su deslinde de participación o simpatía ideológica con los movimientos armados, como lo problematizan los trabajos de Fernando Reati y Hugo Vezzeti, por citar algunos ejemplos.

la escena pública los debates y las fracturas internas del movimiento armado en el marco de la apertura democrática a finales de la década de los años setenta. Asimismo, cabe destacar que el testimonio no tuvo un uso público ni fue central en las investigaciones de la FEMOSPP, ya que se privilegió la información recabada en los archivos policiales y militares desclasificados[16]. No obstante, a pesar de que la producción, circulación y función del testimonio difiere en el Cono Sur y México, en ambos casos aparece un asunto de fondo en relación con la articulación de una memoria colectiva o social, que no necesariamente puede estar identificada con la memoria del movimiento armado.

En este sentido, las reuniones nacionales parecen haber realizado un diagnóstico importante intentando saldar cuentas pasadas entre los exmilitantes, pero también tomando conciencia de que sus prácticas de memoria deberían ser públicas, para zanjar la brecha entre las diversas comunidades de memoria, la de la lucha armada y una memoria social más amplia. La coyuntura política, la represión a los movimientos sociales y la escalada de la violencia estatal y del narcotráfico, cristalizó un horizonte de recepción en la sociedad civil mucho más abierto para escuchar no solo el testimonio de las víctimas y familiares de desaparecidos, sino también de los exmilitantes del movimiento armado socialista en México.

A partir de la Cuarta Reunión Nacional, la recuperación del pasado parece haberse bifurcado en dos proyectos paralelos

---

16 Si bien el caso mexicano es paradigmático, ya que a diferencia de otros gobiernos abrió los archivos policiales (DFS y DGIPS) y militares (SEDENA) y los depositó en el AGN, se presentaron anomalías, extravíos y poca colaboración de la SEDENA, a la vez que se generaron candados para su consulta al estar custodiados por agentes del CISEN, en el caso de la galería 1. Sin mencionar el laberinto burocrático del AGN por el que debe navegar el investigador o familiar de desaparecido antes de poder consultar archivos que no solamente presentan graves deficiencias de catalogación, sino que hay indicios de su deliberada destrucción, como lo señala Ávila Coronel en «La desclasificación de los archivos de la ignominia en México».

que parecieran ser irreconciliables y que Gamiño identifica en dos organizaciones de exmilitantes: el Centro de Investigaciones Históricas de los Movimientos Armados AC (CIHMSAC), establecido en la Ciudad de México, y el Colectivo Rodolfo Reyes Crespo (CRRC) en Guadalajara. Por un lado, un proyecto propugnaba por el establecimiento de una verdad histórica que incorporara la memoria y la experiencia desde la perspectiva de los exmilitantes, cuya función sería sentar las bases para el proceso jurídico y la reparación a las víctimas de la violencia y del terrorismo de Estado. Por otro lado, el proyecto del CRRC buscaba promover las prácticas de la memoria a través de la recuperación y resignificación de espacios públicos en lugares de memoria, como un modo de restablecer la imagen de los exmilitantes como luchadores sociales y tejer lazos con la sociedad civil, todo ello a nivel local. Estas prácticas de memoria se distanciaron de un modelo que se consideró más cercano a una perspectiva historicista y ajustado a una estructura legal con plazos fijos dictados desde las instancias gubernamentales, frente al cual el proyecto alterno planteaba subvertir la historia oficial a partir del ejercicio de la memoria a nivel regional que sería construida a largo plazo.

> [L]os *no integrados* rechazaron operar de acuerdo a las reglas sugeridas por los *integrados*, a decir, de acuerdo con los tiempos institucionales, bajo el auspicio y solidaridad del Estado o funcionarios públicos, aún éstos hubiesen pertenecido a partidos de izquierda oficial. Por el contrario, ponderaron el trabajo con el pasado de forma interna, colectiva y autónoma como elementos que les permitirían establecer una memoria histórica a largo plazo, no incremental, pues para ellos el tiempo no terminaría al desaparecer la FEMOSPP, sino por el contrario: el pasado y el recuerdo deberían ser la única herramienta de resistencia que permita pugnar a largo plazo por la justicia, la reparación y la verdad histórica. (…) Por tanto, consideraban que su lucha no estaría enfocada en el orden legal, ya que perderían por esa vía, preferían centrar su lucha

en el campo ideológico, en la construcción de una memoria alterna que fuese capaz de mostrar el otro lado de la historia oculta. (112, 149; énfasis en el original)

En 2004, después de una reestructuración en la Fiscalía Especial, algunos exmilitantes fueron invitados a integrarse al equipo del área de investigación, sin embargo, después de las tensiones internas en la FEMOSPP, la infiltración del borrador del informe final en la página de National Security Archive y el cierre abrupto de la Fiscalía en 2006, los exmilitantes denunciaron en conferencia de prensa las anomalías internas[17]. Entre estas anomalías revelaron la eliminación en el informe oficial, de la identidad, cargos y grados militares de quienes habían perpetuado violaciones a los derechos humanos, así como el papel que jugó José Sotelo Marbán, coordinador general de investigación y redacción, para rasurar el informe y suavizar términos que implicaran la ejecución de crímenes de lesa humanidad[18]. Con

---

17   Agustín Evangelista, Arturo Gallegos Nájera, Carlos Salcedo, Alberto López Limón y José Luis Moreno Borbolla, exmilitantes del MAS colaboraron en el área histórica de la FEMOSPP. Entre las anomalías que denuncian destaca que mientras el equipo de investigación histórica estaba por terminar el informe, ante la sospecha de ser recortado, fue infiltrado al sitio de National Security Archives en febrero de 2006 en calidad de borrador. El informe oficial apareció solo por una semana en el sitio de la PGR, en octubre de 2006, y posteriormente fue publicado por el Comité 68 Pro Libertades Democráticas, con un breve análisis de los cambios y recortes realizados entre la versión entregada por el área histórica y la oficial. Esta versión señala la sustitución de términos que atenúan y en bastante medida neutralizan la gravedad de los crímenes. Véase *Mexico genocidio y delitos de lesa humanidad. Documentos fundamentales 1968-2008*, Tomo IX, (23-25). Para consultar el borrador del informe y artículos relacionados con la actuación de la FEMOSPP, véase la página: https://nsarchive2.gwu.edu//NSAEBB/NSAEBB180/index2.htm Para consultar el informe oficial véase la página: https://nsarchive2.gwu.edu/NSAEBB/NSAEBB209/#informe.

18   Quizás no sea sorprendente que el informe protegiera la identidad y grados militares de los involucrados, puesto que José Luis Soberanes, presi-

esta conferencia comenzó la Gira por la Verdad que abarcó la Ciudad de México, Guadalajara, Morelia y Chilpancingo, con la colaboración de diversas organizaciones como AFADEM, CIHMSAC, CRRC, Fundación Diego Lucero y el apoyo de los periódicos *La Jornada* y *Reforma*.

Cabe destacar que de manera paralela a las reuniones nacionales se llevaron a cabo, entre 2002 y 2009, diversos actos públicos como homenajes, encuentros cerrados y otros abiertos al público, recorridos de memoria organizados por diversas agrupaciones de exmilitantes que llegaron a cubrir seis estados de la república. Mientras algunos se llevaron a cabo en espacios institucionales como universidades o el Senado de la República, otros se apropiaron de espacios públicos donde los compañeros combatientes habían sido acribillados o detenidos-desaparecidos; estos espacios representativos, aunque no únicos, gravitan en torno a Atoyac, Madera y Nepantla[19]. A su vez, la actividad de los exmilitantes se intensificó a través de la formación de colectivos (CIHMSAC, CRRC, Fundación Diego Lucero, entre otras) y la colaboración conjunta para organizar homenajes, charlas, presentaciones de libros particularmente testimonios y eventos de difusión abiertos al público en general. Los encuentros, homenajes y recorridos fueron primordiales para la reconstrucción de una comunidad de memoria que había permanecido en silencio por varias décadas y a su vez estaba fragmentada por los

---

dente de la CNDH, durante su informe en 2001 –que precisamente dio origen a la FEMOSPP– entregó a Vicente Fox un sobre cerrado con información que no sería revelada al público para proteger la reputación de los supuestos responsables (Acosta 101).

19 Para un análisis de los lugares y la práctica de la memoria desde una perspectiva de género, véase de Lucía Rayas, «Hitos de la memoria guerrillera. Creación de espacios memorísticos y de monumentos rituales»; para un recuento de los trabajos de exhumación, identificación y homenaje a Lucio Cabañas en Atoyac, véase de Felipe Fierro Santiago, *El último disparo: versiones de la guerrilla de los setenta* (2006).

efectos de la violencia de Estado, la práctica de la tortura, y por el carácter compartimentado del clandestinaje.

> [E]l caso de las memorias guerrilleras, por tratarse de actividades prácticamente ocultas a la población, distantes de un público simpatizante que pudiera darles sentido político y épico, parece tener y mostrar una mayor necesidad de llenar sus posibles vacíos de sentido. (…) Otorgar sentido a la muerte de las y los compañeros de armas es un acto que intenta romper el silencio, y no hablamos aquí sólo del silencio impuesto durante décadas para conservar la integridad personal, sino de aquel que llena las experiencias traumáticas. Éstas dejan una impronta de ausencias, sufrimiento, dolor y, muchas veces, repito, silencio. Éste añade violencia simbólica a la real que de por sí se padeció, por la que pueden haberse creado pérdidas y fracturas de memoria. (Rayas 283)

De este modo, la rememoración a través del homenaje luctuoso se convirtió en un espacio de catarsis, pero también de conformación identitaria que dio visibilidad al movimiento armado socialista. Los recorridos, como señala Rayas, trazaron una geografía de la memoria de la lucha armada, construyeron «monumentos virtuales» cohesionando una comunidad que con todo y sus divergencias se solidariza en torno a un objetivo común: no olvidar.

> Tener la capacidad de hablar públicamente sobre hechos de muerte —ya que los monumentos virtuales se erigen para recordar a las y los que ya no están— ayuda a mantener un sentido de comunidad: son actos de resistencia que deben ayudar a generar una conciencia pública. (…) Su función memorística y antropológica de mantener un núcleo identitario es una sola con la creación de este espacio disperso por el centro, norte y occidente de la república. Es una enorme figura que abraza y contiene, con sus monumentos virtuales re-erigidos, a una colectividad presente y ausente. (Rayas 284-285)

Más aún, el acto de rememoración pública no solamente logró zanjar las diferencias internas del movimiento armado, sino que enlazó pasado y presente, actualizando la lucha revolucionaria, resignificándola en una demanda de justicia y fin a la impunidad. Si bien las prácticas de memoria de los exmilitantes no lograron articularse en un proceso judicial, sentaron las bases para poner en circulación relatos alternos del pasado que descolocaran las versiones de las instancias oficiales. Por ello, cabe destacar que la construcción de la memoria del movimiento armado ha tenido que confrontar una serie de obstáculos como: 1) la fragmentación, estigma y silencio, producto del aparato represivo y también del carácter compartimentado del clandestinaje; 2) las diferencias de posición teórica y política que, junto con la heterogeneidad y características regionales de los grupos dificultó la formación de un solo frente; así como 3) la presión del Estado por implementar una política de justicia transicional que por mandato resolviera de un plumazo sus deudas con el pasado.

La fragmentación del pasado o la ausencia de una perspectiva en conjunto ha sido resultado del silencio oficial y el estigma de la lucha armada, pero también por el carácter compartimentado del clandestinaje. La mayor parte de los cuadros dirigentes murieron en combate, fueron ejecutados o desaparecidos, mientras que los sobrevivientes en realidad tuvieron poco tiempo y capacidad para relevar las funciones de la dirigencia, e inclusive muchos de los sobrevivientes no conocían a otros miembros de las organizaciones más allá de la célula de la que formaban parte. En realidad, los lazos de solidaridad y sentido de comunidad, con todo y las diferencias insalvables, se gestaron en el espacio carcelario. A esto se añaden los efectos físicos y psicológicos de la tortura, a nivel individual y grupal, que resultaron en la división del grupo por la delación, el miedo, la paranoia y finalmente el silencio.

Asimismo, los exmilitantes han tenido que zanjar las fracturas del pasado provenientes, en muchos casos, de la diferencia de posiciones en torno a la lucha armada en el pasado y a la conformación de la memoria en el presente, pero que parecen estar signadas por las características propias del movimiento armado en México. Las diferentes agrupaciones surgieron de forma local, por ello, a pesar de las coincidencias en los objetivos de la lucha armada y en la necesidad de formar un frente y coordinar acciones, se puede observar que la construcción identitaria de la LC23S no es la misma en diferentes regiones, manteniendo un fuerte vínculo con las agrupaciones que le dieron origen[20]. También se puede observar que las prácticas de memoria replican de cierto modo esta dinámica. Si bien algunos homenajes, encuentros o recorridos lograron convocar y coordinarse entre diferentes regiones y agrupaciones, tras la Cuarta Reunión Nacional, las prácticas de memoria han tendido a ejercerse de manera local y regional.

Por último, además de las tensiones internas generadas por el carácter heterogéneo del movimiento armado, la violencia por parte del Estado ha sido continua, al negar los derechos a la memoria, a conocer la verdad y a la justicia[21]. A pesar de la voluntad política que representó la creación de la FEMOSPP, su dependencia a organismos gubernamentales, su actuación para mediatizar la información recabada y neutralizar los resultados que involucraran directamente a la cúpula política y militar, confirmaron la inclinación negociadora del gobierno de Fox para usar a la Fiscalía como moneda de cambio ante las presiones políticas en el marco de la alternancia partidista. Como señala

---

20 Los Enfermos en Sinaloa, los Guajiros en Chihuahua –a pesar de que sus integrantes provenían de Baja California–, FER y Vikingos en Guadalajara, Lacandones en el DF provenientes del IPN y MAR en Michoacán, por citar solamente algunos ejemplos.

21 Cabe destacar que esta violencia se extiende a lo largo del cuerpo social, afectando no solo a víctimas, sobrevivientes y familiares de los desaparecidos, sino que ha dejado una herida social que pretendió ser suturada bajo el discurso de la apertura democrática, pero cuyos síntomas han reaparecido de manera recurrente.

Marieclaire Acosta, a pesar de que las regulaciones de derechos humanos incluyeron elementos más progresivos de la justicia transicional, la estrategia original se redujo a la creación de una fiscalía que adoleció de la falta de autonomía, que implementó una defensa del fuero militar, que no logró superar la escisión entre la construcción de una verdad histórica y una verdad jurídica, que tuvo problemas metodológicos para ajustar una temporalidad en la investigación, que extirpó la identidad, los cargos y la responsabilidad individual de los delitos, así como las recomendaciones al sistema jurídico, fuerzas armadas, policía y servicios de inteligencia[22].

> [E]l gobierno intentó fusionar las funciones penales con aquellas de búsqueda de la verdad en el mismo mecanismo. El hecho de que la «solución mexicana» no haya implementado iniciativas amplias de búsqueda de la verdad —incorporando las historias de las víctimas y revelando la identidad de los perpetuadores de crímenes del pasado y su posición en la cadena de mando— es un mal augurio para lograr los otros objetivos de reparación, reconciliación y garantías para evitar la repetición de estos crímenes, objetivos que supuestamente formaron parte de la estrategia de justicia transicional en el gobierno del presidente Fox. (…) Nada de esto se podrá logar si la compleja red de complicidades y el encubrimiento de los crímenes estatales del pasado, especialmente el uso sistemático de la tortura y la desaparición forzada de opositores polí-

---

22 Para una crítica del modelo de justicia retributiva de la FEMOSPP, a poco tiempo de su creación, véase Louis Bickford, «El fiscal especial y la justicia de transición en México»; para una crítica de sus resultados véase Aguayo y Treviño Rangel, «El informe de la vergüenza», y Acosta y Ennelin, «The 'Mexican Solution' to Transitional Justice». Para un análisis sobre la FEMOSPP y la Gira por la Verdad véase Gamiño, *Resistir al olvido* (206-40).

ticos, no son revelados y los perpetuadores de estos crímenes no son presentados ante la justicia[23].

De este modo, la coyuntura política que supo capitalizar el gobierno de Fox tomó por sorpresa a los exmilitantes que en su momento estaban disgregados y que, aunque mantenían una red de contactos relativamente cercana, ya habían enfrentado dificultades anteriormente para mantener un proyecto de recopilación e investigación del movimiento armado en México, me refiero concretamente al CIHMA. La encrucijada a la que se vieron sometidos los exmilitantes por la presión gubernamental puso a los exmilitantes en una situación de celeridad y apremio para aprovechar la coyuntura política: ahora o nunca sería posible poner fin a la impunidad.

Esto, junto con desacuerdos internos del MAS bifurcó los proyectos de memoria entre un proyecto cortoplacista encaminado a la demanda de justicia en los términos que manejaba el propio Estado, como señala Gamiño, y el desarrollo de un proyecto de memoria a largo plazo que arrancara desde abajo y a nivel local. Sin embargo, las prácticas de memoria local parecen marcar una alternativa que teja desde abajo una red de memoria, involucre a nuevas generaciones y a una sociedad que finalmente estaba desvinculada del movimiento armado, por la estigmatización y efectividad de la campaña mediática gubernamental,

---

23 Cita original: «[T]he government attempted to merge functions of punishment with those of truth-telling in the same mechanism. The fact that the «Mexican solution» has not really addressed comprehensive truth-seeking initiatives –involving the stories of the victims and the ability to reveal the identity of the perpetrators of the past crimes and their position in the chain for command– does not bode well for other objectives of reparation, reconciliation and guarantees for non-repetition, allegedly part of the Fox government's strategy for transitional justice. (...) None of this can be achieved in the complex web of complicities and cover-ups of past state crimes, especially the systematic use of torture and enforced disappearance of political opponents, is not revealed and the perpetrators of these crimes are not brought to justice» (Acosta 115).

y por el aislamiento de las masas y la ausencia de unas bases de apoyo sólidas, de las cuales adoleció la lucha urbana en el clandestinaje.

III. La reemergencia de la memoria subterránea

Como se señaló a partir del 2000, la apertura de los archivos y la posibilidad que representó la FEMOSPP catapultó la reemergencia de la memoria —a través de testimonios y prácticas de memoria— que los exmilitantes del movimiento armado colocaron en el ámbito público. A su vez se observa un repunte en la publicación de testimonios, particularmente entre 2006 y 2013, del más del doble en relación con los textos de décadas anteriores. A raíz del cierre de la fiscalía, el fin del sexenio de Fox y la violencia indiscriminada del narcotráfico y del Estado desencadenada por la guerra contra las drogas de Felipe Calderón hizo que la desaparición forzada y la inmediatez por denunciar la crisis humanitaria se convirtiera en una agencia dominante después del 2006. En este período las agencias anteriores del movimiento armado, como el balance interno y la reconstrucción del pasado actualizadas en respuesta a la coyuntura social y política, se empalmaron con la agencia de familiares de desaparecidos, particularmente después del 2006, por lo que se observa un *corpus* de textos testimoniales amplio y heterogéneo. Si bien la demanda de los familiares tiene un largo recorrido por del derecho a la verdad y la justicia, así como la denuncia de las violaciones de derechos humanos, esta vez algunos testimonios de exmilitantes también se incorporan a la demanda, sin dejar de lado el balance, la reconfiguración identitaria, particularmente, en función de reconocer su aportación a los logros democráticos. A continuación, una mirada panorámica a las agencias que plantean los textos testimoniales.

Entre las decenas de textos testimoniales que se publicaron entre 2000 y 2006 destacan aquellos que abordan el análisis y el balance interno, como *En las profundidades del* MAR (2003)

Fernando Pineda Ochoa; *Pensar la guerrilla en México* (2006) de Héctor Ibarra Chávez y *La negación del número. La guerrilla en México, 1965-1996: una aproximación crítica* (2007) de Salvador Castañeda. A la par con estos textos de balance se publicaron las memorias de algunos encuentros y coloquios de exguerrilleros en los que se combinan intervenciones de académicos y de participantes de la lucha armada. Algunos ejemplos son: *La guerrilla en México: testimonios orales y artísticos* (2005) de Arnoldo Kraus *et al.*; *Movimientos armados en México. Siglo XX III Tomos* (2006) de Verónica Oikión Solano y Marta Eugenia García Ugarte; *La guerrilla de los setenta y la transición a la democracia* (2006) de Héctor Ibarra; *Memoria del primer encuentro nacional de mujeres ex-guerrilleras* (2007) de María de la Luz Aguilar Terrés[24].

De forma simultánea, y como parte una nueva agencia de revaloración y homenaje, se comenzaron a publicar documentos internos y escritos anteriores como *El tiempo que nos tocó vivir* (2003) de Raúl Ramos Zavala, *Cuestiones fundamentales* (2003) de Ignacio Salas Obregón, *Los siete de Topo Chico* en *Héroes y fantasmas* (2009) de Benajamin Palacios y *Nos volveremos*

---

24   En el ámbito académico también se comenzaron a publicar trabajos, entre los que destacan: *Del agrarismo armado a la guerra de los pobres* (2003) de Marco Bellingeri; *El enemigo interno* (2003) de Jorge Luis Sierra Guzmán; *México armado* (2007) de Laura Castellanos; *Memoria roja* (2007) de Fritz Glockner; *La violencia de estado en México antes y después del 68* (2010) de Carlos Montemayor; *Con las armas de la ficción* (2012) de Patricia Cabrera y Teresa Estada y *Desaparición forzada y terrorismo de estado en México* (2012) de Andrea Radilla y Claudia Rangel, por citar solo algunos ejemplos. A la par se observa una amplia producción de tesis a nivel de licenciatura, maestría y doctorado, así como una nueva generación de académicos interesados en abordar desde diferentes disciplinas el movimiento armado de años setenta, destacando los trabajos de Alex Aviña, Adela Cedillo, Fernando Herrera Calderón, Rodolfo Gamiño Muñoz, César Macías Cervantes, Alejando Peñaloza, Lucia Rayas, Alicia de los Ríos, Sergio Arturo Sánchez Parra, Camilo Vicente Ovalle y Jesús Zamora García, entre otros tantos.

a encontrar. La LC23S *en la Sierra Madre* (2011) de Leopoldo Angulo Luken, escrito en 1981, por citar algunos ejemplos. Asimismo, aparecen otros testimonios que dan a conocer episodios poco conocidos. Por ejemplo, el canje de los presos políticos que se exiliaron en Cuba y posteriormente Europa como lo abordan *Guadalajara, la guerrilla olvidada: presos en la isla de la libertad* (2000) de Guillermo Robles Garnica y *Comparezco y acuso* (2012) de Lourdes Uranga.

Un testimonio crucial porque establece un eslabón entre el levantamiento en Madera y la continuidad de la lucha armada es *Morir de sed junto a la fuente* (2001) de Minerva Armendáriz. El testimonio aborda la persecución y aniquilamiento del GPGAG, comandado por Óscar González Eguiarte, en el cuadrilátero dorado en el verano de 1968, a menos de un mes antes de la masacre de Tlatelolco, lo cual demuestra la continuidad de la violencia de Estado contra la disidencia política, y desde esta perspectiva no resulta entonces sorprendente la reacción del Estado en la fatídica tarde de Tlatelolco.

Otros testimonios que abordan el movimiento armado en la sierra del cuadrilátero dorado son *El color de las amapas* (2007) de Ignacio Lagarda, *Los ojos de la noche* (2009) de Miguel Topete y *Nos volveremos a encontrar. La* LC23S *en la Sierra Madre* (2011) de Leopoldo Angulo Luken que recapitulan la brigada en la sierra como proyecto abortado desde la dirección de la LC23S. Estos últimos dos testimonios no solamente exponen las diferencias y la fragmentación surgida en el interior de la LC23S, sino que también señalan sus dificultades para establecer lazos de solidaridad con la población rural y con los objetivos del movimiento armado, lo cual permite reevaluar la relevancia de las bases de apoyo de la 'guerrilla rural' en Guerrero.

Asimismo, aparecen otros testimonios sobre el movimiento armado en Guerrero como los textos de José Arturo Gallegos Nájera para el PDLP y las FAR (2004), o la fuga de Genaro Vázquez contada en el texto de Jaime Solís Robledo (2003), por citar algunos ejemplos. De forma simultánea también se publican biografías como en *Los guerrilleros mexicalenses* (2004) de José Luis Alonso Vargas, o bien autobiografías en las que la participación en la guerrilla es solo una etapa de juventud, por lo que se critica y se retractan de la vía armada, como sucede en *Guerras secretas* (2001) de Saúl López de la Torre o *Sendero en tinieblas* (2004) de Alberto Ulloa Borneman.

En este alud de producción testimonial, se observa todavía como tendencia dominante y parte de las agencias anteriores, la necesidad de una reconstrucción detallada del pasado —en la mayoría de las ocasiones es anecdótica— junto con un intento de balance 'objetivo' de las acciones, las rupturas, los aciertos, las críticas o los desvíos del grupo armado. El recuento minucioso del pasado parecería atender, en primer lugar, a la necesidad del exmilitante de explicarse y entender lo que pasó, para, en un segundo momento, articular un posicionamiento actual con respecto a la vía armada, particularmente reconfigurando la imagen del guerrillero como un luchador social y activista, contrarrestando la figura delincuencial, radical y terrorista que inoculó la campaña mediática del gobierno entre la población. Esto indica que, a pesar de los debates suscitados a partir de la rectificación de la lucha armada a finales de la década de los años setenta, la discusión no quedó cerrada con la incorporación de muchos exmilitantes a la vía partidista, sino que por el contrario, a partir del 2000 surgieron otras voces disidentes que reclamaron, contra el protagonismo, su derecho a la memoria, su derecho al duelo postergado por los compañeros caídos, por la derrota político-militar, por los duelos propios a raíz de la tortura, el encarcelamiento y la persecución.

Algunos de estos testimonios resultan muy novedosos, ya que arrojan luz sobre episodios o agrupaciones escasamente estudiadas, completando así piezas clave del rompecabezas del movimiento armado en México y de la violencia de Estado. Como se ha señalado los testimonios de Minerva Armendáriz, Miguel Topete y Leopoldo Angulo Luken son fundamentales. Sin embargo, en otros casos, la proliferación de anécdotas sobre algún evento o figura emblemática, la lucha por la legitimidad del testigo, de su participación y protagonismo en el grupo armado, así como el balance y recuento de la emergencia del grupo armado, tienden a la repetición y a la saturación de detalles, que si bien forman parte del acto de rememorar, en muchas ocasiones se pierden en los reflejos del pasado. Es decir, si bien esta producción funciona como una suerte de compensación frente al olvido impuesto en los discursos oficiales, corre el riesgo de que la memoria quede sujeta a la reconstrucción nostálgica y caiga en aquello que Nietzsche alertó sobre la historia anticuaria: «La historia anticuaria únicamente es capaz y entiende de *conservar* la vida, pero no de engendrarla» (*Sobre la utilidad y el perjuicio de la historia para la vida* 64). Sin embargo, no podía ser de otro modo y constituye un primer paso para desenterrar el pasado después de tantas décadas de silencio, ya fuera por la censura del gobierno, la autocensura por miedo a las represalias y cargar con el estigma de ser subversivo, particularmente en el caso de las mujeres, la desconfianza en las autoridades para denunciar por vía legal la violación de derechos humanos, ya que es el propio Estado el que ha ejercido la represión sistemática, así como el hecho de haber priorizado los debates teóricos y la movilización política sobre el ejercicio escriturario.

El cambio que se observa en contraste con los textos testimoniales de décadas pasadas es la participación pública en coloquios y encuentros, haciendo un recuento del pasado en función de la rearticulación de una memoria que dé un sentido actual a la participación de los exmilitantes y establezca su aporte a la construcción de la democracia. En este sentido, se observa claramente un reclamo al reconocimiento de la militancia política y la lucha social tras la derrota militar de finales de la década de los años setenta, así como una exigencia del derecho a narrar una historia silenciada por los discursos oficiales. Si bien la memoria oficial incorporó al 68 como eje de cambio democrático, ya sea como una memoria de denuncia o del elogio, como señala Allier-Montaño, las memorias emergentes de la lucha armada a su vez reclaman su participación en el proceso democrático a partir de su reconfiguración identitaria y del proyecto revolucionario por la vía democrática.

La reemergencia de la memoria después del 2000, como se ha podido observar, es mucho más heterogénea que las décadas pasadas y simultáneamente conviven diferentes agencias que responden a la coyuntura política, pero también rearticulan agencias pasadas. Mucho de ello porque el horizonte de recepción es mucho más propicio para encontrar un interlocutor o escucha y porque la violencia y desaparición forzada, particularmente después del 2006, se había extendido a lo largo del cuerpo social. Por ello, la denuncia de la desaparición se convirtió en una agencia urgente de atender y si bien los familiares habían manifestado sus demandas desde décadas anteriores, este reclamo se cristalizó en el testimonio escrito por familiares de desaparecidos y ejecutados como en *Morir de sed junto a la fuente* (2001) de Minerva Armendáriz; *Voces acalladas, vidas truncadas. Perfil biográfico de Rosendo Radilla Pacheco* (2002) de Andrea Radilla Martínez; *Sueños guajiros. Diego Lucero y la guerrilla mexicana de los años 60 y 70* (2012) de Diego Lucero Estrada y *Los mártires de la democracia* (2011) de Abdallán Guzmán Cruz.

Otra agencia menos dominante pero imprescindible de abordar es la subjetividad y experiencia femenina en la lucha armada. Aunque controversial, ya que el propio marxismo y el concepto de la revolución socialista consideraron las luchas feministas y la liberación de las mujeres como luchas pequeñoburguesas, a la vuelta de los años es impensable no hacer un recuento desde una perspectiva de género a pesar de los pocos testimonios escritos por mujeres, que se analizan en el último apartado de este capítulo.

IV. Nuevas agencias del testimonio: la desaparición forzada

A pesar de que las prácticas de memoria de los exmilitantes y los familiares de los desaparecidos coinciden en demandar el fin de la impunidad, a su vez divergen en otros sentidos. Para los exmilitantes, el ejercicio de la memoria, particularmente a partir de los encuentros, se centra en la revisión de su actuación en el pasado y la reconfiguración de sus posturas en el presente sobre la luchar armada, es decir, una memoria de resignificación identitaria tanto grupal como de la lucha revolucionaria. Aunque los textos testimoniales de exmilitantes comienzan a circular desde fines de la década de los años setenta y muchos se han sumado a las manifestaciones y la demanda de los familiares de los desaparecidos, en realidad las prácticas de memoria del movimiento armado emergen en el contexto de la alternancia partidista del 2000, transformándose de una memoria soterrada a una *memoria de coyuntura política*.

En un proceso diferente, para los familiares de los desaparecidos, la memoria de la violencia de Estado marca una ruptura en sus vidas, así como el inicio de su politización y movilización social, es decir, una memoria de movilización en la que su uso político denuncia a un Estado que ha roto con la legalidad y legitimidad para gobernar. Los familiares de los desaparecidos han mantenido de manera persistente y vigente su demanda de justicia, es decir, se trata de una *memoria como continuum*. Las prácticas de memoria de los familiares de los desaparecidos actualizan el pasado de dolor con un presente de violencia de Estado, por las prácticas de tortura y desaparición forzada hasta nuestros días, y por la continuidad de esta violencia a través de la impunidad y la imposibilidad de cerrar un duelo por la ausencia del familiar.

Ambos procesos de construcción de la memoria señalan cierta discontinuidad entre texto escrito y prácticas de memoria a lo largo de estas décadas, e incluso podría decirse que se desarrollan como movimientos inversos. Las prácticas de memoria de los familiares se transformaron en una demanda jurídica y se acompañaron de la escritura testimonial de manera recientemente, como en *Voces acalladas, vidas truncadas* (2008) de Andrea Radilla, y *Mártires de la democracia* (2011) de Abdallán Guzmán Cruz; mientras que, por su parte, los exmilitantes del movimiento armado revitalizaron la producción testimonial, esta vez acompañada de prácticas de memoria en el ámbito público y la demanda de verdad y justicia.

Voces acalladas, vidas truncadas de Andrea Radilla y *Los mártires de la democracia* de Abdallán Guzmán Cruz destacan por tratarse de dos casos que han agotado las instancias gubernamentales y han sido atraídos por la CIDH en 2001 y 2013 respectivamente. La desaparición de Rosendo Radilla data del 25 de agosto de 1974, detenido en un retén militar al viajar de Atoyac a Chilpancingo; mientras que la familia Guzmán Cruz originaria de Tarejero, comunidad purépecha de la meseta michoacana, fue desaparecida consecutivamente entre 1974 y 1976. El caso de Rosendo Radilla Pacheco fue atraído por la COIDH emitiendo una sentencia y recomendaciones en 2008, mientras que el caso de cinco miembros de la familia Guzmán Cruz sigue en espera de una sentencia[25].

---

25   La sentencia de la COIDH para el caso Radilla incluye las siguientes medidas que debe cumplir el Estado mexicano: 1) conducir efectivamente la investigación y los procesos penales por la desaparición de RRP en un plazo razonable, 2) llevar a cabo la búsqueda y localización de RRP o, en su caso, de los restos mortales, 3) adoptar reformas legislativas pertinentes para volver compatible el artículo 57 del Código de Justicia Militar con los estándares internacionales, 4) implementar programas permanentes sobre el Sistema Interamericano de Protección de los Derechos humanos, particularmente en relación con la jurisdicción penal militar, 5) la publicación en el Diario Oficial de algunos párrafos de la sentencia, y del fallo en el sitio de la PGR, 6) realizar un acto público de desagravio en el que reconozca su responsabilidad sobre la desaparición RRP, así como la publicación de una semblanza de su vida, 7) brindar atención psicológica o psiquiátrica gratuita, inmediata, adecuada y efectiva a las víctimas del fallo, 8) la indemnización a los familiares por daño material e inmaterial, así como reintegrar las costas y gastos del proceso. Aunque se han cumplido con algunas medidas de reparación, otras no han sido atendidas —como las reformas legislativas en relación al fuero militar— o se encuentran en proceso—como la investigación del caso y la búsqueda de

Los testimonios tienen como objetivo difundir la denuncia jurídica y seguimiento por parte de los familiares hasta agotar las instancias a nivel nacional, al mismo tiempo que reconstruyen la biografía de los desaparecidos como parte de un proyecto de memoria que hace homenaje, opera una resignificación identitaria a través de la reconstrucción de la voz del testigo y denuncia las responsabilidades del Estado. Como señala Andrea Radilla: «Recuperar la memoria histórica implica una crítica a quienes se interesan en seguir manteniendo el orden vigente, a quienes pretenden hacer tabla rasa del pasado, a quienes el uso de la violencia para acallar las voces de los protagonistas de la historia que no está dicha» (*Voces acalladas* 20). En este sentido, los testimonios coinciden con los proyectos de memoria del MAS para «recuperar» una memoria histórica desde abajo; sin embargo, se distancian ya que están acompañados por el proceso jurídico y el acompañamiento de organizaciones de derechos humanos.

Los testimonios presentan de manera didáctica el contexto de la represión del Estado y la rememoración del familiar desaparecido no se circunscribe al recuento nostálgico, sino que aparece una conciencia precisa de los derechos humanos que han sido violados, los de la persona desaparecida y los familiares: el derecho a la memoria, a la verdad y a un proceso judicial. Como señala Abdallán Guzmán Cruz, exmilitante del MAR, sobreviviente y familiar de desaparecidos, la lucha de los familiares y

---

los restos mortales de RRP. Asimismo, el acto público, aunque llevado a cabo durante el sexenio de Felipe Calderón, no fue un acto de reparación significativo para la familia Radilla Martínez, pues esta no fue consultada, reduciéndose a un acto demagógico para cumplir con la sentencia. Véase «La Corte Interamericana de Derechos Humanos y el caso de Rosendo Radilla Pacheco» de Andrea Radilla (211-245); «Una imposición, acto oficial de disculpa pública» y «Gobierno ya cumplió con el mandato de la COIDH» de Gloria Leticia Díaz (*Proceso*: 16 y 17 de noviembre de 2011), así como «La búsqueda de la justicia», en *Señores, soy campesino*, (51-63).

organizaciones sociales a lo largo de más de cuatro décadas ha tenido como eje central la búsqueda de la verdad y justicia:

> La verdad para conocer el destino de cientos de detenidos desaparecidos, la verdad para establecer los mecanismos estatales que hicieron posible la brutal represión que se abatió sobre muchas familias mexicanas, la verdad para determinar las responsabilidades intelectuales de quienes instrumentaron dicha política represiva, así como de quienes la aplicaron, la vedad que permita reivindicar el papel de los luchadores sociales. (*Los mártires de la democracia* 163)

La narrativa de estos testimonios se desprende de ciertos recursos literarios usados anteriormente dejando a un lado la ficcionalización o el recuento teórico político. Si bien estos testimonios tampoco son un informe de derechos humanos, ni una narrativa argumentativa como los testimonios de la rectificación, la estructura de éstos señala claramente que revistar el pasado es parte fundamental del presente por la continuidad del crimen e impunidad y porque la desaparición forzada sigue siendo una práctica actual.

> Un presente sin ajustes con el pasado autoritario es garante de prácticas de gobierno antidemocráticas. [La desaparición forzada] no fue una práctica sólo del pasado, ayer como hoy existe riesgo de que para eliminar a alguien se le inventen actividades ilegales. (*Voces acalladas* 22)

Existe entonces una conciencia del uso político de la memoria, producto de la persistencia de los familiares, pero también de un trabajo con diversas organizaciones de derechos humanos como AFADEM, FEDEFAM, Centro Pro de Derechos Humanos y Fundación Diego Lucero, por citar algunos ejemplos. Este modelo de trabajo marca un giro en los discursos y prácticas de memoria al incorporar como centro rector el marco jurídico de los derechos humanos bajo el asesoramiento de ONGs, lo cual indudablemente le ha dado mayor eco y visibilidad. Asimismo, llama la atención que los testimonios incorporan referencias tanto de archivos consultados, declaraciones ministeriales, entrevistas a testigos y un archivo fotográfico. Las referencias funcionan como un recurso de legitimidad de la voz del testigo, una suerte de pruebas legales que acompañan el caso y la serie de laberintos burocráticos que los familiares tuvieron que zanjar para probar tanto la desaparición forzada como la renuencia de las autoridades mexicanas.

> Desaparecidos políticos son los ciudadanos que siendo opositores reales o potenciales a los gobiernos, han sido detenidos por las fuerzas armadas nacionales o policías políticas, cuyo destino final desconocen los familiares. Son desaparecidos después de haber sido secuestrados en sus domicilios, lugares de trabajo o en la vía pública. Se les oculta a la vista de sus familiares y amigos. Fracasan las denuncias, las gestiones administrativas, en tanto las autoridades correspondientes niegan toda constancia de tales actos. (*Voces acalladas* 39-40)

Ambos testimonios –aunque *Voces acalladas* de manera más sistemática– hacen un balance de las limitaciones tanto de la CNDH como de la FEMOSPP, la falta de capacitación y voluntad de las autoridades y, particularmente, *Los mártires de la democracia* señala la complicidad continua del poder judicial y legislativo en la detención ilegal, tortura y desaparición de personas entre las décadas de los setenta y ochenta.

> [L]a actuación del Poder Legislativo fue decisiva para perpetuar la impunidad. La responsabilidad de ambas cámaras es patente al considerar cuatro aspectos: primero, el establecimiento de reservas y declaraciones interpretativas a los tratados internacionales relacionados con el juzgamiento de delitos de lesa humanidad; segundo, la tipificación inadecuada de los delitos de lesa humanidad; tercero, la promoción de reformas tendientes a proteger a los responsables de graves violaciones a derechos humanos en México; y, por último, la omisión de reformar normas que, en lo específico, se alejan de

los estándares internacionales en material de derechos humanos. (*Los mártires de la democracia* 159-60)

Voces acalladas, vidas truncadas (2002) se publicó el año en el que los familiares ratificaron el caso ante la FEMOSPP y, posteriormente, en 2008 se publicó una segunda edición en un momento también coyuntural, cuando el caso fue atraído por la COIDH[26].

La estructura del testimonio destaca la historia del caso y la biografía de Radilla tendiendo un puente entre presente y pasado, comenzando por la búsqueda de la verdad y justicia, un balance breve de la FEMOSPP, una revisión sobre la violencia del Estado y la desaparición forzada en los setenta, rendir homenaje a la vida de Radilla para cerrar con la creación y logros de la AFADEM, así como una lista de los desaparecidos[27].

El testimonio tiene como objetivo presentar la biografía de Radilla, su vida política y participación en la comunidad de Atoyac, ya fuera dentro de las instancias institucionales como miembro de patronatos y como presidente municipal o bien en su participación en organizaciones independientes para proteger los derechos de copreros y cafeticultores. Aunque el testimonio aclara que Radilla no participó en la lucha armada ni fue parte de la BREZ, como señala el reporte de la CNDH, la reconstrucción biográfica destaca que sus raíces políticas abrevaron de la lucha

---

[26] Al día siguiente de la desaparición, el 25 de agosto de 1974, comenzó la búsqueda en cuarteles militares de Acapulco, Chilpancingo y posteriormente la familia se unió al Frente Nacional contra la Represión en plantones y marchas, en los cuales también participó el sector universitario del MRM en 1975. La primera denuncia judicial se realizó en 1992, una segunda en 1999, dos posteriores en 2000 y 2002 ante FEMOSPP sin tener respuestas. En 2010, la CMDPDH publicó la sentencia del caso y en 2012 la Secretaría de Gobernación publicó *Señores soy campesino*, una semblanza biográfica de Radilla Pacheco, como parte de la sentencia de la COIDH.

[27] Para la historia de AFADEM véase último capítulo de *Voces acalladas*, así como los trabajos de Rangel y Sánchez.

zapatista en la región[28]. Las referencias a zapatistas locales en el testimonio parecerían una digresión del tema central, sin embargo establecen la filiación de Radilla con las causas revolucionarias, particularmente con los representantes de una revolución traicionada que no llegó al poder.

> La revolución que marcó a Rosendo Radilla no era la de Mariscal [la de Huerta contra zapatistas], de quien nunca habló, era la de Pablo Cabañas a quien le llevaba bastimento, la de Chano Radilla que *podía con los verdes*, la de Manuel Téllez que sin miedo se enfrentó a los terratenientes y la de Lázaro Cárdenas que les entregó las tierras. Los tiempos y los líderes nacionales eran lo de menos, la justicia social era lo que importaba. (52; énfasis en el original)

El énfasis de la pertenencia de Radilla a la tradición revolucionaria es relevante en dos sentidos, por un lado, forma parte de la reivindicación identitaria para desmontar el estigma de la desaparición y el perfil que las instituciones difundieron y, por otro lado, da cuenta de la raíz social y política del levantamiento armado, una vez que las vías políticas fueron agotadas. Asimismo, la incorporación de los corridos de Radilla en el testimonio son cruciales para comprender su filiación política, las prácticas de memoria a través de la transmisión oral, así como la raigambre de la lucha revolucionaria forma parte de un *continuum* que va de Hermenegildo Galeana, prócer de la Independencia, a Zapata y Cabañas. Corridos como «El guerrillero» demuestra las razones por las que un campesino se une a la lucha armada. Si bien parecería una argumentación 'simplista', el lenguaje directo expresa de forma didáctica la violencia estructural

---

28 Andrea Radilla declara que su padre formó parte de la Liga Agraria del Sur Emiliano Zapata, una organización campesina en la que participó dando apoyo logístico a Genaro Vázquez en el marco legal y su participación con Cabañas fue como correos (*Voces acalladas* 109-12).

del Estado y a la vez funciona como rememoración y empatía, en la que cualquier campesino puede verse reflejado.

> Señores soy campesino
> del Estado de Guerrero,
> me quitaron mis derechos y me hicieron guerrillero
> (…)
> Ya me lancé a las montañas
> tal vez esa fue mi suerte,
> de defender a mi pueblo
> aunque me cueste la muerte. (91-93)

El corrido «18 de mayo» rememora la masacre de Atoyac narrando no solamente los hechos y el apoyo popular a Cabañas, sino también persuadiendo a la audiencia de la justeza de la lucha y promoviendo su empatía, en la figura de María Isabel Gómez. Acribillada con 8 meses de embarazo, el corrido transforma la tragedia en un elogio a la valentía de Isabel que la erige como una figura heroica.

> Arriba Lucio Cabañas
> El pueblo ya está contigo
> A conquistar la justicia
> Y a terminar al enemigo
> Más en fin ya me despido
> Ya voy a finalizar
> Solo una cosa les pido
> No se nos vaya a olvidar
> La muerte de doña Isabel
> Heroína de Atoyac (88)

La incorporación de los corridos en el testimonio es relevante ya que, si bien el cerco militar y arrasamiento de las comunidades en Guerrero, la detención ilegal, tortura y desaparición fue una práctica masiva, uno de los motivos por los que Radilla es señalado, torturado y desaparecido fue precisamente por componer corridos[29]. Como declara Maximiliano Nava Martínez, detenido con otros compañeros y dos de sus hijos el 20 de agosto 1974, y trasladado al cuartel militar de Atoyac donde se encontraba Radilla:

> A los cuatro días de estancia allí llevaron al señor Rosendo Radilla Pacheco.. uno de los detenidos dijo: ese señor compone corridos, compuso uno de la masacre del 18 de mayo, lo que les llamó la atención y lo separaron del resto del grupo. Cuando lo regresaron… había aceptado cantarlo y lo cantó después de que le llevaron una guitarra. Lo volvieron a separar del grupo y cuando lo regresaron ya venía atado de las manos y vendado de los ojos con un paliacate rojo (…) a los doce días lo sacaron [junto con otros detenidos] diciendo que dentro de poco vendrían por los que quedábamos, mientas se acababan «estos cadáveres». Desde entonces no lo volví a ver. (114-115)

La desaparición de Radilla se ha convertido en un caso representativo por la persistencia de sus familiares para denunciarlo y porque ha sido posible probar la desaparición forzada y la renuencia de las autoridades para resolver este caso. Sin embargo, el testimonio no se presenta de manera aislada, sino como un ejemplo de los 1,300 casos denunciados de desaparición forzada, de los cuales 640 pertenecen al estado de Guerrero y 473 al municipio de Atoyac, según cifras de AFADEM. Con excepción del testimonio de Simón Hipólito y Eleazar Campos, mientras los testimonios de exmilitantes en Guerrero, incluso publicados después del 2000, han eludido denunciar el nivel masivo de crímenes de lesa humanidad, concentrándose en la participación y legitimidad del autor o bien en las disputas entre el PDLP, las FAR y las FAL, este es el primer testimonio que denuncia la sistemati-

---

29 La relevancia de los corridos como forma de transmisión oral de memoria y parte inseparable de la lucha es retomada en la película *El violín* (2005) de Francisco Vargas, a través del personaje don Porfirio quien trasladaba armas fuera del cerco militar en el estuche del violín.

cidad de una violencia que operó de manera similar a las dictaduras del Cono Sur. De ahí su relevancia al contextualizar que se trata de una práctica común, particularmente tras la muerte de Cabañas en diciembre de 1974.

> Las incursiones a las comunidades de parte de militares con tanquetas y artillería pesada, los pueblos sitiados y las casas cateadas con lujo de violencia, se volvieron hechos cotidianos. Muchas mujeres y niños al impedir que su esposo, padre, hijo o hermano fuera detenido, murieron a consecuencia de los golpes recibidos y sus casas fueron saqueadas o quemadas. La gente vivía angustiada por lo incierto de su futuro, sin horizontes; sólo el aquí y ahora podía vivirse, el más tarde y el allí, difícilmente podría preverse. (37)

Asimismo, desde la perspectiva de los familiares, el testimonio plasma los efectos en la familia y el tejido social, el estigma de ser familiar de desaparecido, la constante persecución y amenaza, el miedo, así como el desplazamiento forzado o el duelo postergado, ya que no existe posibilidad de cierre.

> La desaparición de mi padre significó no tan sólo el dolor de haberlo perdido, sino que aparte del intenso dolor que sufrimos los familiares, la rabia, el coraje de sentirnos impotentes ante esa práctica que nos sigue afectando ante la indiferencia de la sociedad, que no tuvieron la desgracia de perder un ser querido. (…) [R]ecuerdo que teníamos miedo, mucho miedo, los que fueron sus amigos o se desplazaron a otros lugares o prefirieron ya no relacionarse con su familia, incluso familiares se retiraron de nosotros, había quien opinaba que no deberíamos buscarlo porque podríamos correr la misma suerte[30].

Aunque el gobierno mexicano no ha cumplido de manera significativa las medidas de resarcir el daño, recuperar los

---

30   Testimonio de Tita, hermana de Andrea Radilla en *Voces acalladas* (102).

restos de Radilla y llevar a cabo cambios profundos a nivel legislativo, sin duda el caso Radilla ha sentado precedente para dar a conocer las voces de los familiares de desaparecidos y la transformación de una demanda política en un proceso jurídico en el sistema interamericano de derechos humanos.

Por su parte, *Los mártires de la democracia* (2012) ha seguido el modelo de la denuncia jurídica y la escritura testimonial, aunque fue publicado antes de la presentación del caso ante la CIDH. El testimonio presenta el caso de la familia Guzmán Cruz que destaca por la cadena de persecución y desaparición de cinco miembros de la familia, junto con primos y compañeros de Amafer, el hermano mayor, que militaron en el MAR. Entre 1974 y 1976 sufrieron la detención ilegal y actualmente están en calidad de desaparecidos: José de Jesús padre y los hermanos Amafer, Armando, Solón Adenahuer y Venustiano. Amafer fue detenido junto con otros dos compañeros —Rafael Chávez Rosas y Doroteo Santiago Ramírez— en Morelia el 16 de julio de 1974 y hay registros de su ingreso al CMN1 el 20 de julio. A partir del 19 de julio, en tres ocasiones el ejército interrogó y torturó a la familia Guzmán Cruz en Tarejero, Michoacán y el 24 de julio el papá José de Jesús y el hermano adolescente Solón Adenahuer fueron detenidos-desaparecidos, los últimos registros de su paradero datan del 27 de julio de 1974 en el CMN1. A mediados de julio del 74, el hermano Armando fue detenido-desaparecido en Ciudad Nezahualcóyotl y posteriormente, el hermano Venustiano fue detenido-desaparecido en Guerrero el 4 de febrero de 1976. A lo largo de dos años la familia fue objeto de persecución por su vinculación con el MAR, en donde militaban varios de los hermanos. Además de la desaparición del padre, cuatro hermanos y un primo, José Luis Cruz Espinosa, otro de los hermanos, Alexander, fue afectado en sus facultades mentales a raíz de la tortura, mientras que Abdallán, sobreviviente y autor del testimonio, estuvo preso en Lecumberri y el Reclusorio Norte.

Al igual que *Voces acalladas*, el testimonio de Guzmán Cruz presenta este caso no como una excepcionalidad sino como parte de una estrategia sistemática de la violencia estatal desde la cúpula:

> [L]as violaciones a derechos humanos como las desapariciones forzadas no son una especie de suerte inexorable sino el resultado de políticas diseñadas y aplicadas por el poder político en diversas épocas; por tanto existen responsables y una tarea impostergable es llevarlos ante la justicia. (*Los mártires de la democracia* 9-10)

El testimonio remarca las características específicas como la persecución de la familia por su actividad política, la práctica de la desaparición masiva y el hecho de que pertenecían a una comunidad purépecha. El carácter masivo y el origen indígena, destacan como nuevas agencias ya que, con excepción del Primer Ideario del PDLP, la lucha armada no consideró prioritaria la cuestión indígena; de igual forma, los testimonios anteriores la habían abordado, inclusive a pesar de que la desaparición masiva focalizada en las poblaciones indígenas fue una práctica común en Guerrero. Otro de los rasgos distintivos de *Los mártires de la democracia* es que logra unir distintas agencias que anteriormente habían estado bifurcadas en los testimonios: la demanda de los familiares y la reivindicación de la lucha armada como parte de las conquistas democráticas. Si bien *Voces acalladas* reivindica la postura política de Radilla y contextualiza la emergencia del levantamiento armado, *Los mártires de la democracia* aborda la participación de los hermanos Guzmán en el movimiento armado, destacando el liderazgo del hermano mayor Amafer y otros aspectos poco conocidos del MAR, como la combinación de la lucha democrático-legal en áreas rurales y semiurbanas —incluyendo organizaciones de colonos, estudiantes y campesinos en Michoacán—, con la actividad político-militar clandestina.

> Amafer creía en la posibilidad de desarrollar aún más el movimiento democrático legal sin descuidar la unidad de las organizaciones político-militares, pero tal unidad no podía ser orgánica por el necesario e incesante debate ideológico

requerido y porque aún no había condiciones para la unidad de mando orgánico, sino solo para la unidad de acción revolucionaria. En síntesis, la 23 de Septiembre afirmaba la posibilidad de saltar etapas del movimiento proletario o acelerarlas con propaganda armada, ejecutando caciques, secuestros, asaltos o demás actividades tendientes a la insurrección de masas. Argumento discutible para Amafer. (99)

El testimonio reconstruye en detalle las biografías de la familia Guzmán Cruz, incluyendo a la madre, Salud Cruz, y a Abdallán como testigo sobreviviente, como un modo de honrar su memoria, pero al mismo tiempo de personalizar y volver familiar un nombre y un rostro al público. No obstante, la resignificación identitaria se centra particularmente en la figura de Amafer, para reivindicarlo desde un presente como un líder idóneo que coordinó el brazo político y el brazo armado, vinculando la denuncia de desaparición forzada con el carácter político de la lucha armada. Asimismo, el énfasis en la militancia de Amafer retoma los debates teórico-políticos, destacando su postura crítica y deslinde del militarismo y foquismo de la LC23S, así como su propuesta de fortalecer el trabajo democrático-legal al mismo tiempo de la formación de cuadros.

> Esto no solo era una cuestión de forma, la estrategia y táctica revolucionaria estaban en el tapete de la discusión; preparar y educar a las masas para la lucha popular en el marco de la guerra popular prolongada enfatizando la defensiva, sostenía Amafer, en cambio su contraparte [la LC23S] defendía la idea de pasar directamente a la ofensiva en su piso militar (...) Amafer creía en la posibilidad de desarrollar aún más el movimiento democrático legal sin descuidar la unidad de las organizaciones político militares, pero tal unidad no podía ser orgánica por el necesario e incesante debate ideológico requerido y porque aún no había condiciones para tal unidad de mando orgánico, sino solo para la unidad de acción revolucionaria. (98-99)

La imagen y postura teórico-política de Amafer es reconstruida por su hermano Abdallán y es evidente el impacto que tuvieron en la reconstrucción del pasado tanto los debates de la rectificación, discusiones y deslindes como el concepto de la guerra popular prolongada *versus* el foquismo, como la coyuntura política de la alternancia partidista y las limitaciones de la FEMOSSP. Esto señala que no solamente está pendiente la impunidad y responsabilidad del Estado de los crímenes de lesa humanidad, sino también el reconocimiento de otros grupos armados que no se ajustaron del todo al programa de la LC23S. Asimismo el recuento de la actividad política de los Guzmán Cruz, las formas operativas de MAR en Michoacán en zonas semiurbanas y rurales, y los lazos establecidos con diversos grupos armados o brigadas como la BREZ, VAP, FAP, FAR, UP, BCA del PDLP o el Bloque de Lucha Popular Clandestina (BPLC) en diferentes Estados —Chihuahua, DF, Guerrero, Hidalgo, Michoacán, Morelos, Oaxaca y San Luis Potosí— señalan, por un lado, que la división entre guerrilla rural y urbana no es tan tajante como se ha planteado y, por otro, que los lazos, comunicación, intercambio así como deslindes entre diversas agrupaciones responden más a una trayectoria rizomática que a una forma estructuralista o regional como han sido estudiados.

Del mismo modo, como se señaló anteriormente, existe una diversidad en los modos en que los familiares han asumido la desaparición forzada en un amplio espectro que va de la denuncia política y movilización social a la transformación en una demanda jurídica a nivel internacional. Mientras para el Comité Eureka las instancias como la FEMOSPP o una Comisión de la Verdad están limitadas por el propio Estado, AFADEM y la familia Radilla optaron por posicionar el caso ante la COIDH. Asimismo, mientras los familiares de los normalistas desaparecidos de Ayotzinapa han seguido la demanda de regresarlos vivos a casa al mismo tiempo que se presentó el caso en la CIDH, las organizaciones de familiares de desaparecidos de la guerra contra las drogas han optado por la búsqueda en fosas clandestinas organizando brigadas de búsqueda nacionales de manera independiente apoyada por organizaciones de derechos humanos y coordinando de manera selectiva con las autoridades e inclusive con sicarios locales.

No obstante, este nuevo modelo, junto con otros casos como el de la tortura sexual de las mujeres en Atenco (2006) y la desaparición forzada de los 43 normalistas de Ayotzinapa en 2014, en trabajo conjunto con organizaciones de derechos humanos ha tenido mayor visibilidad internacional. En conjunto, los testimonios de familiares de desaparecidos marcan un giro en los discursos y prácticas de la memoria zanjando la brecha entre la agencia de reivindicar el carácter político de la lucha armada y la denuncia de la desaparición forzada tanto en la forma de protesta política como denuncia judicial. Los testimonios abordan los efectos a nivel familiar, comunitario y del cuerpo social en conjunto de la violencia estatal, enfatizando el aspecto afectivo y el pasado militante que usualmente son soslayados en los reportes judiciales y gubernamentales. Así, los propios títulos expresan la denuncia y resignificación de los seres queridos; mientras Andrea Radilla denuncia el silenciamiento oficial y la vida en un limbo al que han sido forzados en *Voces acalladas, vidas truncadas*, Abdallán Guzmán Cruz reconstruye la memoria de aquellos que sacrificaron sus vidas para lograr las conquistas democráticas.

V. *Nuevas agencias del testimonio: la participación de las mujeres*

Una última agencia impostergable de abordar, aunque sea de forma panorámica, es la emergencia de testimonios de las mujeres de la lucha armada, el poco reconocimiento de su participación en movimientos sociales y organizaciones político-militares, así como la brecha a zanjar en su estudio desde una perspectiva de género[31]. Esta ausencia podría ser explicada por el bajo porcentaje de mujeres que se incorporaron al movimiento armado, se estima que es alrededor del diez por ciento, porque éste evidentemente nunca se propuso reivindicar los derechos de las mujeres, ni incorporar una agenda feminista y, a su vez, porque no toda práctica de memoria pasa por el registro escrito[32]. No obstante, como señala Olivia Domínguez el estudio sobre las mujeres que tomaron la vía armada en México enfrenta dos problemas centrales: «la negación por parte de las fuentes oficiales de la situación real de la guerrilla [y] la omisión de las mujeres como individuos o como grupos sociales definibles» (en Aguilar Terrés 375). El estigma y silenciamiento oficial de la lucha armada y la violencia del Estado, así como la falta de reconocimiento de las mujeres como agentes de cambio configuran una doble marginalidad.

Tras un largo silencio, a partir del 2001 comenzaron a publicarse testimonios de mujeres abordando ciertos temas y agencias ausentes anteriormente como la conciencia de una subjetividad femenina a partir de la cual se construye la memoria, un mayor espacio de reflexión y manifestación de los afectos incluyendo la tortura y sus secuelas, el recorrido por la militancia político-militar, el significado de ser mujer en ese periodo de cambio revolucionario, así como el recuento y homenaje a las

---

31 Si existen pocos estudios sobre las mujeres del movimiento del 68, la bibliografía es más escasa para el movimiento armado. Para el movimiento del 68 véanse los trabajos de Lezzie Jo Frazier y Deborah Cohen, Juan Rojo y Susana Draper; para el movimiento armado véanse Cárdenas, Cedillo, Rayas y la tesis de doctorado de María de Jesús Méndez Alvarado «México: Mujeres insurgentes de los años 70. Género y lucha armada» (2015), por citar algunos ejemplos.

32 Adela Cedillo recopila un listado parcial de 158 mujeres que participaron en organizaciones político militares, incluyendo su actividad previa a la vía armada, el grupo en el que participaron, así como su estatus ya sea de desaparecida, detenida-liberada, presa o exiliada. Véase «Mujeres, guerrilla y terror de Estado en la época de la *revoltura* en México» (2010).

compañeras ejecutadas y desaparecidas. En contraste con los más de cincuenta textos literarios y testimoniales escritos por hombres, destacan estos siete testimonios escritos por mujeres a la fecha: *Morir de sed junto a la fuente* (2001) de Minerva Armendáriz, *Comparezco y acuso* (2012) de Lourdes Uranga, *Ovarimonio. ¿Guerrillera yo?* (2013) de Gladys López Hernández, la antología *Guerrilleras* (2014) compilada por María de la Luz Aguilar Terrés, *Sueños a prueba de balas. Mi paso por la guerrilla* (2014) de Rosa Albina Garavito, *Sobre la piel del tiempo* (2017) de Bertha Lilia Gutiérrez Campos y *Morir de sed junto a la fuente. 30 años después* (2018), testimonio póstumo de Minerva Armendáriz Ponce.

Como se señaló, no toda práctica de memoria pasa por el registro escrito y a la par de estas publicaciones hubo diferentes encuentros, recorridos y homenajes a las mujeres a partir del 2001, algunos de los cuales recopila Aguilar Terrés en *Guerrilleras*[33]. A pesar de tratarse de pocos testimonios, la riqueza y complejidad de éstos bien merecen un estudio más amplio, actualmente en preparación. Por cuestiones de espacio, este apartado plantea una revisión panorámica sobre el desarrollo de una subjetividad femenina en los textos, abordando particularmente la construcción de la memoria desde el mundo afectivo y las diferentes visiones y matices que las propias mujeres plantean sobre género.

Antes de entrar en un análisis general de los testimonios, cabe recordar *grosso modo* los entrecruzamientos del marxismo y feminismo para contextualizar tanto la participación de las mujeres en el movimiento armado como la reconstrucción del pasado y rememoración en los testimonios. En primer lugar, el marxismo consideró como eje central la lucha de clases asumiendo tácitamente que la toma del poder y de los medios de

---

33 En el plano documental destacan *Mujer-guerrilla* (2007) de Ana Valentina López de Cea y *Flor en otomí* (2012) de Luisa Riley.

producción por parte del proletariado liberaría por igual a hombres y mujeres. En este sentido, la igualdad de la mujer estaba inscripta en su absorción a la lucha proletaria «ya que ocupar este sitio ante los medios de producción era un paso necesario para la toma del poder del proletariado –en una visión determinista de la historia», como señala Lucía Rayas («Hitos de la memoria» 274). Sin embargo, la 'segunda oleada' del feminismo puso en cuestionamiento la lucha de clases como categoría abarcadora que explicara la explotación y opresión de la mujer. Entre otros aspectos, este feminismo criticó el soslayo del trabajo doméstico circunscribiendo a la mujer a una forma de reproducción y no como parte de la cadena de producción; aún más la absorción de la lucha de liberación de las mujeres a la teoría marxista obnubiló la crítica al patriarcado como cimiento y eje fundamental del capital como lo señala Heidi Hartman en su célebre ensayo «The Unhappy Marriage of Marxism and Feminism: Towards a More Progressive Union»[34].

Posteriormente, la crítica feminista de la 'tercera oleada' incorporó la categoría de raza al debate de género en respuesta a un feminismo blanco que homogeneizaba la subjetividad femenina desde un parámetro de progreso y modernidad, que en todo caso recuperaba la experiencia femenina del 'tercer mundo', o chicana y afroamericana en el caso estadounidense, como un ejemplo que vinculaba el patriarcado con el atraso o subdesarrollo. Pese a la relevancia que tuvo el feminismo y la interseccionalidad que reivindicó la sexualidad, raza y género como parte de una micropolítica del poder, una reciente crítica desde el feminismo marxista ha cuestionado el énfasis en las políticas identitarias del feminismo de la 'tercera oleada' desvinculadas de la categoría de clase social, de las luchas de liberación y contra el colonialismo, proponiendo así una relectura del marxismo desde

---

34 Recopilado en *Women and Revolution* de Lydia Sargent, para una revisión de la discusión entre marxismo y feminismo de la década de los ochenta véase también *Marxism and the Oppresion of Women* de Lisa Vogel.

la perspectiva feminista y descolonizadora[35]. Y desde esta perspectiva, es relevante revisitar tanto la lucha revolucionaria de las décadas anteriores, la articulación y tensiones de la experiencia femenina en los testimonios, así como la construcción de una memoria doblemente marginal que en gran medida apunta a deconstruir los relatos oficiales y las memorias dominantes de las décadas pasadas.

El posicionamiento de las mujeres en los testimonios está sujeto en su mayoría a la premisa de que la lucha revolucionaria cubría la igualdad de hombres y mujeres, y difícilmente se encontrarán en sus escritos afirmaciones de corte feminista tal y como se articulan actualmente. No obstante, los testimonios presentan a su vez tensiones sobre las diferencias de género en la experiencia del movimiento armado, al mismo tiempo que arrojan luz sobre aspectos no abordados, precisamente, como el género, el mundo afectivo y la ruptura con roles de género en una sociedad profundamente conservadora. Como señala Gladys López Hernández, participante del movimiento estudiantil de la Preparatoria Popular y acusada de participar en la lucha armada: «Las mujeres estábamos oprimidas, económica, política y socialmente. Vivíamos bajo un dominio familiar exagerado, no teníamos ni voz ni voto» (*Ovarimonio* 20). Pero no solo eso, además de confrontar al Estado y sufrir las consecuencias de la represión, persecución, detención ilegal, tortura y prisión o exilio, las mujeres han tenido que luchar contra el silenciamiento, en gran parte producto de la tortura y el estigma de vía armada, pero también porque los marcos sociales de producción y recepción no consideraron como agencia prioritaria la experiencia y subjetividad femeninas dentro de la lucha revolucionaria.

No obstante, llama la atención que el Primer Ideario del PDLP incorpora algunas demandas por los derechos de las

---

35   Véase Chandra Mohanty, Shahrzad Mojab y Rita Segato, por citar algunos ejemplos.

mujeres, mismas que en el Segundo Ideario fueron eliminadas al ajustarse a un discurso más teórico sobre la lucha revolucionaria, indudablemente por la influencia de la Organización Partidaria durante los (des)encuentros en la sierra y la crítica al lenguaje pobrista[36]. Posteriormente el testimonio novelado de Eleazar Campos *Lucio Cabañas y PDLP: una experiencia guerrillera* (1987) presenta de manera didáctica a través de Adela, el único personaje femenino, los posicionamientos del PDLP-PROCUP sobre lo que podría llamarse la construcción de un hombre y una mujer nuevos. A lo largo del relato, durante las conversaciones entre militantes que buscan romper el cerco del ejército, aparecen discusiones sobre la participación de las mujeres, las relaciones de pareja y una crítica al sexismo fuera y dentro del grupo armado, como lo describe el personaje Adela:

> [Existen tres tipos de hombres] los que se dicen intelectuales de la pequeña burguesía que hablan y hablan para impresionar, sobre todo a las compañeras, alimentar sus desequilibrios para acostarse con ellas, haciéndolas objetos de uso (…) aquellos que siempre que ven compañeras se hacen los valientes, melosamente te ayudan con tu mochila con una falsa intención (…) y el tercero, de los que haciendo todo este tipo de acciones, a pesar de todos los rechazos y por resentimiento cuentan después que las mujeres que se dedican a hacer la revolución son casi unas prostitutas. (Campos 63)

En el relato también saltan a la vista una serie de contradicciones que encarnan los personajes masculinos como actitudes, comentarios sexistas y lugares comunes que representan precisamente la tensión que se dio en el grupo armado particularmente en las relaciones sentimentales[37]. Destaca así la figura

---

36 En el Primer Ideario aparece el derecho de las mujeres a asociarse, opinar y recibir educación superior, véase Macías Cervantes (78-80).

37 El testimonio no alude al caso de Aurora Navarro quien deja la relación sentimental con un militante del MAR para unirse a Carmelo Cortés del

de Adela —es inevitable la asociación con el estereotipo de las «adelitas» en la Revolución mexicana— como la encarnación de la mujer guerrillera. Cuando los compañeros le piden que cuente algo sobre su compañero sentimental con el que perdieron contacto durante el combate, Adela deja en segundo plano lo sentimental para demostrar que es una combatiente seria con ideales firmes: «lo que quisiera aclarar es que a Roberto lo recuerdo como a un compañero más dentro de la lucha y que creo firmemente que es la ideología la que me tiene aquí» (Campos 121). Se puede observar así que de manera temprana el texto aborda la doble construcción de la mujer guerrillera ya sea hipesexualizándola o bien sancionando el mundo afectivo.

Si bien ambos intentos de incorporar a la mujer en la lucha armada son excepcionales para ese momento, llama la atención que no fue sino hasta el 2001 que se publica el primer testimonio escrito por una mujer. Como se señaló en el capítulo dos, *Morir de sed junto a la fuente* de Minerva Armendáriz deja entrever en los primeros capítulos el ejercicio de la memoria y escritura desde la perspectiva femenina, la cruel e inhumana experiencia de su detención ilegal y tortura que, no obstante, se encuentra eclipsada por la reconstrucción y homenaje a su hermano Carlos David ejecutado con otros compañeros del GPGAG en 1968. También a partir del 2001 se realizaron una serie de encuentros para rendir homenaje a las mujeres del movimiento armado, periodo que coincide con los encuentros de exmilitantes que se analizaron anteriormente y las disputas por la memoria en el periodo de la FEMOSPP[38]. Sin duda, estos encuentros fueron

---

    PDLP formando posteriormente las FAR. Cabe destacar que a la postre, ha pesado más la ruptura sentimental como un motivo más para el deslinde entre Cabañas, Cortés y la OP, que el reconocimiento a Aurora Navarro, véase «Aurora Navarro del Campo y las FAR» de Florencia Ruiz Mendoza.

38 Los encuentros de mujeres se llevaron a cabo entre el 2002 y 2011: «Jornada la mujer y la guerra sucia» (2002) en la Ciudad de México, «Primer Encuentro Nacional de Mujeres Guerrilleras» en el Senado de la Repú-

cruciales para colocar en la mesa de discusión la participación de las mujeres en la forma de pequeñas semblanzas de vida, testimonios de las sobrevivientes junto con la participación de algunas académicas; pero particularmente destacan por crear un espacio de solidaridad e intercambio en el que muchas mujeres por primera vez abordaron públicamente sus experiencias expresando el mundo afectivo y lo que representó para ellas el movimiento armado, las pérdidas y los efectos de la violencia del Estado.

> [D]urante los años de militancia hubo momentos en que sentí que parecía que estuviera prohibido llorar, los duelos no se podían vivir completos, llorar a nuestros muertos era un lujo que no podíamos darnos, sin correr riesgo de ser etiquetados como «pequeñoburguesas», parecía que el ámbito sentimental hubiera quedado cancelado. Ahora que podemos socializar nuestras experiencias, debemos dar testimonio de ellas, pero sobre todo, ahora podemos llorar y completar nuestros duelos, para continuar en otros espacios de lucha democráticos, que eran lo que demandábamos y nos fueron negados. (Bertha Lilia Gutiérrez Campos en *Guerrilleras* 73)

Asimismo, se puede observar una transformación en los testimonios de Minerva Armendáriz ya que, si bien en su primer texto aborda partes de su detención y tortura, en su testimonio póstumo *Morir de sed junto a la fuente. 30 años después* (2018) rompe el silencio y narra en detalle los efectos a largo plazo de su tortura mientras estaba embarazada de su hijo Carlos David.

> Las torturas físicas y psicológicas se impregnan en tu cuerpo, en cada una de tus células, en tu vientre, en tus órganos

---

blica (2003), «Segundo Encuentro Nacional de Mujeres Guerrilleras» (2008) en Mazatlán Sinaloa, «De niñas a guerrilleras» (2010) en la ENAH y «Confluencias: Género y guerrilla durante la guerra sucia en México» (2011) en la casa de los amigos en la Ciudad de México. Las reuniones del 2003, 2008 y 2010 están compiladas en *Guerrilleras* por María de la Luz Aguilar Terrés.

internos y en todos tus sentidos, en el torrente sanguíneo, en la conciencia y en la inconciencia, en el sueño y la vigilia. (…) En ese ambiente nacieron nuestros hijos, las nuevas generaciones recibieron directa o indirectamente el virus de la represión que se dedicó a impregnar vidas nuevas con sentimientos de pérdida, de abuso, bajo la sombra de la negación. Nosotros, los que vivimos en carne propia las agresiones, por lo menos sabemos el origen del dolor —aunque nos hagamos los desentendidos— los otros, los que llegaron después o eran muy pequeños, cargaron con la herencia del dolor ignorantes de su procedencia o incapaces de comprenderla. (*Morir de sed junto a la fuente. 30 años después* 29-35)

La violencia del Estado atravesó a la familia de Minerva no solamente con la persecución y ejecución de su hermano en 1968, sino con la tortura de ella y su hijo Carlos quien sufrió de una profunda depresión y trastornos psicológicos que lo llevaron a quitarse la vida en 1998, tras presenciar una detención arbitraria y ser objeto de la represión policíaca por documentarla. El segundo testimonio de Minerva Armendáriz es crucial tanto por la denuncia de una violencia de Estado continua por razones políticas y la normalización de la brutalidad policíaca, así como por abordar los efectos de la tortura a largo plazo que recorre generaciones familiares, algo de lo que todavía se habla muy poco o casi nada[39]. A pesar de que el testimonio es desgarrador, no aparece la victimización, ni hay una detracción de la lucha armada; por el contrario, Armendáriz presenta, desde una consciencia y sensibilidad, el proceso por el que muchos exmilitantes pasaron y que se tradujo en silencio, negación y letargo, así como la cooptación del Estado. Si bien, para ella, la negación

---

39 El caso de Carlos Ornelas Armendáriz fue incluido en el reporte de Amnistía Internacional como víctima directa de la represión en el seno de su madre causando así severos trastornos psicológicos. Véase *México. Vencer el miedo: las violaciones de los derechos humanos contra la mujer* (20).

y el silencio fueron parte de un mecanismo de sobrevivencia a la postre tuvieron efectos devastadores a nivel individual, familiar y en conjunto para la lucha revolucionaria:

> [P]ara nosotros, como *guerrilleros*, la negación de los efectos de la represión era un asunto de vida o muerte, aceptar el daño implicaba la derrota, aceptar la derrota implicaba el fracaso y, a pesar de nuestras convicciones y certezas de haber perdido una batalla, no la guerra, la negación nos permitió afrontar los continuos embates posteriores a la detención y «liberación». [Sin embargo, esto] nos condujo a no denunciar las atrocidades sufridas individualmente, cada cual hizo lo mismo que los animales heridos: replegarse en su soledad a lamer sus heridas. (…) Cubrimos con hierro ideales, esencia y espíritu combativo que siguen a la espera de ser liberados del hierro que los mantiene cautivos; mientras corra la sangre por nuestras venas hay esperanza, para el revolucionario la vejez es símbolo de experiencia y sabiduría, aún hay mucho por hacer, por decir, por escribir, vale la pena «si el destino de un pueblo se decide». (*Morir de sed junto a la fuente. 30 años después* 32-36; énfasis mío)

Aunque el testimonio de Minerva no alude a una postura de género, es importante destacar su valentía y tenacidad al confrontar sus pérdidas y cuentas pendientes con el pasado de manera escrita y, particularmente, porque plantea de manera crítica y autoreflexiva una serie de problemáticas que los testimonios masculinos no han abordado como el mundo afectivo trastocado por la violencia estatal y la lucha constante por sobrevivir emocionalmente.

Cabe destacar que el énfasis que hace este análisis sobre los afectos no deviene de asumir la asociación entre lo afectivo y lo femenino como parte de una preconcepción biológica, finalmente se trata de construcciones de género, pero sí del hecho que hay una mayor tendencia en los testimonios de las mujeres a resaltar las significaciones que tuvieron ciertos eventos en sus vidas personales. Al respecto el análisis de Lucía Rayas plantea dos cuestiones fundamentales sobre el género y la lucha armada. Por un lado, la reconstrucción memorística de las mujeres por parte de sus compañeros, particularmente en las semblanzas de vida presentadas en los encuentros, reproducen valores tradicionalmente asociados a los roles de género porque, si bien es cierto que muchas mujeres ocuparon espacios de reproducción y cuidado en los grupos armados —en algunos casos tomaron cargos de mando tras la caída de algunos compañeros—, mucho de ello proviene de una formación tradicional y de que la propia visión de la lucha armada incorporó a la mujer bajo el espectro de su papel dentro de la lucha socialista.

> Las mujeres, en cambio, al recordar su experiencia y al rememorar a otras mujeres, narran desde un lugar más íntimo. Difícilmente se colocan en papel protagónico, y tienden a centrar sus memorias en personas o en hechos significativos para ellas, típicamente, las razones por las que se incorporaron a la lucha, lo que a menudo incluye a las personas que las reclutaron. En consonancia con los asideros de la memoria, traen a colación las experiencias que se anclaron a ellas. («Hitos de la memoria» 275)

Estos espacios íntimos desde los que narran las mujeres son relevantes ya que en su mayoría el mundo afectivo fue sancionado en lucha armada, como lo señalaron las citas de Bertha Lilia Gutiérrez Campos y Minerva Armendáriz, entre otras tantas compañeras, frente a la inminencia del combate y estar literalmente a salto de mata los duelos y pérdidas, así como los efectos de la tortura fueron postergados. Sin embargo, a la vuelta de los años una tendencia dominante es que mientras los testimonios masculinos destacan su participación, reconstrucción de pasajes o un balance general, los de las mujeres si bien proveen una mirada crítica a la lucha armada acentúan el ámbito de lo experiencial y el mundo afectivo uniendo la vida política con la vida sentimental, cuestión que sigue siendo compartimentada en los testimonios masculinos.

Por otro lado, como señala Rayas, «no media un cuestionamiento del «lugar de la mujer», pese a su entrada a un ámbito —el de la lucha armada— enteramente masculino en el imaginario social tradicional» (275). En su mayor parte, los testimonios, de mujeres y hombres, reivindican la igualdad de género a partir de la distribución de tareas en una causa común, como lo ilustra el testimonio de Guillermina Cabañas, militante del PDLP:

> Tanto el hombre como la mujer cada quien se lavaba su ropa, ahí nadie le iba a hacer nada a nadie, sino que cada quien hacía sus tareas y lo suyo; fue una convivencia muy bonita de compañerismo. Nos cuidábamos unos a otros. Sí había más hombres que mujeres y poco a poco se fueron convenciendo más mujeres. (en Aguilar Terrés 124)

Cierto es que salir de la casa paterna, con permiso o sin este, casándose o simplemente abandonando el hogar, y en ciertas ocasiones al marido e hijos, significó una ruptura de los roles tradicionales de género que poco han sido valorados y sí muy estigmatizados. Al mismo tiempo, convivir en grupo en las casas de seguridad, en muchas de las ocasiones sin conocer a los compañeros, recibir entrenamiento militar o, inclusive, relacionarse sentimentalmente sin recurrir al matrimonio, indudablemente formaron parte una ruptura generacional en las formas de convivencia. Sin embargo, algunas mujeres han comenzado a reflexionar que la distribución igualitaria de tareas, no necesariamente implicó una equidad de género.

Por ejemplo, durante el encuentro «Confluencias» ante la pregunta si en los grupos armados se reprodujo una jerarquía patriarcal, una postura dominante destacó los logros de igualdad en términos de convivencia, tomando en cuenta que ambos hombres y mujeres provenían en su mayor parte de una educación tradicional, por lo que se trató de una práctica constante y conjunta para revertir esa estructura[40]. No obstante, algunas mujeres comenzaron a cuestionar un doble estándar practicado en algunos grupos, por un lado la rígida sanción en las relaciones sentimentales que debía pasar por la autorización de los cuadros de mando, al mismo tiempo que no se aplicaba para los hombres; la excepcionalidad de ocupar puestos de mando a pesar de distinguirse en el entrenamiento militar; la presión de demostrar características asociadas tradicionalmente con el género masculino; así como enfrentar continuamente la asunción extendida de que las mujeres se incorporaron a la vía armada por seguir a la pareja[41].

De este modo, se puede observar una tensión sobre género y equidad entre las diferentes prospectivas de las mujeres. Por un lado, como señala Macrina Cárdenas, la igualdad de la mujer era parte de las transformaciones de cambio social que ellas esperaban y se estimuló en los grupos armados, sin embar-

---

40 El encuentro «Confluencias: Género y guerrilla durante la guerra sucia en México», coorganizado por Elia Hernández, Gladys López Hernández (QPD) y Aurelia Gómez se llevó a cabo en julio de 2011 en La casa de los amigos, con el apoyo de Haverford College.

41 Los motivos para unirse a la lucha armada a su vez dependen de las experiencias de vida, por ejemplo algunas mujeres se unen ya que sus propios familiares participaron en los grupos armados, otras como relevo de los puestos una vez que los hombres habían caído o bien por la formación y participación anterior en movimientos sociales. Adela Cedillo destaca las diferencias entre las mujeres que participaron en los grupos armados urbanos *versus* los rurales, mientras que Macrina Cárdenas hace un recuento de la formación previa de las mujeres. De cualquier forma, uno de los estereotipos que las mujeres han insistido en desmontar ha sido la incorporación a la lucha armada por razones sentimentales y no por convicción. Citlali Esparza González señala que era muy extendido desde el PCM a los grupos armados decir que «la cooptación política de las mujeres se realizaba por vía vaginal» (en Aguilar Terrés 333), lo cual replica prácticas misóginas con el fin de degradar y demeritar la participación de las mujeres.

go, las prácticas machistas se dieron en el ámbito afectivo, no en el político.

> [N]uestra participación se dio a todos los niveles: como correos, como enlaces, así como en expropiaciones a instituciones comerciales y bancarias, lo mismo que en combates con las fuerzas represivas. El nivel de participación tenía más que ver con el grado de compromiso de los militantes que con la condición de género. (...) Dentro de los grupos guerrilleros se intentaban crear las relaciones de igualdad. Las tendencias machistas se dieron en el terreno de las relaciones de pareja, ya que para algunos hombres se vio exaltado por su participación en los movimientos guerrilleros. (Cárdenas 615-16)[42]

Por otro lado, para Cárdenas el mayor reto fue la incorporación de las mujeres ya que rompían con las expectativas de la familia y los valores tradicionales, así como enfrentar la tortura por parte del Estado, ya que cargaban con un doble estigma de transgresión por declarar la guerra a un Estado patriarcal y represor. Particularmente los agentes policíacos, paramilitares y torturadores se encarnizaron con las mujeres por una segunda transgresión de las mujeres a los roles de género preconcebidos.

> Fue en la tortura donde las mujeres que participamos en los movimientos armados experimentamos de la manera más cruda la violencia de un poder patriarcal y autoritario. Porque independientemente del grado de brutalidad con que ésta fue aplicada, para las mujeres tenía un doble propósito. Uno tenía que ver con la transgresión de atentar en contra de las estructuras del sistema social, que como parte de los cuer-

---

42 Llama la atención la escisión de lo político y lo afectivo como plantea Cárdenas, seguramente reflejo de la ética revolucionaria y la estructura militar; es decir, el compromiso político no debía estar regido por el individualismo o los afectos, sino por la entrega y sacrificio. No obstante, poco se ha reflexionado sobre lo afectivo como parte fundamental y motor para tomar las armas en búsqueda de un mundo justo e igualitario.

pos represivos les correspondía proteger; el otro tenía que ver con el haber transgredido los papeles que supuestamente correspondían a nuestra condición de mujeres. (...) Si bien los hombres fueron sometidos a todo tipo de torturas al igual que las mujeres, no fueron ultrajados en sus cuerpos ni violados ni torturados en estado de gravidez como pasó con algunas mujeres. (Cárdenas 616)

Sin embargo, durante el encuentro «Confluencias» algunas mujeres señalaron que también hubo casos de tortura sexual a los hombres y que difícilmente éstos lo han expresado públicamente. Se puede observar así que el concepto de roles tradicionales de género atraviesan los marcos sociales, de producción y recepción de los testimonios, lo que se puede decir o se debe callar. Tuvieron que pasar varias décadas para que las mujeres comenzaran a expresar públicamente su experiencia en la lucha armada a través de la rememoración desde el mundo afectivo, aspecto mucho menos permisible para los hombres ya que la denuncia se asocia con ser víctima, haber sido 'quebrado' o emasculado.

Ahora bien, en relación al género y feminismo, las mujeres en su mayoría rechazan ser identificadas como feministas a pesar de que, como apunta Adela Cedillo, se desarrolló un feminismo más empírico que teórico:

> El hecho de que estas mujeres se posicionaran de un modo que subvertía tan poderosamente las convenciones de género, representó un ejercicio de facto de la emancipación y el empoderamiento femeninos, el cual podría considerarse como un feminismo no teórico, sino empírico. («Mujeres, guerrilla y terror de Estado» s/n)

Por ejemplo, Gladys López Hernández marca un giro al reclamar un espacio femenino en el propio título *Ovarimonio ¿guerrillera yo?* (2013) rehusándose a llamar a su texto testimonio y cuestionando su identidad como guerrillera. Cierto es que no participó en la clandestinidad, pero su actividad solidaria con los presos políticos y su trabajo organizativo en la Preparatoria Popular la llevaron a sufrir el terrorismo del Estado: la detención ilegal, la tortura y la prisión política. El ovarimario destaca así las condiciones opresivas y patriarcales a nivel familiar, social y del propio Estado, la lucha por tener espacios educativos y de autogestión, así como un reclamo al poco reconocimiento de las mujeres en los movimientos sociales.

> A través de la historia las mujeres hemos sido consideradas como «adelitas» que siempre van siguiendo a su hombre (…) las mujeres hemos sido minimizadas en las publicaciones dedicadas al movimiento y represión de los estudiantes de 1968. (…) Solo se menciona la participación de las mujeres como encargadas de elaborar la comida para los compañeros estudiantes que estaban en pie de lucha, sin embargo, recuerdo que durante ese movimiento las primeras brigadas para informar sobre las agresiones ejercidas por el Estado estaban integradas exclusivamente por mujeres. (*Ovarimonio* 14-16)

Sin embargo, su posicionamiento respecto a la lucha feminista está matizado, por un lado porque consideró al feminismo de clase media como burgués y, por otro, porque creía que la lucha debía ser parte de:

> una liberación conjunta de hombres y mujeres ante la opresión y una igualdad de oportunidades en el estudio, trabajo, rol social, aspecto jurídico, la no discriminación, el respeto a la dignidad humana, etc… (*Ovarimonio* 54)

Un caso diferente es la posición de Lourdes Uranga, ex-militante del FUZ quien vivió en el exilio en Cuba e Italia. Su testimonio, *Comparezco y acuso* (2012), hace una crítica radical a la lucha armada tanto en el periodo de exilio en Cuba, como en el plano de equidad de género[43]. Si bien Uranga no se retracta de

---

43 Lourdes Uranga viajó a Cuba como parte del canje de presos políticos por la liberación del cónsul Terrance Leonhardy, secuestrado por las FRAP

la lucha armada, sí reflexiona profundamente sobre el significado y su experiencia como mujer no solamente en la lucha armada sino a lo largo de su vida, en su entorno familiar, matrimonio, maternidad, relaciones sentimentales y su lucha por la liberación de la mujer.

> Hablo de mi vida personal y amorosa porque no soy el guerrillero que abandonó todo por la revolución. Soy la mujer que aquí comparece, que participó en un proceso revolucionario con toda su alegría de vivir, con su infinita necesidad de cambio, que inició un proceso amoroso que aún no acaba. (*Comparezco* 17)

Se puede observar, por un lado, que no existe en el testimonio la separación entre lo político y lo afectivo, aspecto que ya había aparecido en los testimonios anteriores de mujeres; sin embargo, la diferencia del texto de Uranga es que no se ancla a la narrativa de la liberación para ambos sexos, sino que abiertamente señala la dificultad para ganarse el respeto de los compañeros a costa de exaltar características masculinas y sumándose de manera acrítica en ese rubro al movimiento armado.

> Esforzándome para lograr ser un *guerrillero* capaz, así en masculino. Mis desgarramientos como madre separada de sus hijos, los conflictos con mi padre, toda esa problemática la había vivido como un problema familiar, entendiendo a medias que se trataba de una condición de subordinación de la mujer y que si yo la reconocía como tal, sólo parcialmente, era porque mucho de ello lo aceptaba como un orden de las cosas dado, al que no me estaba rebelando. (…) [G]ran mentira que los compañeros nos tengan como sus iguales, aún ahora

---

en 1973, posteriormente buscó, junto con otros compañeros, la salida de Cuba por las tensiones generadas a raíz del acercamiento entre Echeverría y Castro. Se exilió en Italia donde trabajó en el Centro Ecuménico Internacional Ágape, cerca de Turín y se repatrió tras la promulgación de la Amnistía en 1978.

cuando se trata de reivindicar aquellas luchas, recuperar esos episodios, pareciera que las mujeres no estábamos. (*Comparezco* 147-48; énfasis mío)

A lo largo del testimonio, la reconstrucción del pasado está dada desde la reflexión de su condición de mujer, privilegiando una subjetividad femenina y feminista por encima de la lucha armada, problematizando los roles de género tradicionales y tabús como la idea de la maternidad como característica inherente a la mujer. Si bien Uranga se rebeló contra la opresión y violencia contra la mujer de manera temprana desde el seno familiar, no fue sino hasta un encuentro con feministas en Italia que durante su presentación dio cuenta del hueco que había que zanjar en la lucha revolucionaria.

> Las preguntas pasaron del apapacho a la pobre perseguida latinoamericana a nuestro proyecto político, al papel de la mujer, a la reflexión que como grupo habíamos hecho sobre la liberación de la mujer. Dije todas las pendejadas del mundo apretadas en cinco minutos de respuesta (…) después de mi 'brillante' intervención, tenía un ligero sabor amargo en la boca. El sabor de una respuesta aprendida y no reflexionada. (*Comparezco* 147)

En este pasaje que Uranga titula «Sacudida», se puede observar el choque entre la lucha de liberación socialista, por la vía armada, y la lucha por la liberación de la mujer que si bien atienden a agencias y contextos distintos, se concibieron como luchas incompatibles. Así la crítica de Uranga si bien reconoce que se trató de una lucha antiimperialista y anticapitalista, a su vez apunta a la necesidad de decolonizarla del patriarcado.

> La ideología que profesábamos los guerrilleros era principalmente antiimperialista, anticapitalista y en grupos como el nuestro, por la toma del poder y por la instauración del socialismo. (…) Las mujeres y los hombres éramos iguales en la guerrilla, pero tenías que dejar de ser mujer para entrar en la

guerrilla; estábamos enmascaradas con valores masculinos y la condición de la mujer en general y las tantas diferencias con nuestra contraparte de hombres en la guerrilla, quedaban anulados por un acto de malabarismo mental. [Tras el encuentro con las feministas] pensé en las luchas pequeñas, de las que no se habla, en tantas luchas posibles que nos encaminan a una sociedad mejor, dar atención y lugar al cuerpo, al derecho a la satisfacción personal, a ser amada, al reconocimiento. Sabiendo que ello no me impide pensar en el proyecto de nación que tenemos que construir con la izquierda. (…) Que la toma del poder no decreta el cambio, que el cambio debe ser sentido, necesario por la mayoría de la sociedad e intentado cada día. (*Comparezco* 146-148)

Se ha planteado de manera panorámica la emergencia de las voces femeninas y las nuevas agencias que se van conformando a partir del 2001 a través de la publicación de testimonios y encuentros. Se observa que en su mayor parte no hay una retracción de la vía armada y el recuento memorístico está centrado en la relevancia de su participación, los motivos por los cuales se incorporan a la lucha armada y las significaciones en su vida personal, la denuncia de la tortura, en algunas ocasiones la tortura sexual, y sus efectos a largo plazo.

No obstante, existen tensiones en torno a la articulación de una agencia feminista, por un lado, derivado de la incorporación de la liberación de la mujer a la lucha socialista y la emancipación del proletariado. Y por otro lado, aunque no se entró en detalle, de la escisión entre teoría y práctica de un feminismo que aunque emergía igualmente en la década de los setenta en México, se concentró en demandas que no hicieron eco en la mayoría de las mujeres de los grupos armados. Aunado a esto, y a pesar de las transformaciones en México, hay todavía un estigma extendido sobre el feminismo asimilándolo como un radicalismo en contra del género masculino.

En este sentido, los testimonios de las mujeres han operado un cambio deconstruyendo los relatos oficiales, en primer lugar al afirmar su participación y presentar otra entrada a la lucha armada que, aún sin asumirse feministas, tensionan las relaciones de poder tanto de un Estado autoritario y patriarcal, como de la estructura familiar y de los propios grupos armados.

Queda todavía pendiente un trabajo más profundo y amplio sobre la reconstrucción de la participación de las mujeres bajo una aproximación de género y, particularmente, la discusión sobre género a la luz de una relectura del marxismo y feminismos. Es decir, reevaluar la experiencia y testimonios de las mujeres exmilitantes no desde un feminismo 'blanco' o centrado solamente en las políticas identitarias, sino desde los entrecruzamientos de una lucha socialista de emancipación y las prácticas que Cedillo llamó de un feminismo empírico.

A MANERA DE EPÍLOGO

Sin duda la producción literaria y testimonial del movimiento armado ha sido vigorosa y constante a lo largo de más de cuatro décadas, a pesar de los vaivenes políticos y la poca atención que han tenido más allá de un circuito relativamente pequeño entre exmilitantes, familiares y estudiosos. Asimismo, se ha podido observar que la articulación de la memoria en los testimonios responde a una compleja dinámica en constante transformación, en la que intervienen coyunturas políticas y marcos de producción e interpretación que inciden tanto en la emergencia de los textos como en sus silencios y soslayos. Si bien la dinámica en los procesos de construcción de la memoria no es exclusiva del caso mexicano, una de las contribuciones que se propuso este trabajo es trazar una suerte de cartografía para la revisión y discusión del tema, buscando tender puentes entre disciplinas y áreas geográficas, ya que finalmente el movimiento armado de los setenta en México y la violencia del Estado formaron parte de un periodo de cambio revolucionario en América Latina, así como de su represión bajo la política intervencionista estadounidense, en coordinación con las oligarquías nacionales.

¿Qué hizo posible invisibilizar la violencia del Estado en México?, ¿qué similitudes estructurales comparte la violencia estatal y qué aspectos lo diferencian de las políticas del terror instauradas en América Latina?, ¿cómo se explica la paradoja de una memoria persistente, cuyas marcas son claras en los textos producidos por exmilitantes y a la vez ha sido posible mantener un silencio oficial?, ¿cómo se articulan los discursos y disputas por la memoria en contraste con aquéllas surgidas durante y tras las dictaduras por ejemplo en el Cono Sur?, ¿qué transformaciones ha habido en la construcción de la memoria y qué agencias han quedado un tanto soslayadas?, ¿qué aportes trae el estudio de estos textos a la luz de los estudios de la memoria y el análisis literario? Esta serie de preguntas han guiado el desarrollo de este libro, saltando a la vista la discusión tardía sobre la memoria en México, el desconocimiento de la violencia estatal y los levantamientos armados más allá de un circuito especializado, así como el poco intercambio entre diferentes áreas geopolíticas a nivel continental.

Apuntes comparativos

Como se ha señalado, un primer aspecto que resalta es la invisibilidad y borramiento de ambas, la lucha armada y la violencia del Estado, por la focalización de la violencia estatal —aún cuando se ejerciera en ciertas zonas de forma masiva e indiscriminada—, por la heterogeneidad, falta de coordinación y ausencia de apoyo internacional a los grupos armados, por la capacidad del gobierno priísta para rearticularse y gestionar la reforma política del 78 y por la continuidad de políticas gubernamentales que han sido cómplices en manufacturar el olvido y, con ello, la impunidad. Asimismo, otro aspecto que destaca es la continuidad en varios sentidos: la continuidad de la impunidad particularmente en el caso de las desapariciones forzadas, pero también de la violencia estatal que, aunque ha sufrido transformaciones sigue siendo constante desde el abuso y brutalidad policíaca a los operativos contra movimientos sociales, disidencia política y contra comunidades en resistencia. Pese a la creación de instancias gubernamentales como la CNDH, la FEMOSPP y la Comisión de la Verdad en Guerrero, la impunidad ha sido sistemática y, aún más, a la violencia estatal se ha sumado la entrada del crimen organizado y su infiltración en cuerpos policíacos, ejército y autoridades a nivel regional y federal, creando un escenario sumamente complejo.

Asimismo, se puede observar una continuidad en la rearticulación y recurrencia de los levantamientos armados, a pesar de los cambios políticos y sociales registrados en las últimas décadas. Por ejemplo, la aparición pública de grupos armados en la década de los noventa como el EZLN, EPR y ERPI, cuyas raíces provienen de los grupos que sobrevivieron a la embestida del Estado y no se alinearon a la rectificación, demuestra la persistencia de una violencia estructural del Estado que no ha atendido por la vía democrática las necesidades y demandas, específicamente de comunidades indígenas que han sido sistemáticamente castigadas y excluidas[1].

En este sentido, la falta de voluntad política contrasta con las transformaciones en particular de las FLN al EZLN, la creación de los Caracoles y las Juntas de Buen Gobierno, el Congreso Nacional Indígena y el Concejo Indígena de Gobierno, al plantear formas organizativas y de lucha que rompen con el modelo de los grupos armados anteriores al adherir una agencia indígena y de autonomía.

En suma, se puede decir que no ha habido un cierre, ni una justicia transicional real pese a la alternancia partidista, la apertura de los archivos y la creación de instancias que revisiten el pasado de violencia. En contraste con las décadas de los sesenta a los noventa, puede decirse que ha habido transforma-

---

[1] Como se mencionó al comienzo el fenómeno de escisión, multiplicación y rearticulación de los grupos armados ha sido una constante. Por ejemplo, a partir del PDLP y su rearticulación en PDLP-PROCUP y EPR ha generado otros grupos como Tendencia Democrática Revolucionaria-Ejército del Pueblo (TDR-EP), el Comité Clandestino Revolucionario de los Pobres-Comando Justiciero 28 de Junio (CCP-CJ28J) y las Fuerzas Revolucionarias Armadas del Pueblo (FARDP) por citar algunos ejemplos.

ciones y avances en el ámbito de los derechos humanos, acceso a los archivos —a cuentagotas— y mayor libertad de prensa. Sin embargo, de manera simultánea se observa la persistencia de un Estado que pretende mantener un control férreo sobre el pasado, ya sea a partir de la estatización de la memoria —al incorporar selectivamente la memoria del 68 al relato democrático— o bien al negar la sistematicidad de la violencia estatal cubriendo la responsabilidad de autoridades y del ejército. Al mismo tiempo se observa la agudización de la violencia sobre comunidades que resisten a la extracción de recursos o bien a las licitaciones de industrias cuyos efectos contaminantes son devastadores. A esto se añade la presencia y fortalecimiento del narcotráfico, su expansión a otros rubros económicos, su infiltración en la policía, ejército y gobiernos locales y regionales desencadenando una violencia sin precedentes, pero cuyas marcas apuntan a las prácticas estatales de tortura y desaparición forzada de las décadas anteriores.

Este complejo escenario ha sido en gran medida producto de un Estado autoritario en el contexto de la Guerra Fría que, a pesar de sus transformaciones y supeditado a una política neoliberal, ha mantenido en su centro la lógica del saqueo, represión y, particularmente, de la impunidad. Revisitar entonces el pasado y presente para desentrañar esta suerte de capas superpuestas de violencias acumuladas ha sido y es una tarea titánica que a su vez explica la discusión tardía de la mal llamada 'guerra sucia' y los levantamientos armados en México, lo cual no implica que no haya habido prácticas de memoria.

Un segundo aspecto específico del caso mexicano es que, como se ha desarrollado a lo largo del libro, muy tempranamente desde el espacio carcelario y el exilio surgieron textos literarios y testimoniales que nos permiten dar cuenta en primer lugar de la toma del espacio y la práctica escrituraria como última trinchera eminentemente política. En segundo lugar, que esta práctica ha tenido continuidad a lo largo de varias décadas y a su vez se observan cambios en los modos en que los textos articulan el pasado y van tejiendo una memoria alterna a los relatos oficiales. Y, en tercer lugar, que los textos implícitamente señalan la multiplicidad de memorias y la dinámica en que se entretejen para que ciertas memorias y agencias se posicionen como una tendencia dominante a pesar de no ser memorias oficiales.

Los textos testimoniales desde un principio abordaron la discusión teórico-política y no incorporaron la denuncia de la violencia del Estado sino hasta después del 2000, trazando así una ruta distinta de las agencias que se observan en los testimonios del Cono Sur, por ejemplo. Asimismo, a diferencia del Cono Sur, la producción y recepción de los testimonios se ha mantenido prioritariamente dentro del circuito de exmilitantes, a pesar de haber sido publicados en ediciones de autor, editoriales independientes e inclusive en editoriales universitarias o dependientes del Estado. Cabe señalar también que las prácticas de memoria de los exmilitantes, no salieron al ámbito público sino hasta después de la alternancia partidista, en un momento crucial durante la investigación de la FEMOSPP como un modo de disputar la fijación de una memoria oficial y que ya daba muestras de tener resultados limitados.

Por ello, a pesar del ocultamiento al que fue sometido el movimiento armado y su exclusión de la historia oficial, los textos analizados son documentos de sobrevivencia y marcas de memoria que desestabilizan los relatos oficiales sobre el pasado. No obstante, como se ha desarrollado, su emergencia aún con la poca visibilidad en contraste con el movimiento del 68, forma parte de una compleja dinámica en la construcción de la memoria, aún tratándose de memorias no emblemáticas. Es decir, que a la par de enfrentar la invisibilidad y borramiento oficiales, se trata de una manifestación plural y heterogénea de memorias.

La dinámica de la memoria

Desde un panorama general se puede observar en este amplio *corpus* la continuidad, a lo largo de varias décadas, de la discusión teórico-política, el balance de la lucha armada y la reexaminación del pasado como una necesidad de responder, corregir o disputar el silenciamiento oficial y la estigmatización de la vía armada. Desde los primeros textos hasta las últimas publicaciones hay un componente político que en términos generales lucha por posicionar el reconocimiento del movimiento armado ya sea en la forma de su incorporación a la vía democrática, a fines de la década de los setenta, o bien como catalizador de las conquistas democráticas, discusión que comienza en la década de los noventa pero que se cristaliza durante las Reuniones Nacionales del Movimiento Armado Socialista (MAS) y el periodo de funcionamiento de la FEMOSPP. La agencia de reconocimiento a la lucha armada responde al borramiento en los relatos oficiales y al hecho de que con el tiempo fuera incorporada la memoria del 68, sancionando y dejando fuera la memoria de la lucha armada, pero particularmente escamoteando la sistematicidad de la violencia de Estado y protegiendo a autoridades y al ejército.

A pesar de que en un primer trazado pareciera que la agencia es la misma en la relación lucha armada, cambio revolucionario y democracia, una primera transformación que se observa es la configuración de una agencia de verdad y justicia exigiendo poner fin a la impunidad, misma que no aparece anteriormente puesto que la agencia dominante fue la rectificación y los modos en que se incorporaría la lucha revolucionaria a la vía democrática. Si bien, la incorporación de denuncia de la violencia estatal, la desaparición forzada y la práctica de la tortura es 'tardía' en los textos de las y los exmilitantes, así como en los testimonios escritos por familiares de desaparecidos, cabe destacar que ésta ha sido constante desde finales de la década de los setenta en la forma de movilizaciones, huelgas de hambre y prácticas de memoria en espacios públicos.

Este hecho señala varios aspectos quizás obvios pero importantes de destacar: 1) que el ámbito escriturario no necesariamente representa el conjunto de prácticas de memoria, evidentemente, 2) que las prácticas de memoria y escritura aparecen como espacios de lucha alternos, pero no necesariamente están coordinados sino que tienen sus propias rutas y tiempos; y 3) que el terreno de la escritura ha estado ceñido o se ha pensado más como la vía de discusión política o la reconstrucción de los grupos armados, lo cual obedece a una selección de memorias y agencias, regidas por marcos de interpretación, que inciden en lo que se puede decir y lo que se debe callar.

Cabe recordar que una de las posturas más sólidas de los exmilitantes ha sido la ética revolucionaria y la no victimización puesto que finalmente se trataba de una guerra contra el Estado y se debían asumir las consecuencias como la muerte y la tortura. Esto, junto con los inevitables efectos de la tortura, marcaron un largo silencio en este rubro que lentamente aparece en los testimonios para conformar una agencia directa de la denuncia en 2006.

Durante la investigación, se pudo apreciar que a pesar de la continua demanda de reconocimiento, incorporación y aportaciones a la democracia por parte de los exmilitantes, a su vez hay una serie de transformaciones que responden a las coyunturas políticas. No es casual que los primeros textos aborden el debate de la rectificación al filo de la reforma política y la promulgación de la amnistía en 77 y 78 respectivamente, ni que la revitalización de encuentros y producción testimonial emerja tras la alternancia partidista y el funcionamiento de la FEMOSPP. No obstante, la construcción de la memoria no está dada solamente en términos de oposición entre una (des)memoria u olvido oficial *versus* una memoria subalterna, subterránea, marginal o contramemoria, sino que ésta se desarrolla en una compleja dinámica donde intervienen múltiples variables entre coyunturas políticas y marcos de interpretación, el proceso de formación identitaria y de una comunidad de memoria, en la cual a su vez opera una selección de agencias prioritarias sobre otras marcadas por lo político y lo afectivo.

Pese a poder trazar una clara línea sobre una agencia dominante en textos de exmilitantes —el reconocimiento político de la lucha armada— se puede observar a partir del 2000, por un lado, la incorporación de la agencia de denuncia y la rearticulación de este reconocimiento como catalizador de la democracia y, por otro, que existieron matices y disputas entre los exmilitantes, aún dentro de las tendencias dominantes. En este sentido, el libro ha abordado una serie de agencias en los textos que descolocan los discursos oficiales, pero a su vez problematizan la fijación de una memoria homogénea, aún habiendo buscado una unión orgánica y tratándose de una memoria soslayada por el Estado. A lo largo de cuatro décadas, en los textos literarios y testimoniales aparecen agencias no dominantes que marcan matices o bien un giro político y narrativo como por ejemplo: los debates sobre la rectificación, la afirmación y rearticulación de la lucha armada por parte de las ramificaciones del PDLP, el mundo afectivo y violencia carcelaria en los textos literarios del encierro, la paulatina formación de la denuncia de la tortura y desaparición forzada, la reemergencia y debates sobre la construcción de una memoria histórica desde la perspectiva de los exmilitantes, así como la emergencia de los testimonios de familiares de desaparecidos y de las mujeres que participaron en la lucha armada.

Si bien seguramente existen otras agencias que escapan a este análisis, este trabajo se ha centrado en trazar una suerte de genealogía que dé cuenta del amplio espectro en el que se han configurado las disputas por la memoria, entre las cuales quiero destacar tres ejes: 1) la heterogeneidad de posturas en torno a la vía democrática y la construcción de la memoria histórica, 2) las formas narrativas y poéticas en su doble estatuto político y literario, y 3) la formación y emergencia de nuevas agencias como la denuncia de la tortura y desaparición forzada, y la rememoración desde la perspectiva de las mujeres.

Memorias heterogéneas

A fines de los setenta, la encrucijada en la que atajó el gobierno a la lucha armada, deponer las armas o la aniquilación, agudizó las tensiones internas de los grupos y los obligó en su mayoría a rectificar. En este período en la cárcel o el exilio la agencia prioritaria fue articular teóricamente el paso de la vía armada a la vía democrática generando intensas confrontaciones que, entre insultos y reproches, iniciaron un primer balance. Durante este debate, en el cual la mayor parte de los grupos 'urbanos' aceptaron unirse a la vía democrática, aparecen tensiones y matices importantes a considerar y que quedaron borrados bajo el relato oficial de la apertura democrática. Por ejemplo, más que la articulación teórica que legitimara el giro de la vía armada, me parece esencial el planteamiento sobre los modos a zanjar, por un lado, el desfase entre grupos armados y movimientos sociales, aunque en ese momento la atención y prioridad fue puesta en el movimiento obrero como vanguardia revolucionaria. Y, por otro lado, las reticencias para abrazar la vía partidista y la apertura democrática, puesto que el propio Estado tenía ya una larga historia de autoritarismo y represión. Ambas preocupaciones, por un lado, desestabilizan el relato democrático como una transición homogénea y, por otro, señalan dos aspectos persistentes: la ausencia de una representación efectiva de liderazgos en coordinación con movimientos sociales, y la aporía de un Estado democrático por decreto pero que jamás se incriminaría por los crímenes políticos que cometió. Las implicaciones de estos dos aspectos me parece se padecen todavía hasta la fecha; a pesar del giro a la izquierda con el triunfo de AMLO en las últimas elecciones todavía es temprano para evaluar los alcances de poner fin a la impunidad y una prueba de fuego precisamente serán los resultados del caso de desaparición de los 43 normalistas de Ayotzinapa y las más de 40,000 familias en busca de sus desaparecidos.

En la década de los ochenta, la respuesta escrita a este debate por parte de los grupos que no se alinearon a la rectificación también señala que la transición no fue homogénea y que la vía armada seguía teniendo sentido para estos grupos en tanto no hubiera cambios profundos, particularmente en regiones donde seguían y siguen rigiendo cacicazgos. De ahí que la rearticulación de la lucha armada en los grupos actuales se concentre en Chiapas, Guerrero y Oaxaca principalmente. Un aspecto importante que marca a su vez la continuidad y rearticulación de los grupos armados es la divergencia de lógicas y tradiciones revolucionarias que, en el caso del PDLP en Guerrero, señalan un vacío que no logró zanjar la teoría marxista y el movimiento armado: el concepto del proletariado como vanguardia revolucionaria que, apuntalado en una modernidad y progreso industrial, difícilmente incorporó a las comunidades campesinas, aún aquéllas que formaban parte de la industria coprera y cafeticultora. Aunque en la Revolución mexicana un gran sector de los levantamientos fue campesino e indígena, hubo un mínimo reconocimiento a las comunidades indígenas que, en todo caso, fue diluido bajo la categoría de campesinado. Asimismo se puede observar que los debates postrevolucionarios, inclusive desde lecturas marxistas, se centraron en la reafirmación del mestizaje como parte de una política nacionalista, borrando o considerando lo indígena como un problema y obstáculo para la modernización del país. La lucha armada socialista de los setenta no fue la excepción y, en este sentido, el salto cualitativo que llevaron a cabo las FLN en la fundación del EZLN marcó un parteaguas al salir del modelo socialista de la lucha armada, incorporar la agencia indígena y cuestionar al capitalismo y el relato de modernidad desde sus cimientos.

Si bien el PDLP no se alineó a la rectificación y fue una manifestación muy diferente del movimiento armado por su raigambre en la memoria de la Revolución mexicana y el movimiento cívico en Guerrero, a su vez sufrió transformaciones ramificándose en diferentes grupos como las FAR, FAL y PDLP-PROCUP, dando origen este último a los grupos actuales como el EPR y ERPI, entre otros menos visibles menos visibles como Tendencia Democrática Revolucionaria-Ejército del Pueblo (TDR-EP), el Comité Clandestino Revolucionario de los Pobres-Comando

Justiciero 28 de Junio (CCP-CJ28J) y las Fuerzas Revolucionarias Armadas del Pueblo (FARDP) por citar algunos ejemplos.

Se puede apreciar en los textos del PDLP que circularon en la década de los ochenta que, a pesar de hacer frente a las críticas de los grupos armados 'urbanos', a su vez plantean diferentes posturas. Mientras *Los papeles de la sedición* (1982) de Fierro Loza parece optar por la vía democrática al establecer lazos con el Frente Estatal contra la Represión, pero, particularmente, con el comité estatal del Partido Socialista Unificado de México (PSUM), otra ala se adhirió a Unión de Pueblo fusionándose en el PDLP-PROCUP y optando por la continuidad de la vía armada.

Aunque en esencia los dos testimonios hacen balance centrándose en la figura de Lucio Cabañas, las formas narrativas y apuestas políticas se distancian. Mientras el texto de Fierro Loza se asemeja más a un documento interno abundando en los detalles, pero particularmente en el balance del pobrismo y la Organización Partidaria, el texto de Eleazar Campos opera un cambio significativo en lo político y narrativo. Cabe señalar que el texto de Fierro Loza se elaboró colectivamente, la publicación por la Universidad Autónoma de Guerrero fue detenida y circuló de forma clandestina antes de su ejecución por la Brigada Campesina de Ajusticiamiento (BCA), brazo armado del PDLP. Mucho se especula sobre el manuscrito y su ejecución, ya que a pesar de tener una sentencia de la BCA por mal manejo de dinero y violación, se piensa que otra de las razones podrían ser la apropiación del texto, la relación con el PSUM o bien que revelaba nombres de militantes todavía en activo.

Por su parte, el testimonio colectivo del PDLP-PROCUP, *Lucio Cabañas y el PDLP. Una experiencia guerrillera* (1987) publicado bajo la autoría del Comandante Eleazar Campos, cierra filas en oposición a la rectificación y la crítica proveniente de los grupos armados urbanos, incorporando el concepto de la guerra popular prolongada, la pertinencia de la lucha armada y recapitulando la figura de Cabañas a partir de las prácticas de memoria y narraciones orales. El testimonio de Campos enfatiza que se trata de un «testimonio novelado», como él mismo lo señala, dejando de lado el lenguaje teórico y marxista para asimilar una narrativa literaria que es performativa o, dicho de otro modo, que pone en práctica las narraciones orales y de rememoración a través de las conversaciones entre los militantes que intentan romper el cerco del ejército.

    El análisis de esta variedad de textos permite observar que, en esta primera revisión del balance y la pertinencia o no de la lucha armada, la heterogeneidad de posturas implícitamente desmontan el relato de apertura democrática entre los gobiernos de Echeverría y López Portillo. En una segunda vuelta y en respuesta a la creación de la FEMOSPP y la parcial apertura de los archivos, las discusiones llevadas a cabo durante las Reuniones Nacionales de exmilitantes entre 2002 y 2004 reexaminaron el papel de la lucha armada centrándose en la necesidad de construir una memoria histórica por los propios participantes y discutir el papel del movimiento armado en la actual democracia. Ambas revisiones, en los setenta y después del 2000, se llevaron a cabo mayormente entre los grupos que formaron parte o tuvieron mayor relación con la LC23S, aunque también hubo en coloquios y encuentros algunos exmilitantes de la ACNR o colaboradores del PDLP. Asimismo, cabe destacar que muchos de los exmilitantes se unieron a los partidos de izquierda, la mayor parte se deslindaron de los grupos armados en activo, ya que en conjunto consideran que en las condiciones actuales la lucha armada no es viable y particularmente hay un rechazo al EZLN por su modo de operación, en algunos casos llegando al punto de reproducir la leyenda negra de que el EZLN fue una creación del expresidente Salinas de Gortari.

    Se puede observar así que en su mayor parte aceptaron la vía democrática, por las buenas o las malas, y las discusiones se han centrado en la reivindicación del movimiento armado de los setenta, la resignificación identitaria de los exmilitantes y las contribuciones que tuvo el movimiento en los logros y conquistas democráticas actuales. Si bien el tema democrático se originó en el período de la rectificación, éste cobró fuerza después del 2000 y particularmente con el fortalecimiento de la izquierda partidista antes de las elecciones del 2006. No obstante, algunos exmilitantes matizaron al recordar, por un lado, que el objetivo de la lucha armada no era la reforma democrática sino la toma de poder y, por otro, que la apertura democrática fue un modo de cooptación y dosificación de la participación política, alertando asimismo la necesidad de revisitar y asimilar el pasado de la lucha armada, particularmente por parte de la izquierda si es que realmente deseaba gobernar (Martha Maldonado en Ibarra 102-103). Aunado a esta discusión, apareció también la controversia sobre la derrota militar y/o política. En términos generales, los exmilitantes aceptan la derrota militar, pero no la política y de ahí la importancia de confeccionar una memoria de la lucha armada subrayando el carácter político en la emergencia del movimiento armado, mismo que consistentemente ha querido borrar el relato oficial.

Como se señaló, la construcción de la memoria del movimiento armado, fue ampliamente discutida y en términos generales se optó por el concepto de una memoria histórica que reclamara un espacio que soslayó el relato oficial sobre el pasado, aún en el reporte de la CNDH de 2001 y el informe de la FEMOSPP. Durante las Reuniones Nacionales si bien en un comienzo abrazaron el modelo de una memoria histórica que influyera o fuera alterna a la investigación de la FEMOSPP, en la tercera y cuarta reunión surgieron cuestionamientos en el modo de construir la memoria. Rodolfo Gamiño observa una bifurcación en los proyectos de memoria, uno ajustado a una visión jurídica marcada por la fiscalía en tiempos y modos; y otro anclado más a las prácticas de memoria a nivel regional que Gamiño ha analizado bajo el modelo de las iniciativas de memoria no oficial (INOM), particularmente las realizadas por el Colectivo Rodolfo Reyes Crespo en Jalisco.

Indudablemente las discusiones llevadas a cabo en las Reuniones Nacionales, los coloquios, homenajes y recorridos de memoria marcaron un parteaguas al entrar al ámbito público, revitalizar la publicación de testimonios y aprovechar la coyuntura política. Estos encuentros crearon un espacio de reflexión tanto para la reconstrucción del pasado como para abordar aspectos que se habían mantenido en silencio como los duelos postergados, el mundo afectivo y un corte de caja sobre los nuevos rumbos y el uso político de la memoria. No obstante, las y los exmilitantes se enfrentaron a la premura de un mandato presidencial y una fiscalía que pensó podría lograr la justicia transicional de un plumazo. En esta carrera contra el tiempo y el mal augurio de las tempranas anomalías en la FEMOSPP, pese a haber incorporado al área histórica a algunos exmilitantes, pusieron en el centro del debate la formación de una memoria que lograra unificar memorias individuales, evitando protagonismos o victimización, para posicionarse frente a la memoria histórica oficial. Tras la Cuarta Reunión Nacional, a pesar de que se siguieron publicando testimonios y llevando a cabo homenajes, el proyecto en conjunto parece no haberse consolidado y se observa que la construcción y prácticas de memoria han funcionado a nivel regional y local.

Esto señala, por un lado, los desafíos para construir una memoria homogénea —se ha propuesto que más bien se trata de una dinámica y multiplicidad de memorias en constante transformación y, por otro, el carácter profundamente heterogéneo del movimiento armado. Si la construcción de la memoria está fuertemente ligada con la formación de comunidades de memoria que tengan mayor eco en el ámbito público, se puede observar a partir de los diferentes posicionamientos durante las Reuniones Nacionales que, a pesar de la voluntad para formar un frente, éstos obedecen a la multiplicidad de comunidades de memoria ancladas a su vez en las formas y modos regionales en que se articuló el movimiento armado. Es decir, pese a la formación de un solo frente compuesto por diferentes grupos armados, la asimilación de la lucha armada, su devenir, su significado y sus formas de rememoración presentan diferencias inclusive entre los diferentes grupos que formaron la LC23S.

No podía ser de otro modo, ya que por un lado la práctica de la memoria es múltiple y, por otro, el fenómeno de la lucha armada en México fue simultáneo y múltiple también. Cabe recordar que muchos grupos se formaron de manera simultánea, particularmente tras las represiones de Tlatelolco y San Cosme, en ocasiones sin tener conocimiento de los otros grupos. Debido a la compartimentación, las y los militantes no tenían una visión o conocimiento en conjunto inclusive de los propios grupos a los que pertenecían; los cuadros dirigentes fueron aniquilados y la tarea de los sobrevivientes se ha concentrado en reconstruir las historias de sus grupos a partir de pequeñas piezas de memoria. Esto explica que los testimonios se centren en el grupo y región a la que pertenecieron los sobrevivientes como el GPG en Madera Chihuahua, el PDLP o ACNR en Guerrero, el FER en Guadalajara, el MAR en Michoacán y Chihuahua, Los Enfermos en Sinaloa, o la LC23S en Nuevo León, Chihuahua, Sonora, Sinaloa, Jalisco y la Ciudad de México, por mencionar algunos ejemplos. Asimismo, los estudios actuales sobre la lucha armada en México han seguido un modelo regional sin duda invaluable, no obstante queda pendiente un trabajo comparativo que analice la dinámica, intercambios y desencuentros entre distintos grupos, regiones y la formación de las memorias.

El estatuto político y literario

A la par de la escritura de los primeros textos testimoniales, también se gestaron en el encierro carcelario los textos literarios, aunque fueron publicados posteriormente en las décadas de los ochenta y noventa. A pesar de que compartieron un espacio común de gestación, sus modos, rutas, agencias y alcances fueron muy diferentes del de los testimonios. Por ejemplo, el caso excepcional de Salvador Castañeda con el premio Grijalbo a primera novela en 1979 con *¿Por qué no dijiste todo?* sin duda tuvo mayor circulación y alcance en las generaciones posteriores, teniendo acceso o un primer contacto con un pasado enterrado del que poco o nada se hablaba entre las décadas de los ochenta al 2000.

Los primeros textos testimoniales que circularon, en su mayor parte eran los que se retractaban de la vía armada y abrazaban la apertura democrática, recuérdese que *Madera*, órgano difusor de la LC23S, siguió siendo clandestino. Se observa asimismo una escisión marcada por la distribución de lo sensible (Rancière) sobre lo que se puede decir o callar y los modos en que se articula el discurso. Los textos testimoniales se pensaron como el medio idóneo para discutir un primer balance y los diversos posicionamientos teórico-políticos como agencia prioritaria, caracterizándose primordialmente por una narrativa argumentativa. Si bien fueron publicados con el fin de colocar en el ámbito público sus posicionamientos, cabe destacar que aunque no fueron documentos internos prácticamente el destinatario e interlocutor de estos debates fueron los propios exmilitantes. Mientras que los textos literarios plasmaron otros aspectos desplazados que no se consideraron agencia prioritaria: el mundo experiencial y afectivo, la reflexión más allá de la discusión teórica política, la apertura de espacios creativos y poéticos, así como la práctica escrituraria como catarsis, sobrevivencia, como un modo de evitar la censura y como resistencia.

Tanto la antología *Sobreviviremos al hielo* (1988) como la novela de Castañeda son ejemplos claros del doble estatuto político y literario de estos textos. No solamente se trata de su gestación en condiciones de castigo y vigilancia o de la representación del preso político, sino de una irrupción en espacios no legitimados para los exmilitantes. Cargando con un doble estigma, político por haber participado en la lucha armada y literario, por tomar la pluma sin ser escritores profesionales o reconocidos, los textos lograron colocarse en el circuito letrado, no sin ciertos obstáculos tanto en su producción como en su recepción. Mientras Castañeda desarrolló su novela a partir de las notas elaboradas en prisión —muchas de ellas perdidas por los cateos e incursiones de la policía política en Lecumberri y los reclusorios, pero que posteriormente fueron publicadas como el diario de prisión *Los diques del tiempo* (1991)— la antología tuvo dos intentos fallidos de publicación, uno de ellos en la propia cárcel. Asimismo, mientras la novela tuvo mucho mayor difusión, por el premio Grijalbo, por las dos ediciones y el amplio tiraje mucho mayor que los testimonios publicados a la fecha, la antología tuvo una circulación menor, poca atención de la crítica literaria y solamente hasta este año se planea publicar la segunda edición. Este hecho señala que, por mucho, el género idóneo para poder colocar públicamente la opresión carcelaria y la violencia estatal fue la novela o la ficción, aunque en el fondo la novela contenga en su seno una matriz testimonial.

La antología por su parte recopila los poemas y grabados de la cárcel producidos por los presos políticos de por lo menos siete grupos armados, solamente en la Ciudad de México. Si bien la antología no representa a todos los exmilitantes, es un claro ejemplo, de la heterogeneidad de los grupos armados y de un giro en el concepto de lo literario, más como una práctica que reclama un espacio y reconocimiento político y literario que como un producto estético.

Los poemas de la antología plasman el mundo afectivo y efectos de lo carcelario, pero también plantean la afirmación de ideales revolucionarios y, particularmente en algunos, son profundamente críticos y operan una retorsión o inversión del poder carcelario como los poemas «Sueños» de Carlos Salcedo (Lacandones), un poema anónimo de David Zaragoza (LC23S), y el poema «Carcelero» de Agustín Hernández Rosales (MAR), por mencionar algunos ejemplos. Asimismo, la antología refiere a la formación del colectivo El Yacaré y la creación de un periódico mural que exponía poemas y grabados. La mayor parte de los poemas del colectivo son sumamente lúdicos mofándose tanto de los compañeros como de las autoridades. Esto indica cierta flexibilidad en el último periodo de Lecumberri y cabe notar que en su mayor parte los poemas que sobrevivieron datan del período posterior a Lecumberri cuando los exmilitantes fueron asignados a otros reclusorios.

Se ha señalado que lo carcelario se manifiesta en estos textos no solamente como un tema, sino que las propias condiciones de escritura son intrínsecas al texto tanto en su forma de producción como de reproducción de la opresión carcelaria. Esta es la gran lección de la obra de José Revueltas que Castañeda asimiló, aunque declara no haber leído su obra antes de escribir la novela. No obstante, se observan grandes afinidades por el trabajo detallado en la sordidez del mundo carcelario y los sujetos marginales que pueblan tanto la periferia de la ciudad como las áreas rurales. Asimismo, mientras la novelística de Revueltas paulatinamente se enfoca más en los personajes lumpen y presos comunes como una forma radical de abordar ese «lado moridor de la realidad», Castañeda explora la violencia carcelaria incluyendo la violencia de la policía política, de los presos comunes e inclusive de los exmilitantes al castigar la delación de un compañero.

Otros aspectos que destacan en la novela son las estrategias de narración que, aunque basadas en elementos autobiográficos y que por ende contienen una matriz testimonial, se alejan de un realismo mimético. La metanarración aparece en la elaboración de las notas en un cuaderno rojo y la constante reflexión de cómo estructurar y escribir la novela. Joaquín escribe sobre Jaime Márquez Peñaloza, como una suerte de desdoblamiento del narrador que a la vez señala las reminiscencias del uso de pseudónimos en el clandestinaje. La novela transcurre durante la espera de los últimos seis militantes para obtener su boleta de liberación. Al filo de su excarcelación y ante el terror de ser ejecutados tras la liberación, como de hecho sucedió en algunos casos, la memoria fluye como caudal y la narración está marcada por la asociación libre semejando las rutas aleatorias de una memoria ya incontenible. Al final de la novela Joaquín/Jaime pierde el cuaderno rojo en un forcejeo con los guardias, que si bien la crítica ha interpretado este pasaje como la derrota de la vía armada o la izquierda, me parece que más bien señala el despojo identitario del sujeto, la desaparición de cuerpos y textos, así como el borramiento de la memoria y de un registro de primera mano o testimonio, que solamente puede ser recuperado por la narrativa ficcional. Asimismo, la narración se sostiene por la asociación de imágenes contiguas que señalan sin nombrar, ejemplo de ello la imagen de la rata que aparece como comestible, como ataque militarizado, como línea en fuga que desterritorializa lo carcelario o como objetivación de la violencia, multiplicando así la posibilidad de los significados.

Regresando a la narrativa testimonial, si bien ésta posee características del recuento, la reconstrucción del pasado, del lugar del testigo y, en los primeros textos, rasgos más argumentativos, algunos testimonios poseen giros literarios como *Memoria de la guerra de los justos* (1996) de Gustavo Hirales, *Los ojos de la noche* (2009) de Miguel Topete o elementos metanarrativos como en *Morir de sed junto a la fuente* (2001) de Minerva Armendáriz. No obstante, el «testimonio novelado» *Lucio Cabañas y el* PDLP. *Una experiencia guerrillera* (1987) de Eleazar Campos rompe con el modelo argumentativo de los previos testimonios al incorporar elementos literarios como por ejemplo una estructura narrativa que aborda un pasaje específico del asedio militar en Guerrero, la narración colectiva al distribuir la voz narrativa entre los militantes que escapan al cerco en una suerte de performatividad. Estos narradores sobrevivientes constituyen una pequeña comunidad de memoria que recupera y transmite las narraciones orales rememorando a Cabañas y la experiencia de los sobrevivientes. Sin embargo, a pesar de poder funcionar perfectamente como un relato literario, el carácter testimonial no se pierde ya que aparecen los pseudónimos de algunos militantes y básicamente desarrolla la salida de un grupo del PDLP que quedó aislado y la afirmación de la continuidad de la vía armada al nombrar a Benigno como Comandante del PDLP. Otros testimonios adoptarían rasgos literarios, pero no con la fuerza narrativa con la que lo hace Campos.

Posteriormente se publicaron otras novelas de exmilitantes como *Dientes de perro* (1986) de Ramón Gil Olivo, *La patria celestial* (1992) y *El de ayer es Él* (1996) de Salvador Castañeda. Sin embargo, en las décadas posteriores se observa un silencio y solamente después del 2011 parece haber cierto interés por parte de los exmilitantes para regresar a la narrativa literaria con la publicación de *La casa de bambú* (2011) de Saúl López de la Torre, *Vámonos a la guerrilla de Chihuahua* (2018) de José Luis Alonso Vargas y *Accidentes de la razón, antología del cuento guerrillero* (2018) compilado por Hugo Esteve. Esto contrasta con una mayor producción de novelas sobre la guerrilla escritas por no exmilitantes como Fritz Glockner, Carlos Montemayor, Juan Miguel de Mora, Juan Negrete, Francisco Pérez Arce, Eduardo Ruíz Sosa, entre otros, que Patricia Cabrera y Alba Teresa Estrada analizan en *Con las armas de la ficción* (2012). Se observa así que el género testimonial ha sido privilegiado para posicionar las agencias de los exmilitantes, particularmente una vez que la censura y los espacios fueron más propicios para tener un escucha entre fines de los noventa y después del 2000.

Por ello quiero destacar que, en primer lugar, la primera novela de Castañeda marcó un parteaguas aprovechando el ámbito literario para dar a conocer la experiencia de la lucha armada y carcelaria que antes no había sido abordada y que no habría podido ser publicada o no habría tenido la misma circulación en la forma de testimonio. En segundo lugar, que por mucho ha tenido mayor circulación que la mayoría de los testimonios. Y, en tercer lugar, que la antología de poesía y las dificultades para su publicación demuestran la práctica escrituraria como resistencia en el confinamiento y poder carcelarios y el doble estigma, político y literario, con el que fueron castigados estos textos.

Nuevas agencias

Como se ha señalado, la mayor parte de los testimonios han establecido como agencia prioritaria la discusión teórico-política, la resignificación identitaria y la recuperación del pasado en función ya fuera de la rectificación de la vía armada durante la reforma política de fines de los setenta, o bien de las contribuciones de ésta a las conquistas democráticas en el marco de la alternancia partidista en el 2000, sin que esto último se tradujera en apoyo al partido de derecha. Se ha señalado también que a pesar de tratarse de una tendencia dominante en función de posicionar la memoria de la lucha armada en el relato democrático, se pueden observar agencias no dominantes que inclusive lo desestabilizan como por ejemplo las reticencias a abrazar la vía partidista aún dentro del grupo que rectificó, la afirmación y continuidad de la vía armada, la crítica a la ausencia de una revisión del papel de la lucha armada inclusive dentro de la propia izquierda partidista, así como los distintos posicionamientos sobre la construcción de una memoria histórica.

Los últimos capítulos del libro enfatizan los desvíos de una agencia dominante, así como la formación y emergencia de nuevas agencias no abordadas anteriormente, entre las cuáles se encuentra la denuncia de la tortura y la desaparición forzada, la aparición de testimonios escritos por familiares de desaparecidos y los testimonios de mujeres que participaron en la lucha armada.

Si bien es posible detectar estas agencias no dominantes en los testimonios previos, por ejemplo, la representación de la tortura desde finales de los setenta o el papel de la mujer en la lucha armada en la segunda parte de la década de los ochenta, no es sino hasta después del 2000 que logran consolidarse como agencias visibles. En el caso de la denuncia de la tortura se observa una constante de mediación para poder denunciar la propia tortura sin ocultar o retractarse del pasado militante antes de la publicación de *Testimonios de la guerra sucia* (2006). En el caso de los testimonios femeninos poco a poco han emergido sus voces, aunque, con algunas excepciones, no se ha expandido una agencia feminista en los términos que se articula actualmente. Por ello, es importante trazar una suerte de genealogía para contextualizar y comprender la dinámica de emergencia y los motivos por los cuáles aparecen estas agencias de manera 'tardía'.

En el caso de la tortura, como han planteado algunos estudiosos la relación de una experiencia límite como infligir el dolor, el trauma y la narración está atravesada por una serie de tensiones que van desde la asimilación de la tortura en la forma de delación, la desintegración y quiebre del sujeto, la desmovilización social y política, la internalización del estigma y silencio, así como la dificultad y resistencia a transformar la experiencia de tortura en una narrativa diegética. Si bien en el caso de las y los exmilitantes la tortura fue vista como parte de los riesgos que se corrían al abrazar la vía armada y el resistir sin delatar constituyó parte fundamental de la moral revolucionaria y del imaginario guerrillero, esto provocó en primer lugar la asimilación de la tortura bajo el estigma de delación e indirectamente desvió la atención de la responsabilidad del Estado al sujeto torturado, a la paranoia, las divisiones e inclusive ejecuciones de quienes eran sospechosos, este último aspecto difícilmente discutido inclusive hoy en día, puesto que también el Estado recurrió a la ejecución presentándola como producto de las disputas internas de los grupos armados.

Uno de los espectros recurrentes en los testimonios es precisamente la delación que, con excepción de Ulloa Borneman, no es aceptada abiertamente. En el caso del testimonio de Eleazar Campos, la historia narrada por Pedro Periquito aborda por primera vez el proceso de detención, traslado entre cuarteles y el campo de concentración, amenaza de los vuelos de la muerte, la tortura física y psicológica y la transformación del sujeto torturado en delator y colaborador, así como los efectos de estigma y silencio. Cabe destacar, sin embargo, que la narración destaca sí el proceso de tortura por parte de los militares, pero desde una mirada didáctica, advirtiendo de los peligros y los modos de enfrentar y resistir al Estado.

El efecto de silenciamiento se reforzó por no considerar la denuncia de la tortura como una agencia prioritaria y la falsa idea de que hablar de ésta era pequeño burgués o bien era asociada con aceptar la derrota. Otros de los motivos para no abordarla fue el miedo por el estigma de la delación y por temor a las consecuencias o repercusiones que podría haber por parte del gobierno. Es decir, la denuncia no fue considerada, mucho menos en el plano legal, porque el propio Estado había cometido estas violaciones. Solamente a partir del 2000 aparece la denuncia de los crímenes de Estado apuntaladas en la violación de las convenciones de Ginebra.

Aunque la tortura aparece ya en algunos testimonios desde finales de los setenta, no aparece una vinculación directa del testigo con la participación en la lucha armada hasta la publicación de la novela *¿Por qué no dijiste todo?* (1980) de Castañeda y el testimonio novelado *Lucio Cabañas y el PDLP* (1987) de Eleazar Campos. Es decir, que en la mayor parte de los textos aparece siempre una mediación para nombrar la tortura ya sea a través de un narrador en tercera persona, la ficcionalización —como en *¿Por qué no dijiste todo?* de Castañeda o *Las causas* (1985) de Alberto Núñez Jara— un narrador en primera persona pero que narra la tortura de los otros —*De albañil a preso político* (1978) y *Guerrero, amnistía y represión* (1982) de Simón Hipólito Castro— el sarcasmo y parodia como sucede en *Memoria de la guerra de los justos* (1996) de Gustavo Hirales; o bien negando o retractándose de la vía armada como sucede en *Las causas* de Núñez Jara o *Sendero en tinieblas* (2004) de Alberto Ulloa Borneman. En este sentido *Testimonios de la guerra sucia* (2006) rompe con el modelo testimonial anterior centrándose concretamente en la denuncia de la tortura en primera persona y afirmando la participación en la lucha armada. Asimismo, el hecho de que algunos testimonios correspondan a la década de los setenta señala que tuvieron que esperar varias décadas para ser publicados una vez que el horizonte de recepción fuera más propicio para encontrar un escucha. Cabe destacar que esta agencia emergente convive a su vez en este periodo del 2006-2018 con la recuperación de la memoria histórica y con otras agencias también emergentes como los testimonios de familiares de desaparecidos y los testimonios escritos por mujeres.

Como se señaló anteriormente, la reemergencia de las disputas por la memoria, la revitalización del testimonio y las prácticas de memoria como recorridos y homenajes en el ámbito público surgieron en el periodo de la apertura de los archivos, la creación y cierre abrupto de la FEMOSPP (2001-2006). No obstante, la entrada de Felipe Calderón (2006-2012) y la política de la guerra contra las drogas desencadenó una violencia sin precedentes y, particularmente, la práctica de la desaparición forzada, esta vez masiva, indiscriminada y entreverada con el crimen organizado. En este nuevo escenario, la agencia que se colocó como dominante en el ámbito público fue la denuncia de la desaparición forzada que, aunque de algún modo visibilizó la desaparición practicada en los setenta, desplazó la agencia de resignificación identitaria de la lucha armada perdiendo el *momentum* que tuvo anteriormente.

La publicación de testimonios de familiares de desaparecidos, operó un giro al transformar la denuncia social y activismo de más de tres décadas en una demanda jurídica acompañada por la escritura del testimonio siendo un parteaguas *Voces acalladas, vidas truncadas* (2008) de Andrea Radilla. Resultado del seguimiento y persistencia de los familiares y organizaciones de derechos humanos, el caso de la desaparición de Rosendo Radilla Pacheco marcó un hito en las disputas por la memoria, la denuncia de la violencia del Estado y la violación de derechos humanos al lograr el fallo de la COIDH a favor de los familiares y sentenciando al Estado mexicano. Si bien las medidas de reparación no han sido cumplidas del todo, ni satisfactoriamente, indudablemente este caso abrió brecha sobre otros casos de impunidad en México como por ejemplo la desaparición forzada de cinco miembros de la familia Guzmán Cruz en los setenta actualmente en proceso ante la COIDH.

Tanto *Voces acalladas* como *Mártires de la democracia* (2011) de Abdallán Guzmán Cruz, exmilitante del MAR y sobreviviente, adoptan un nuevo modelo que, en coordinación con organizaciones de derechos humanos, incorporan la denuncia jurídica, las reticencias de las autoridades para dar seguimiento al caso, la reconstrucción de la vida y homenaje a los familiares desaparecidos destacando, particularmente, que no se trataron de casos aislados sino que forman parte de una estrategia de terrorismo de Estado. Los testimonios si bien no son un reporte de derechos humanos, sí poseen una conciencia del uso político de la memoria revisitando el pasado de violencia y continuidad de la impunidad, ofreciendo un balance de las limitaciones de la CNDH y FEMOSPP, así como la complicidad del poder judicial y legislativo en las prácticas de terrorismo de Estado.

Si bien en momentos coyunturales las demandas de exmilitantes y familiares de desaparecidos convergen, se observa a su vez que tienen movimientos casi inversos. Por un lado, la denuncia de la desaparición forzada por parte de los familiares ha sido constante y se ha transformado de la movilización y protesta social en el ámbito público a la demanda jurídica —aunque no en todos los casos— para finalmente recurrir al género testimonial. Por otro, los exmilitantes comenzaron a manifestarse de manera escrita para debatir y hacer balance de la lucha armada y solamente hasta después del 2000 entraron al ámbito público en la forma de homenajes, recorridos y resignificación de espacios públicos en lugares de memoria. En este sentido, los testimonios de Radilla y Guzmán Cruz son relevantes porque contextualizan los casos denunciando la violencia estatal, los efectos en la población, así como los motivos del levantamiento armado, aún en el caso de Rosendo Radilla que no participó en el clandestinaje. Es decir, los testimonios logran tender un puente entre lucha armada y los motivos políticos de su emergencia con la denuncia jurídica de la desaparición forzada, bajo el derecho internacional.

Asimismo, después del 2000, la agencia de resignificación identitaria de los exmilitantes y la construcción de una memoria histórica convivió con la emergencia de los testimonios escritos por las mujeres de la lucha armada con *Morir de sed junto a la fuente* (2001) de Minerva Armendáriz. A pesar de la publicación de otros seis testimonios de mujeres, es abrumadoramente dispar en contraste con los textos literarios y testimoniales escritos por hombres y a la fecha no es una tendencia dominante. Sin embargo, los incluyo en un análisis panorámico, en primer lugar porque no es posible a estas alturas soslayar su participación y las rupturas de género que esto significó y, en segundo lugar, porque sus textos ofrecen una entrada diferente a la vía armada y desarticulan tanto relatos oficiales como la fijación de una memoria primordialmente masculina.

El largo silencio escriturario y el poco reconocimiento de su participación se debe a una serie de variables como la formación marxista que soslayó luchas 'menores' al considerarlas pequeñoburguesas, el conservadurismo y un sistema patriarcal hegemónico que permeaba a la sociedad en esa época, así como el hecho de que las mujeres fueron una minoría, alrededor del diez por ciento, en los grupos armados. Si bien el marxismo proveyó una visión abarcadora a través de la lucha de clases privilegiando al proletariado como vanguardia revolucionaria, teniendo un profundo impacto en las luchas de liberación del mal llamado tercer mundo, a su vez soslayó otra serie de variables como género, raza, diversidad sexual, interseccionalidad y decolonización que los feminismos han desarrollado a lo largo de varias décadas.

En el caso mexicano, a la par de los pocos testimonios publicados existen pocos estudios sobre las mujeres de la lucha armada ya que, por un lado, la impronta ha sido establecer la historiografía, estructura y balance de la lucha armada asumiendo en el enfoque de estudio que los roles de género no tuvieron mayor impacto. En este sentido, los testimonios de las mujeres ofrecen una relectura y una memoria poco atendida como el mundo afectivo, la ruptura de roles de género, los silencios, los duelos postergados, los efectos de la tortura a largo plazo atravesando varias generaciones, la experiencia carcelaria y de excarcelación, así como el impacto de abrazar la lucha armada en relación a la sexualidad y maternidad, por citar algunos ejemplos.

Enfatizar el mundo afectivo y la experiencia de la subjetividad femenina no procede de asumir una asociación intrínseca o biologicista, sino de que los propios testimonios abordan el pasado narrando desde la intimidad sobre el significado de la lucha armada y represión del Estado a nivel personal. Y en este sentido, los encuentros y coloquios de mujeres ha creado un espacio más seguro y propicio para nombrar aquello que los testimonios masculinos no han elaborado, precisamente el mundo afectivo, la práctica de feminismos empíricos y la persistencia de una biopolítica del poder como el estigma y doble transgresión de las mujeres por pertenecer a la lucha armada y por romper con los roles de género tradicionales. Esto se percibe particularmente en el trato de los militares, policía política y la prensa a las mujeres detenidas ilegalmente o desparecidas, la tortura sexual infligida, e inclusive en la izquierda y los grupos armados al replicar un doble estereotipo de la mujer guerrillera ya sea hipersexualizándola o bien sancionando su género y sexualidad.

Cabe destacar que en los testimonios de las mujeres aparecen tensiones entre la denuncia de la falta de reconocimiento en los relatos oficiales y la construcción de la memoria de la lucha armada, el énfasis en la equidad de género como práctica en los grupos armados y las reticencias para identificarse con los feminismos. En este sentido el testimonio que rompe con estigma del feminismo es *Comparezco y acuso* (2012) de Lourdes Uranga, quien reconstruye la memoria no solo de la lucha armada, la prisión y el exilio, sino que plantea la necesidad de descolonizarla del patriarcado. Si bien queda todavía pendiente un análisis que, a partir de una relectura del marxismo y el desarrollo de los diferentes feminismos, pueda dar cuenta de las particularidades de la memoria de la lucha armada desde la subjetividad femenina, sin duda los testimonios publicados hasta ahora ofrecen un escenario invaluable sobre las diferencias de género, las rupturas de roles tradicionales así como las tensiones entre marxismo y feminismo e inclusive entre un feminismo hegemónico y las prácticas de un feminismo empírico.

***

Hasta aquí el libro ofrece una entrada a la construcción y disputas por la memoria de un pasado marcado por la violencia estatal, pero también caracterizado por la impunidad y la borradura de parte del Estado. De este modo, el libro ofrece una mirada panorámica de la dinámica de la memoria, sus tendencias dominantes y transformación, así como la presencia de otras agencias que eventualmente cobraron mayor visibilidad en el contexto de coyunturas políticas o bien sin haberse posicionado como dominantes plantean una ruptura en relación con la fijación de discursos oficiales o inclusive de la fijación de una memoria homogénea.

No obstante, quedaron pendientes algunas agencias que no se abordaron o bien si fueron señaladas no se analizaron en amplitud como la experiencia de la lucha armada en áreas geográficas como la sierra del cuadrilátero dorado entre los estados de Sinaloa, Sonora, Durango y Chihuahua, Oaxaca o Chiapas que tuvieron sus particularidades, desarrollo y rutas distintas. O por ejemplo el movimiento obrero y estudiantil en Sinaloa, o la transición de las FLN al EZLN en Chiapas. La mayor parte de los testimonios y los estudios sobre los grupos armados se han centrado en la estructura de éstos y su desarrollo a nivel regional, pero faltaría ampliar de manera más fluida los intercambios entre diferentes regiones, grupos e inclusive la participación de militantes mexicanos en las luchas revolucionarias centroamericanas, a la par de un estudio comparativo sobre las diferentes prácticas de memoria. Otra agencia pendiente es la tensión asociada a la división entre grupos armados 'rurales' y 'urbanos' que me parece atiende más a concepciones y tradiciones revolucionarias diferentes, que en el fondo apuntan a la implantación homogénea de un proyecto de modernidad. Es decir, para la lucha socialista la vanguardia revolucionaria fue el proletariado asumiendo implícitamente un modelo industrial de progreso que, precisamente, ha confinado a comunidades rurales e indígenas como población residual. Asimismo, habría que zanjar una brecha para el abordaje de la subjetividad femenina, diferencias de género, diversidad sexual y raza, que si bien son categorías y agencias actuales que no formaron parte del pensamiento socialista, esto no significa que no sea posible realizar una lectura actual.

Si bien no toda práctica de memoria entra al ámbito público, ni se traduce en un texto escrito; no obstante, la amplitud del *corpus* analizado y la continua publicación de textos literarios y testimoniales a lo largo de más de cuatro décadas señala la persistencia de la memoria y que lejos de tratarse de un olvido, más bien se trata de un silenciamiento oficial, de comunidades de memoria que difícilmente han encontrado un escucha más allá del circuito de exmilitantes, activistas y académicos simpatizantes. Por ello, la apuesta de este trabajo ha sido contribuir a su análisis y difusión.

Anexo 1

Organigrama de represiones y operativos contrainsurgentes

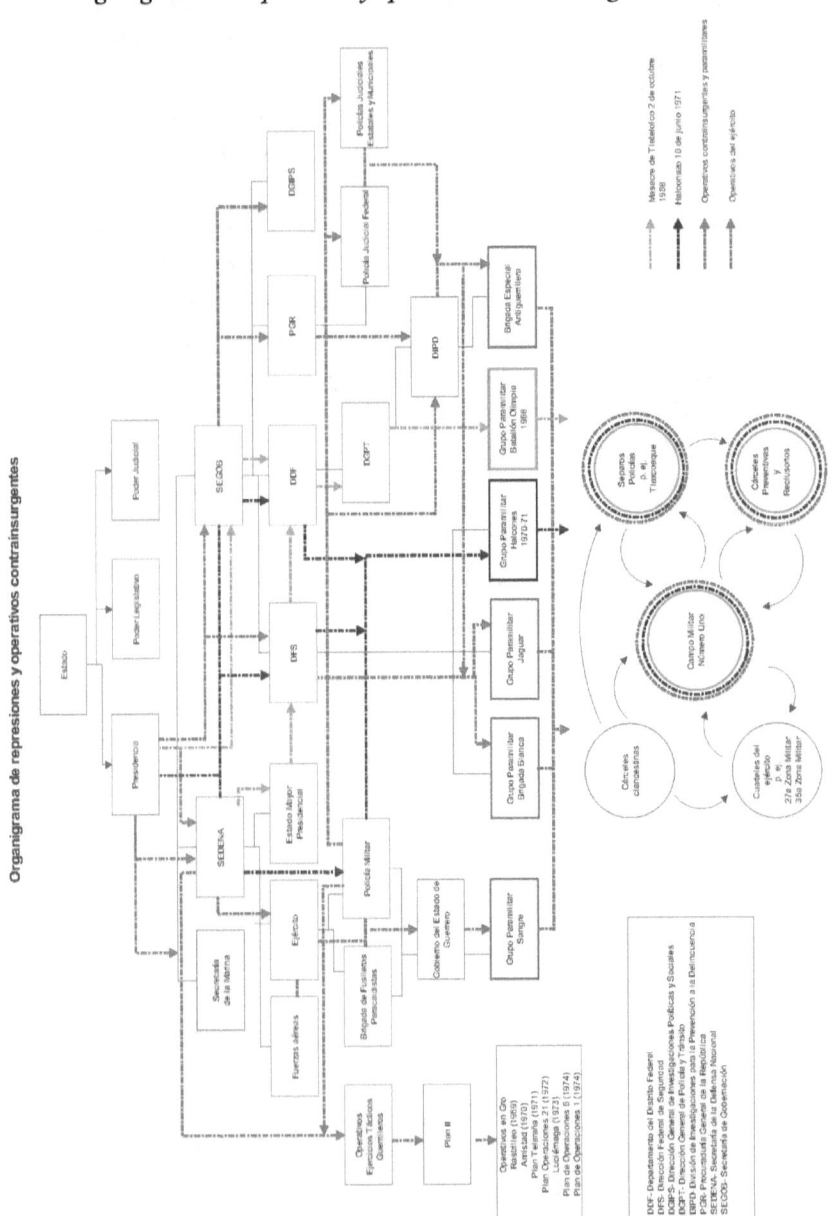

Anexo 2

Editoriales que han publicado textos de exmilitantes

Editoriales independientes

    Aldea global
    Artefacto
    Casa de las palabras
    Ce-Acatl
    Centro de Documentación de Movimientos Armados[*]
    CIHMSAC[*]
    Contraste
    Costa Amic
    Digital
    Ediciones Cultura Popular
    El Aduanero
    El Machete
    Grupo Editorial Lama
    Hexágono
    Huasipungo
    La casa del mago
    La otra Cuba
    Literalia
    Los Reyes editores
    Moción
    Nuestra América
    Símbolo
    Tierra roja

---

[*] Publicaciones de exmilitantes.

Editoriales conocidas

    Cal y Arena
    Grijalbo
    Plaza Editores
    Plaza y Valdés
    Posada

Editoriales universitarias o con subsidio gubernamental

    Ayuntamiento del Estado de Guerrero
    Conaculta
    Instituto Coahuilense de Cultura
    Temple University Press
    Universidad Autónoma de Chapingo
    Universidad Autónoma de Chihuahua
    Universidad Autónoma de Guerrero
    Universidad Autónoma de México
    Universidad Autónoma de Nuevo León
    Universidad Autónoma de Sinaloa
    Universidad Autónoma de Tlaxcala
    Universidad de Colima
    Universidad Obrera de México

Anexo 3

Textos escritos por exmilitantes del movimiento armado socialista

Aguilar Terrés, María de la Luz (comp). *Memoria del primer encuentro nacional de mujeres ex-guerrilleras. Análisis y reflexión sobre la participación de las mujeres en el movimiento armado socialista.* México: autora, 2007. Print.
—. *Guerrilleras. Antología de testimonios y textos sobre la participación de las mujeres en los movimientos armados socialistas en México, segunda mitad del siglo XX.* México: autora, 2014. Print.
Alonso Vargas, José Luis. *Los guerrilleros mexicalenses.* México: autor, 2004. Print.
—. *Vámonos a la guerrilla de Chihuahua.* México: autor, 2018. Print.
Angulo Luken, Leopoldo «El General». *Nos volveremos a encontrar. La LC23S en la Sierra Madre.* Guadalajara: La casa del mago, 2011. Print.
Anzaldo Meneses, Manuel y David Zaragoza Jiménez. *Sobreviviremos al hielo. Literatura de presos políticos.* México: Costa Amic, 1988. Print.
Armendáriz Ponce, Minerva. *Morir de sed junto a la fuente: Sierra de Chihuahua, 1968: testimonio.* México: Talleres Gráficos de la Universidad Obrera de México, 2001. Print.
—. «Testimonio de Minerva Armendáriz Ponce». *Guerrilleras. Antología de testimonios y textos sobre la participación de las mujeres en los movimientos armados socialistas en Mé-*

xico, segunda mitad del siglo xx. Comp. María de la Luz Aguilar Terrés, México: autora, 2014. 112-19. Print.

—. *Morir de sed junto a la fuente. 30 años después.* Chihuahua: Editorial Aldea Global, 2018. Print.

Bedregal, Ximena. «Memorias de las ex guerrilleras mexicanas». *La Jornada* 5 de febrero 2001, sec. La triple jornada. Print.[*]

Calvo Zapata, Paquita. «La guerrilla fue un error. Entrevista a Paquita Calvo Zapata», entrevista de Vicente Leñero. México: *Proceso*, 1977. 12-17. Vol. 17. Print.

Campos Gómez, Eleazar. *Lucio Cabañas y el Partido de los Pobres: una experiencia guerrillera en México.* Colección Testimonios. México: Editorial Nuestra América, 1987. Print.

Cárdenas Montaño, Macrina. «La participación de las mujeres en los movimientos armados». *Movimientos armados en México, siglo* xx. (Eds.) Verónica Oikión Solano y Marta Eugenia García Ugarte, Vol. II. Zamora, Michoacán: El Colegio de Michoacán/ciesas, 2006. Print.

Castañeda, Salvador. *¿Por qué no dijiste todo?* Escritores mexicanos. 1ª ed. México, df: Editorial Grijalbo, 1980. Print.

—. *Los diques del tiempo: diario desde la cárcel.* 1ª ed. México: Coordinación de Difusión Cultural, Dirección de Literatura, unam, 1991. Print.

—. *La patria celestial.* 1ª ed. México, df: Cal y Arena, 1992. Print.

—. *El de ayer es Él.* Colección El espejo concéntrico. 1ª ed. México, df: Ediciones El Aduanero, 1996. Print.

—. *La negación del número. La guerrilla en México, 1965-1996: una aproximación crítica.* 1ª ed. México: Conaculta, 2006. Print.

---

[*] Texto que incluye testimonios o narraciones de exmilitantes aunque compilador(a) no haya sido militante.

Castañeda, Salvador y Candelario Pacheco. «Balance del Movimiento de Acción Revolucionaria». *Expediente abierto* núm. 2 (1992): 1-45. Print.

Cilia Olmos, David González Ruiz Enrique. *Testimonios de la guerra sucia*. 1ª ed. México, DF: Editorial Tierra Roja, 2006. Print.*

Escamilla Lira, Héctor. «Declaración de los presos políticos». *Bandera Socialista* 11. Presos políticos discuten (1976): 8-11. Print.

Esteve Díaz, Hugo (comp). *Accidentes de la razón. Antología del cuento guerrillero*. México: Universidad Autónoma de Nuevo León, 2018. Print.*

Evangelista Muñoz, Agustín. *Carmelo Cortés Castro y la guerrilla urbana: Fuerzas Armadas Revolucionarias (FAR). Testimonio*. 1ª ed. México, DF: Centro de Investigaciones Históricas de los Movimientos Sociales, 2007. Print.

Fierro Loza, Francisco. *Los papeles de la sedición o la verdadera historia político militar del Partido de los Pobres*. México: mecanuscrito, 1982. Print.

Gallegos Nájera, José Arturo. *La guerrilla en Guerrero: testimonios sobre el Partido de los Pobres y las Fuerzas Armadas Revolucionarias: proyectos, anécdotas, datos biográficos y documentos históricos*. 1ª ed. Chilpancingo, Guerrero: Grupo Editorial Lama, 2004. Print.

—. *¡A merced del enemigo!: detenciones, interrogatorios, torturas, mazmorras, y—algo más*. 1ª ed. Guadalajara: Centro de Investigaciones Históricas de los Movimientos Sociales, 2009. Print.

Garavito Elías, Rosa Albina. *Sueños a prueba de balas. Mi paso por la guerrilla*. México: Cal y Arena, 2014. Print.

García Casillas, Felipe (comp.). «Presos políticos discuten». *Bandera Socialista* 11 (1976). Print.*

Gil Olivo, Ramón. *Dientes de perro*. Guadalajara: Hexágono, 1986. Print.

Gutiérrez Campos, Bertha Lila. *Sobre la piel del tiempo*. México: Literalia Editores, 2017. Print.

Guzmán Cruz, Abdallán et al. *Los mártires de la democracia*. México: edición de autor, 2011. Print.

Hipólito Castro, Simón. *De albañil a preso político* México: Posada, 1978. Print.

—. *Guerrero, amnistía y represión*. 1ª ed. México, DF: Editorial Grijalbo, 1982. Print.**

Hirales Morán, Gustavo. «Mensaje a Valentín Campa Salazar». *Bandera Socialista* 11.Presos políticos discuten (1976): 1-7. Print.

—. *La Liga Comunista 23 de Septiembre: orígenes y naufragio*. 1. ed. México: Ediciones de Cultura Popular, 1977. Print.

—. *Memoria de la guerra de los justos*. 1ª ed. México, DF: Cal y Arena, 1996. Print.

Hirales Morán, Gustavo et al. *El radicalismo pequeño burgués*. Culiacán: Universidad de Sinaloa, 1978. Print.

Ibarra Chávez, Héctor A. *Pensar la guerrilla en México*. México: Ediciones Expediente Abierto, 2006. Print.

—. (comp.). *La guerrilla de los setenta y la transición a la democracia*. 1. ed. México, DF: Centro de Estudios Antropológicos, Científicos, Artísticos, Tradicionales y Lingüísticos «Ce-Acatl», 2006. Print.

Kraus, Arnoldo et al. *La guerrilla en México: testimonios orales y artísticos*. Amorosos de Clío. México: Universidad Nacional Autónoma de México, 2005. Print.*

Lagarda Lagarda, Ignacio. *El color de las amapas: crónica de la guerrilla en la sierra de Sonora*. 1ª ed. Hermosillo, Sonora, México: Universidad Tecnológica del Sur de Sonora/Instituto Superior de Cajeme/Liceo Tecnológico de Sonora, 2007. Print.

** Simón Hipólito Castro declara no haber participado en la lucha armada, sin embargo es uno de los primeros que abordan la tortura y proveen de un listado sobre desapariciones forzadas.

López de la Torre, Saúl. *Guerras secretas: memorias de un ex-guerrillero de los setentas que ahora no puede caminar.* México: Artefacto, 2001. Print.
—. *La casa de bambú. Una historia de agravios y rebeliones.* México: Cal y arena, 2011. Print.
Lugo Hernández, Raúl Florencio. *23 de septiembre de 1965: el asalto al cuartel de Ciudad Madera: testimonio de un sobreviviente.* 3ª ed. Chapingo: Universidad Autónoma Chapingo, 2006. Print.
Madera, Consejo de redacción del periódico clandestino. «Otros regenerados engrosan las filas de la democracia». *Bandera Socialista* 11. Presos políticos discuten (1976): 33-43. Print.
Miranda Ramírez, Arturo. *El otro rostro de la guerrilla: Genaro, Lucio y Carmelo, experiencias de la guerrilla.* México DF: El «El Machete», 1996. Print.
Morales Hernández, José de Jesús. «Memorias de un guerrillero». México: edición de autor marzo 2013 2006. Web.
—. *Noche y neblina: Los vuelos de la muerte. La historia de los campos de concentración en México y los desaparecidos de la guerra en el siglo* XX. Guadalajara, 2007. México: Plaza Editores, 2013. Print.
Núñez Jara, Alberto. *Las causas: memorias de un desaparecido político.* México: Moción, 1985. Print.
Orozco Michel, Antonio. *La fuga de Oblatos: una historia de la LC 23-S.* 1ª ed. Guadalajara: Taller Editorial La casa del mago, 2007. Print.
Ovalle, Edna. «Historia, movimientos sociales y participación política-juvenil». *La Liga Comunista 23 de Septiembre. Cuatro décadas a debate: historia, memoria, testimonio y literatura.* Ed. Rodolfo Gamiño Muñoz et al. México: UNAM / Universidad de Tlaxcala, 2014. 141-56. Print.
Palacios Hernández, Benjamín. *Héroes y fantasmas: la guerrilla mexicana de los años 70.* 1ª ed. Monterrey, Nuevo León: UANL, 2009. Print.

Pérez, Ramón Reavis Dick J. *Diary of a guerrilla*. Houston, TX: Arte Público Press, 1999. Print.*

Pineda Ochoa, Fernando. *En las profundidades del MAR. El oro no llegó de Moscú*. México: Plaza y Valdés, 2003. Print.

—. *Balada marina y otras historias*. Chilpancingo: Contraste, 2013. Print.

¿Por qué? Consejo editorial. «Entrevista con las presas políticas: Está cerrada la lucha democrática (1a parte)». *¿Por qué?* 229 (1972): 14-17. Print.*

—. «Entrevista con las presas políticas: Organizándose el pueblo debe liberarse (2a parte)». *¿Por qué?* 230 (1972): 21-23. Print.*

Presas políticas. «Carta de las Presas políticas y Manifiesto de las presas políticas». *¿Por qué?* 115 (1972): 23-25, 33. Print.*

Ramírez Salas, Mario. «La relación de la Liga Comunista 23 de Septiembre y el Partido de los Pobres en el estado de Guerrero en la década de los setenta». *Movimientos armados en México, siglo* XX. Eds. Verónica Oikión Solano y Marta Eugenia García Ugarte. Vol. II. Zamora, Michoacán: Colegio de Michoacán/CIESAS, 2008. 527-47. Print.

Ramos Zavala, Raúl. *El tiempo que nos tocó vivir… y otros documentos de la guerrilla en México*. México: Editorial Huasipungo, 2003. Print.

Rhi Sausi, José. «La parábola de la guerrilla mexicana». *Coyoacán* 5 (1978): 65-78. Print.

Robles Garnica, Guillermo. *Guadalajara, la guerrilla olvidada/ Presos en la isla de la libertad*. México: Ediciones La otra Cuba, 2000. Print.

Salcedo García, Carlos. *Grupo guerrillero lacandones. La luz que no se acaba*. México: Símbolo Digital, s/f. Print.

Sánchez Hirales, Jorge Alberto. «¿Del foquismo al reformismo? Respuesta a los camaradas del Penal de Topo Chico».

Bandera Socialista 11.Presos políticos discuten (1976): 17-32. Print.
Solís Robledo, Jaime y Javier Donato Contreras. *Rescate para la Historia. La fuga de Genaro Vázquez Rojas, narrada por Donato Contreras Javier, integrante del comando que lo liberó*. México: Los Reyes Editorial, 2003. Print.
Topete, Miguel. *Los ojos de la noche: el comando guerrillero Óscar González*. Colección Asalto al Cielo;. 1ª ed. Guadalajara, Jalisco: Taller Editorial La casa del mago, 2009. Print.
Ulloa Bornemann, Alberto. *Sendero en tinieblas*. 1ª ed. México, DF: Ediciones Cal y Arena, 2004. Print.
—. *Surviving Mexico's Dirty War a Political Prisoner's Memoir*. Trad. Aurora Camacho de Schmidt. Voices of Latin American. Philadelphia: Temple University Press, 2007. Print.
Uranga, Lourdes. «Guerrilla y mujer: la construcción del hombre nuevo o cómo cambiar el mundo sin cambiarlo». México, 2001. *Triple Jornada. La Jornada*, 24 de febrero 2012. <http://www.jornada.unam.mx/2001/02/05/uranga_guer30.htm>.
—. «La guerrilla de los setentas». *La guerrilla de los setenta y la transición democrática*. Ed. Ibarra, Héctor. México: Ce-Acatl AC, 2006. 46-52. Print.
—. *Comparezco y acuso*. México: Plaza y Valdés, 2012. Print.
Villanueva, Carla y Aleida García Aguirre (eds.). *Memorias Inquietas. De estudiantes rurales a guerrilleros urbanos*. México: Colectivo Memorias Subalternas, 2019. Print.*

Filmografía del movimiento del 68 y la lucha armada

1968   *Únete pueblo*, Óscar Menéndez.
1968   *El grito*, Leobardo López Aretche.
1970   *2 de octubre. Aquí México*, Óscar Menéndez.
1970   *Guerrilla de los años setenta. Un testimonio*, Julio Pliego.
1971   *Historia de un documento*, Óscar Menéndez.
1973   *Mural efímero del 68*, Raúl Kampfer.
1976   *Canoa*, Felipe Cazals.
1976   *El apando*, Felipe Cazals.
1978   *Homenaje a Revueltas*, Óscar Menéndez.
1979   *¿Y si platicamos de agosto?*, Marisa Sistach.
1979   *El infierno de todos tan temido*, Sergio Olhovich.
1983   *Bajo la metralla*, Felipe Cazals.
1989   *Rojo amanecer*, Jorge Fons.
1991   *El bulto*, Gabriel Retes.
1993   *México 68*, Óscar Menéndez.
1997   *Los años difíciles 1968-1971*, Heberto Castillo / Óscar Menéndez.
1998   *Batallón Olimpia / documento abierto*, Carlos Mendoza.
1999   *Rubén Jaramillo 1900-1962. Una historia mexicana*, Óscar Menéndez.

2000 Operación Galeana, Carlos Mendoza.
2001 El palacio negro de Lecumberri, Julio Pliego.
2002 Tlatelolco. Las claves de la masacre, Carlos Mendoza.
2002 Francisca ¿De qué lado estás?, Eva López Sánchez.
2003 10 de junio: crimen de estado, Carolina Verduzco.
2005 El violín, Francisco Vargas.
2005 La guerrilla de la esperanza: Lucio Cabañas, Gerardo Tort.
2005 Los héroes y el tiempo, Arturo Ripstein.
2006 Halcones. Terrorismo de Estado, Carlos Mendoza.
2007 Vivos los llevaron, vivos los queremos, Cecilia Serna.
2007 Cementerio de papel, Mario Hernández.
2007 Mujer-guerrilla, Ana Valentina López de Cea.
2008 1968 La conexión americana, Carlos Mendoza.
2008 Memorial del 68, Nicolás Echevarría.
2008 Trazando Aleida, Christiane Burkhard.
2008 Clandestino, Juan Pablo Arroyo.
2010 Nepantla, la insurrección de la memoria, Juan E. García.
2012 Flor en otomí, Luisa Riley.
2012 Tlatelolco, verano del 68, Carlos Bolado.
2018 Clandestino, Pablo Valadez Huizar.
2018 Mujeres 68. Entre tinta y palabras, Beatriz Argelia González.
2018 Oblatos. El vuelo que surcó la noche, Acelo Ruiz Villanueva.

Bibliografía

Aburto, Leonel y Beatriz Cortez (eds). «Literatura y estudios culturales centroamericanos contemporáneos (número monográfico)». *Revista Iberoamericana* LXXIX.242 (2013). Print.

Acosta, Marieclaire y Esa Ennelin. «The 'Mexican Solution' to Transitional Justice». *Transitional Justice in the Twenty-First Century. Beyond Truth versus Justice.* Ed. Naomi Roht-Arriaza y Javier Mariezcurrena. New York: Cambridge University Press, 2006. 94-119. Print.

Aguayo Quezada, Sergio. «Los usos, abusos y retos de la seguridad nacional mexicana» *En busca de la seguridad perdida. Aproximaciones a la seguridad nacional mexicana.* Comps. Sergio Aguayo Quezada y Bruce Michael Bagley. México: Siglo XXI, 1990. Print.

—. *1968 Los archivos de la violencia.* México: Grijalbo, 1998. Print.

—. *La charola: una historia de los servicios de inteligencia en México.* México: Grijalbo, 2001. Print.

—. «El impacto de la guerrilla en la vida mexicana. Algunas hipótesis». *Movimientos armados en México Siglo XX.* Eds. Verónica Oikión Solano y Marta Eugenia García Ugarte. Vol. I. Zamora, Michoacán: El Colegio de Michoacán/ CIESAS, 2006. 91-96. Print.

Aguayo Quezada, Sergio y Javier Treviño Rangel. «El informe de la vergüenza». *Reforma* 31 de diciembre 2006. Print.
Alexa, *et al. Bajo condena: literatura carcelaria femenina.* México: Documentación y Estudios de Mujeres, 2003. Print.
Allier-Montaño, Eugenia. «From Conspiracy to Struggle of Democracy: A Historization of the Political Memories of Mexican '68». *The Struggle for Memory in Latin America. Recent History and Political Violence.* Eds. Eugenia Allier-Montaño y Emilio Crenzel. New York: Palgrave McMillan, 2015. 129-146. Print.
—. «Memory and History of Mexico's 68». *European Review of Latin American and Caribbean Studies 102* (2016): 7-25. Print.
Alonzo Padilla, Arturo Luis. «Revisión teórica sobre la historiografía de la guerrilla mexicana (1965-1978)». *Movimientos armados en México, siglo XX.* Eds. Verónica Oikión Solano y Marta Eugenia García Ugarte. Vol. I. Zamora, Michoacán: El Colegio de Michoacán/ CIESAS, 2006. 111-127. Print.
Amnistía Internacional. *México. Vencer el miedo: las violaciones de los derechos humanos contra la mujer.* Londres: Amnistía Internacional, 1996. Print.
Argüello Cabrera, Libertad. «Apertura política y violencia en México (1976-1988). Condiciones de visibilidad y agentes sociopolíticos no convencionales: El caso de Comité ¡Eureka!». Tesis de maestría, UNAM, 2010. Print.
Avelar, Idelber. «La práctica de la tortura y la historia de la verdad». *Pensar en/la postdictadura.* Ed. Richard, Nelly. Santiago: Editorial Cuarto propio, 2001. 175-196. Print.
Avendaño Martínez, Roberta. *De la libertad y el encierro.* México, DF: La Idea Dorada, 1998. Print.
Ávila Coronel, Francisco. «La desclasificación de los archivos de la ignominia en México». *Desaparición forzada y terrorismo de Estado en México.* Coords. Andrea Radilla

Martínez y Claudia Rangel Lozano. México DF: UAG/ AFADEM/Plaza y Valdés, 2012. 247-297. Print.

—. «La visión oficial de la guerrilla y el fenómeno de la magnificación en el caso de la guerrilla del Partido de los Pobres». *Reflejos de la guerra sucia en el estado de Guerrero. Historia, literatura, música e imágenes.* Coord. Ana María Cárabe. México: Universidad Autónoma de Guerrero/Miguel Ángel Porrúa, 2015. 75-110. Print.

—. «La Asociación Cívica Nacional Revolucionaria y el Partido de los Pobres». *México en los setenta. ¿Guerra sucia o terrorismo de Estado? Hacia una política de la memoria.* Eds. Claudia Rangel y Evangelina Sánchez. México: Universidad Autónoma de Guerrero/ AFADEM / Ítaca, 2015. 151-181. Print.

Avilés Cavasola, Juncia. «Símbolos para la memoria: el movimiento estudiantil mexicano de 1968 en su cine 1968-2013». Tesis de doctorado, UNAM, 2015. Print.

Bartra, Armando. *Guerrero bronco: campesinos, ciudadanos y guerrilleros en la costa grande.* México: Ediciones sin filtro, 1996. Print.

Bellingueri, Marco. *Del agrarismo armado a la guerra de los pobres: ensayos de guerrilla rural en el México contemporáneo, 1940-1974.* México, DF: Ediciones Casa Juan Pablos, Gobierno del Distrito Federal, Secretaría de Cultura de la Ciudad de México, 2003. Print.

Benjamin, Walter. «Tesis de filosofía de la historia». Trad. Jesús Aguirre. *Discursos interrumpidos I.* Suhrkamp Verlag 1972. Madrid: Taurus, 1973. 175-92. Print.

—. *El narrador.* 1936. Trad. Roberto Blatt. Madrid: Taurus, 1991. Print.

Bergero, Adriana y Fernando Reati. *Memoria colectiva y políticas del olvido. Argentina y Uruguay, 1970-1990.* Rosario: Beatriz Viterbo, 1997. Print.

Beverley, John. *Against Literature.* 1ª ed. Minnesota: University of Minnesota Press, 1993. Print.

—. «¿Posliteratura?: sujeto subalterno e impasse de las humanidades». *Casa de las Américas* 190 (1993): 13-24. Print.
—. *Subalternity and Representation. Arguments in Cultural Theory. Post-Contemporary Interventions*. Ed. Stanley Jameson y Frederic Fish. 1ª ed. Durham-London: Duke University Press, 1999. Print.
—. «Subalternidad/modernidad/multiculturalismo». *Revista de Crítica Literaria Latinoamericana* año XXVII, núm. 53 (2001): 153-163. Print.
—. «La persistencia del subalterno». *Revista Iberoamericana* vol. 69, núm. 203 (2003): 335-342. Print.
—. *Testimonio. On the Politics of Truth*. Minneapolis: University of Minnesota Press, 2004. Print.
—. «The Neoconservative Turn in Latin American Literary and Cultural Criticism». *Journal of Latin American Cultural Studies* 17.1 (2008): 65-83. Print.
—. «Rethinking the Armed Struggle in Latin America». *Boundary*. 2 31.1 (2009): 47-59. Print.
Beverley, John y Hugo Achugar. *La voz del otro: testimonio, subalternidad y verdad narrativa*. Lima/Pittsburgh: Latinoamericana Editores, 1992. Print.
Beverley, John y Marc Zimmerman (eds). *Literature and Politics in the Central American Revolutions. New Interpretations of Latin America*. Austin: University of Texas Press, 1990. Print.
Bhabha, Homi. *El lugar de la cultura*. 1994 Routledge. Trad. César Aira. 1ª ed. Buenos Aires: Manantial, 2002. Print.
Bickford, Louis. «El fiscal especial y la justicia de transición en México». *Memoria. Seminario Internacional Comisiones de la Verdad: Tortura, reparación y prevención*. Ed. CNDHDF. México DF: CNDHDF, 2003. 207-234. Print.
Bonilla Machorro, Carlos. *Ejercicio de guerrillero*. 1ª ed. México DF: Gaceta Editores, 1981. Print.

Brendese, PJ. «Remembering Democratic Time: Specters of Mexico's Past and Democracy's Future». *Polity* 41 (2009): 436-64. Print.

Buiza, Nanci. «Trauma and the Poetics of Affect in Horacio Castellanos Moya's *Insensatez*», *Revista de Estudios Hispánicos* XLVII.1 (2013): 151-172. Print.

—. «Rodrigo Rey Rosa's *El material humano* and the Labyrinth of Postwar Guatemala: On Ethics, Truth and Justice», *A contracorriente* 14.1 (2016): 58-79. Print.

Buriano Castro, Ana, Silvia Dutrénit Bielous y Daniel Vázquez Valencia (eds). *Política y memoria. A cuarenta años de los golpes de Estado en Chile y Uruguay*. México: Instituto Mora y FLACSO, 2015. Print.

Cabrera López, Patricia. «Novelas políticas de los años setenta en México». *Pensamiento, cultura y literatura en América Latina*. Ed. Patricia Cabrera López. México: CEIICH/ UNAM/Plaza y Valdés, 2004. 263-290. Print.

—. *Una inquietud de amanecer: Literatura y política en México 1962-1987*. México: CEIICH/UNAM/Plaza y Valdés, 2006. Print.

—. «La narrativa del 68 a través de los años: Debate literario y político». *Ficción y realidad en América Latina. 2° Congreso Internacional Entrecruzamientos en la América Hispana*. México: UAM Azcapotzalco/ Universidad de Alicante/ Secretaría de Hacienda y Crédito Público, 2010. Print.

Cabrera López, Patricia y Alba Teresa Estrada. *Con las armas de la ficción. Configuración novelesca de la guerrilla en México*. Vol. I. México: UNAM/ CEIICH, 2012. Print.

Calveiro, Pilar. *Poder y desaparición: los campos de concentración en Argentina*. Buenos Aires: Colihue, 1998. Print.

—. *Política y/o violencia: una aproximación a la guerrilla de los años 70*. 1ª ed. Buenos Aires: Norma, 2005. Print.

—. *Familia y poder*. Buenos Aires: Libros de la Araucaria, 2005. Print.

—. «Los usos políticos de la memoria». *Sujetos sociales y nuevas formas de protesta en la historia reciente*. Ed. Gerardo Caetano. Buenos Aires: CLACSO, 2006. 359-382. Print.

—. «La decisión política de torturar». *Contra la tortura. Cinco ensayos y un manifiesto*. Comp. Eduardo Subirats. Monterrey: Fineo, 2006. 15-71. Print.

—. *El estado y sus otros*. Buenos Aires: Libros de la Araucaria, 2006. Print.

—. «Violencia, memoria, justicia: una entrevista a Pilar Calveiro». *A contracorriente*. Entrevista de Michael Lazzara, 2013. 324-46. Vol. 10. Print.

—. «Apuntes sobre la tensión entre violencia y ética en la construcción de memorias políticas». *Persecución penal del crimen de tortura en la Argentina*. Centro de Estudios Legales y Sociales 2010. Web. 28 de febrero 2017. <http://cels.org.ar/documentos/?info=detalleDoc&ids=3&lang=es&ss=&idc=1335>.

—. *Violencias de estado: la guerra antiterrorista y la guerra contra el crimen como medios de control global*. México: Siglo XXI, 2012. Print.

—. *La desaparición forzada y el uso político del miedo. Encuentro Nacional de Desaparición Forzada*. Video 22 de Agosto, Universidad Autónoma de la Ciudad de México San Lorenzo Tezonco, 2016. <https://www.facebook.com/pg/EncuentroNacionalUACM/videos/?ref=page_internal>.

Campa S, Valentín. *Mi testimonio: experiencias de un comunista mexicano*. México: Cultura Popular 1978. Print.

Campos Hernández, Fabián. «La revolución latinoamericana y la Liga Comunista 23 de Septiembre». *La Liga Comunista 23 de Septiembre. Cuatro décadas a debate: historia, memoria, testimonio y literatura*. Coords. Rodolfo Gamiño et al. México: UNAM/ Universidad Autónoma de Tlaxcala, 2014. 73-104. Print.

Carey, Elaine. *Plaza of Sacrifices. Gender, Power and Terror in 1968 Mexico* Albuquerque: University of New Mexico Press, 2005. Print.

Caruth, Cathy (ed). *Trauma. Explorations in Memory*. Baltimore/ London: Johns Hopkins University Press, 1995. Print.

Castellanos, Laura. *México armado, 1943-1981*. México, DF: Ediciones Era, 2007. Print.

Castresana, Carlos. «La tortura como mal mayor». *Contra la tortura. Cinco ensayos y un manifiesto*. Ed. Eduardo Subirats. Monterrey: Fineo, 2006. 73-92. Print.

Castro-Gómez, Santiago, y Eduardo Mendieta (coords). *Teorías sin disciplina: latinoamericanismo, poscolonialidad y globalización en debate*. Filosofía de nuestra América. 1ª ed. México/ San Francisco: Miguel Ángel Porrúa/University of San Francisco, 1998. Print.

Cedillo, Adela. «El fuego y el silencio: la historia de las Fuerzas de Liberación Nacional (1969-1974)». Tesis de licenciatura en Historia, México: UNAM, 2008. Print.

—. «El suspiro del silencio. De la reconstrucción de las Fuerzas de Liberación Nacional a la fundación del Ejército Zapatista de Liberación Nacional (1974-1983)». Tesis de maestría en Estudios Latinoamericanos, UNAM, 2010. Print.

—. «Informe de actividades». Asistente de investigación de Dra. Alba Teresa Estrada. Septiembre a noviembre 2010. CEICH/ UNAM, 2010. 98. Print.

—. «Mujeres, guerrilla y terror de estado en la época de la *revoltura* en México». La guerra sucia en México Agosto 2013 2010. Web. Marzo 9 2010. <http://guerrasuciamexicana.blogspot.com/2010/03/mujeres-guerrilla-y-terror-de-estado.html>.

—. «Armed Struggle Without Revolution: The Organizing Process of the National Liberation Forces (FLN) and the Genesis of Neo-Zapatism (1969-1983)». *Challenging Authoritarianism in Mexico. Revolutionary Struggles and the Dirty War, 1964-1982*. Eds. Fernando Herrera Calderón y Adela Cedillo. New York/ London: Routledge, 2012. 148-166. Print.

—. «Tracying the Dirty War's Disappeared: The Documents of Operación Diamante». *Journal of Iberian and Latin American Research* 19.1 (2013): 71-91. Print.

Cedillo, Adela y Fernando Herrera Calderón. *Challenging Authoritarianism in Mexico: Revolutionary Struggles and the Dirty War, 1964-1982*. New York: Routledge, 2012. Print.

—. «Análisis de la producción historiográfica en torno a la 'guerra sucia' mexicana». *El estudio de las luchas revolucionarias en América Latina (1959-1996). Estado de la cuestión*. Eds. Verónica Oikión Solano, Eduardo Rey Tristán y Martín López Ávalos. México: Colegio de Michoacán/Universidad de Santiago de Compostela, 2014. 263-88. Print.

—. «Violencia, memoria, historia y tabú en torno a la Liga Comunista 23 de Septiembre» *La Liga Comunista 23 de Septiembre. Cuatro décadas a debate: historia, memoria, testimonios y literatura*. Coords. Rodolfo Gamiño *et al*. México: UNAM/Universidad Autónoma de Tlaxcala, 2014. 343-69. Print.

CMDPDH. *La sentencia de la Corte IDH Caso Radilla Pacheco vs Estados Unidos Mexicanos*. México DF: CMDPDH, 2010. Print.

CNDH. *Informe especial sobre las quejas en materia de desapariciones forzadas ocurridas en la década de los 70 y principios de los 80*. México: Comisión Nacional de los Derechos Humanos, 2001. Print.

CNDHDF. *Memoria. Seminario Internacional Comisiones de la Verdad: Tortura, reparación y prevención*. México DF: Comisión Nacional de Derechos Humanos del DF, 2003. Print.

Comité Eureka. *Eureka: historia gráfica, doce años de lucha. México 1977-1989*. México: autor, 1989. Print.

Crenzel, Emilio. «Toward a History of the Memory of Political Violence and the Disappeared in Argentina». *The Struggle of Memory in Latin America. Recent History and Political Violence*. Eds. Eugenia Allier-Montaño y Emilio Crenzel. New York: Palgrave McMillan, 2015. 15-33. Print.

Cruz, José G. *Traición a la patria*. México: autor, 1971. Print.

Deleuze, Gilles y Félix Guattari. *Kafka por una literatura menor*. 1975 París: Éditions de Minuit. Trad. Jorge Aguilar Mora. 1ª ed. México: Era, 1998. Print.

De Vecchi Gerli, María. «¡Vivxs lxs queremos! The Battles for Memory Around the Disappeared in Mexico». Tesis de doctorado, University College London, 2018. Print.

Domínguez Prieto, Olivia. «Aproximaciones al estudio de la participación femenina en la guerrilla urbana durante la década de 1970 en México». *Guerrilleras. Antología de testimonios y textos sobre la participación de las mujeres en los movimientos armados socialistas en México, segunda mitad del siglo XX*. Ed. Ma de la Luz Aguilar Terrés. México: autor, 2014. 370-386. Print.

Draper, Susana. *Mexico 1968. Experimentos de la libertad, constelaciones de la democracia*. México: Siglo XXI, 2018. Print.

Duchesne Winter, Juan. *Narraciones de testimonio en América Latina: cinco estudios*. 1ª ed. Rio Piedras: Editorial de la Universidad de Puerto Rico, 1992. Print.

Dutrénit Bielous, Silvia y Gonzalo Varela Petito. «Esclarecimiento del pasado e intervención de la justicia. Conflicto y cambio de las historias oficiales». *Sujetos sociales y nuevas formas de protesta en la historia reciente de América Latina*. Ed. Gerardo Caetano. Buenos Aires: CLACSO, 2006. 331-57. Print.

—. *Tramitando el pasado. Violaciones de los derechos humanos y agendas gubernamentales en casos latinoamericanos*. México: FLACSO/CLACSO, 2010. Print.

Escalante, Evodio. *José Revueltas. Una literatura del lado moridor*, México: Era, 1979. Print.

—. «Prólogo Las notas de la cárcel de Salvador Castañeda». *Diario bastardo*. México: Gobierno del estado de Coahuila, 2004. Print.

Espinosa Altamirano, Horacio. *Campo Militar Número Uno*. México: Ediciones Ballesta, 1976. Print.

Esteve, Hugo. *Las armas de la utopía: la tercera ola de los movimientos guerrilleros en México*. 1a. ed. México, DF: Instituto de Proposiciones Estratégicas, 1996. Print.

Estrada, Josefina (ed). *Mujeres de oriente: relatos desde la cárcel*. Puebla, México: Secretaría de Cultura Puebla, 2002. Print.

FEMOSPP. «Informe. Que no vuelva a suceder». *National Security Archives*. Georgetown University 26 de febrero 2006. Web. Noviembre 2018. <https://nsarchive2.gwu.edu//NSAEBB/NSAEBB180/index2.htm>.

—. «Informe histórico a la sociedad mexicana», informe oficial, *National Security Archives*. Georgetown University, 21 de noviembre 2006. Web. Noviembre 2018.

—. «Informe histórico presentado a la sociedad mexicana». *México: Genocidio y delitos de lesa humanidad. Documentos básicos 1968-2008*. Vol. IX. X vols. México: Comité 68 Pro Libertades Democráticas AC, 2008. Print.

Fenoglio, Irene. «La nueva ficción de la izquierda en México». *Marx and Marxisms in Latin America*. 2007. Ponencia. Print.

—. «Esa era, ay, la revolución: La teoría como desmontaje de la política en El fin de la locura de Jorge Volpi». *Revista Mexicana de Literatura Contemporánea* 15.37 (2008): 63-72. Print.

—. «Reading Mexico 1968: Literature, Memory and Politics» *Memories of 1968. International Perspectives*. Eds. Ingo Cornilis y Sarah Waters. Vol. 16. Oxford/New York: Peter Lang, 2010. 299-319. Print.

Fierro Santiago, Felipe. *El último disparo: versiones de la guerrilla de los setenta*. Acapulco: H. Ayuntamiento de Atoyac de Álvarez, Guerrero, 2006. Print.

Foucault, Michel. *Vigilar y castigar, nacimiento de la prisión*. París: Gallimard 1975. Trad. Aurelio Garzón del Camino. Ed. criminología, nueva. 31ª ed. México: Siglo XXI, 2001. Print.

Forcinito, Ana. *Los umbrales del testimonio. Entre las narraciones de los sobrevivientes y las señas de la postdictadura*. Frankfurt/ Madrid: Iberoamericana Vervuert, 2012. Print.

Franco, Jean. «The Critique of the Pyramid and Mexican Narrative after 1968». *Latin American Fiction Today*. Eds. Rose S. Minc y Takoma Park. New Jersey: Hispamérica, 1979. 46-60. Print.

Frazier, Lessie Jo y Deborah Cohen. «No solo cocinábamos… historia inédita de la otra mitad del '68». *La transición interrumpida* Ed. Ilán Semo. México: Universidad Iberoamericana/ Nueva Imagen 1993. 75-109. Print.

—. «Defining the Space of Mexico 68: Heroic Masculinity in the Prison and «Women» in the Streets». *Hispanic American Historical Review* vol. 83, núm. 4 (2003): 617-660. Print.

—. (eds.) *Gender and Sexuality in 1968. Transformative Politics in the Cultural Imagination*. New York: Palgrave Macmillan, 2009. Print.

Gamboa Henze, Juan Carlos. «Guerrillas and the Mexican State (1968-1974); Government, Press and Political Crisis: The Case of ¿*Por qué?* and The Guerrilla Movement in Mexico». Tesis de maestría, University of Texas at Austin, 1992. Print.

Gamiño Muñoz, Rodolfo. «Guerrilla, represión y prensa en la década de los setenta en México: invisibilidad y olvido» Tesis de maestría, Instituto de Investigaciones Dr. José María Luis Mora, México DF: 2011. Print.

—. «Resistir al olvido. Iniciativas no oficiales de memoria implementadas por exmilitantes del movimiento armado socialista en la Ciudad de México y Guadalajara». Tesis de doctorado, CIESAS, 2014. Print.

—. «La memoria ante las políticas del olvido. Los informes de la FEMOSPP según exmilitantes del movimiento armado socialista». *La Liga Comunista 23 de Septiembre. Cuatro décadas a debate: historia, memoria, testimonio y literatura.* Coords. Rodolfo Gamiño Muñoz et al. México: Universidad Nacional Autónoma de México/ Programa de Postgrado en Estudios Latinoamericanos/ Universidad Autónoma de Tlaxcala/Facultad de Ciencias para el Desarrollo Humano, 2014. Print.

—. «Historia de una memoria inconclusa: guerrilleros durante la trasición democrática en México». *Cartografías del horror. Memoria y violencia política en América Latina.* Ed. Rigoberto Reyes. Guadalajara: La casa del mago, 2015. 415-447. Print.

—. *Memorias fragmentadas de una guerra sucia. El caso del Colectivo Rodolfo Reyes Crespo.* Tlaxcala: Universidad Autónoma de Tlaxcala, 2016. Print.

García, Sergio. «Hacia el 4o cine». *Wide Angle* 21, 3 (1999): 70-175. Print.

Gilly, Adolfo. «Otras reflexiones sobre la guerrilla de México». *Coyoacán* 5 (1978): 79-85. Print.

Glockner Corte, Fritz. *Veinte de cobre: memoria de la clandestinidad.* Serie del volador. 1ª ed. México: J. Mortiz, 1996. Print.

—. *Cementerio de papel.* Crónica actual. 1ª ed. México: Ediciones B, Grupo Zeta, 2004. Print.

—. *Memoria roja: historia de la guerrilla en México, 1943-1968*. 1ª ed. México: Ediciones B, Grupo Zeta, 2007. Print.

Gómez Unamuno, Aurelia. «El movimiento del 68 en el cine mexicano». *Osamayor*.16 (2004): 75-95. Print.

—. «And They Didn't Shut Up: Prison Narratives of the Mexican Dirty War». *A Contracorriente* 10.2 (2013): 243-70. Print.

—. «Con el puño crispado: la poesía carcelaria de los presos políticos de la guerrilla». *La Liga Comunista 23 de Septiembre. Cuatro décadas a debate: historia, memoria, testimonio y literatura*. Eds. Rodolfo Gamiño et al. México: UNAM/Universidad de Tlaxcala, 2015. 481-501. Print.

—. «La figura del preso político y el preso común en la obra de José Revueltas». *Revista de Literatura Mexicana Contemporánea* 64 (2015): 9-21. Print.

González de Alba, Luis. *Los días y los años*. 1971. 21 ed. México: Era, 2004. Print.

—. *Otros días, otros años*. México: Planeta, 2008. Print.

Gräbner, Cornelia. «Beyond Innocence: Mexican Guerrilla Groups, State Terrrorism, and Emergent Civil Society in Montemayor, Mendoza, and Glockner». *A contracorriente* 11.3 (2014): 164-194. Print.

Gugelberger, George M (ed.). *The Real Thing. Testimonial Discourse in Latin America*. Durham/London: Duke University Press, 1996. Print.

Halbwachs, Maurice. *Los marcos sociales de la memoria*. Barcelona: Anthropos, 2004. Print.

Herz, Theda M. «Mexican Fiction in the 1970's and the Critical Controversy on Artistry versus Significance» *Revista Canadiense de Estudios Hispánicos* 13.1 (1988): 67-78. Print.

Hipólito Castro, Simón. *De albañil a preso político*. México: Editorial Posada, 1978. Print.

Ibarra de Piedra, Rosario. «La lucha por la verdad y la justicia». *Memoria. Seminario Internacional Comisiones de la Verdad: Tortura, reparación y prevención*. Ed. CNDHDF. México DF: CNDHDF, 2003. 447-452. Print.
Jara, René y Hernán Vidal (eds.). *Testimonio y literatura*. Minneapolis: Institute for the Study of Ideologies and Literature, 1986. Print.
Jelin, Elizabeth. *Los trabajos de la memoria. Memorias de la represión*. Madrid: Siglo XXI, 2002. Print.
Jelin, Elizabeth y Victoria Langland (eds.). *Monumentos, memoriales y marcas territoriales*. Madrid: Siglo XXI, 2003. 1-18. Print.
La Jornada. 9 de diciembre 2001, <http://www.jornada.unam.mx/2001/ 12/09/007n1pol.html>; 29 de noviembre 2001, <http://www.jornada.unam.mx/2001/11/ 29/005n2pol.html>, 1 de junio 2002 <http://www.jornada.unam.mx/2002/06/01/009n1pol.php?printver=0>. Web. Febrero 2017.
LaCapra, Dominck. *Writing History, Writing Trauma*. Baltimore/London: Johns Hopkins University Press, 2001. Print.
Laub, Dori. «Truth and Testimony: The Process and The Struggle». *Trauma. Explorations in Memory*. Ed. Cathy Caruth. Baltimore/London: Johns Hopkins University Press, 1995. 61-75. Print.
Lazzara, Michael. «Tres recorridos de Villa Grimaldi». *Monumentos, memoriales y marcas territoriales*. Eds. Elizabeth Jelin y Victoria Langland. Madrid: Siglo XXI, 2003. 127-147. Print.
—. *Chile in Transition. The Poetics and Politics of Memory*. Gainsville: University Press of Florida, 2006. Print.
Leñero, Vicente. *Asesinato*. 1985. 9ª edición ed. México Plaza y Valdés, 1992. Print.
Lerner, Jesse. «Superocheros». *Wide Angle* 21.3 (2003): 2-35. Print.

Lloreda, Waldo. «Discursos y antidiscursos: notas para una aproximación a la narrativa reciente en México». Latin American Studies Association. 1983. Ponencia. Print.

—. «Reflexiones en torno a La contracultura en México». *Osamayor* XV.15 (2003): 14-21. Print.

Loaeza, Soledad. «Gustavo Díaz Ordaz: El colapso del milagro mexicano». *Una historia contemporánea de México*. Ed. Ilán Bizberg, Lorenzo Meyer y Francisco Alba. Vol. 2. México DF: Océano. 117-155. Print.

Long, Ryan F. *Fictions of Totality: The Mexican Novel, 1968, and the National-Popular State*. West Lafayette: Purdue University Press, 2009. Print.

López, Jaime. *Diez años de guerrillas en México, 1964-1974*. 1ª ed. México: Editorial Posada, 1974. Print.

López González, Aralia. *La narrativa tlatelolca*. México: UAM Iztapalapa, 1987. Print.

—. «Quebrantos, búsquedas y azares de una pasión nacional (dos décadas de narrativa mexicana: 1970-1980)» *Revista Iberoamericana* núms. 164-165 (1993): 659-86. Print.

López Limón, Alberto G. «Comandante Genaro Vázquez Rojas: Presente». ACNR/autor 2011. Web. Mayo 2013.

—. «Lucio Cabañas Barrientos y el PdLP». Centro de Investigaciones Históricas Rubén Jaramillo Ménez. 2009. Web. Agosto 2018.

Loveland, Frank. «El último Revueltas: el margen como totalidad». *El terreno de los días. Homenaje a José Revueltas*. Eds. Francisco Ramírez Santacruz y Martín Oyata. México DF: Miguel Ángel Porrúa/BUAP/UNAM, 2007. 190-203. Print.

Lucero Estrada, Diego. *Sueños guajiros. Diego Lucero y la guerrilla mexicana de los años 60 y 70*. México: Casa de las palabras, 2012. Print.

Macías Cervantes, César Federico. *Genaro Vázquez y Lucio Cabañas: la guerrilla rural en México, 1960-1974*. México: Universidad Autónoma de Guanajuato/Benemérita Universidad Autónoma de Puebla, 2008. Print.

Marchesi, Aldo. «Revolution Beyond the Sierra Maestra: The Tupamaros and the Development of a Repertoire of Dissent in the Southern Cone». *The Americas* 70.3 (2014): 523-553. Print.

Martínez Nateras, Arturo. *El tema de la amnistía.* 1ª ed. México DF: Ediciones de Cultura Popular, 1978. Print.

—. *El secuestro de Lucio Cabañas.* Madrid: Altalena, 1986. Print.

—. *El 68. Conspiración comunista.* México: UNAM, 2011. Print.

Martínez Ortega, Judith. *La isla y tres cuentos más.* 1938. México: Dirección General de Publicaciones UNAM, 1959. Print.

Martré, Gonzalo. *El movimiento popular estudiantil de 1968 en la novela mexicana.* 1986. México: UNAM 1998. Print.

Mayo, Baloy. *La guerrilla de Genaro y Lucio: análisis y resultados.* 1ª ed. México: Editorial Diógenes, 1980. Print.

Maza, Enrique (comp). *Obligado a matar. Fusilamiento de civiles en México.* México: Proceso, 1988. Print.

McCormick, Gladys. «The Last Door: Political Prisioners and the Use of Torture in Mexico's Dirty War». *The Americas* 74.1 (2017): 57-81. Print.

Medina, Rubén. «Ayer es nunca jamás. Continuidad y ruptura en la narrativa mexicana del 68» *Revista de Crítica Literararia Latinoamericana* 21, núm. 42 (1995): 207-218. Print.

Méndez, José Carlos. «Hacia un cine político: la cooperativa de cine marginal». *Wide Angle* 21, 3 (1999): 42-65. Print.

Méndez Alvarado, María de Jesús. «México: Mujeres insurgentes de los años 70. Género y lucha armada». Tesis de doctorado, Ciencias Políticas, UNAM, 2015. Print.

Mendoza García, Jorge. «Reconstruyendo la guerra sucia en México: Del olvido social a la memoria colectiva». *Revis-*

ta electrónica de psicología política 5.15 (2007). Enero 30, 2013 <http://pepsic.bvsalud.org/scielo.php?pid=S1669-35822007000300010&script=sci_arttext>.

Mohanty, Chandra Talpade, Ann Russo y Lourdes Torres (eds). *Third World Women and the Politics of Feminism*. Bloomington: Indiana University Press, 1991. Print.

Mohanty, Chandra Talpade. *Feminism Without Borders: Decolonizing Theory, Practicing Solidarity*. Durham/ London: Duke University Press, 2003. Print.

Mojab, Shahrzad. *Marxism and Feminism*. London: Zed Books, 2015. Print.

Monsiváis, Carlos. «Persistencia de la memoria». *Parte de Guerra II. Los rostros del 68*. Ed. Scherer García, Julio y Carlos Monsiváis. México: Nuevo siglo/Aguilar, 2002. 26-40. Print.

Montemayor, Carlos. *Guerra en El Paraíso*. 1ª ed. México: Editorial Diana, 1991. Print.

—. *Chiapas, la rebelión indígena de México*. México: Joaquín Mortiz, 1997. Print.

—. *Los informes secretos*. Colección Narradores contemporáneos. 1ª ed. México: J. Mortiz, 1999. Print.

—. *La guerrilla recurrente*. Cuadernos universitarios. Serie Alebrijes. 1ª ed. Ciudad Juárez: Universidad Autónoma de Ciudad Juárez, 1999. Print.

—. *Rehacer la historia: análisis de los documentos del 2 de octubre de 1968 en Tlatelolco*. México: Planeta, 2000. Print.

—. *Las armas del alba*. Narradores contemporáneos. 1ª ed. México: Editorial Joaquín Mortiz, 2003. Print.

—. *La fuga*. México: Fondo de Cultura Económica, 2007. Print.

—. *La guerrilla recurrente*. 1999. 1ª ed. México: Debate, 2007. Print.

—. *Las mujeres del alba*. México: Random House Mondadori, 2010. Print.

—. *La violencia de Estado en México, antes y después del 68*. México: Debate, 2010. Print.

Mora, Juan Miguel de (comp). *Las guerrillas en México y Jenaro Vásquez Rojas (su personalidad, su vida y su muerte)*. México: Editora Latino Americana, 1972. Print.

Moral Tejeda, Agustín del. *Nuestra alma melancólica en conserva*. 1ª ed. Xalapa: Universidad Veracruzana, 1997. Print.

Mudrovcic, María Inés (ed.). *Pasados en conflicto. Representación, mito y memoria*. Buenos Aires: Prometeo Libros, 2009. Print.

Nance, Kimberly A. *Can Literature Promote Justice? Trauma Narrative and Social Action in Latin American Testimonio*. Nashville: Vanderbilt University Press, 2006. Print.

Negrete, Juan M. *Canuteros de plomo*. 1ª ed. México DF: Porrúa, 2003. Print.

Negrín, Edith. «El movimiento del '68 y la literatura de Revueltas» *La Palabra y el Hombre* núm. 110 (1999): 7-15. Print.

—. «Tres novelas de la guerrilla en México». *Pensamiento, cultura y literatura en América Latina*. Ed. Patricia Cabrera López. México: CEIICH/UNAM/Plaza y Valdés, 2004. 239-262. Print.

—. «El agua, la tierra, el hombre... Revueltas nombra». *El terreno de los días. Homenaje a José Revueltas*. Eds. Francisco Ramírez Santacruz y Martín Oyata. México: BUAP/ UNAM/ Miguel Ángel Porrúa, 2007. 19-40. Print.

Nietzsche, Friedrich. *Sobre la utilidad y el perjuicio de la historia para la vida*. Trad. Germán Cano. Biblioteca Nietzscheana. Madrid: Biblioteca Nueva, 1999. Print.

Oikión Solano, Verónica. «El Movimiento de Acción Revolucionaria. Una historia de radicalización política». *Movimientos armados en México, siglo XX*. Eds. Verónica Oikión Solano y Marta Eugenia García Ugarte. Vol. II.

Zamora Michoacán: El Colegio de Michoacán/ CIESAS, 2006. 417-460. Print.

—. «Crímenes de Estado en México: testimonios políticos contra el olvido». *México en los setenta. ¿Guerra sucia o terrorismo de Estado? Hacia una política de la memoria*. Ed. Claudia Rangel y Evangelina Sánchez. México: Universidad Autónoma de Guerrero/AFADEM/Ítaca, 2015. 241-267. Print.

Oikión Solano, Verónica y Miguel Ángel Urrego Ardila (eds). *Violencia y sociedad: un hito en la historia de las izquierdas en América Latina*. 1ª ed. Morelia: Instituto de Investigaciones Históricas, Universidad Michoacana de San Nicolás de Hidalgo, 2010. Print.

Oikión Solano, Verónica y Marta Eugenia García Ugarte (eds). *Movimientos armados en México, siglo XX*. Colección debates. III vols. Zamora, Michoacán: El Colegio de Michoacán/CIESAS, 2006. Print.

Padilla, Alejandro. *El primer paso y fuga a la muerte. La historia de Pablo Alvarado Barreda*. México: autor, 2008. Print.

Padilla, Antonio. *De Belem a Lecumberri: pensamiento social y penal en el México decimonónico*. México: AGN 2001. Print.

Padilla, Tanalís. *Rural Resistance in the Land of Zapata: the Jaramillista Movement and the Myth of the Pax Priísta 1940-1962*. Durham: Duke University Press, 2008. Print.

Pensado, Jaime M. y Enrique Ochoa (eds.). *México Beyond 1968: Revolutionaries, Radicals, and Repression During the Global Sixties and Subversive Seventies*. Tucson, Arizona: University of Arizona Press, 2018. Print.

Peñaloza Torres, Alejandro. «Memoria y guerrilla en México». Tesis de maestría, Escuela Nacional de Antropología e Historia, 2008. Print.

Pérez Chowell, José. *Réquiem para un ideal. La Liga 23 de Septiembre*. México: Editorial V Siglos, 1977. Print.

Peris Blanes, Jaume. *La imposible voz: memoria y representación de los campos de concentración en Chile: la posición del testigo*. 1ª ed. Santiago de Chile: Editorial Cuarto Propio, 2005. Print.

—. «Historia del testimonio chileno» Quaderns de filologia. Anejos. Valencia: Facultat de Filologia, Traducció i Comunicació, Tesis de doctorado, Universidad de Valencia, 2008. Print.

—. «Contradicciones del testimonio. Políticas de memoria y retóricas de la violencia en Chile postdictatorial». *Pasajes* 28 (2009): 70-79. Print.

Perkowska, Magdalena (coord.). «¿Narrativas agotadas o recuperadas? Relecturas contemporáneas de las ficciones centroamericanas de los sesenta y setenta» *Istmo. Revista virtual de estudios literarios y culturales centroamericanos*. 27-28 (2013). Web.

Picornell, Mercè. «El género testimonio en los márgenes de la historia: representación y autorización de la voz subalterna». *Espacio, tiempo y forma* Serie V Historia Contemporánea.23 (2011): 113-140. Print.

Piñeyro, José Luis. «El profesional Ejército mexicano y la asistencia militar de Estados Unidos (1965-1975)». Tesis de doctorado, El colegio de México, 1976. Print.

—. «Contraguerrilla y violencia estatal en México: ¿política de Estado?» *México en los setenta. ¿Guerra sucia o terrorismo de Estado? Hacia una política de la memoria*. Eds. Claudia Rangel Lozano y Evangelina Sánchez Serrano. México: Universidad Autónoma de Guerrero/AFADEM/ Ítaca, 2015. 21-49. Print.

Pollak, Michael. *Memoria, olvido, silencio*. Buenos Aires: Ediciones al margen 2006. Print.

Poniatowska, Elena. *La noche de Tlatelolco*. México: Era, 1971. Print.

—. *Fuerte es el silencio*. México Era, 1980. Print.

Prakash, Gyan. «La imposibilidad de la historia subalterna». *Convergencia de tiempos. Estudios subalternos/contextos latinoamericanos Estado, cultura, subalternidad*. Ed. Ileana Rodríguez. Ámsterdam: Rodopi, 2001. 61-69. Print.

Radilla Martínez, Andrea. *Voces acalladas (vidas truncadas): perfil biográfico de Rosendo Radilla Pacheco*. 1ª ed. México: A. Radilla Martínez, 2002. Print.

—. «La Corte Interamericana de Derechos Humanos y el caso de Rosendo Radilla Pacheco». *Desaparición forzada y terrorismo de Estado en México. Memorias de la represión. Atoyac, Guerrero durante la década de los setenta*. Eds. Andrea Radilla Martínez y Claudia Rangel Lozano. México: Plaza y Valdés/Universidad Autónoma de Guerrero, 2012. 211-246. Print.

Ramírez Bravo, Roberto J. *Las pausas concretas*. 1ª ed. México, DF: Editorial Praxis, 2009. Print.

Rancière, Jacques. *Le Partage du sensible: Esthétique et politique*, Paris: La Fabrique-Éditions, 2000. Print.

—. *The Politics of Aesthetics*. Trad. Gabriel Rockhill. London/New York: Continuum, 2005. Print.

Rangel Lozano, Claudia. «La recuperación de la memoria mediante testimonios orales. La desaparición forzada de personas en Atoyac, Guerrero». *Desaparición forzada y terrorismo de Estado en México. Memorias de la represión en Atoyac, Guerrero durante la década de los setenta*. Eds. Andrea Radilla y Claudia Rangel, México: Universidad Autónoma de Guerrero/AFADEM/Plaza y Valdés, 2012. 85-133. Print.

—. «La voz de los sobrevivientes: las cárceles clandestinas en México, una radiografía (1969-1979)». *México en los setenta. ¿Guerra sucia o terrorismo de Estado? Hacia una política de la memoria*. Eds. Claudia Rangel y Evangelina Sánchez Serrano. México: Universidad Autónoma de Guerrero/AFADEM/Ítaca, 2015. 51-77. Print.

Rangel Lozano, Claudia y Evangelina Sánchez Serrano. «La guerra sucia en los setenta y las guerrillas de Genaro Vázquez y Lucio Cabañas en Guerrero». *Movimientos armados en México siglo XX*. Eds. Verónica Oikión Solano y Marta Eugenia García Ugarte. Vol. II. Zamora, Michoacán: Colegio de Michoacán/CIESAS, 2008. 495-525. Print.

—. «La desaparición forzada como una estrategia del terrorismo de Estado en Atoyac, Guerrero». Conferencia magistral. Haverford College, 2013.

—. «Los retos de la justicia transicional en México y la reparación del daño: una tarea pendiente en Atoyac». *México en los setenta. ¿Guerra sucia o terrorismo de Estado? Hacia una política de la memoria*. Eds. Claudia Rangel y Evangelina Sánchez. México: Universidad Autónoma de Guerrero/AFADEM/Ítaca, 2015. 269-297. Print.

—. «La desaparición forzada en México como política de Estado, soterrada y continua (1965-2014)». *Violencia, memoria y rebeliones: hacia una cultura de paz*. Ed. Gil Arturo Ferrer Vicario *et al*. México: Universidad Autónoma de Guerrero/Ítaca, 2018. 73-102. Print.

Rangel Lozano, Claudia y Evangelina Sánchez Serrano (coords). *México en los setenta ¿Guerra sucia o terrorismo de Estado? Hacia una política de la memoria*. México: UAG/Ítaca/AFADEM, 2015. Print.

Rayas, Lucia. «Subjugating the Nation: Women and the Guerrilla Experience». *Challenging Authoritarianism in Mexico: Revolutionary Struggles and the Dirty War*, 1964-1982. Eds. Adela Cedillo y Fernando Herrera Calderón. NY: Routledge, 2012. 167-181. Print.

—. «Hitos de la memoria guerrillera. Creación de espacios memorísticos y de monumentos rituales». *Subversiones. Memoria social y género. Ataduras y reflexiones*. Eds. Luz Maceira Ochoa y Lucia Rayas Velasco. México: Juan Pablos/ENAH/CONACULTA/FONCA, 2011. 267-290. Print.

Reati, Fernando. «De falsas culpas y confesiones: avatares de la memoria en los testimonios carcelarios de la guerra sucia». *Memoria colectiva y políticas del olvido. Argentina y Uruguay, 1970-1990*. Eds. Adriana Bergero y Fernando Reati. Rosario: Beatriz Viterbo, 1997. 209-230. Print.

Revueltas, Andrea y Phillip Cheron (comps). *Conversaciones con José Revueltas*. 1977 Universidad Veracruzana. México: Era, 2001. Print.

—. *José Revueltas y el 68*. México: DiVersa, 1998. Print.

Revueltas, José.

—. *El apando*. México: Era, 1969. Print.

—. *Material de los sueños*. México: Era, 1974. Print.

—. *México 68: juventud y revolución*. Eds. Andrea Revueltas y Phillippe Cheron. México: Era, 1978. Print.

—. *Los errores*. 1964. México: Era, 1979. Print

—. *Los días terrenales*. 1949. Colección Archivos. Ed. Evodio Escalante. Crítica, 2ª ed. ALLCA XX. Nanterre: 1996. Print.

—. *La palabra sagrada*. Ed. José Agustín. México: Era, 1999. Print.

—. *Los muros del agua*. 1941. México: Era, 2000. Print.

Reyes Sánchez, Rigoberto *et al* (coords). *Cartografías del horror. Memoria y violencia política en América Latina*. Guadalajara: La casa del mago, 2015. Print.

Richard, Nelly. *Residuos y metáforas. Ensayos de crítica cultural sobre el Chile de la Transición*. Santiago: Cuarto Propio, 1998. Print.

Richard, Nelly (comp). *Políticas y estéticas de la memoria*. Santiago: Editorial Cuarto propio, 2000. Print.

—. *Pensar en/la postdictadura*. Santiago: Editorial Cuarto propio, 2001. Print.

Ríos Merino, Alicia de los. «La clase obrera va al paraíso. El recuerdo en obreras de la maquiladora sobre su militancia en la LC23S, Ciudad Juárez, Chihuahua». *La LC23S Cuatro décadas a debate: historia, memoria, testimonios y literatura*. Ed. Rodolfo Gamiño *et al*. México: UNAM/ Universidad Autónoma de Tlaxcala, 2014. 503-516. Print.

Rodríguez Márquez, Ana Ignacia. *Cartas de libertad*. Comp. Citlalli Esparza González. México: Ediciones Quinto Sol, 2018. Print.

Rodríguez Munguía, Jacinto. *La otra guerra secreta. Los archivos prohibidos de la prensa al poder*. 2007. México: Random House Mondadori, 2010. Print.

Rojo, Juan. *Revisiting the Mexican Student Movement of 1968. Shifting Perspectives in Literature and Culture since Tlatelolco*. New York: Palgrave MacMillan, 2016. Print.

Rosales, José Natividad. *¿Quién es Lucio Cabañas: qué pasa con la guerrilla en México?* Colección Duda Semanal. 2. ed. México: Editorial Posada, 1974. Print.

—. *La muerte de Lucio Cabañas*. 1ª ed. Mexico: Editorial Posada, 1975. Print.

Ruiz Mendoza, Florencia. «Aurora Navarro del Campo y las FAR: una aproximación historiográfica». *Guerrilleras. Antología de testimonios y textos sobre la participación de las mujeres en los movimientos armados socialistas en México, segunda mitad del siglo XX*. 2007. Ed. Ma de la Luz Aguilar Terrés. México: autora, 2014. 387-404. Print.

—. «Crímenes de guerra en Guerrero y terrorismo de Estado: la aniquilación del movimiento armado de Lucio Cabañas (1970-1975)». *México en los setenta. ¿Guerra sucia o terrorismo de Estado? Hacia una política de la memoria*. Eds. Claudia Rangel Lozano y Evangelina Sánchez Serrano. México: Universidad Autónoma de Guerrero/AFADEM/Ítaca, 2015. 117-149. Print.

Sánchez Parra, Sergio Arturo. «La guerrilla en México: un intento de balance historiográfico». *Clío* 6.35 (2006): 121-144. Print.

—. «Prensa y violencia política en México en los años setenta. Una propuesta de análisis». Seminario de Historia del Presente Febrero 17 2017. <https://www.youtube.com/watch?v=SdD_irBx4K8>.

—. «Violencia política en Sinaloa: el caso de los «Enfermos» 1972-1978 (los lugares y medios para la radicalización)». *Rhela* 11 (2008): 205-224. Print.

—. *El 68 en Sinaloa. Una juventud en lucha por la democracia.* México: Astra Ediciones, 2018. Print.

Sánchez Serrano, Evangelina. «Terrorismo de Estado y la represión en Atoyac, Guerrero durante la guerra sucia». *Desaparición forzada y terrorismo de Estado en México. Memorias de la represión de Atoyac, Guerrero durante la década de los setenta.* Eds. Andrea Radilla y Claudia Rangel. México: Universidad Autónoma de Guerrero/AFADEM/Plaza y Valdés, 2012. 135-176. Print.

—. «La transición política y la disputa por la memoria en México: el caso de la represión en Atoyac, Guerrero». *México en los setenta. ¿Guerra sucia o terrorismo de Estado? Hacia una política de la memoria.* Eds. Claudia Rangel y Evangelina Sánchez. México: Universidad Autónoma de Guerrero/AFADEM /Ítaca, 2015. 183-212. Print.

Sargent, Lydia. *Women and Revolution: A Discussion of the Unhappy Marriage of Marxism and Feminism.* Boston, MA: South End Press, 1981. Print.

Sarlo, Beatriz. *Tiempo pasado. Cultura de la memoria y giro subjetivo. Una discusión.* Buenos Aires: Siglo XXI, 2006. Print.

Saumell Muñoz, Rafael E. «El otro testimonio: literatura carcelaria en América Latina». *Revista Iberoamericana* núms. 164-165 (1993): 497-507. Print.

Scarry, Elaine. *The Body in Pain: the Making and Unmaking of the World.* 1985. New York: Oxford University Press, 1987. Print.

Segato, Rita Laura. «Género y colonialidad: en busca de claves de lectura y de un vocabulario estratégico descolonial». *Feminismos y poscolonialidad: descolonizando el feminis-*

mo desde y en América Latina. Comps. Karina Bidaseca y Vanesa Vazquez Laba. Buenos Aires: Ediciones Godot, 2011. 17-48. Print.

SEGOB. *Señores soy campesino. Semblanza de Rosendo Radilla Pacheco, desaparecido*. México DF: Secretaría de Gobernación, 2012. Print.

Seminario Permanente de Estudios de Literatura Centroamericana. «El testimonio un enfoque multidisciplinario (número monográfico)». *Istmo. Revista virtual de estudios literarios y culturales centroamericanos*. 2017. Julio (2001). Web.

Sierra Guzmán, Jorge Luis. *El enemigo interno. Contrainsurgencia y fuerzas armadas en México*. México: Plaza Valdés/Universidad Iberoamericana/Centro Estudios Estratégicos de América del Norte, 2003. Print.

—. «Fuerzas armadas y contrainsurgencia (1965-1982)». *Movimientos armados en México, siglo XX*. Ed. Verónica Oikión Solano y María Eugenia Ugarte. Vol. II. Zamora, Michoacán: El Colegio de Michoacán/CIESAS, 2006. 361-404. Print.

Sklodowska, Elzbieta. *Testimonio hispanoamericano: historia, teoría, política*. New York: Peter Lang, 1992. Print.

—. «Testimonio mediatizado: ¿ventriloquia o heteroglosia? (Barnet/Montejo; Burgos/Menchú)». *Revista de Crítica Literaria Latinoamericana* XIX.38 (1993): 81-90. Print.

Spivak, Gayarti Chakravorty. «¿Puede hablar el subalterno?» *Orbis Tertius* III.6 (1998): 175-235. Print.

Steele, Cynthia. *Politics, Gender, and the Mexican Novel, 1968-1988. Beyond the Pyramid*. Austin: University of Texas Press, 1992. Print.

Stern, Steve J. *Remembering Pinochet's Chile. On the Eve of London 1998. The Memory Box of Pinochet's Chile. Vol. I*. 3 vols. Durham/London: Duke University Press, 2006. Print.

—. *Battling for Hearts and Minds. Memory Struggles in Pinochet's Chile*, 1973-1988. *The Memory Box of Pinochet's Chile. Vol. II.* 3 vols. Durham/ London: Duke University Press, 2006. Print.

—. *Reckoning with Pinochet. The Memory Question in Democratic Chile, 1989-2006. The Memory Box of Pinochet's Chile. Vol. III.* 3 vols. Durham/London: Duke University Press, 2010. Print.

Suárez, Luis. Lucio Cabañas. *El guerrillero sin esperanza.* 1976. 5a ed. México: Roca, 1978. Print.

Taylor, Diana. *Disappearing Acts: Spectacles of Gender and Nationalism in Argentina's «Dirty War».* Durham: Duke University Press, 1997. Print.

Todorov, Tzvetan. *Los abusos de la memoria. Les abus de la memoire,* Paris: Arléa, 1995. Trad. Miguel Salazar. Barcelona: Paidós, 2000. Print.

Valencia, Enrique. *Las guerrillas: una forma de hacer política. Notas para una sociología de la guerrilla.* Lima: R. Mercado U., 1983. Print.

Vallina, Cecilia (ed). *Crítica del testimonio. Ensayos sobre las relaciones entre memoria y relato.* Rosario: Beatriz Viterbo, 2009. Print.

Vázquez, Juan de Dios. «Espectros en el archivo: Cementerio de papel de Fritz Glockner y el retorno del pasado reprimido al Palacio Negro de Lecumberri». *Estudios Mexicanos* 29.2 (2013): 478-502. Print.

Velázquez Vidal, Uriel. «El maoísmo en México. El caso del Partido Revolucionario del Proletariado Mexicano 1969-1970». *Encartes antropológicos* 1 (2018): 101-120. Print.

Velázquez Villa, Hugo Carrasco y Leticia Gutiérrez. *Breve historia del MAR: la guerrilla imaginaria del Movimiento de Acción Revolucionaria.* 1ª ed. Guadalajara, Jalisco, México: Universidad de Guadalajara, Centro Universitario de Ciencias Sociales y Humanidades, 2010. Print.

Vezzeti, Hugo. «El testimonio en la formación de la memoria social». *Crítica del testimonio. Ensayos sobre las relaciones entre memoria y relato*. Ed. Vallina, Cecilia. Rosario: Beatriz Viterbo, 2006. 23-34. Print.

—. «Conflictos de la memoria en la Argentina. Un estudio histórico de la memoria social». *Historizar el pasado vivo en América Latina*. Santiago: Universidad Alberto Hurtado 2007. Web. Febrero 2013.

—. *Sobre la violencia revolucionaria. Memorias y olvidos*. Buenos Aires: Siglo XXI, 2009. Print.

Vicente Ovalle, Camilo. «Estado y represión en México. Una historia de la desaparición forzada, 1950-1980». Tesis de doctorado, Instituto de Investigaciones Históricas, UNAM, 2018. Print.

—. *Tiempo suspendido. Una historia de la desaparición forzada en México, 1940-1980*. México: Bonilla Artigas Editores, 2019. Print.

Vidal, Hernán. *Chile, poética de la tortura política*. Santiago: Mosquito Comunicaciones, 2000. Print.

Volpi Escalante, Jorge. *La imaginación y el poder: una historia intelectual del 68*. México: Era 1998. Print.

Wallerstein, Immanuel. *World-Systems Analysis. An Introduction*. Durham/ London: Duke University Press, 2004. Print.

Yankelevich, Javier. «El canto del cisne de la FEMOSPP: la única condena a un perpetrador de la guerra sucia en México». Inédito.

Zamora García, Jesús. *Sonámbulo. Historia de la Unión del Pueblo en Guadalajara 1973-1978*. México: Centro de Documentación de Movimientos Armados, 2006. Print.

—. *Ciudad de fuegos*. Guadalajara: Vavelia, 2007. Print.

—. *Presos en lucha. Los guerrilleros de la penitenciaría de Oblatos (1973-1977)*. Guadalajara: La casa del mago, 2009. Print.

Zamora García, Jesús, et al. *Voces de fuego. La prensa guerrillera en Jalisco*. Guadalajara: Grietas editores, 2013. Print.

Zamora García, Jesús y Rodolfo Gamiño Muñoz. *Los Vikingos. Una historia de lucha político social.* Guadalajara, Jalisco: La casa del mago, 2011. Print.

Zimmerman, Marc. *Voces del silencio: literatura y testimonio en Centroamérica.* 1ª ed. Aguascalientes: Universidad Autónoma de Aguascalientes, 2006. Print.

Entrevistas

Anzaldo, Manuel. Julio 2013.
Castañeda, Salvador. Julio de 2008 y julio de 2013.
Grupo de mujeres ex guerrilleras en Encuentro «Confluencias: Género y guerrilla durante la guerra sucia en México», 15-17 de julio 2013.
Moreno Borbolla, José Luis. 11 de agosto de 2014.

www.ingramcontent.com/pod-product-compliance
Lightning Source LLC
Chambersburg PA
CBHW021822220426
43663CB00005B/107